교육행정 및 교육경영론

교육행정 및 교육경영론

최종진 · 박균달 · 심은석 · 박경수 · 문진철 · 하경표 공저

EDUCATIONAL
ADMINISTRATION
AND MANAGEMENT

동 문 사

머리말

21세기에 접어들면서 우리나라는 교육행정과 교육경영 분야의 획기적인 변화로 학문적 범위나 강조점 또한 달라지고 있으며, 교육행정 및 교육경영의 교재는 부분적으로 변화를 보여주고 있다. 따라서 대학이나 대학원에서 교직과목을 공부하거나 가르치는 사람은 시대적 변화를 빠르게 수용하고, 교육현장에 부합하는 합리적인 교재의 취사선택이 무엇보다 중요하다고 할 수 있을 것이다.

이에 본 교재는 시대적 변화에 따른 최신 정보를 최대한 빠르게 취사선택하여 수록함으로써 교수자나 학습자 모두에게 편의를 제공하기 위해 노력하였을 뿐 아니라, 교직과목을 전공하는 학부나 교육대학원에서 교육행정이나 교육경영 부분의 교재로 사용하는 데 부족함이 없도록 기획하는 데 중점을 두었음을 밝힌다.

본 교재가 교직과목을 공부하는 모든 분들, 교육행정을 전공하는 학생들, 나아가 교육행정조직의 관리자들께도 교육행정의 이론서, 학교경영의 지침서로서 작은 도움을 드릴 수 있기를 기대하며, 교육행정의 전문성 강화를 위한 초석을 굳건히 하는 데에도 일조할 수 있기를 기대한다.

아울러 각 분야별로 최신 이론과 최신 법령, 지침 등을 수록하고자 노력하였으나 부족한 부분이 많이 있을 것으로 생각된다. 독자들께서 본 교재를 사용함에 있어 수정, 보완, 보충되어야 할 부분들을 지적해 주고 조언해 주신다면, 그를 통해 본 교재가 지속적으로 빠르게 업그레이드될 수 있도록 노력을 기울일 것을 약속드린다.

본 교재는 모두 13장으로 1장에서 7장까지는 이론에 충실하였으며, 8장에서 13장까지는 실제에 해당되는 내용으로 구성하였다. 제1장 교육행정의 기초, 제2장 고전이론과 인간관계론, 제3장 행동과학론과 체제이론, 제4장 동기이론, 제5장 지도성이론, 제6장 의사소통론, 제7장 교육기획과 교육정책론, 제8장 교육행정조직론, 제9장 교육인사행정론, 제10장 장학론, 제11장 학교경영론과 학급경영론, 제12장 교육법규론, 제13장 교육재정 및 학교회계 관리에 대한 내용의 순으로 기술하였다. 그리고 각 장의 끝부분에는 강의시간에 활용할 수 있는 〈연구와 토론을 위한 실전문제〉를 수록하였다. 실전문제는 그동안 교원임용시험에서 나온 기출문제를 바탕으로 교육행정에서 꼭 알아야 할 중요한 문제를 추가하여 수록하였다. 따라서 이러한 문제를 해결하는 가운데 자연스레 교원임용시험도 준비하고, 교육행정에 대한 이론을 확실하게 정립하는 시간이 될 것으로 생각된다.

전술한 바와 같이 독자들의 요구에 부응하고 이를 충족시킬 수 있는 교재가 되고자 노력하였으나, 부족하고 미흡한 부분들이 많을 것으로 사료된다. 앞으로 이런 부분들은 지속적인 연구를 통하여 보완해 나갈 것을 다시 한 번 약속드리며, 본 교재가 출판될 수 있도록 배려해 주신 동문사 이중수 사장님과 직원 여러분께 감사의 마음을 전한다.

2021년 8월

저자 일동

차 례

Chapter 04 동기이론

Chapter 05 지도성이론

Chapter 06 의사소통론

Chapter 09 교육인사행정론

Chapter 10 장학론

Chapter 11 학교경영론과 학급경영론

Chapter 12 교육법규론

Chapter 13 교육재정 및 학교회계 관리

Chapter 1

교육행정의 기초

제1절 교육행정의 개념
제2절 교육행정의 원리
제3절 교육행정의 성격
제4절 교육행정의 연구영역

오늘날 교육의 중요성에 대한 사회적 인식이 심화되고, 교육활동의 규모가 방대해짐과 동반하여 교육내용이 복잡해지고, 교육의 공공성이 커짐에 따라 교육은 국가와 지방공공 단체의 주요 관심사로 부각되고 있다. 그리고 사회적 · 공공적 · 조직적 활동으로서의 교육활동을 효율적으로 영위해 나가기 위하여 교육행정의 필요성이 한층 강조되고 있다. 교육행정은 교육에 봉사하며, 교육을 위하여 존립하는 수단적 활동이지만 교육의 성패를 좌우하는 관건으로 중요한 역할을 담당한다. 그러므로 교육활동의 적합성과 효율성은 교육행정의 성과에 의하여 크게 좌우된다. 이 장에서는 교육행정의 개념, 기본 원리, 성격, 연구영역에 대해 살펴보고자 한다.

제1절 교육행정의 개념

교육은 인간을 성장시키기 위해 모든 사물과 일을 가르치는 것으로 학문과 기술 일반교양을 오랜 기간에 걸쳐 몸에 배도록 양육시키는 것이다. 교육은 본래 사회적 목표를 지향하는 계획적 · 의도적 인간형성 작용으로서 현대사회에서는 사회적 · 공공적 · 조직적 활동으로 발전하게 되었다.

여기에서 교육이 사회적이라 함은 교육의 목적 · 조직 · 내용 · 방법 등이 사회적으로 규정되는 것으로, 교육이 사회적 현상과 밀접한 관계를 가지고 있다는 것을 의미한다. 교육이 공공적이라 함은 교육이 국가나 지방공공단체의 중대 관심사가 되었음을 말한다. 교육이 조직적 활동이라 함은 오늘날 교육활동의 규모가 커지고 내용이 복잡해졌으며 운영방법도 다양해졌기 때문에, 교육은 여러 사람들이 협동적 행위를 통해 계획적으로 목적을 달성해야 하는 조직적 활동임을 의미한다. 원활한 교육이 이루어지기 위해서는 단순히 교사가 학생을 가르치는 일 뿐만 아니라 합목적성을 가지고 교육과정의 개발, 교육시설 정비와 확충, 교원의 충원 및 질 보장, 교육재정 지원 등 여러 가지 노력이 계획적이고 조직적으로 이루어져야 함을 알 수 있다. 이와 같은 사회적 · 공공적 · 조직적 활동으로서의 교육활동을 효율적으로 영위해 나가기 위하여 교육행정의 필요성이 한 층 더 강조된다.

행정은 그 용어를 정의하는 사람에 따라서 여러 가지로 해석된다. 종래의 행정법학자들은 삼권분립주의 사상을 근거로 하여 국가의 통치작용 가운데서 입법과 사법을 제외한 나머지를 행정이라 하였고, 정치학자들은 정책의 수립과 집행을 구분하여 전자를 정치로, 후자를 행정으로 구별하였다. 행정이라는 용어는 경영관리라는 말과 동일시되며 공공행정 · 기업행정 · 학교행정 · 병원행정 등에 적용되고, 모든 종류의 조직에서 공동목표를 달성하기 위한 협동적 단체행동을 이룩하게 하는 작용을 말한다.

이상과 같이 교육행정을 교육과 행정의 두 측면으로 나누어 접근해 볼 때, 현대 교육행정의 개념을 광의와 협의의 두 가지 의미로 규정할 수 있다.

광의의 교육행정은 사회적 · 공공적 · 조직적 활동으로서의 교육을 대상으로 교육목표 설정, 목표달성을 위한 인적 · 물적 · 기타 지원조건의 정비 · 확립, 목표달성을 위한 계획과 결정, 집행과 지도, 통제와 평가들을 포함하는 일련의 봉사활동을 말하며, 교육조직체 내에서 집단적 협동행위를 위하여 효과적으로 지원하는 것을 본질로 하는 작용이다.

협의의 교육행정은 국가의 통치작용 또는 공권력에 관련시켜 국가나 지방공공단체에 한하여 사용한다. 협의의 교육행정은 국가나 지방공공단체가 교육활동에 관한 계획이나 정책을 달성하는 데 필요한 인적 · 물적 조건을 정비 · 확립하고, 교육정책을 합법적 · 효율적 · 협동적으로 집행 · 평가하는 일련의 활동과정을 말한다.

교육행정은 교수 · 학습, 즉 교육을 위한 활동이지 행정을 보조하는 교육이 아님을 명백히 인식해야 한다. 교육행정은 교육활동, 즉 사회적 · 공공적 · 조직적 활동으로서의 교육에 관한 또는 그와 같은 교육활동을 위한 행정이다. 교육행정과 행정의 관계를 통한 교육행정의 개념을 보면 다음과 같다.

첫째, 교육행정을 행정의 한 분야로서 교육에 관한 행정으로 보는 입장이다. 이때 "교육에 관한 행정"이란 법규해석적 입장에서 볼 때에 입법과 사법을 제외한 공권적 작용으로서 행정활동 중에서 교육이라는 한정된 분야에 관련된 행정을 말한다. 즉, 교육기관, 교육조직체를 중심으로 교육활동에 관한 행정을 말한다. 이러한 관점은 국가행정의 한 분야로서 일반행정의 위치에서 교육행정의 영역을 밝혀보고자 하는 것이다. 그러므로 행정은 교육보다 높은 위치를 차지하며, 국가행정이 교육행정을 통제하는 "위에서 밑으로"의 전통적 권위주의 행정을 말하므로, 따라서 행정의 종합성 및 포괄성을 강조하는 입장을 취하고 있다.

둘째, 교육행정이란 교육의 핵심적 기능인 교수와 학습의 효율성을 높이기 위하여 제반조건을 정비하는 수단적 · 봉사적 활동으로서의 교육활동을 위한 행정으로 보는 입장이다. 이때, "교육을 위한 행정"이란 조건정비적 입장에서 볼 때에 교육행정이 사회적 · 공공적 · 조직적 활동으로서의 교육활동에 관한 목표를 설정하고, 그 목표달성에 필요한 조직들을 정비 · 확립하고, 그 달성을 조장하는 것으로 보는 견해이다. 교육의 자주성과 독자성 및 특수성을 강조하는 입장을 취하고 있다. 그러므로 교육이 행정보다 높은 위치를 차지하며, 행정은 밑에서 교육활동을 조장해 주는 "밑에서 위로"의 민주적인 교육행정을 의미한다. 교육을 위한 행정에서 교육행정가는 교육이라는 목적 달성 및 목표를 효과적으로 달성하는 데 목적을 두어야 한다.

즉, 교육행정은 교육활동이 갖는 특수성, 예컨대 효과의 장기성, 성과의 비가시성 및 평가의 곤란성 때문에 교육을 위한 행정이 되어야만 한다는 입장이다. 이처럼 교육행정의 개념은 교육행정을 보는 시각이나, 그 시대의 강조점에 따라 다양하게 정의될 수 있다. 여기서는 교육행정의 수행형태에서 강조되는 특징을 중심으로 교육행정의 개념을 다음 세 가지 입장에서 살펴보면 다음과 같다.

먼저 공권설에서 본다면, 교육행정은 국가가 주체가 되어 수행하는 행정작용으로 법규에 따라 교육정책을 실현하는 과정이며, 교육업무를 지도 · 감독하는 활동이다. 즉, 교육행정은 국가통치권의 작용으로, 법규나 지침에 따라 행정을 수행해가고, 법규나 지침에 있는 내용의 실현 여부나 저촉 여부가 행정의 주요 목적이므로 교육운영을 중앙집권적이며, 관료적 통제하에 두게 된다. 따라서 공권설의 입장에서 보면, 교육행정은 법규해석적 통제행정의 성격을 띠게 된다.

한편 조건정비설(기능설)에서 본다면, 교육행정은 교육목표를 설정하고, 이의 달성을 위해 인적 · 물적 조건을 정비 · 확립하려는 봉사활동이다. 즉, 교육행정은 교육목표달성을 위한 수단이지 목적은 아니라고 보는 견해로, 조건정비적 조정행정의 성격을 갖게 되고, 민주적이며 지방분권적인 교육운영이 강조된다.

또한 경영학의 체제분석이론을 교육행정에 도입하려는 경영설(행정행위설)에서 본다면, 교육행정은 교육목표달성을 극대화하기 위하여 관련되는 교육체제의 변인들을 합리적으로 조정 · 관리함으로써 최소의 투입으로 최대의 산출을 얻으려는 활동이다. 이 입장에서 강조되는 것은 성과를 확인하는 목표관리중심의 조정행정이다.

이상과 같은 입장을 종합해 보면, 교육행정은 교육을 대상으로 하여 교육목표를 설정하여, 그것을 효과적으로 달성하기 위한 인적 · 물적 요소를 조직하고 지원조건의 정비 · 확립, 목표달성을 위한 계획과 결정, 집행과 지도 그리고 통제와 평가로 이어지는 일련의 봉사활동이라고 정의할 수 있을 것이다.

행정과 경영은 조직의 목표달성이라는 측면에서 공통점이 있으나, 활동의 주체, 목표, 권력성, 서비스의 독점성에 관한 면에서 차이가 드러난다. 경영마인드가 중요시되면서 학교 또한 경영으로부터 배우지 않으면 안 될 처지에 놓이게 되었다. 그리하여 최근의 교육개혁의 화두는 경쟁이라는 시장의 요소를 학교에 도입하고자 하는 것이다. 현재의 상황에서 학교교육에 고객만족이라는 경영의 요소를 강조하는 것은 불가피한 선택이다.

제도적 실제로서의 교육으로 보면, 교육행정은 학교행정과 크게 다르지 않으나, 이론적 실제로서 보면 둘은 구분되어야 한다. 여기서 이론적 실제로서의 교육을 대상으로 하는 교육행정은 교육적 가치의 실현을 중시하고 있다. 반면에 학교를 대상으로 하는 학교행정은 이론적 실제로서의 교육을 비롯하여 학교라는 조직이 굴러가는 데 필요한 다양한 기능과 관련해 이를 조장하고 지원하기 위한 제반활동을 가르친다. 이 둘은 무엇을 본위로 하느냐에 따라 상위가 될 수도 있고 하위가 될 수도 있다. 교육에 관한 행정은 교육을 정부가 수행하고 있는 여러 분야의 행정 가운데 한 분야로 보며, 행정의 통합성이 강조되고, 교육을 위한 행정은 교육활동의 특수성과 전문성이 강조된다. 행정은 교육활동의 목표를 설정하고 이러한 목표달성 시에 필요한 수단적 역할을 수행하는 것으로 보는 입장이다. 그러나 현실에서는 동시에 이루어지고 있다. 〈표 1-1〉에 나타난 것과 같이 여러 학자의 개념을 종합하면, 결국 교육행정이란 사회적 · 공공적 · 조직적 활동으로서의 교육활동을 지원하기 위한 수단적 · 봉사적 활동이라고 할 수 있다.

표 1-1 교육행정분야의 개념에 대한 정의

학자	내용(개념)
파이글(H. Feigl)	순수한 논리 · 수학적 절차에 의해, 더 큰 일련의 경험적 법칙들이 도출될 수 있는 가정들의 집합
커린저(F. N. Kerlinger)	현상에 대한 설명과 예언을 목적으로 변수 간의 관계를 밝힘으로써 그 현상에 대한 체계적인 견해를 제공하는 일련의 상호 관련된 추정개념 또는 개념, 정의 및 명제
그리피스(D. E. Griffiths)	본질적으로 일련의 경험적 법칙(원리)들이 도출될 수 있는 가정들의 집합
호이(W. K. Hoy)와 미스켈(C. G. Miskel)	교육조직 내의 행동에 있어서 규칙성을 체계적으로 기술하고 설명하는 일련의 상호 관련된 개념, 가정 및 일반화

교육행정을 달리 교육경영 또는 교육관리 등으로 사용하는 것과 관련하여 용어상의 정의를 살펴보면 다음과 같다.

우선 교육행정과 교육경영의 차이를 알기 위하여 행정과 경영의 의미상 차이를 생각해 보자. 행정은 주로 공기관의 공익추구작용인데 비하여, 경영은 원래 경제적(=저비용)인 운영이라는 뜻으로, 주로 기업의 이익 · 효율추구작용이라는 점에서 다르다.

따라서 행정은 행정기관과 같은 행정주체의 이익을 꾀하는 것이 아니고 국민 · 주민 · 학생 등과 같은 행정객체(대상)의 이익, 이른바 공익을 추구하는 것이다. 그러나 경영은 경영주체인 기업체의 이익이나 효율을 추구하고 소비자나 거래업체와 같은 경영객체의 이익을 추구하지는 않는다. 따라서 공익을 추구하는 행정에서는 언제나 공정성이 강조되지만, 단순히 자기 이익이나 효율을 꾀하는 경영에서는 이익성 · 효율성이 강조된다.

따라서 교육행정은 교육행정주체인 교육행정기관이나 교육행정 당국의 이익을 추구하는 것이 아니고 교육행정대상인 국민 · 주민 · 학생 등의 이익, 즉 공익을 추구하는 것인데 반하여, 교육경영은 교육경영의 주체인 교육행정기관이나 교육경영자가 교육경영대상의 이익에 상관없이, 얼마나 효율적으로 교육업무를 수행하느냐에 중점을 두는 것이다. 예를 들면, 학교행정과 학교경영 또는 병원행정과 병원경영이라는 의미의 차이에서도 그 뜻을 새겨볼 수 있다.

다음으로 교육행정과 교육관리의 차이를 알기 위하여 행정과 관리의 의미상 차이를 생각해 보자. 먼저 행정의 의미는 법규의 집행작용으로 보는 데 비하여, 관리는 법규에 따른 업무처리작용으로 보는 것이다. 이 경우 행정과 관리는 거의 유사하게 느껴지는 것이다. 물론 관리의 의미에는 하천관리 · 건강관리 등과 같이 본래의 목적을 다할 수 있도록 손을 쓰거나 다스린다는 뜻도 있지만 이 경우는 논외로 한다.

결국 법규에 따른 업무처리작용으로서의 관리와 법규의 집행작용으로서의 행정은 다 같이 법규에 의하여 행해야 한다는 법규주의를 기반으로 하는 공통점이 있다. 그러나 행정은 그 법규 테두리 내에서 행정객체(대상)의 공익성을 중시하는 데 반하여, 관리는 관리주체가 관리대상의 이익과는 상관없이 얼마나 법규내용을 준수하면서 업무를 처리하느냐 하는, 관리주체의 준법성을 강조하는 것이다. 결국 이 관리에서는 공익성 · 효율성은 경시되더라도 관리주체의 준법성을 더 중시해야 한다는 것이다.

그래서 교육행정은 법규내용에 근거하여 행하더라도 어느 정도 융통성을 발휘하여 교육행정대상의 공익성을 중요시하는 것이다. 그러나 교육관리는 관리주체가 철저하게 법규내용에 따라 거의 융통성 없이 그대로 처리해야 한다는 준법성을 강조하는 것이다. 이는 인사행정과 인사관리 혹은 예산행정과 예산관리라는 용어의 차이에서도 이러한 의미를 구별해 볼 수 있다.

다음은 교육경영과 교육관리의 차이인데, 여기서 경영은 최고층에서 주관적 · 자율적으로 이상적인 목표설정이나 정책결정을 하는 작용 또는 과정을 말하고, 관리는 중 · 하위층에서 그 경영목표나 방침에 따라 객관적 · 타율적으로 현실적인 정책집행이나 업무수행을 하는 작용 또는 과정을 말한다.

이러한 의미에 있어서의 관리는 행정과 같은 의미로 파악하여 행정관리(행정 = 관리라는 뜻)라고도 한다.

따라서 교육경영은 교육행정기관이나 교육기관의 최고층에서 주관적 · 자율적으로 이상적인 교육목표를 설정하거나 교육방침 · 정책을 결정하는 작용(과정)을 뜻하고, 교육관리는 그 교육행정기관 또는 교육기관의 중 · 하위층에서 그 교육목표나 교육방침에 따라 객관적 · 타율적으로 현실에 맞게 그 교육정책을 집행하거나 교육업무를 수행하는 작용(과정)을 뜻하는 것이다.

이상과 같이 교육행정 · 교육경영 및 교육관리라는 말은 상대어에 따라서 그 의미 내용이나 의미 구분이 다르다.

끝으로 교육행정과 학교행정에서, 교육행정은 학교(교육)행정과 사회교육행정을 합한 개념이지만 학교행정(school administration)은 첫째는 학교내부행정, 즉 교내행정을 뜻하고, 둘째는 학교(교육)행정을 뜻하며, 셋째는 학교(교육)행정과 사회교육행정을 합한 개념, 즉 교육행정과 동의어로도 쓰인다. 이와 같이 학교행정을 교육행정과 같은 의미로 쓰는 것은 미국의 영향[1] 때문이다.

제2절 교육행정의 원리

교육행정의 원리(a principle)란, 교육행정을 함에 있어서 어떠한 원리 · 원칙에 따라야 하고, 또한 교육행정상에 문제가 발생했을 때는 어떠한 원리 · 원칙에 따라 해결할 것인가 하는 교육행정이 준거해야 할 기본적인 원리 · 원칙을 뜻하는 것이다. 교육행정은 교육활동을 기획 · 조직 · 지도 · 감독하여 교육목표를 달성하기 위한 노력이므로 이상과 현실의 교량 역할을 하는 기본적인 원리가 필요한 것이다. 이 교육행정의 기본 원리는 법규 면과 운영 면으로 구분하여 생각할 수 있다.

1. 법규 면의 원리

교육행정의 기본 원리는 교육법규를 통해 교육정책과 교육제도의 구체적인 내용을 찾아볼 수 있다. 법규 면의 원리로는 법치행정의 원리, 교육의 자주성 존중의 원리, 교육기회 균등의 원리, 적도집권의 원리 등을 들 수 있다.

1) 법치행정의 원리

법치행정의 원리란 모든 교육행정사항을 미리 법규(= 법 law)로 정하여 놓고(= 법정

1) 김봉수(1997). 학교행정. 학문사, p. 120.

주의), 그 법규에 의거하여 행정을 행해야 한다는(=의법주의) 원칙을 말한다. 따라서 이 법치행정의 원리는 성문주의를 전제로 한다. 결국 모든 교육행정사항은 사전에 헌법 · 법률 · 명령 · 조례 · 규칙 등의 성문교육법규로 정해놓고, 이들 교육법규에 근거하여 교육행정이 시행되도록 해야 한다는 것이다.

그런데 특별히 현행 「헌법」 제31조 제6항은 "학교교육 및 평생교육을 포함한 교육제도와 운영, 교육재정 및 교원의 지위에 관한 기본적인 사항은 법률로 정한다"라고 규정하고 있다. 이는 말하자면, 교육 행 · 재정에 관한 기본적인 사항은 반드시 국회의 의결을 거친 법규인 법률(statute)로 정하여야 한다는, 이른바 법률주의를 규정한 것이다. 따라서 교육 행 · 재정에 관한 부수적이고 자세한 사항에 관해서는 행정부가 제정하는 명령(order)에 맡기는 이른바 명령주의라고 하더라도, 기본적인 사항은 그 중요성에 비추어 반드시 성문법률로 정할 것을 명문화하고 있다. 이에 따라 우리나라에서는 교육 행 · 재정에 관한 기본적인 사항은 헌법 외에 「교육기본법」, 「초 · 중등교육법」, 「고등교육법」, 「지방교육자치에 관한 법률」 등의 법률로 정하고 부수적이고 세미한 사항은 교육관계의 대통령령 · 총리령 · 교육부령 등의 법규명령이나 훈령 · 지시 · 통첩 · 예규 등의 행정명령으로, 아니면 지방자치법규로서의 교육조례 및 교육규칙으로 제정 · 실시되고 있다.

2) 교육의 자주성 존중의 원리

자주성이란, 소극적으로는 남의 관여(보호 · 간섭)를 배제하고 행하는 성격이고, 적극적으로는 자기가 주체가 되어 주관 · 주도하는 성격을 말한다. 따라서 이 자주성은, 보호의 배제라는 의미에서는 독립성 · 독자성, 간섭의 배제라는 뜻에서는 자유성 · 자율성, 자기주체라는 의미에서는 주체성 · 주관성 · 주도성과 각각 통하는 개념이다. 그러므로 이 자주성은 결국 이들 독립성 · 독자성 · 자유성 · 자율성 · 주체성 · 주관성 · 주도성을 모두 포괄하는 개념인 것이다.

따라서 교육의 자주성 존중이란, 교육에 관하여 비교육자 · 비교육기관 · 비교육행정기관 등의 외부의 관여(보호 · 간섭)를 배제하고, 교육자 · 교육기관 · 교육행정기관 등의 교육의 주체측이 교육을 주관 · 주도하도록 해야 한다는 뜻이다.

즉, 1차적 교육의 자주성 존중의 방법으로는, 교육자(교원)의 교권(敎權) 확립으로 가르치는 권리에 대한 자주성이 존중되어야 한다. 다시 말해 교원의 교육권이 보장되어야 하는 것이다. 2차적으로는 교육기관의 자주성 존중이다. 특히 학교의 자율성 존중 가운데에서도 특히 대학의 교육에 대한 자율성(= 대학의 자치)이 보장되어야 한다는 것이다. 3차적으로는 교육행정의 자주성 존중으로 교육행정이 일반행정으로부터 분리 · 독립되어야 한다는 것이다.

현행 「헌법」 제31조 제4항은 "교육의 자주성 · 전문성 · 정치적 중립성 및 대학의 자율성은 법률이 정하는 바에 의하여 보장된다"고 규정하고, 이에 따라 「교육기본법」 제6조 제1항은 "교육은 교육 본래의 목적에 따라 그 기능을 다하도록 운영되어야 하며, 어떠한 정치적 · 파당적 또는 개인적 편견의 전파를 위한 방편으로 이용되어서는 아니 된다"고 규정하고, 제2항에서는 "국가와 지방자치단체가 설립한 학교에서는 특정한 종교를 위한 종교교육을 하여서는 아니 된다"고 규정하여, 교육의 자주성 · 전문성 · (정치적 · 종교적) 중립성 및 대학의 자율성이 보장되어야 함을 명문화시키고 있다.

뿐만 아니라 「교육기본법」 제5조 제1항은 "국가와 지방자치단체는 교육의 자주성 및 전문성을 보장하여야 하며, 지역의 실정에 맞는 교육의 실시를 위한 시책을 수립 · 실시하여야 한다"고 규정하고 있다.

이에 따라서, 먼저 국가는 「정부조직법」(제28조)에서 교육행정의 주무장관으로 교육부장관을 두어 교육행정을 일반행정으로부터 구분 · 분리시켰다. 그리고 지방자치단체에서는 「지방교육자치에 관한 법률」의 규정에 따라 교육자치제를 확립하고, 시 · 도와 시 · 군 · 구의 교육행정을 일반행정으로부터 분리 · 독립시키고 있다.

3) 교육기회균등의 원리

기회균등의 원리는 민주주의와 민주행정의 기본 이념으로서 당연히 교육행정의 기본 원리가 되는 것이다. 교육기회균등의 원리란, 국민의 수(受)교육권(교육을 받을 수 있는 권리)과 국민의 교육기회를 균등히 보장하고 차별을 금지시켜야 한다는 원리이다.

현행 「헌법」 전문(前文)에서도 "…정치 · 경제 · 사회 · 문화의 모든 영역에 있어서 각인의 기회를 균등히 하고…"라고 규정하여 기회균등보장의 입법정신을 밝히고,

또한 동법 제11조 제1항은 "모든 국민은 법 앞에 평등하다. 누구든지 성별·종교 또는 사회적 신분에 의하여 정치적·경제적·사회적·문화적 생활의 모든 영역에 있어서 차별받지 아니한다"고 국민평등과 함께 차별금지를 규정하고 있다.

그리고 동법 제31조 제1항은 본격적으로 "모든 국민은 능력에 따라 균등하게 교육을 받을 권리를 가진다"고 국민의 수(受)교육권과 교육기회의 균등보장을 규정하고 있다. 이에 따라 제2항은 "모든 국민은 그 보호하는 자녀에게 적어도 초등교육과 법률이 정하는 교육을 받게 할 의무를 진다"라고 의무교육제와 자녀취학의무를 규정하여 자녀의 수교육권을 보장하고, 제3항은 "의무교육은 무상으로 한다"라고 의무교육무상의 원칙을 규정하면서 제1항의 교육기회의 균등보장책을 더욱 강화하고 있다.

아울러 「교육기본법」 제3조는 "모든 국민은 평생에 걸쳐 학습하고, 능력과 적성에 따라 교육받을 권리를 가진다"고 국민의 학습권을 규정하고, 동법 제4조는 "모든 국민은 성별, 종교, 신념, 사회적 신분, 경제적 지위 또는 신체적 조건 등을 이유로 교육에 있어서 차별받지 아니한다"고 교육기회의 균등보장과 함께 차별금지를 규정하고 있다. 또한 동법 제8조 제1항은 "의무교육은 6년의 초등교육 및 3년의 중등교육으로 한다"라고 9년간의 의무교육제를 규정하고, 제2항은 "모든 국민은 제1항의 규정에 의한 의무교육을 받을 권리를 가진다"고 정하여 국민의 9년간의 의무교육을 받을 권리를 더욱 적극적으로 보장하고 있다.

4) 적도집권의 원리

적도집권의 원리는 교육행정의 중앙집권주의(centralization)와 지방분권주의(decentralization)를 적당한 선(정도)에서 균형·조화시켜서 이 두 제도의 장점을 다 취할 수 있도록 하여야 한다는 원리이다.

중앙집권주의는 전국적 혹은 국가적 시책을 효율적으로 수행할 수 있는 점과 각 지역 간의 평준화를 기할 수 있는 등의 장점이 있다. 그러나 지방분권주의는 지역 특수성을 반영할 수 있음과 동시에 지역주민의 의사를 반영하기 쉬운 장점을 갖고 있다. 그리고 이 두 제도의 장점은 상대방 제도의 단점이 되는 것이다.

결국 적도집권의 원리는 이 중앙집권주의와 지방분권주의의 장점을 최대한 활용하면서 그 단점을 최소화하는 선에서 균형·조화시켜야 한다는 것이다.

이 적도집권의 방법으로는 중앙정부에서는 전국 공통적·기본적인 교육정책을 수립하고 전문적·기술적인 지도와 조언을 하면서 교육재정의 국고지원을 하는 데 그치고, 한편 지방자치단체는 공선제를 통한 교육자치제 및 공청회를 통해서 지역 주민의 의사를 반영하고, 그 지역 특성에 맞는 교육목표, 내용, 방법을 채택할 수 있도록 함으로써 두 제도를 균형·조화시킬 수가 있는 것이다.

2. 운영 면의 원리

미국의 모트P. Mort는 교육행정의 실제적 집행과정에서 하나의 규범이 되는 몇 가지 원칙을 제시하였다. 이를 바탕으로 한 우리나라 교육행정의 운영 면의 원리는 다음과 같다.[2)]

1) 타당성(validity)의 원리

타당성이란, 사리나 목적에 합당·부합하는 성격을 뜻하기 때문에, 이 타당성의 원리를 합리성 혹은 합목적성의 원리라고도 한다. 교육행정의 목적은 교육정책을 집행하고 교육목표를 달성하는 것이다. 따라서 모든 교육행정 행위는 이러한 교육 목적과 사리에 부합·합당하도록 이루어져야 한다는 원리이다.

결국 교육행정은 교육목표를 효율적으로 달성하기 위하여 조건을 정비하고 이의 활동을 조절·통합하는 일련의 조장활동인 것이다. 그러므로 교육행정은 봉사적·수단적인 활동으로서 그 자체가 목적이 될 수는 없는 것이다. 따라서 교육행정의 목적을 벗어난 행정을 해서는 안 되며, 목적과 수단을 착각해서도, 행정을 위한 행정이 되어서도 안 된다는 원리이다.

2) 민주성(democracy)의 원리

교육행정의 민주성의 원리란, 교육행정을 민주적으로 민주성이 보장되는 이른바 민주행정이 이뤄져야 한다는 원리이다.

2) 김선양·박상호(1979). 교육원리신강. 교동문화사, p. 184.

민주교육행정이란 교육정책의 수립과정에 있어서 공선제 · 공청회 등을 통하여 광범위하게 국민이나 주민의 중의를 반영하게 하고, 결정된 교육정책의 집행과정에 있어서도 합리적인 권한의 위임을 통하여 다수가 교육정책의 집행에 관심을 갖고 참여하도록 하는 행정을 말한다. 말하자면 교육정책의 수립이나 집행에 있어서 행정가의 독단이나 편견을 배제하고, 중의를 최대한 존중하며, 명령과 강제가 아니라 이해와 협조를 바탕으로 하여야 한다는 원리이다.

3) 효율성(efficiency)의 원리

효율성이란 효과성과 능률성을 합한 개념이다. 약을 쓴 효과 혹은 공부한 효과 등과 같이 효과는 목표달성을 위한 질적인 성과를 의미하고, 능률은 투입의 결과로서 산출되는 양적인 성과의 비율을 말하는 것으로 공부의 능률 또는 작업의 능률과 같은 경우에 쓰인다.

효율성 원리는 비단 교육행정에서 뿐만 아니라 모든 합리적인 활동에 있어서 공통적으로 강조되는 하나의 경제적 원리이기도 하다. 효율이란 말은 최소의 경비 · 시간 · 노력으로 최대의 효과와 능률을 얻는 것을 말한다. 따라서 교육행정의 효율성 원리란 교육활동에 있어서 무리와 낭비를 최소화시키면서 최소한의 경비 · 시간 · 노력을 투입하여 최대한의 교육효과와 능률을 올릴 수 있도록 해야 한다는 원리이다. 다만, 이는 일반경제원칙과는 달리 교육행정의 효율은 장기적이고 무형적인 성과를 더 중요시하며, 또한 경제적 효율보다 사회적 효율을 더 중요시함을 염두에 두어야 한다.

4) 적응성(=발전성, adaptability)의 원리

적응성의 원리는 교육행정은 지역성 · 사회성 · 시대성에 부합 · 적응하는 개혁성 · 발전성 · 진보성이 있어야 한다는 원리이다. 적응이란 새로운 사태에 대응하여 조화적 · 능률적인 관계를 확보하고 낙후성 · 비현실성을 배격해야 한다는 것이다. 따라서 이 원리는 교육행정을 지역적 · 사회적 특성에 따라 혹은 시대의 변화에 따라 민감하게 적응 · 부합하도록 하여 교육행정의 합리화 · 능률화를 기하여야 한다는 원리이다.

교육정책의 수립이나 집행과정에 있어서 획일성 · 보수성을 타파하고, 지역적 · 사회적 · 시대적인 환경에 알맞게 대응하며, 보다 발전적인 정책을 강구하여야 한다는 뜻이다.

5) 안정성(stability)의 원리

교육은 국가의 백년대계, 아니 천년대계이기 때문에 교육행정에 있어서 급진적인 개혁이나 획기적인 성과를 추구하기보다는 될 수 있으면 부작용이 없는 일관성 · 지속성 · 전통성 · 보수성을 유지하며, 안정성을 확보하도록 해야 한다는 원리이다.

이는 특히 전통적 민족 고유문화의 보전과 계승교육이 강조되어야 한다는 것이다. 옛것은 모두 낡은 것, 못 쓸 것이 아니고 새것 또한 전부 신선하고 세련된 것이 아니기 때문이다. 뿐만 아니라 외래사상 · 외래문화의 무비판적인 수용이나 그에 따른 교육정책의 조령모개식 변화를 배격하고 전통성 · 지속성 · 보수성을 유지하도록 하여야 한다는 것이다.

6) 균형성(balance)의 원리

균형성의 원리는 균형적 판단(balance judgement)을 의미하는 원리이다. 상술한 제 원리 간의 상충 · 모순을 균형 · 조화시켜야 한다는 원리이다. 말하자면 타당성과 민주성, 타당성과 능률성, 민주성과 능률성, 적응성과 안정성과 같은 여러 가지 원리 사이에 상충 · 모순될 경우가 흔히 발생하기 때문이다. 이러한 때 그 상충 · 모순되는 원리들끼리 적절한 선에서 균형 · 조화시키는 판단이 필요하다는 것이다.

이 균형적 판단의 기준은 사안의 본말(本末) · 경중(輕重) 혹은 완급(緩急)에 따라 우선순위를 정하여 실시하되 그 차순위의 보완책을 강구하며, 교육목적을 효율적으로 달성할 수 있게 해야 하는 것이다.

제3절 교육행정의 성격

1. 교육행정의 일반적 성격

교육행정은 다른 부문의 행정과 공통요인(general factor)이 있는가 하면, 다른 행정과 구분되어야 하는 특수요인(special factor)이 내포되어 있다. 왜냐하면 교육행정과 다른 부문의 행정이 구분되어야 할 이론적 근거가 없다면 교육행정의 독자성이 인정되지 않기 때문이다. 그러므로 교육행정은 다른 부문의 행정이 가지고 있는 공통적 성격과 교육행정만이 가지고 있는 특수성 혹은 독자성을 다 같이 공유하고 있는 것이다. 먼저 교육행정의 공통적 또는 일반적 성격으로 정치적 · 조장적 · 수단적 · 전문적 · 민주적 성격 등을 생각할 수 있다.

1) 정치적 성격

정치적 성격이라고 할 때, '정치'라는 용어는 여러 가지로 해석될 수 있지만, 여기서 말하는 정치는 정당정치나 권력의 다툼 등을 생각하는 것이 아니다. 교육행정의 성격에서 말하는 정치는 그 용어 자체가 지니고 있는 동적 활동을 의미하는 것이다. 따라서 교육행정가는 건전한 교육철학을 가지고, 또한 아동 · 학생 · 지역사회, 나아가서는 일반적인 사회의 요구를 충족시킬 수 있는 교육발전계획을 지도할 능력을 가져야 한다. 그러므로 여기서 말하는 정치적 성격이란 권력을 뜻하는 것이 아니라 오히려 사실을 강조하며, 일시적 목적이나 기회보다도 장기계획과 먼 훗날을 전망하면서 계속적으로 교육계획을 입안해 나아가는 교육행정의 성격을 의미한다.

2) 조장적 성격

행정작용을 크게 두 가지로 나누어 적극행정과 소극행정으로 볼 수 있다. 이러한 경우 적극행정은 사회공공의 복지증진을 주 목적으로 하는 행정을 말하고, 소극행정은 사회공공의 질서유지를 목적으로 하는 행정을 말한다. 따라서 이 두 가지 행정은 목적달성을 위한 행정작용이 각각 다른 양상으로 나타나게 된다. 보육행정이나 조정행정은 법을 바탕으로 한 권력의 행사보다도 심적 · 물적인 봉사를 중점적으로 하는 행정이며, 경찰행정은 주로 법의 권력 또는 명령을 행사하는 강제성이 많은 행정이다. 이와 같이 나누어 볼 때 앞에서 말한 바와 같이 국가통치작용의 행정분야에서 교육행정의 위치는 내무행정에 속하면서도 치안행정이 아닌 보육행정의 분야였으니 교육행정의 조장적 성격이 명백해진다.

3) 수단적 성격

교육행정은 교육목적 달성을 위하여 필요한 인적 · 물적 여러 조건을 확립 · 정비하여 그 실현을 위한 것이라면, 그것은 수단인 동시에 기술적 성격을 인정하지 않을 수 없다. 그러나 행정의 성격이 기술이냐 또는 이론이냐라는 논란이 없는 것은 아니다. 행정을 기술이라고 보는 견해는 실무경험만 쌓으면 교육행정을 능히 담당 · 수행할 수 있다는 것이고, 이론이라는 견해에서는 행정실무에는 지침 · 이론 · 과학화 등의 움직임이 필요하다고 한다. 그러나 여기서는 그 시비를 따지기보다 교육행정이 행정을 위한 행정이 아니라 교육을 위한 행정, 교육목적 달성의 능률화를 위한 행정이기 때문에 수단적 · 기술적 성격을 가지고 있다는 것을 의미한다.

4) 전문적 성격

시대와 사회가 복잡해짐에 따라 직업도 고도의 분화를 가져오게 되었으며, 또 각각의 직업은 점차로 전문화되어가고 있다. 따라서 교육분야도 예외가 될 수 없으며, 현대교육이 전문직업으로 인정되는 것도 당연한 일이다. 교육의 특수한 전문성을 유지하기 위하여 거기에 필요한 교육행정실무자로서의 기술이 요구되는 것은 필연적인 결과이다. 그러므로 교육행정가가 되기 위해서는 거기에 필요한 폭넓은 지식과 장기간에 걸친 전문적 훈련이 요구된다. 이러한 것은 아무리 학교에서 훌륭한 교사라고 해도 그가 반드시 훌륭한 행정가가 된다는 보장은 없다. 그것은 교육행정가에게 특별히 필요한 여러 조건이 구비되지 않으면 안 되기 때문이다.

5) 민주적 성격

민주주의의 실현을 위한 교육은 교육행정의 민주화를 반드시 요청한다. 이것은 설명할 필요도 없이 교육에 미치는 환경적 제 조건이 교육작용에 어떠한 영향을 미치느냐에 관한 필연적인 결과이기 때문이다. 따라서 행정 자체가 민주화된다는 것은 곧 교육의 민주화를 의미하는 것이다. 교육행정이 민주화되자면, 교육행정가의 지도성을 비롯하여 교육행정의 기구 · 조직, 학생행정 · 교육과정 또는 교과서, 교육시설, 교직원 관리, 사회교육, 교육재정 등 여러 분야에 걸쳐서 참다운 민주화가 되어야 한다. 그러기 위해서는 교육행정조직의 민주화, 교직원 제도의 민주화, 교육시설의 민주화, 교육내용의 민주화가 이루어져야 한다.

2. 교육행정의 독자적 성격

이상에서 지적한 교육행정의 성격들은 다른 부문의 행정에서도 그 유사한 것을 찾아볼 수 있다. 특수적 또는 독자적 성격은 교육행정에서만 찾아볼 수 있는 것으로 행정보다는 교육에 더 강조점을 둠으로써 교육행정이 타 부문의 행정과 구별되는 독자적 성격이 나타날 수 있다. 교육행정의 독자적 성격으로는 다음과 같다.

첫째, 교육의 장기성에 기인하는 교육행정이 지향하는 목표달성의 장기성과 이에 따른 비긴급성이다. 특히 교육의 장기적 투자와 투자이익 회수의 장기성은 비생산적인 활동으로 여겨진다. 교육재정의 분리 · 독립도 이러한 점에서 더욱 필요하다.

둘째, 교육에 관여하는 제 집단의 독자성과 협력성은 그대로 교육행정의 특수성을 잘 나타내 주고 있다. 학교조직만 보아도 우선 교사조직, 학생조직, 학부형조직, 지역사회조직 등 관련조직이 그 나름대로의 독자성을 가지고 있으며, 교육목표를 효과적으로 달성하기 위하여 이들 이질적인 관련 사회집단이 상호작용하고 있음을 볼 수 있다.

셋째, 교육효과(educational effectiveness)에 관한 직접적인 측정의 곤란성을 들 수 있다. 교육효과는 학생의 지적 · 정서적 · 신체적 등 여러 방면의 변화로 나타나지만, 이러한 것이 개인발전과 사회발전으로 연결되어 평가되는 데는 투입과 산출의 문제, 무형적인 성과, 효과의 장기성 등으로 인하여 측정이 곤란하다.

이와 같이 교육은 전 국민을 대상으로 그들의 능력을 점진적으로 신장 · 발달시켜 사회발전을 도모하는 작용이고, 교육행정은 이를 위한 조건정비적 봉사활동으로 볼 때 상술한 바와 같은 교육행정의 성격을 들 수 있다.

제4절 교육행정의 연구영역

교육행정을 보다 더 올바르게 이해하기 위해서는 교육행정의 범위 혹은 영역을 알 필요가 있다. 이 교육행정의 범위는 보는 관점에 따라 여러 가지 각도에서 분류할 수 있으며, [그림 1-1]과 같이 나타낼 수 있다.[3)]

교육행정의 연구영역을 교육활동 부문, 교육행정 과업, 교육행정 수행과정, 교육행정 작용 범위 측면에서 자세히 나열해 보면 다음과 같다.

첫째, 교육활동의 부문에 따라서 유아교육행정 · 초등교육행정 · 중등교육행정 · 고등교육행정 · 실업교육행정 · 특수교육행정 · 교원행정 · 재외국민교육행정 · 사회교육행정 등 여러 부문으로 구분할 수 있다.

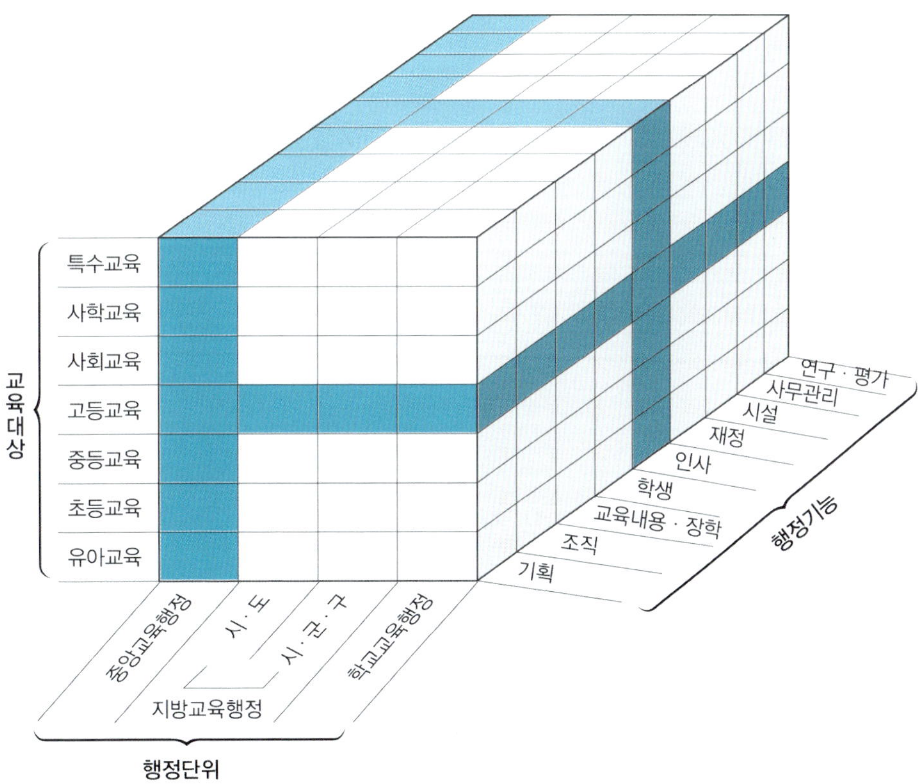

그림 1-1 교육행정영역 구분

3) 남궁용권(1985). 교육학개론. 재동문화사, p. 53.

둘째, 교육활동에 관한 교육행정과업의 구분에 따라서 교육목표 · 교육과정 · 교과서 · 교육방법 · 교직원 인사 · 학생인사 · 재무 · 시설 · 사무관리 · 홍보 등 여러 가지 영역으로 교육행정을 구분할 수가 있다.

셋째, 교육행정이 수행되는 과정(요인)을 기준으로 해서 기획 · 정책결정 · 조직 · 교신 · 지도 · 감독 · 조정 · 통제 · 평가 등의 영역으로 구분할 수가 있다.

넷째, 교육행정작용이 미치는 범위에 따라서 국가, 지역, 단위학교 수준의 3단계로 구분할 수 있다. 국가수준의 중앙교육행정, 지역수준의 지방교육행정, 단위학교의 학교교육행정이 있다. 지역수준에서는 광역(상급)지방자치단체인 서울특별시 · 광역시 · 도의 교육행정이 있고, 기초(하급)지방자치단체인 시 · 군 · 구의 교육행정이 있다.

연구와 토론을 위한 실전문제

1. 교육행정의 개념을 기능론적 입장에서 설명하시오.
2. 행정행위설(경영설)에서 강조되고 있는 교육행정의 개념을 설명하시오.
3. 교육행정의 법규 면의 원리를 설명하시오.
4. 교육행정의 운영 면의 원리를 설명하시오.
5. 교육행정의 일반적 성격을 설명하시오.
6. 교육행정의 연구영역을 설명하시오.

Chapter 2

고전이론과 인간관계론

교육행정이론이 어떻게 발달되어 왔는가를 알기 위해서는 일반적인 행정이론의 발달 경로를 살펴보아야 한다. 여기서 우리는 교육행정이론이 일반행정이론과 어떻게 연관을 맺고 시대적 상황과 관련하여 오늘에 이르게 되었는가를 살펴볼 것이다.

행정학(science of public administration)은 (1) 고전이론(1900~1930), (2) 인간관계론(1930~1950), (3) 행동과학론(1950~1970), (4) 체제이론(1960~현재)의 네 가지 주요 단계를 거쳐 발달되어 왔다. 그러나 이 네 가지 단계는 서로 중복되면서 오늘에 이르고 있다는 것을 잊지 말아야 한다. 이 장에서 우리는 고전이론과 인간관계론에 대해 살펴보고자 한다.

제1절 고전이론(1900~1930년)

1. 테일러Frederick W. Taylor의 과학적 관리론

20세기에 들어서면서 미국에서는 산업화, 인구의 도시집중화 등 사회가 복잡해져 감에 따라 보다 능률적인 관리의 필요성이 고조되어 갔다. 이 같은 사회적 변화에 능동적으로 대응할 수 있는 방법을 찾아내려는 운동을 과학적 관리운동(scientific management movement)이라 부른다. 이 같은 과학적 관리운동의 아버지로 알려진 테일러(Frederick W. Taylor, 1856~1915)는 산업체 내에서 효율적으로 인간을 이용할 수 있는 방법을 찾아내려 했다. 그는 본래 공장의 노무자로 일한 경험이 있으며, 그 후에는 서기, 기계공, 도안사, 그리고 마침내는 기술자로 바뀌어가는 가운데 인간은 능률적인 기계로 만들어질 수 있을 것이라는 신념을 굳게 지니게 되었다. 행정에 있어서 과학적 관리가 갖는 핵심은 인간을 기계로 본다(concept of man as machine)는 것이다.

테일러Taylor와 그의 동료들은 노동자들이 금전에 따라 일할 동기를 갖게 되지만,

신체적으로 여러 가지 제약을 받기 마련이므로 끊임없는 지시(direction)를 내리는 것을 절대적으로 필요로 한다고 생각했다. 1911년 테일러Taylor가 쓴 『과학적 관리의 원리(The Principles of Scientific Management)』에서 다음과 같은 그의 사고의 일면을 엿볼 수 있을 것이다.

① **매일의 과업**: 지위의 고하를 막론하고 모든 사람은 자기에게 부과된 명확하게 규정된 과업을 갖고 있어야 한다. 이렇게 상세하고 명확하게 규정된 과업(job specification)은 온종일 해야 마칠 수 있는 것이어야 한다.

② **표준조건**: 노동자에게는 정확히 과업을 수행할 수 있는 표준화된 조건과 도구가 제공되어야 한다.

③ **과업의 성공에 따른 높은 보수**: 과업을 성공적으로 완료하는 데 따라 높은 보수가 제공되어야 한다.

④ **과업의 실패**: 부과된 과업이 실패하면 그 대가를 개인이 지도록 한다.

⑤ **조직 내에서의 전문가**: 조직이 점차 복잡해짐에 따라 고도의 전문가들에 의해서만 이루어질 수 있도록 과업은 어려운 것이어야 한다.

테일러Taylor는 노동자와 관리자 사이의 상호의존성을 잘 알고 있기는 했으나 본질적으로 이 둘 사이에는 적대적이고 비능률적 요소가 존재한다는 것을 알고, 이 같은 비능률적 요소를 제거하는 방안을 그의 관리론에서 찾아내려 한 것이다.

인간공학자(human engineers)로서 테일러Taylor와 그의 동료들은 신체적 또는 육체적 생산에 신경을 쓰게 되었고, 주어진 과업을 수행하는 데 최대의 빠른 방법을 고안해 내는 시간과 동작 연구(time and motion studies)를 했다.

① 두 손은 시작과 끝을 활동과 같이 해야 한다.

② 팔의 움직임은 꼭 같이 이루어져야 하며, 정반대 방향과 대칭적 방향에서 이루어져야 한다.

③ 순조롭고 계속적인 손의 활동이 급격히 방향을 바꾸거나 너무 빠른 것과 같은 움직임보다 좋다.

④ 기계, 재료 및 도구는 작업하는 사람 바로 앞에 있거나 가까이 있는 것이 좋다.

⑤ 도구는 가능한 한 한데다 모아놓는 것이 좋다.

테일러Taylor는 작업의 능률을 높여야 기업이 번영될 수 있고, 기업이 번영되어야 높은 임금을 위해 일하는 노동자들을 만족시킬 수 있다고 보았을 뿐 아니라, 이 같은 기업의 번영에 따라 고임금 지급이야말로 기업을 더욱 번영시킬 전문가들을 고용하며 그들을 지속할 수 있다고 믿었다. 그러기 위해 필요한 것은 다름아닌 과학적이고 합리적인 관리인 것이었다.

이미 지적한 대로 노동자들은 고용주로부터 높은 임금을 원하기 마련이고 고용주는 어떻게 해서라도 노동자들에게 낮은 임금을 지급하려 하는 것이 원칙이다. 이 같이 양자 간에 상반된 이해관계를 원만히 충족시킬 수 있는가에 따라 기업의 성패가 결정될 수 있다고 본 테일러Taylor는 이 두 가지 이해를 위한 다음과 같은 과학적 관리의 원칙을 제시했다.

① 작업에 관한 참된 과학의 발전(the development of true science of work)

② 노동자의 과학적인 선발(the scientific selection of the workman)

③ 노동자의 과학적인 교육과 개발(scientific education and development)

④ 관리자와 노동자 간의 친밀한 협동(intimate friendly cooperation between the management and the men)

이상과 같은 네 가지 원리는 노동자가 매일 해야 할 과업이 무엇인지 과학적으로 조사하고 최적의 조건 아래에서 노동자가 수행할 수 있는 작업량을 결정해 놓은 다음 그 같은 과업을 수행할 수 있으며, 또 거기에 상응하는 높은 임금을 받을 자질 있는 노동자들을 합리적으로 선발하는 동시에 선발한 노동자들에게 직업교육을 제공해 주며, 과업의 성질을 알게 해 줌으로써 관리자와 노동자 사이에 협동이 이루어지도록 하는 것 등이다.

테일러Taylor의 이 같은 과학적 관리론은 '능률'(efficiency)의 제고라는 점에서 대기업이나 행정이론의 발달에 지대한 영향을 미쳤으나, 그의 과학적 관리론이 전혀 반발 없이 받아들여진 것은 결코 아니었다. 이를테면 중간관리자나 노동자들은 테일러Taylor의 관점이 인간의 심리적 측면을 무시한 채 기계적인 측면만을 생각해 낸 것이라 비난했다.

테일러Taylor의 과학적 관리론은 인간의 생리 · 물리적 측면만 지나치게 강조한 나머지 심리 · 사회적 측면은 무시한 것이었음을 오늘날 많은 사람들이 지적하고 있다. 하지만 그는 과업이 어떻게 능률적으로 수행될 수 있는가의 과학적 방안을 제시하는 데 크게 공헌한 것 또한 사실이다.

2. 행정관리론

인간은 지구상에서 살기 시작하면서 점차 사회를 이루어갔고, 그 같은 사회가 유지·존속되기 위해서 어차피 조직(organization)을 운용하기에 이르면서 사람들은 조직의 본질과 그 조직을 관리하는 인간의 행위에 관하여 언제나 깊이 생각해 왔다. 그러던 중 일찍이 테일러Taylor 같은 사람을 중심으로 과학적 관리론이 능률적인 조직관리에 크게 적용하기 시작하면서 행정과 관리(management)는 거의 같은 말로 쓰여지게 되었다. 그리고 행정학은 이 같은 과학적 관리를 중시하는 방향으로 움직여 갔다. 다만, 테일러Taylor의 인간공학이 개개인 노동자들에 대한 하향식 관리에 집중된 것이라면, 행정관리론자들로서 페이욜Henri Fayol이나 귤릭Luther Gulick 등은 노동자들로부터 상향식 행정관리를 중요시한 것이라 할 수 있다.

페이욜(Henri Fayol, 1841~1925)은 테일러Taylor와 마찬가지로 행정의 능률을 높이기 위한 과학적 관리론을 발전시킨 사람이다. 페이욜Fayol은 프랑스의 광산기술자였으며, 후에는 성공적인 관리자가 되었을 뿐만 아니라 일반 행정학을 가르칠 수 있게도 됐다. 페이욜Fayol은 테일러Taylor처럼 산업조직에 있어서 생산과정을 과학적으로 분석하였는바 능률을 제고함으로써 고용주에게는 높은 이윤을, 그리고 노동자들에게도 높은 보수를 제공하여 일하고 싶은 동기를 불러일으킬 때 기업에 성공을 가져다 줄 수 있다고 보았기 때문이다.

페이욜Fayol은 행정행위(administrative behavior)를 다음과 같은 다섯 가지 요소로 정의하였다.

① **기획**(planning): 미래를 연구하고 행동계획을 수립하는 것
② **조직**(organizing): 사업의 인적·물적 조건을 체계화하는 것
③ **명령**(commanding): 직원들로 하여금 자신들의 일을 하게 만드는 것
④ **조정**(coordinating): 모든 활동을 통합하고 관련시키는 것
⑤ **통제**(controlling): 모든 것이 규칙과 명령에 따라 수행되었는지를 확인하는 것

이 같은 행정행위의 다섯 가지 요소를 확인시킴으로써 페이욜Fayol은 일반행정학의 발달에 크게 기여했다고 할 수 있다. 또 그는 광산기술자로서 그리고 나중에는 성공적인 관리자로서 자신의 경험에서 터득한 행정의 기본 원리들을 제시하였는데, 그 내용은 다음과 같다.

① **분업의 원리**: 분업에 따른 전문화가 필요하며, 이 같은 전문화가 생산성을 높여준다.

② **권한의 원리**: 이것은 명령하는 권리이며, 그 같은 권리는 책임을 수반한다.

③ **규율의 원리**: 행정에는 엄격한 규율이 지배되어야 한다.

④ **명령일원화의 원리**: 여러 사람들로부터 명령을 받는다면 혼선을 일으킬 수 있으므로 명령은 일원화되어야 한다.

⑤ **일반적 이익에 대한 개인적 이익의 종속의 원리**: 관리자는 조직의 목표가 직원의 목표보다 우선한다는 것을 인식시켜야 한다.

⑥ **보상의 원리**: 높은 보수는 노동자들로 하여금 일을 하고 싶게 만드는 동기이다.

⑦ **집권화의 원리**: 집권화는 업무의 조건과 직원의 자질에 의존하는 정도의 문제이다.

⑧ **책임계열의 원리**: 지시의 일원화를 위하여 계서제(hierarchy)가 필요하다.

⑨ **공정성의 원리**: 행정은 공정성을 필요로 한다.

⑩ **임기안정의 원리**: 안정된 임기가 보장되지 않으면 기업이 번영할 수가 없다.

⑪ **자발성의 원리**: 노동자들이 자발적으로 일을 수행하도록 해야 한다.

⑫ **단체정신의 원리**: 관리자들은 노동자들의 사기를 높여주어야 한다.

이 같은 원리들은 엄격한 실험적 연구를 통하여 확인된 원리들이라기보다 페이욜Fayol이 실제 경험을 통하여 얻어낸 원리들이다. 그럼에도 불구하고 이 같은 원리들은 후의 과학적 연구들을 거쳐가는 가운데 오랫동안 많은 연구에 영향을 미쳐왔다는 것은 참으로 놀랍다 하지 않을 수 없다.

귤릭(Luther Gulick, 1892~1993)은 페이욜Fayol의 행정행위에 대한 정의를 보다 더 확충시켰다. 귤릭Gulick은 '최고 행정집행자의 직무(work)는 무엇인가?'(What is the work of the chief executive?)라는 질문에 대한 대답으로 'POSDCoRB'라는 약성어(acronym)를 만들어냈다. 그것은 7가지 행정의 절차를 말하는 것으로서 기획(planning), 조직(organizing), 인사배치(staffing), 지휘(directing), 조정(coordinating), 보고(reporting), 그리고 예산편성(budgeting)이다.

귤릭Gulick이 주장한 행정관리자의 역할은 다음과 같다.

첫째, 일의 분업(division of labor)이 중요한데 어떤 과업(task)이 세분화될수록 전문화되게 마련이며, 이 같은 분업에 의한 전문화가 과업을 수행하는 사람에게 보다 능률적이게 만든다. 말하자면, 귤릭Gulick은 페이욜Fayol의 관리원리들 가운데 하나였던 분업의 원리를 강조한 것이며, 이 같은 분업의 원리는 자연히 전문화의 원리를 수반하게 한 것이다. 또 분업을 서로 상보해 주기 위하여 일정한 과업들은 분야별로 묶여져 과(departments)로 통합되게 하였다.

둘째, 통솔범위(span of control), 즉 몇 명의 직원을 통솔하게 할 것인가는 행정의 두 번째 원리이다. 상부에서 하부에 이르기까지 조직을 세분화함에 있어서 일의 각 단위마다 통솔되며, 다른 단위들과 조정(coordination)될 수 있도록 지도되지 않으면 안 된다. 여기에 가장 능률적인 통솔범위는 5~10명으로 생각되었다.

셋째, 통솔범위를 의미하는 둘째 원리에서 기인되는 피라미드식 조직구조는 모든 권력과 권한이 한 사람의 관리로부터 상부에서 하부구조로 명령을 일원화(unit of command)하는 원리를 강조하게 만들었다. 이렇게 볼 때 귤릭Gulick은 분업의 원리, 통솔범위의 원리, 그리고 명령 일원화의 원리 등을 강조했다고 할 수 있다.

테일러Taylor와 같은 인간공학자나 페이욜Fayol, 귤릭Gulick 등과 같은 행정관리자 모두가 형식적 또는 관료조직을 강조했다. 그들은 모두 분업, 권력 분배, 그리고 과업을 수행하는 지위(position)마다 무엇을 해야 할 것인가를 명기해 놓는 것을 중요시한 것이다. 한편 이 사람들이 행정에 있어서 눈여겨 볼 수 없었던 것은 개인이 지니고 있는 독특성(idiosyncrasies)과 과업수행에 있어서 발생하는 사회적 역동성(social dynamics of people at work)이었다. 그런 이유로 해서 지금까지 우리가 살펴본 고전적 행정이론은 흔히 오늘에 와서는 기계모형(machine model)이라 불리게 되었을 정도이다. 고전적 행정모형이 지니고 있는 기본 특성들은 다음과 같은 것으로 특징지을 수 있을 것이다.

① **시간과 동작 연구**(time and motion studies): 하나의 과업은 그것에 필요한 시간과 노력을 극대화하는 방향에서 수행되고 있는가?
② **일의 분업과 전문화**(division of labor and specialization): 어떤 일은 그 일을 이루고 있는 기본 요소들로 세분화되어 그 일을 하는 사람이 능률적으로 수행할 수 있도록 될 때에야 비로소 능률이 보장된다.
③ **과업의 표준화**(standardization of tasks): 과업이 그 구성요인들로 표준화될 때 반복되는 일들을 능률적으로 이행할 수 있다.
④ **명령일원화**(unit of command): 조직을 조정할 수 있으려면 의사결정은 중앙집권화되어야 하며 상부에서 하부에 이르기까지 1대1의 책임이 따라야 한다.
⑤ **통솔범위**(span of control): 명령일원화나 조정은 행정관리자마다 일정한 수(5~10명)의 제한된 인원을 가질 때만 가능하다.
⑥ **기능의 특이성**(uniqueness of function): 한 조직 내의 어느 한 과(department)는 다른 과에 의해 수행되는 기능을 중복하지 않아야 한다.
⑦ **형식적 조직**(formal organization): 능률을 제고시키기 위한 조직에 대한 분석(analysis)은 형식적 또는 공식적 조직의 계획자에 집중되어야 한다. 형식적 조직 내에서 구성원 간의 역동적 상호작용으로 인해 발생되는 비형식적 구조는 연구나 분석의 대상이 아니다.

테일러Taylor의 과학적 관리론과 페이욜Fayol, 귤릭Gulick, 어윅Urwick 등의 행정관리론은 대표적인 고전적 조직이론(classical organization theory)이다. 이 고전적 조직이론은 또 기계모형이라고 이름지은 것으로 보아 쉽게 알 수 있듯이 조직의 역동성을 무시한 채 지나치리 만큼 계획자나 형식적 면만을 강조한 약점을 내포하고 있다. 인간의 행위는 미리 결정되어 있거나 고정되어 있는 것은 아니며, 언제든지 상황에 따라 변할 수 있는 역동적 측면이 있음에도 불구하고 이 고전적 조직이론이 이러한 점을 간과한 것이 하나의 흠이라고 할 수 있을 것이다. 그럼에도 불구하고 1910년대에서 1930년대까지 이 같은 능률만 숭배하는 과학적 관리론과 행정적 관리론 같은 고전적 조직이론은 교육행정에도 영향을 크게 미치게 되어 교육행정의 이론과 실천에 변화를 가져다준 것을 다음에서 쉽게 알 수 있다.

3. 관료제론

베버Weber는 19세기 말 경 서구사회의 급변하는 산업화 시대에 복잡한 공식조직들의 운영을 촉진하는 하나의 방법으로 관료제(bureaucracy) 개념을 제시하였다. 베버Weber는 구성원들이 복종하게 되는 지배자의 권위(authority)를 그 권위가 정당화되는 방법에 따라 전통적(traditional) 권위, 신비적(charismatic) 권위, 합법적(rational-legal) 권위 유형으로 구분하고, 가장 순수한 이상적 유형은 합법적 권위에 의한 지배이며 제도화된 합법적 권위 질서에 따른 관료제가 이상적임을 주장하였다. 오늘날 관료제는 엄격한 권한의 위임과 전문화된 직무의 체계를 가지고 합리적인 규칙에 따라 조직의 목표를 능률적으로 실현하는 조직의 관리운영체제를 의미한다고 볼 수 있다.

베버Weber는 관료제의 특성을 계서제(hierarchy), 분업화 및 전문화, 규정과 규칙의 강조, 비인간적(impersonal), 경력 및 경쟁 지향성 등을 들고 있다.[1)] 이러한 관료제의 특성은 조직에 순기능적인 측면도 있으나 반면에 역기능으로 작용하기도 한다.

표 2-1 관료제의 특성에 따른 순기능과 역기능

관료제의 특성	순기능	역기능
계서제	순응과 원활한 조정	의사소통의 장애, 행정의 독선화, 소외감
분업 및 전문화	생산성과 전문성 향상	권태감 누적, 전문화에 따른 무능화, 변화에 대한 저항
규정·규칙 강조	통일성과 일관성 확보	경직성, 형식성, 목표-수단 전도, 무사안일(복지부동)
비인간적	합리성 증진	비정서성, 사기저하
경력·쟁쟁 지향성	승진 등 동기유발	실적과 연공의 갈등

애보트Abbott는[2)] 학교조직도 관료제의 특성을 가지고 있다고 본다. 학교조직의 경우 교장–교감–교사와 같은 계서제가 존재하며, 각 교과나 학년, 교무 업무가 분장되어 분업과 전문화가 이루어져 있고, 학칙 등 규정과 규칙이 강조될 뿐만 아니라

1) M.Weber(1958), "Bureaucracy", *Essays in Sociology*(ed.), H.H. Greth and W.C. Miles, NY: Galaxy Books, pp. 196~240.

2) M.G. Abbott(1969). "Hierarchical Impediments to Innovation in Educational Organizations", in F.D. Carver and T.S. Sergiovanni(eds.), *Organizations and Human Behavior*, NY: McGraw-Hill, pp. 44~45

교원채용과 승진에서 경력과 경쟁 지향성이 나타나는 점을 그 근거로 제시한다. 그러나 민츠버그Mintzberg는[3] 학교조직을 단순한 관료제로 설명하기에는 곤란하므로, 계층과 규칙 · 절차가 강조되는 관료적 특성과 고도의 기술이 요구 · 적용되는 전문적 특성이 혼합된 전문적 관료제로 볼 필요가 있다고 주장한다. 그는 전문적 관료제 조직의 다섯 가지 핵심 부분을 전략적 정점, 중간관리층, 경영상의 핵심층, 기술적 구조층, 지원직원으로 구분하여 제시하였다.

관료제는 오늘날 학교조직과 교육행정 조직 뿐만 아니라 정부조직, 군대, 일반 기업 등 모든 조직 운영의 근간을 이루고 있다고 해도 지나친 말이 아니다. 관료제는 오늘날 복잡한 조직의 생리에 맞게 적용될 수 있는 유용한 행정체계를 제시함으로써 조직의 체계적 발전에 공헌 면도 있으나, 역기능이 초래되는 등 조직 구성원들의 다양한 욕구를 충족시키는데 한계가 있기도 하다.

4. 과학적 관리론과 교육행정

19세기부터 시작된 산업화는 20세기 초에 접어들면서 과학적 관리론과 행정관리론이 크고 작은 기업들에 응용되기 시작했다. 그중 무엇보다 눈에 띈 것은 과학적 관리론에서 주장하는 능률(efficiency of technology)에 대한 강조였다. 이 같은 기술의 능률을 높이기 위하여 일관작업방식(assembly-line methods)을 통한 표준상품(standard products)의 생산에 박차를 가하기 시작하였는바, 특히 미국의 기업은 이 같은 일관작업방식이 지배적이었다. 그것은 작업(job)이 여러 가지 특정한 조작(operations)들로 세분화되었고, 어떤 한 가지 작업을 할 수 있도록 훈련받은 노동자들은 똑같은 상품을 생산해 내도록 되어 있는 것이다. 노동자나 생산품은 서로 바꾸어 생각될 수 있을 정도였다. 기획(planning)을 수립하는 면에서 보면 거의 모든 결정은 팀(team)의 똑같은 노력으로 이루어진다. 대기업들은 매우 복잡한 구조를 갖추게 되면서 수없이 많은 특이한 전문적 기능뿐만 아니라 이 같은 전문적 기능들 사이의 조정이 필요케 된다.

또한 산업화의 물결에 따라 인간의 성공은 물질적인 것으로 나타나는 경향이 극

3) H. Mintzberg(1979). *The Structuring of Organizations*, NJ: Prentice-Hall, pp. 3~15.

심해지면서 노동자는 테일러Taylor가 밝힌 대로 보수 또는 임금의 고하에 따라 일을 하고 싶은 동기가 생길 수밖에 없으므로, 과학적 관리 및 운영에 따라 기업들은 이윤을 극대화하려고 안간힘을 다할 수밖에 없는 것이다.

이 같은 산업화에 따른 사회변화 및 인간변화의 특징들은 교육에 있어서도 별로 다를 바 없는 특징들을 나타내 주었다. 이를테면 학교에서 쓰여지는 교과서들은 대부분 팀으로 구성된 몇몇 저자들에 의한 공저에 의한 것들이었다. 그리고 교육과정(curriculum)의 결정도 분야별로 유능한 사람들에 의한 협동적 결정에 의해 이루어졌다. 또 한편 교육과정이 표준작업(assembly-line)과 다를 바 없는 단계(stages)로 나뉘어졌다. 더욱이 교육부가 만들어놓은 교육과정 지침서에 의거해서 모든 교사들이 가르쳐야 하는 것이나 국정교과서 채택과 같은 표준화는 교육행정의 과학적 관리가 미친 영향이라 할 수 있을 것이다.

오늘날 많은 사람들은 전문화(specialization)가 능률을 높인다고 믿게 되었다. 이 같은 믿음에 따라 초등학교까지도 과목담당 교사제의 실시를 부르짖게 만들었다. 교육은 그 사회의 문화와 밀접한 관계에 있어서 학교는 그 같은 문화를 반영한다는 사실은 널리 잘 알려진 일이다. 따라서 그 사회 내의 기업의 동향과 교육의 동향 사이에는 유사성이 있으리라는 것을 짐작할 수 있다. 하지만 교육에 있어서 능률숭배(cult of efficiency)는 여러 가지 복잡한 문제들을 가져다준다.

이 같은 문제들은 『교육과 능률의 숭배(Education and the Cult Efficiency)』라는 책을 쓴 캘러핸Raymond E. Callahan의 분석에서 드러났다. 그는 먼저 교육경비를 인하시킴과 동시에 능률을 숭배하는 경향을 가져온 네 가지 원인을 들고 있다.

① 1910년 미국의 개혁운동으로서 이 운동은 모든 공기관의 비능률성을 폭로한 것인바 학교행정도 이 같은 폭로에서 면제받지 못했다.

② 기업에 있어서 과학적 관리의 출현이 또 하나의 원인이며, 이 같은 출현은 능률전문가와 시간 및 운동 연구에 의해 구체화되었다.

③ 기업인들의 계속적인 명성을 들 수가 있으며, 때문에 기업의 운영방법을 교육행정에 적용시키려는 경향을 촉진시킨 것이다.

④ 학교행정관리직의 출현인바 학부형들로부터 합리적 관리운영에 대한 존경을 얻어낼 수 있었던 전문관리인들이 나타난 것이다.

캘러핸Callahan은 이 책의 마지막 장에서 1910년과 1960년 사이에 바뀐 것이 없다면서 학교교육행정에 있어서 보다 높은 능률에 대한 요청은 여전히 강하게 작용하고 있다고 주장했다. 그간 오히려 변한 것이 있다면 교육을 보다 능률적으로 운영하는 기술(techniques)이라고 말했다. 그 같은 기술의 변화로서 프로그램 학습, 특히 티칭머신(teaching machines)의 교실에서의 활용을 통한 학습의 능률화를 강조하고 있다.

캘러핸Callahan은 능률의 숭배가 하나의 악순환으로 몰고간다고 보았다. 즉, 능률과 효율(경제성)에 대한 요청은 학교를 기업처럼 생각하여 학생들을 상품(products)으로 바꿀 수 있는 재료(raw materials)로 여기며, 또 교육행정가로서의 자리를 빼앗기지 않기 위하여 대중의 압력에 굽실거리는 그런 종류의 사람들을 교육행정직으로 끌어들이게 했다는 것이다. 이 같은 지도자들과 조건은 학교교육의 보다 미묘한 면은 모르고 경제성만 요구하는(돈만 아는) 보잘것없이 교육받은 시민들을 생산해냈다.

캘러핸Callahan의 지적대로 일반행정학에서 나타난 조직이론으로서의 과학적 관리론은 학교행정에 큰 파급적 효과를 가져다주었으나, 이 같은 추세에 발맞추어 교육행정학을 학문적으로 전개·발전시킨 학자들은 별로 많지 않았다. 그럼에도 불구하고 스탠포드(Stanford)대학의 엘우드Ellwood는 『공교육행정(Public School Administration)』을 저술하였고, 이 책에서 그는 교육감이 교육구의 규모에 상관없이 조직자(organizer), 집행자(executive) 그리고 감독자(supervisor)로서의 과업을 수행해야 한다고 주장함으로써 과학적 관리론의 영향을 받았다는 냄새를 짙게 풍겨주었다. 조직자로서의 교육감은 교육정책을 개발하고 계획하여야 하며, 집행자로서는 좀 더 많은 권력을 행사하여야 하고, 감독자로서는 광범위한 전문적 지식과 예리한 통찰력을 가지고 교직원과 학생들을 감독해야 한다고 하였다.[4)]

과학적 관리론을 교육행정에 직접적으로 접근시킨 사람은 바빗J. Franklin Bobbit이다. 그는 1912년에 발표한 논문「교육에서의 낭비의 제거」에서 과학적 관리론을 적용할 것을 주장하였다. 즉,

① 가능한 한 모든 시간에 모든 교육시설을 활용한다.

4) Ellwood E. Cubberley(1916). Public School Administration. Boston: Houghton Mifflin. Co, pp. 145-156, 이형행(1983). 교육행정: 이론적 접근. 서울: 문음사, p. 79 재인용.

② 교직원의 작업능률을 최대로 유지하며, 교직원의 수를 최소로 감축한다.
③ 교육에서의 낭비를 최대한 제거한다.
④ 교원들에게 학교행정을 맡기기보다는 학생들을 가르치는 데 교원들을 활용하도록 한다.[5]

또 바빗Bobbit은 '도시학교제도에의 과학적 관리법의 적용'이라는 글에서도 학교관리와 장학행정의 과학적 관리원칙을 적용해야 할 것을 주장했다. 기업에서와 마찬가지로 교육에서도 생산품(학생)의 표준화, 생산방법(교육방법), 생산자의 자질(교사) 및 교육과 훈련의 과학적 관리를 적용하여 교육의 능률을 높일 것을 강조했다.[6]

요컨대 1910년부터 시작된 행정의 과학화의 움직임은 행정학 발달에도 지대한 영향을 미쳤지만, 그 같은 움직임이 기업에 준 파급효과 때문에 사회를 반영하는 교육에도 과학화의 물결을 가져다주었고 교육현장에서도 많은 변화를 찾아볼 수 있게 만들었다. 한편 이 같은 과학적 관리의 움직임이 학문으로서의 교육행정학 발달에도 눈에 띄게 그 여파를 느낄 수 있게 했다.

제2절 인간관계론(1930~1950년)

인간관계론(human relations)은 지나치리만큼 경제성과 과학화만을 강조했고 인간의 사회적 역동성을 무시했던, 그리하여 인간공학 또는 기계모형이라고까지 불렸던, 고전적 조직이론에 대한 반동으로 나타난 하나의 학문적 운동을 말한다. 이 같은 운동은 폴렛Mary Parker Follet의 탁월한 논문들과 메이요Elton Mayo 등의 호손Hawthorne 실험연구 등을 통해서 확산되어가기 시작했다.[7]

---

5) J. Franklin Bobbitt(1912). "The Elimination of Waste Education". The Elementary School Teacher, Vol. XII, No, 6(Feb.), pp. 260-269.
6) 이형행. 전게서, p. 77.
7) Mary Parker Follett(1924). Creative Experience. London: Longamans and Green, pp. 19-24, p. 300.

1. 폴렛Mary P. Follett

폴렛(Mary P. Follett, 1868~1933)은 행정의 인간적 측면을 다룬 탁월한 논문들을 발표했다. 그녀는 모든 조직에 있어서 기본적인 문제는 역동적이고 조화로운 인간관계를 발전하고 유지하는 데 있다고 보았다. 또 갈등(conflict)은 필연적으로 양립될 수 없는 것들을 발생케 하는 낭비적인 것이 결코 아니라고 본 것이다. 오히려 갈등은 정상적인 과정에서 어쩔 수 없이 생기는 것으로, 그 과정을 통해서 모든 관련된 자들이 보다 풍족한 결과를 가져오기 위해서 사회적으로 가치 있는 차이를 드러내는 것뿐이라고 했다.

폴렛Follett은 이 같은 갈등을 해소하는 데는 지배, 타협, 그리고 통합의 세 가지 방법이 있을 수 있다고 지적했다. 지배는 한쪽이 다른 쪽을 이기는 것이고 타협은 평화유지를 위해 양쪽이 각각 무엇인가를 포기하는 것이다. 이에 반해 통합은 아무 쪽도 희생이 없이 각각의 요구대로 해결하는 것이라 했다. 지배나 타협에 의해서가 아니고 통합에 의해 갈등이 해결된다면 그러한 갈등은 공동의 대의(cause)에 기여할 수 있다고 생각했다. 여기서 공동의 대의란 기업의 목적과 같은 말이다.

요컨대 폴렛Follett은 노동자들과 기업가 사이에 흔히 발생하는 갈등은 적어도 노동자들로 하여금 자신들의 자발성에 따라 협동할 수 있도록 작업상황이 마련되어야 해결된다는 것이다. 이 같은 주장은 이미 과학적 관리론에서 우리가 알게 된 명령의 일원화, 권한과 책임, 통솔의 범위 등과 같은 고전적 조직이론의 개념과는 판이하게 다른 인간적 측면을 강조한 것이라 할 것이다.

2. 호손(Hawthorne)실험연구

폴렛Follett은 조직이 능률적으로 목적을 달성하려면 인간관계가 절대적으로 중요하다는 관점을 처음으로 피력했지만, 그 같은 관점을 뒷받침할 만한 실증적 자료(empirical data)를 갖고 있지 않음으로써 설득력이 약했다. 이 같은 약점은 메이요Mayo와 뢰슬리스버거Roethlisberger, 딕슨Dickson 등의 호손(Hawthorne)실험의 결과로 마침내 인간관계의 중요성이 무엇보다 중요하다는 실증적 자료에 의해 확실히 보완될 수 있었다. 폴렛Follett에 의해 조직 내에서의 체계적인 조직심리학적 연구가 진행되고 있을 때 미국 시카고 교외에 있는 서부전기회사의 호손(Hawthorne)공장에서는 하버드 대학교의 교수인 메이요Mayo와 뢰슬리스버거Roethlisberger를 중심으로 8년(1924~1932)에 걸쳐 "조직 내 인간적 요인의 변화가 생산성에 어떠한 영향을 미치는가?"에 대한 연구가 진행되었는데, 이를 호손(Hawthorne)실험이라고 한다.

호손(Hawthorne)실험은 과학적 관리론에서 가정하는 비인간적 합리성과 기계적 도구관에 대한 반발과 인간관리의 민주화를 실현하려는 것이었는데, 조명실험, 전화기 계전기 조립실험, 면접프로그램, 건반배선 관찰실험 등의 네 가지 실험으로 구성되었다. 이 실험의 결과가 인간관계론 형성에 기초가 되었고, 인간관계론이 독자적인 학파로 인정받도록 해 주는 주요한 계기가 되었다.

이 실험연구는 1924년에서 1932년 사이에 웨스턴 전기회사(The Western Electric Company)의 하나로서 시카고 근처에 위치한 호손(Hawthorne)공장에서 이루어졌다. 호손(Hawthorne)실험연구는 비형식적 집단(informal groups)을 설명하는 문헌들에서는 기본적인 것이며, 이 같은 비형식적 집단에 관한 연구는 학교의 분석에 기본적인 것이다.

이 실험연구가 이루어진 동기는 3만 명이 넘는 사원을 갖고 있던 웨스턴(Western) 전기회사가 연금제도, 의료혜택, 오락 및 후생 시설을 갖추고 있음에도 불구하고 회사 내에는 언제나 불평 · 불만 그리고 갈등과 긴장이 끊일 줄 몰랐고 따라서 생산성도 낮았다. 그리하여 원인을 찾아내려는 일련의 연구가 착수된 것이다.

최초의 3차에 걸친 실험은 조명(illumination)의 질과 양이 능률(efficiency)에 미치는 관계를 다루는 것이었다.[8)]

첫 번째 조명실험은 3과에서 이루어졌다. 조명강도를 달리하면 생산량이 증대할 것으로 여겼으나 예상과는 판이하게도 생산량의 증대는 조명의 강도와 일치하지 않았다. 그것은 조명을 약하게 해도 생산량 감소를 가져오지 않은 것이다. 두 번째 실험에서는 실험집단과 통제집단으로 나누어 실험집단에게는 조명조건에 다양한 변화를 주고 통제집단에는 아무것도 하지 않았다. 그러나 두 집단 간에는 생산량의 큰 차이는 발견되지 않았다. 끝으로, 세 번째 실험에서는 실험집단에게는 조명강도

8) F. J. Roethlisberger, & William J. Dickson(1939). Management and the Worker. Cambridge: Harvard Univ. Press, pp. 14-17.

를 감소시키는 반면, 통제집단에게는 변화를 가하지 않은 결과 두 집단 모두의 능률이 증가되었다. 더욱이 이 통제집단에서는 조명의 강도가 계속 감소되자 마침내 그들이 무엇을 하는지 서로가 볼 수 없을 정도로 깜깜해질 때까지, 그래서 투덜대게 될 때까지 생산율은 증가되었다.

이 같은 세 차례에 걸친 호손(Hawthorne) 1차 실험에서 얻어낼 수 있는 결론이란, 실험자들이 애당초 기대했었던 것처럼 간단하고 명백한 것이 아니었다. 두 가지 결론은 맞는 것 같았다. 즉, 노동자의 생산량은 원칙적으로 조명조건(lighting conditions)과 관련이 있는 것은 아니었다는 것과 너무나 많은 변인(variables)이 이들 실험에서 통제되지 않았었다는 것이다. 특히 이 실험에서 찾아낸 결과가 매우 이상하고 의혹 덩어리일 뿐이라는 것은 보다 많은 후속 연구들을 수행하게 하였다.

전기회사는 2명의 하버드(Harvard)대학 교수들에게 연구를 수행하게 하였는데, 그 한 사람은 산업심리학자인 메이요Elton Mayo였고, 다른 한 사람은 사회심리학자인 뢰슬리스버거Fritz Roethlisberger였다. 이 두 명의 교수들에게 작업의 물리적 조건과 생산성 사이의 관계를 계속해서 연구하도록 위촉했다.

두 번째 실험인 계전기 조립실험(1927~1929)은 2차에 걸쳐 실시되었다. 1차 실험에서는 서로 사이가 좋은 2명의 여공으로 하여금 이들이 좋아하는 4명의 여공을 추천케 하여 6명 1조로 작업 팀을 만들어 일반 작업장 한 구석에 마련된 별실에서 자유스러운 분위기로 작업을 하도록 하였다. 2차 실험에서는 5명의 여공을 선발하여 집단 임금제도의 영향도 관찰하였다.

중개변인(intervening variables)들을 통제하기 위해 6명의 여공들은 별도의 방에 분리시켜 놓음으로써 실제로 그들을 엿볼 수 있게 만들었다. 이 6명의 여공들은 전화기 안에 선을 집어넣는 표준화된 과업을 수행했다. 이들에게 물리적 조건들을 고정시켰다가 가끔 변화를 시도했다. 이를테면 잠시의 휴식은 그 빈도나 기간이 체계적으로 조정되었는가 하면 일주일의 며칠을 쉬는가 등은 바뀌게 했다. 하루 두 번 잠시의 휴식을 갖게 해보는 경우에도 아침과 오후에 5분씩 잠시 휴식하게 하다가 나중에는 10분씩 휴식하게 했다. 다른 때에는 6차례의 5분 휴식을 갖게도 했다. 이 같이 실험조건을 변경시키는 일은 1년 이상 계속됐다. 그 결과, 생산량은 증대됐으나 이 같은 증가는 잠시의 휴식이나 노동시간의 변화와는 관계가 없었다. 말하자면 생산은 어떤 특정한 실험적 조건의 변화와 관계가 없었다.

이렇듯 여러 가지 실험적 조건을 바꾸어 본 후에 연구자들은 실험 이전의 작업조건, 말하자면 온종일 휴식 없이, 그리고 일주일 내내 일하던 본래의 상태로 되돌려 놓아 본 것이다. 하루당 그리고 주당 생산수준은 실험 이전 상황과 거의 동일한 조건 아래에서 훨씬 높게 나타났다. 실험자들은 오래 계속된 일련의 실험기간 중에 노동자들의 사기(morale)나 태도가 좋게 달라진 것이 아닌가 의아했다. 무엇인가 있음이 틀림없으나 그것이 무엇인지는 밝히지 못하였다.

여기에 제기된 한 가지 가설(hypothesis)은 생산량 증가와 사기는 주어진 휴식기간으로 말미암아 피로에서 풀려난 데 기인되었을 것이라는 것이었다. 그런데 나중에 얻어낸 자료에 따르면 이 같은 설명은 당치 않은 것이었다. 또 하나의 가설은 아마도 급료의 개선이 생산증대와 사기를 높인 것이 아닌가 하는 것이었다. 실험집단인 여공들의 급료는 하는 만큼 더 받게 하는 성과급료제도(piecework system)를 따른 것이긴 했지만 이 요인은 크게 작용한 것이 아니었다. 왜냐하면 그 집단은 대단히 큰 것이었기 때문이다. 즉, 급료를 일의 성과에 따라 달라질 수 있게 하는 요인은 계속적으로 생산증가를 가져다줄 수 없었다.

계속해서 분석하고 연구한 후에야 비로소 연구자들은 실험적 상황, 그 자체를 검토할 수 있었다. 그것은 노동집단의 자아개념(self-images)과 대인관계(interpersonal relations)를 바꾸어 놓았다. 감독의 성격 역시 비공식적이고 비지시적이며 개개인에 관심을 갖는 것이었기 때문에 달라지게 만든 요인이다. 노동자들은 보다 안정된 분위기 속에서 자유롭게 이야기할 수 있게 됐으며, 감독자들이 특별한 관심을 가지고 그들을 관찰했기 때문에 직공들은 그들이 실험을 당하고 있는 대상이라는 데서 오는 자부심이 높은 생산량과 사기를 가져다 준 것이라 볼 수 있다. 말하자면 서로 정답고 단합된 노동집단을 키워갈 수 있는 사회적 관계가 이루어진 것이라 할 수 있다. 이리하여 호손(Hawthorne)실험연구는 일하는 집단의 사회적 관계에 보다 연구의 초점을 맞추어가게 됐다.

이 실험의 결과 작업능률에 크게 영향을 미치는 것은 노동시간, 휴식, 급료, 급식

등과 같은 물리적 작업조건보다는 작업에 대한 자부심, 집단에 대한 소속감, 자기표현의 기회, 자율적 의사결정 등과 같은 심리적·사회적 작업변인이 더 크게 작용하고 있는 것으로 밝혀졌다. 이러한 사회적·심리적 욕구의 충족은 작업조건의 결정에 대한 참여의식과 소속감 등을 갖게 하는 데 작용한 것으로 분석되었다.

특히 1차 실험에서 별실에서 작업한 여공들의 작업능률이 향상되었던 것은 그들이 많은 여공 중에서 선택되었다는 것, 일반 작업장이 아닌 별실에서 일하게 되었다는 것 등으로부터 느끼는 자부심, 친한 동료들끼리 자유스러운 분위기에서 엄격한 감독 없이 일할 수 있다는 즐거움 등의 심리적 요인이 크게 영향을 미쳤기 때문인 것으로 추론되었다.

작업집단은 별도로 분리된 방에서 자유롭게 일할 수 있었다. 이러한 자유는 일반적인 공장 작업현장에서는 경험하기 어려운 것이다. 그들에게 휴식시간을 스스로 선택할 수 있는 자유를 주었다. 그리고 제안을 자유롭게 할 수 있도록 하였다. 일하는 시간, 점심 먹는 시간 등을 변경할 수 있도록 하였다. 그들은 편안한 분위기에서 서로 이야기할 수 있었으며 깊은 우정을 쌓았다. 생산량은 증가되었다. 노동자들 사이의 사회적 인간관계, 의사결정과정에의 참여, 선택되었다는 자부심 등이 생산성에 큰 영향을 준 것이다. 6명은 하나의 팀이 되었고 진심으로 그리고 자발적으로 서로 협력하였다.

세 번째 실험인 면접프로그램(1928~1930)은 1928년부터 1930년까지의 3년간에 걸쳐 노동자 21,000여 명을 대상으로 하여 작업과정에서 그들이 느끼는 애로사항, 인정상의 불만, 가정의 어려움, 자기 자신의 건강 등에 관해 광범위하게 이야기를 듣고, 상의하는 면접프로그램 실험을 하였다.

연구자들은 일에 대해 노동자들이 가지는 태도에 영향을 줄 수 있는 것이라면 어떠한 것이든, 비록 사소한 것이라도 자료를 수집하려고 하였다. 노동자들이 가정사, 배우자 또는 부모와의 관계 등을 자유롭게 이야기할 수 있도록 해 주었을 때 생산량은 증가하였다. 질문에 대답하는 형식이 아니라 솔직하게 그리고 개방적으로 자신에 대한 이야기를 할 수 있도록 하였다. 자유로운 의사표현의 기회가 주어지고 면접관이 듣는 사람으로서의 역할을 하여, 노동자들은 더욱더 자유롭게 이야기하게 되고 이러한 면접은 일종의 대화에 가까웠다.

이 실험을 통해 종업원들은 이성보다는 감정에 의하여 행동하며, 주로 자신의 입장에서 상황을 인식하고 있으며, 공식조직에는 비공식조직이 있어서 작업분위기 및 생산활동에 영향을 미치고 있다는 것을 알게 되었으며 공장 내의 사회적 구조도 분석할 수 있었다.

면접프로그램은 구성원의 태도나 생각을 파악하는 수단으로서 뿐만 아니라 면접과정을 통해 불만을 해소시켜 주어 조직에 대한 부정적인 태도를 바꾸어 줄 수 있다는 것을 알게 되었다. 따라서 생산성 향상을 위해서는 물리적인 작업 개선보다는 개인적이고 사회적인 감정이나 태도 및 신념과 같은 인간적인 요인을 중시하는 것이 효과적이라는 결론을 얻게 되었다.

네 번째 연구의 최종단계인 건반배선 관찰실험에서는 연구자들은 노동집단의 사회구조(social structure)를 분석했다. 14명(9명의 전선공, 3명의 땜쟁이, 그리고 2명의 감독관)은 전화교환대 배선에 관여한 사람들로서 배선관찰실에 배치되었다. 작업조건 가운데 단 한 가지 다른 것이 있다면 배선관찰실 내의 한 명의 연구자가 직공들의 행동을 관찰하기 위해 그 안에 같이 있게 된 것뿐이었다. 인터뷰를 하는 사람은 배선관찰실 밖에 있었고 주기적으로 그 직공들을 인터뷰했다. 이 마지막 단계의 연구는 7개월이나 끌었고 1932년 5월에 종료됐다.

한 가지 분명한 결론은 직공들의 행위가 공식적인 직무내역(job specifications)에 따르지 않았다는 사실이다. 그 집단은 일의 수행에 영향을 주는 나름대로의 규범, 가치 및 느낌을 갖고 있는 비형식적 사회구조를 만들어냈다. 말하자면 이 집단은 그 자체의 사회구조와 규범으로 결속되어 있었고, 그 같은 구조와 규범에 의해 적당한 생산량이 결정되어졌다. 즉, 그들만의 자생적 조직, 또는 비공식적 사회집단을 갖고 있음을 밝혀낸 것이다. 근로자들은 생산을 더 많이 하게 되면 그만큼 임금을 더 받을 수 있는데도 불구하고 집단 내의 비공식조직이 생산을 통제하기 위한 수법으로 1일 표준 작업량을 설정해 놓고, 이를 지키지 않는 동료에게 '일벌레'라는 별명을 붙이거나 물리적 체벌을 가하는 등 일종의 배척행위를 하고 있음이 밝혀졌다.

직공들이 관찰실에 분리되어 그곳에서 일하는 모습을 관찰할 수 있도록 환경이 조성될 수 있었던 것은 서로 우의가 있는 일종의 파벌(cliques)이 형성된다는 것이다. 이 같은 파벌은 일을 끝내고 노는 시간에 게임도 같이 하는 집단이 된다. 그런데 어느새 이 집단에는 상호작용 패턴 가운데 중요한 것으로서 그 집단을 통합하고, 그들의 행동을 규제하는 비공식적 규범(informal norms)이 생겨난다는 사실을 발견했다. 너무 일을 많이 하면 그렇지 않은 사람에게 좋지 않으므로 규범을 어기는 것이 되는가 하면 너무 하지 않으면 속이는 것이 된다. 또 집단성원들 가운데 그 누구도 구성원을 해칠 말을 해서는 안 된다는, 말하자면 밀고하지 않는 공통된 감정을 갖고 있었다.

이 같은 규범은 냉소, 조소 등과 같은 행동을 통하여 강화되고 있었다. 그리하여 그날의 과업량이 무엇이든지 간에 관계없이 집단은 나름대로의 독자적 기준을 유지하고 있었다. 다만, 관리자들의 기대에 지나치리만큼 생산량이 수준에 미달하지만 않는 한 집단은 그 자체의 사회구조와 행동규범으로 결속되어 있었다. 과학적 관리론의 주장과는 판이하게 다른, 생산성에 관여하는 인간관계의 요인들을 호손(Hawthorne) 실험연구가 발견한 것이다. 어떻게 보면 많이 생산하면 돈을 많이 받게 되는 이른바 성과급제도가 시행되고 있었음에도 불구하고, 호손(Hawthorne) 실험이 발견한 것은 일의 대부분이 아침나절에 행해졌고 일을 빨리한 노동자들은 다른 사람들과 보조를 맞추기 위해 오히려 일을 늦추었다. 따라서 노동자의 행동은 집단규범의 기능이었지 경제적인 자극에 의한 것만은 아니었다.

다음과 같은 명제들이 호손(Hawthorne) 실험연구가 가져다준 결론들이다.

① 경제적 자극이 유일한 동기요인은 아니다.
② 노동자들은 개인들로서가 아니라 비공식적 집단의 성원들로 행동한다.
③ 생산수준은 생리적 능력보다는 비공식적 조직이 갖는 사회적 규범에 의하여 더 많이 제한된다.
④ 고도의 전문화가 반드시 가장 능률적인 작업집단의 조직형태는 결코 아니다.
⑤ 노동자들은 관리자의 독단적이고 방자한 결정으로부터 자기 자신을 보호하기 위해서 비공식적 집단을 이용한다.
⑥ 비공식적 사회조직은 관리층과 상호작용하며 비공식적 지도자들은 공식적 지도자들과 마찬가지로 중요하다.

⑦ 좁은 통솔범위는 효과적인 감독에 반드시 필수적인 것은 아니다.
⑧ 노동자들은 거대한 조직 속에서 기계의 톱니바퀴의 이(cogs)로 볼 수 없으며, 능동적이고 적극적인 인간으로 보아야 한다.

3. 인간관계론과 교육행정

이상과 같이 행정에 대한 시각이 바뀌도록 학문적 연구들이 일반행정학 분야에서 추진됨에 따라 교육행정도 인간관계 및 민주적 행정을 강조하는 방향으로 이론과 실천에서의 변화를 볼 수 있었다.

과학적 관리론에 영향을 받은 초기의 교육행정이론가들이 직무분석(job analysis)의 시각에서 인간들의 조직 속에서의 행동을 분석하여 바빗Franklin Bobbitt 같은 사람은 수행되어야 할 과업요소들을 명기하며, 각 과업의 달성에 최고로 능률적인 방법을 알아낼 뿐 아니라 학교조직이 능률을 극대화하는 방안을 제시하였다.

그러나 1940년쯤에 와서는 호손(Hawthorne) 실험연구가 학교행정에 미친 영향이 저서나 논의에서 현저하게 나타났다. 그리하여 민주적 행정, 민주적 장학, 민주적 의사결정 등과 같은 용어들이 범람하게 되었고, 많은 저서들의 타이틀이 그런 것들이었다. 하지만 이 같은 용어들은 그 뜻이 분명하지 않은 채 인기 있는 용어가 되어버렸을 정도로 그 당시 얼마나 인간관계를 중요시했는가를 짐작하게 해준다.

코프만Robert G. Koopman 등은 학교장이 학교를 민주화하기 위해서 거쳐야 할 과정을 다음과 같이 들었다.

① 교육에 대한 사회적 책임을 규명해야 한다.
② 민주적 지도성의 개념을 발전시켜야 한다.
③ 조직의 민주적 형태를 확립해야 한다.
④ 모든 사람들의 참여를 적극적으로 유도해야 한다.
⑤ 교원의 역할을 규명해야 한다.[9]

또 요크Wilbur A. Yauch는 교육행정의 민주화 및 인간관계의 중요성을 강조하면서 다

9) Robert G. Koopman, et al.(1943). Democracy in School Administration. New York: Appleton- Century, pp. 7-12.

음과 같은 민주적 교육행정의 원리를 제시했다.

① 민주주의는 인간관계와 관련이 깊다. 따라서 학교장은 교사들과 개인적 또는 집단적으로 좋은 관계를 유지해야 한다.

② 단일학교 교사들은 가장 자연스럽고 능률적인 민주적 활동의 구성단위이다.

③ 학교장은 교사들로 하여금 민주적 경험을 갖도록 지도성을 발휘하는 데 가장 유리한 조건에 놓여 있다.

④ 학교장의 최우선책인 책무는 교사들에게 최대의 이익이 돌아갈 수 있도록 교사집단 간의 상호작용을 촉진하는 것이다.

⑤ 어떤 결정으로 영향을 받게 되는 모든 개인들은 그 결정에 참여할 수 있어야 한다.[10]

코프만Koopman이나 요크Yauch가 위에서 제시한 민주화의 과정과 민주적 행정원리에서 우리가 느낄 수 있는 것은 어쩌면 지나치리만큼 '민주'를 강조하면서 연구나 실천이 그 같은 원리를 뒷받침해 주었는가를 의심하게 한다. 캠벨Roald Campbell이 잘 지적한 대로 인간관계와 민주적 실행에 대한 이 같은 강조는, 흔히 어떤 조건이 필요하며 조직 내에서 사람들이 어떻게 행동해야만 하는가에 대한 일련의 처방을 의미한 것이다. 때때로 이 같은 처방은 몇 가지 원리를 내놓기도 했다.[11] 또 이 같은 민주주의적 행정의 원리들은 흔히 교육현장에서 성공했던 행정가들의 체험이나 아니면 상아탑 속에 있는 교수들의 민주적 이념에 불과한 것이었다. 그리하여 1930년대부터 1950년대 초반까지의 교육행정에 대한 민주적 접근은 말로만 요란했을 뿐 학교조직과 그 운영의 실제에 대한 연구나 실천에는 미흡한 것이었다.

4. 호손실험의 의의와 비판

호손실험은 이제까지 단순한 공식적 구조로만 인식되어 오던 조직을 구성원, 비

10) Wilbur A. Yauch(1949). Improving Human Relations in School Administration. New York: Harper and Brothers, pp. 11-17.

11) Roald Campbell(1971). NCPEA-Then and Now. a paper presented at the NCPEA Meeting, Univ. of Utah, Aug.

공식조직 및 집단 상호 간의 관계로 이루어지는 다원적인 사회체제로 인식하게 하였고, 물리적 · 경제적 여건 충족에만 급급하던 경영철학관에서 벗어나 인간의 사회적 · 심리적 요인의 중요성까지 관심을 갖도록 했다는 점에서 의의를 찾을 수 있다. 호손연구는 조직관리의 관심을 기계적 합리성보다는 인간적 요인을 중시하는 방향으로 전환하는 계기를 마련하였다고 볼 수 있다. 이 실험의 결과로 조직구성원은 자기 이익의 극대화만을 추구하는 경제적 존재라는 인간관이 경제적 유인체 하나만으로는 규제할 수 없는 것이 인간이라는 사회적 존재로서의 인간관으로 변모되게 되었다.

조직의 작업능률을 좌우하는 것은 임금, 근로조건, 작업환경 등과 같은 물리적 조건만이 아니라 종업원의 태도, 감정, 정서적 심미성 등을 중심으로 하는 심리적 요소가 더 크게 작용하고 있음이 분석되었다. 또한 종업원의 태도 및 감정을 좌우하는 것은 개인적 · 사회적 환경 및 조직 내의 비공식 조직의 규범 등에 의해 좌우된다는 것도 밝혀졌다.

결론적으로 볼 때 메이요-뢰슬리스버거 팀의 인간관계 연구는 조직체의 생산능률을 향상시킴에 있어 종래의 물리적 작업조건만을 고려하던 입장에서 인간의 심리적 조건의 중요성과 인간은 기계시할 수 없다는 사실을 입증하게 되었다. 이제까지의 조직은 합리적이고 이성적인 원칙을 바탕으로 운영하면 족했던 것이 호손실험의 결과로 심리적 · 정서적 측면까지 살핀 조직운영을 하지 않으면 안 된다는 결론에 도달하게 되었다.

호손실험은 다음과 같은 점에서 비판을 받고 있다. 실험으로 관찰되고 있다는 사실을 알고 있는 것만으로도 생산성에 영향을 줄 수 있어 현실의 작업상황을 제대로 반영하지 못할 수 있다. 기업주와 노동자 간의 갈등문제를 정확히 인식하지 못하고 비공식조직, 상담, 의사전달 등 추상적이고 사소한 문제들에 초점을 두어 조직운영의 여타 주된 문제점들은 제대로 파악하지 못하는 점이 있다. 조직 내의 인간적 측면에만 너무 집착하다 보니 조직의 구조적 측면, 기술적 측면을 등한시한 측면이 있다. 처음부터 경영주의 입장을 변호하고 옹호하려는 선입견이 개입되었고, 관찰을 통해 결론을 도출하는 과정에서 임상적 편견이 개입되었다. 조직을 개방된 체제로 보기보다는 폐쇄된 체제로 간주하였고, 조직환경에 대한 관계를 명백히 다루지 못했다는 비판을 받고 있다. 결국 이러한 입장이 연구결과의 해석에도 영향을 미쳤기 때문에 충분히 과학적이 되지 못하였고, 지나치게 인간의 가치만을 강조한 결과 조직의 생산성이 위축되게 되었다는 점 등도 비판의 대상이 되고 있다.

5. 인간관계 개선방안

호손실험을 바탕으로 하여 제도적 측면에서 다음과 같은 인간관계 개선방안을 제시할 수 있다.

첫째, 제안제도를 들 수 있다. 제안제도는 조직구성원들로 하여금 개선방안을 제안케 하여 그 제안이 행정의 능률화 · 합리화에 이바지할 수 있다고 판정될 때 그 정도에 따라 보상을 주고 표창하는 제도로서 제안내용을 상급자에게 직접 제출하게 하든지, 제안함을 이용하게 하는 일종의 창안제도, 각종 회의방법 등을 통하여 의견을 수렴하는 제도 등으로 일반화되고 있다. 이를 통해 조직구성원들의 창의력 · 구상력 등이 활용될 수 있고, 구성원과 관리층 간의 의사전달을 촉진시키고, 구성원들의 참여의식, 일체감, 소속감, 인정감 등을 높여 주게 되어 직무에 대한 흥미와 관심을 깊게 해 주며, 자기표현욕구를 충족시켜 줌으로써 감정에 대한 정화작용을 할 수 있다는 장점을 가지고 있다. 그러나 구성원 간의 경쟁심리를 자극하고 감독자와 구성원 간의 긴장감을 조성할 수 있다는 단점도 지적되고 있다. 제안제도를 성공적으로 운영하려면 채택된 제안에 대한 보상을 하는 것이 필요한데, 경제적 보상에만 의존하기보다는 정신적 보상도 병행하는 등 보상방법을 보다 폭넓게 운영하는 것이 바람직하다.

둘째, 상담제도의 활용이다. 조직생활에서 가장 큰 불평거리의 하나인 인간관계 문제, 보수문제, 복지문제 등에 관해 해당 부서에 탄원케 하거나 정기상담, 수시상담, 부서별 집단상담, 개인상담 등을 통하여 상담제도를 운영하는 것이 소속감, 자기표현욕구를 충족시켜 인간관계 개선에 도움이 된다.

셋째, 사기를 높이고 태도 조사를 실시하여 수용한다. 조직구성원들의 사기는 자기 직무에 대한 개인 또는 집단의 심적 상태이며 건전한 근무상태의 지표인 동시에 능률적인 직무분위기를 이룩하려는 적극적인 수단이기도 하다. 사기는 일반적으로 물질적 보수, 소속감, 일체감, 인정감, 성공감, 참여의식, 감독의 적절성, 신체적 · 정신적 건강 등에 의해 좌우되게 된다. 직무와 근무조건, 경제적 보상, 상관의 감독방법, 동료와의 관계, 근무능률, 개인적 만족감 등에 관한 태도를 조사하여 구성원들의 의견 · 불평 · 불만 등을 분석해 봄으로써 사기저하 요인과 조건을 사전에 예방내지는 제거하고, 구성원들의 태도를 개선 · 조절할 수도 있다.

넷째, 경영참가제를 수용한다. 조직구성원들을 주요 의사결정에 참여시키고, 스톡옵션제와 같이 급여의 일부를 주식으로 지불함으로써 종업원이라는 입장에서보다는 주인의 하나라는 주인의식을 가지고 생산활동에 임하도록 하는 경영참가제도 인간관계 개선에 도움이 된다. 이 밖에도 감수성훈련, 지도성훈련, 각종 수련활동을 통해 자기를 이해하고, 자기를 개방하도록 하는 것도 도움이 될 수 있을 것이다.

연구와 토론을 위한 실전문제

1. 테일러의 과학적 관리의 원리를 설명하시오.
2. 페이욜의 행정행위 다섯 가지 요소를 설명하시오.
3. 귤릭의 'POSDCoRB'를 설명하시오.
4. 호손의 네 가지 실험을 간단히 설명하시오.
5. 호손실험의 의의와 비판에 대해 기술하시오.
6. 인간관계의 개성방안을 설명하시오.

Chapter 3

행동과학론과 체제이론

제1절 행동과학론(1950~1970년)
제2절 체제이론(1960년~현재)

지금까지 행정학(science of public administration)은 (1) 고전이론(1900~1930), (2) 인간관계론(1930~1950), (3) 행동과학론(1950~1970), (4) 체제이론(1960~현재)의 네 가지 주요 단계를 거쳐 발달되어 왔다. 고전이론에 반발하여 인간관계론이 개발되었으나 조직의 목표를 달성하는 데 미흡하였다. 이에 고전이론과 인간관계론을 절충해서 대안으로 제시된 것이 행동과학론이며, 이전의 직관적 분석을 탈피하여 수량적 조사에 의한 과학적 분석방법에 기초를 두고 구체화된 이론이 체제이론이다. 이 장에서는 행동과학론과 체제이론에 대해 살펴보고자 한다.

제1절 행동과학론(1950~1970년)

고전적 조직이론과 인간관계론은 모두가 사회적 관계나 형식적 구조의 중요성을 무시했기 때문에, 행동과학적 접근은 이 같은 측면들을 끌어들여 통합하며 심리학, 사회학, 정치학 및 경제학에서 유출된 명제들을 덧붙여갔다. 이 같은 접근이 다른 행동과학과 다른 것이 있다면 그것이 다루는 주제, 즉 공식적 조직 내에서의 작업행동(work behavior)일 뿐이다. 조직 내에서의 작업행동이 어떻게 다른 요인들과 관련되어 있는가를 중요시하였으며, 조직에 대한 중요성을 판단하는 기준도 제시함으로써 연구를 풍요롭게 만들었다.

1. 바나드Chester I. Barnard

행정에 대해 행동과학적 접근을 시도한 최초의 사람은 바나드Chester I. Barnard이다. 그는 1938년 『경영자의 기능(The Functions of Executive)』이라는 고전적 저서를 출간하면서 행동과학적으로 조직생활(organizational life)을 분석했다. 바나드Barnard는 뉴저지(New Jersey)에 있는 벨(Bell)전화회사의 사장을 지냈으며, 재단이사장, 정부행정기관의 책임자 등으로 경영자의 실제 경험을 풍부히 가졌던 사람이기도 하다. 이 같은 풍부한 경영자로서의 경험을 토대로 하여 그리고 사회과학의 틀 안에서 행정행위를 분석하려는 노력을 『경영자의 기능』이란 책에서 보여주었다. 먼저 그는 사회과학에 기초하여 공식적 조직에서 협동적 행동(cooperative behavior) 및 공식적 조직에 대한 구체적인 이론을 제시했다.

먼저 바나드[Barnard]는 모든 조직은 자발적으로 협동하려는 의지, 달성해야 할 공동의 목적, 그리고 의사소통의 체계가 있어야 한다고 전제하였다. 그것은 인간이 상황에 따라 그리고 생물학적 제약에 따라 제한받고 있는 존재이므로, 이 같은 제한을 극복하려면 협동적인 사회적 행위 없이는 불가능하다고 본 것이다. 또 모든 조직의 구성원들이 달성해야 할 공동의 목적이 과연 무엇인가를 철저히 깨달을 수 있도록 해야 하며, 그것은 다름아닌 효과적인 의사소통의 체제를 통해 가능하다는 것이다.

또 바나드[Barnard]는 공식적 조직(formal organization)의 구조 및 기능에 중점을 두고 분석했으나, 비공식적 조직(informal organization)이 공식적 조직 내에 발생한다는 사실을 주목하였다. 이 같은 비공식적 조직의 중요성은 이미 호손(Hawthorne)실험에서 알아낸 것이긴 하지만, 바나드[Barnard]는 공식적 조직과 비공식적 조직 사이의 관계에 관하여 설명하였다. 즉, 공식적 조직이 효율적으로 운용되기 위해서는 조직구성원 간의 의사소통 및 결속을 가져다 주는 비공식적 조직이 잘 활용되어야 한다는 것이다. 어떻게 보면 비공식적 조직은 공식적 조직이 표방하는 목표에 반대되는 요소들이 될 것처럼 보이지만 실은 비공식적 조직은 공식적 조직 속에서 의사소통의 원활, 집단의 결속, 그리고 개개인의 통합 등과 같은 중요한 기능을 함으로써 오히려 조직의 목표달성에 기여케 할 수 있다고 본 것이다. 바나드[Barnard]가 제시한 경영자의 기능은 다음과 같다.

① 조직의 의사소통을 원활하게 유지하는 일

② 개인들로부터 필수적인 봉사를 확보하는 일

③ 조직의 목적과 목표를 수집하는 일[1]

경영자는 조직이 원활하게 운용되려면 의사소통이 구성원 간에 제대로 이루어지도록 하며, 이 같은 의사소통을 통하여 조직의 목적이 인식됨으로써 성원들로부터

1) Chester I. Barnard(1938). Functions of Executive. Cambridge, Mass: Harvard Univ Press, p. 122.

봉사를 얻어내며, 또 조직의 목적과 목표를 분명히 하여야 할 책임을 지고 있다고 본 것이다. 여기에 중요한 것은 피고용인들의 자유의지(free will), 의사소통, 권위, 그리고 의사결정과정의 개념들을 바나드Barnard가 소개했다는 사실이다. 그것은 타율이 아닌 자유의지, 명령이 상위자에서 하위자에게 단순히 하달되는 그런 권위라기보다는 존경과 책임, 그리고 능력 때문에 받아들이는 그런 권위를 의사결정과 함께 중요시한 것이며, 또 의사결정은 자유의지와 민주적인 방식에 의한 결정을 강조한 것이라 할 수 있다.

2. 사이몬Herbert A. Simon

사이몬Simon은 1947년 『행정적 행위(Administrative Behavior)』라는 저서에서 바나드Barnard의 연구를 확대시켰으며, 그 어느 행정학자들보다 정치학, 경제학, 사회학, 심리학 등을 통합한 학문 간 협동적 접근(interdisciplinary approach)을 사용하여 행정을 종합적으로 다룬 사람이기도 하다. 그러기에 그는 조직이론연구의 선도적 역할을 한 사람으로 알려졌다.

사이몬Simon에게 조직은 작업에 대한 유인들(inducements)이 교환되는 하나의 교환체제(exchange system)로 보였다. 피고용자가 유인이 자신의 공헌보다 더 큰 것으로 지각하는 한에만 조직에 머물러 있다. 경제학, 심리학 및 사회학을 통합함으로써 얻어낸 유인-공헌관계의 도식은 그의 이론의 학문 간 협동적 접근의 성격을 설명해 준다 하겠다.

사이몬Simon은 고전적 조직이론을 비판했다. 그에 의하면, 고전적 조직이론은 우방기(Ubangi: 중앙아프리카를 흐르는 하나의 강) 지방의 주술사(medicine man)가 질병을 말하는 것과 다를 바 없는 것이라고 했다. 고전적 조직이론이 제시한 원리들은 인간의 동기(motivation), 이해관계의 갈등, 정보처리, 의사결정, 기획수립 등에 거의 관심을 두지 않은 원리들이라고 비난했다.

사이몬Simon은 행정을 조직구성원들의 행위에 영향을 미치는 합리적 의사결정과정(process of rational decision making)으로 보았다. 그리하여 그는 의사결정이 어떻게 이루어지며 어떤 방법으로 보다 효과적으로 결정될 수 있는가의 문제를 분석하였다.

하지만 문제는 조직 속의 인간들이 합리적인 의사결정을 할 수 있는가이다. 사실

인간은 합리성을 지니고 있는 동물이긴 하지만 이 같은 합리성은 실제 생활에서 언제나 불완전한 것임을 우리는 잘 알고 있다. 합리적 인간과 도덕적 인간 사이의 괴리현상이 바로 그것이다. 따라서 사이몬Simon에게는 조직구성원들이 합리적 의사결정을 하는 데 제약을 가하는 요인들이 무엇인가를 알아내는 것이 중요하다고 보았다. 조직구성원들로부터 이러한 제약을 가능한 한 많이 제거하면 할수록 행정조직은 그만큼 더 능률적으로 조직의 목표를 달성할 수 있기 때문이다. 만약에 조직구성원 두 사람에게 같은 기술, 목표와 가치, 그리고 같은 지식과 정보가 주어진다면, 이 두 사람은 보다 합리적으로 의사결정을 할 수 있게 되며 동일한 길을 갈 수 있게 될 것이다.

이미 밝힌 대로 인간의 행위는 흔히 합리적으로만 이루어지는 것이 아니고 오히려 비합리적으로 행해지는 경우가 많다. 그렇기에 행정이론은 인간의 합리성에 가해지는 제약과 조직이 의사결정을 하는 사람에게 가해지는 제약에 더 큰 관심을 가져야 한다는 것이다.[2)]

최근 행동과학적 접근을 시도하는 다른 많은 행정학 이론들은 베버Max Weber의 저서들에서 영향을 받은 것을 알 수 있다. 베버Weber의 관점은 넓게 보아 행동과학자들보다는 과학적 관리론자들이 주장하는 것에 더 가깝다고 볼 수 있으나, 관료제와 권한(authority)에 대한 베버Weber의 논의는 현대 행동과학자들로 하여금 조직에 대한 개념을 환경과 상호작용하며 환경에 의존하는 개방적 사회체제로 보게 만들었다.

3. 행동과학적 접근과 교육행정

1950년대 이전까지의 교육행정은 뛰어난 행정가들의 경험사례 및 대학교수들의 공리사변 그리고 이들의 처방(prescription)이 주가 되어 왔다. 그 후에 행동과학적 접근이 시도되고 이론화 운동이 시작되었다. 그것은 민주적인 인간관계에 대한 처방으로부터 행동과학적 분석으로, 현장중심에서 학문중심으로, 그리고 관찰에서 이론적 연구로, 더욱이 학문 간 협동적 접근으로 옮겨갔다. 이와 같은 새로운 동향을 대표적인 것들만 추려 설명하면 다음과 같다.

---

2) Herbert A. Simon(1945). Administrative Behavior. New York: The Macmillan, p. 241.

1) 미국 교육행정학 교수협의회(NCPEA: The National Conference for Professors of Educational Administration)

이 협의회는 제2차 세계대전 바로 직후에 행동과학의 열기에 영향을 받으면서 몇몇의 교육행정학 교수들이 학교행정가(교장, 교감 등)들을 위한 프로그램을 준비할 것을 검토하면서 교수와 학교행정가 사이의 관련성 결여에 대한 우려에서 출발된 것이다. 교수들의 교육행정에 관한 연구를 모아 그 같은 연구들을 실제로 학교행정에 활용할 수 있도록 실무자들과 토론을 통하여 정련시키는 것을 목적으로 했다. 또 다양한 학문분야의 학자들을 참여시킴으로써 교육행정연구가 학문 간 협동적 접근이 이루어지도록 하는 것이었다.

첫 번째 회의는 1947년 뉴욕의 엔디콧(Endicott)이란 곳에서 집회를 가졌고, 그 후 규모도 커졌다. 1954년 연차대회는 덴버(Denver)에서 있었고, 이 대회에 참가했던 콜라다지Arthur P. Coladarci와 겟젤스Jacob W. Getzels는 교육행정에 있어서 이론 부재에 주목하고 이론과 실제의 통합을 강조했다. 이들은 『교육행정에 있어서 이론의 활용(The Use of Theory in Educational Administration)』이라는 저서를 펴냈다. 이 책에서 그들은 교육행정연구에 있어서 이론의 중요성을 첫 번째로 강조했다.

이 협회는 1957년 『교육의 행정적 행위(Administrative Behavior in Education)』라는 저서를 펴냈는바, 18명의 공동집필진이 동원되어 교육행정에 관한 그때까지의 연구들을 종합하여 앞으로의 연구방향, 특히 이론 구성의 필요성을 강조하였다.

2) 교육행정 협동연구(CPEA: The Cooperative Program in Educational Administration)

교육행정학 발전에 지대한 영향을 준 또 하나의 협회는 교육행정 협동연구이다. 이 협회는 미국의 켈로그(Kellogg)재단이 6백만 달러를 연구비로 내놓고 교육행정의 연구 및 발전에 쓰도록 함으로써 시카고(Chicago), 콜롬비아(Columbia), 하버드(Harvard), 피바디(Peabody), 텍사스(Texas), 오리건(Oregon), 오하이오 스탠포드(Ohio Stanford) 등 8개 대학에 지부를 설치하고 교육행정학 연구에 박차를 가하게 했다. 이 협회가 갖는 목적은 교육행정가 양성을 위한 전직교육(pre-service education) 및 현직교육(in-service education), 교육과정의 분석 · 평가 · 개설, 학교가 당면하는 행정적 문제에 대한 사회과학자들의 다학문적 연구 등이다.

3) 교육행정 대학협의회(UCEA: The University Council for Education Administration)

이 협회는 교육행정가들의 전직 및 현직 교육 프로그램을 개선하며, 이론적 연구를 촉진하고, 연구에서 얻은 자료들을 보급하는 것을 목적으로 창설되었으나, 대학들 간의 긴밀한 협조를 도모하는 목적이 그 특색이라 하겠다.

이 협회는 1965년부터 『계간 교육행정(Educational Administration Quarterly)』과 『교육행정 초록집(Educational Administration Abstracts)』의 두 가지 간행물을 출판해 오고 있다. 이 같은 활동을 통하여 이 협회는 교육행정학을 다양한 학문들과 연관지어 연구하면서 교육행정학을 독자적인 학문영역으로 발전시켜 가는 데 크나큰 공헌을 하고 있다.

요컨대 NCPEA, CPEA, 그리고 UCEA 같은 협의회들은 교육행정을 연구 및 이론 지향으로 바꾸어 놓았으며, 행동과학을 응용하는 일분야로 부각시키는 데 크게 공헌해 왔다.

제2절 체제이론(1960년~현재)

1. 체제의 개념

체제(system)란 말은 여러 가지로 정의될 수 있다. 그리피스Daniel E. Griffiths는 체제를 상호작용하는 요소들의 복합체로 정의했고,[3] 네즈비치Stephen J. Knevzevich는 모든 조직된 실체를 위한 일련의 목적에 초점을 맞춘 상호작용을 하면서도 서로 독립적인 구성요소들의 집합체로 정의했다.[4]

첫째, 어떤 체제이든지 간에 모든 체제는 여러 하위체제(subsystems)들로 이루어져 있다. 인간과 같은 유기체를 보아도 알 수 있듯이 신체는 팔, 다리, 머리, 몸통의 여러 가지 하위체제들로 구성되어 있다. 그리고 의사들은 잘 알고 있지만 이 부분

3) Daniel E. Griffiths(1964). Administrative Theory and Change in Organizations, in Innovation in Education, ed. Mathew B. Miles. New York: Teachers College, Columbia University, p. 428.

4) Stephen J. Knevzevich(1975). Administration of Public Education. New York: Harper & Row, p. 166.

체제들은 서로 연관을 맺고 유기적으로 작용하게 되어 있다. 그래서 한 부분(요소)에서 발생하는 문제는 다른 부분(요소)과의 연관 속에서 이해되어야 올바르게 그 문제를 알게 된다. 그리하여 그리피스Griffiths는 체제를 상호작용하는 요소들의 복합체로 정의한 것이다.

체제를 여러 부분체제의 복합으로 보며 그 부분들의 상호작용관계로 볼 때, 이 세상의 삼라만상은 어지러울 정도로 복잡하며 다양한 것이 아니라 몇 가지의 체제로 집합시켜 축소시키거나 환원시킬 수 있다. 그리하여 그리피스Griffith는 자동차를 기계체제(mechanical system), 호랑이를 생물체제(biological system), 그리고 학교를 사회체제로 분류하였다. 기계체제와 생물체제는 실체(entity)로서의 체제, 즉 실체체제인데 반해 학교와 같은 사회체제는 개념화(conceptualization) 또는 추상화(abstraction)로서의 체제, 즉 이론체제이다. 실체체제는 원자로부터 세포, 세포조직, 개인, 지구, 태양계까지 체제라 할 수 있다. 사회체제는 학급, 학과, 학교 등을 들 수 있다.[5)]

하나의 체제가 여러 가지 부분체제로 구성되어 있으며, 이 부분체제들이 서로 연관을 맺고 있다는 것은 체제이론의 핵심이라 할 수 있다. 한편 하나의 체제는 그 체제에게는 외적 환경이 되는 다른 체제들과 또한 상호연관을 맺고 있다는 지적도 체제에 대한 중요한 개념이다. 이 같은 체제개념은 이 세상에 있는 모든 것은 모든 것에 영향을 주고 있으며, 어떤 한 가지 체제의 변화는 다른 체제의 변화에 영향을 미치고 있다고 보아야 한다. 그 한 가지 예로서 '자연은 사람보호, 사람은 자연보호'라는 구호에서 알 수 있듯이 이제 늦게나마 자연과 인간과의 연관성을 깨닫게 된 것이라 하겠다. 또 학교는 사회와 동떨어져 상호관련 없이 존재하는 것이 아니고 부단히 사회로부터 영향을 받으며 움직여가고 있다.

둘째, 체제는 환경으로부터의 일정한 투입(input)을 요하며 이것을 체제과정을 통해서 산출(output)로 변화시킨다. 체제로서의 학교를 보아도 알 수 있듯이 학생들이 신입생으로 투입되면 처리과정, 즉 학습과정을 통해서 교육목적에 맞는 산출 또는 산물로서 졸업을 하게 된다.

이렇듯 거의 무한정에 가까울 정도로 많은 사물들 간의 상호관련성을 이해하는 데 있어서 체제이론이 매우 중요한 자리를 차지하게 되었다. 그것은 어떤 현상을

---

5) 이형행(1983). 교육행정. 서울: 문음사, p. 196.

분석하고 이해하는 새로운 개념적 도구 또는 사고의 틀 내지는 방식을 제공해 주기 때문이다. 체제이론에 입각한 사고방식은 학교조직에서의 행동을 이해하는 데 매우 유용하다.

2. 체제의 속성

체제는 다음과 같은 일반적 속성을 지니고 있다.[6]

① **무질서해져 소멸하려는 경향**(tendency toward entropy)

모든 체제는 성질, 크기, 형태 등에 관계없이 무질서해져 결국 마지막에는 소멸해버리려는 경향성을 갖고 있다.

② **시공간 내의 존재**(existence in space-time)

모든 체제는 시간과 공간 안에 존재한다. 이렇듯 체제가 시간의 연속성 안에 존재하기 때문에 일정한 시간을 거쳐 성장·발달하게 된다. 따라서 어느 체제를 이해하려면 그 체제의 일생사를 잘 알고 있어야 한다.

③ **한계영역**(boundary)

모든 체제는 그 체제의 안과 밖을 구분하는 한계영역이 있으며, 체제에 따라 그 경계영역이 임의적일 수 있다.

④ **환경**(environment)

체제의 환경은 체제영역의 외부의 모든 것이다. 환경은 체제 그 자체와 체제의 기능에 영향을 미치는 것이기 때문에 모든 체제활동에 중요한 역할을 한다. 또 환경은 체제활동을 평가하거나 통제하기 때문에 우리는 환경에 대한 넓은 이해가 필요하다. 뿐만 아니라 환경은 다른 체제일 수도 있고, 그 체제가 다른 체제와 역동적 관계에 있을 수 있기 때문에 환경에 포함되는 요소들을 이해해야 그 체제를 알 수 있다.

⑤ **변인과 매개변수**(variable and parameter)

모든 체제는 체제의 구조와 기능에 영향을 주는 요소들을 갖고 있다. 체제 내의 요소는 변인이고, 체제 밖의 환경적 요소는 매개변수이다. 폐쇄적 체제

6) Glenn L. Immegart, & Francis J. Pilecki(1973). An Introduction to Systems for the Educational Administrator. Reading, Mass: Addison-Wesley Publishing Co, pp. 34-39.

는 체제 내의 요소, 즉 체제변인에 의해서만 영향을 받는다. 그러나 개방적 체제는 체제의 내외의 요소들로부터 영향을 받는다.

⑥ **하위체제**(subsystem)

모든 체제는 하위체제를 갖고 있으며 하위체제도 체제처럼 부분, 관계, 속성 등으로 이루어져 있다. 그리하여 하위체제는 크고 복잡한 조직의 체제를 분석함에 있어서 더욱 가치 있는 것이다.

⑦ **상위체제**(supersystem)

모든 체제는 상위체제를 갖고 있다. 모든 체제가 보다 더 크고 더 복잡한 체제 밖의 환경과 어떻게 상호작용하는가에 따라 체제는 개방체제이거나 폐쇄체제로 그 성격이 결정된다. 개방체제(open system)는 [그림 3-1]과 같이 체제를 형성하고 있는 환경과 더불어 상호작용을 하면서 환경을 이용한다. 반면에 폐쇄체제(closed system)는 다른 체제나 환경으로부터 영향을 받지 않는다. 그러므로 '죽어 있는 상태'에 놓여 있다고 할 수 있다. 하지만 체제는 개방성과 폐쇄성이라는 두 가지 양극에 놓여 있는 것이 아니라 이 둘 사이의 일련의 선상에 놓여 있다. 따라서 때로는 개방적이고 때로는 폐쇄적일 수 있다.

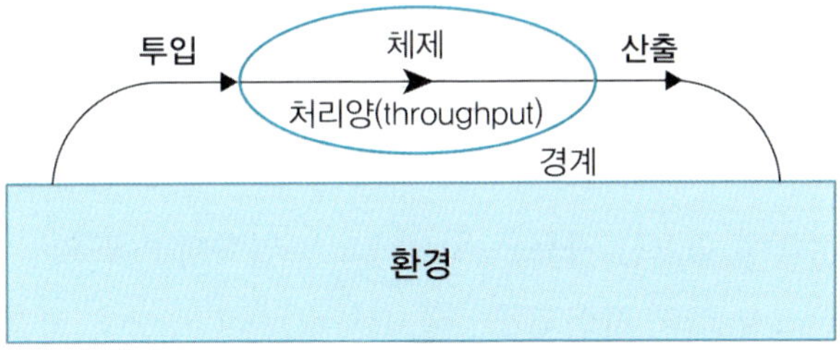

그림 3-1 환경과 상호작용하는 개방체제

3. 체제의 기본 모형

체제의 개념을 나타내는 기본 모형은 투입(input)-산출(output) 모형이라 할 수 있다. 모든 체제개념의 기본 전제는 투입-산출과정의 상호관계에 근거하고 있다. 이 기본 모형을 블랙박스(black box) 모형이라고도 한다. 이 모형은 [그림 3-2]에서와 같이 투입은 처리과정을 통하여 산출로 전환되고, 산출의 결과는 피드백(feedback) 또는 환류를 통하여 다음의 투입으로 되돌아간다.

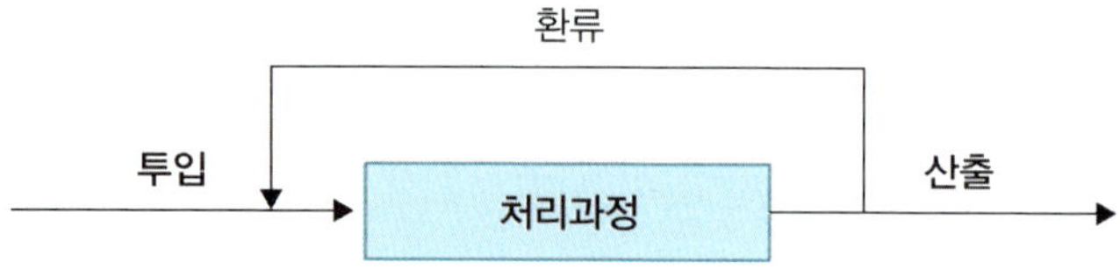

그림 3-2 블랙박스 모형[7)]

위의 블랙박스 모형은 비교적 단순하여 처리과정 하위체제들의 역동성이나 잠재적 세력들을 자세히 밝혀줄 수 없다. 투입이 산출로 전환되는 과정에는 많은 하위체제들이 관련되어 있다. 그러므로 몇 개의 하위체제들이 포함될 수 있는 모형을 제시하면 [그림 3-3]과 같다.

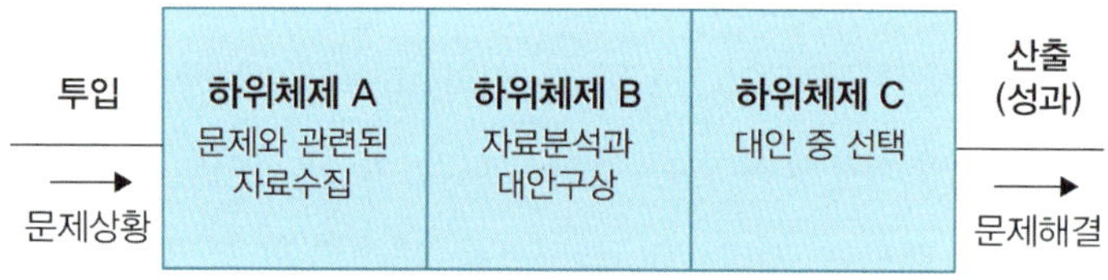

그림 3-3 처리과정 내의 다하위체제 모형[8)]

[그림 3-3]의 처리과정 내의 다하위체계 모형이 보여주는 것은, 예컨대 체제가 새로운 교육정책의 필요를 문제상황으로 갖고 있다고 하자. 이때에 하위체제 A에서는 새로운 교육정책에 필요한 자료를 수집하고 하위체제 B에서는 수집된 자료들을 분석하며 대안을 구상하며, 하위체제 C에서는 이 같은 대안들 가운데서 한 가지를 선택하여 문제를 해결한다. 그것이 산출이다.

[그림 3-4]에서 보여주듯이 처리과정의 투입은 문제, 자료, 대안 등이 다양하게 구성될 수 있다. 처리과정 내에 또 하나의 투입-산출 과정이 포함된 모형이 처리과정 내에서의 투입-산출 모형이다.

7) Ibid, p. 80.

8) Ibid, p. 78.

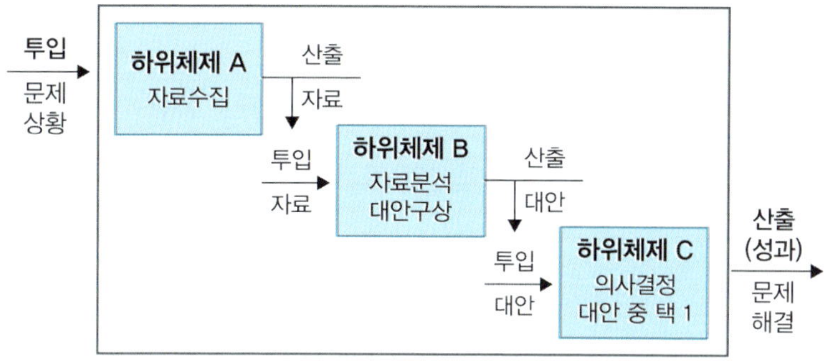

그림 3-4 처리과정 내에서의 투입-산출 모형

다음 모형은 투입과 산출이 다양하게 구성되는 투입-산출요인의 다양성 모형이다. 이 모형은 [그림 3-5]와 같이 투입요인들은 문제, 자료, 대안, 사람, 절차, 과정 등일 수 있고, 산출물들은 결정, 문제해결, 효과성, 조직구성원일 수 있다.

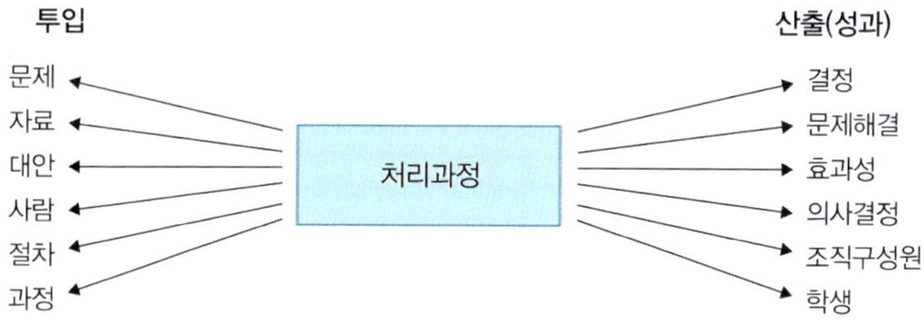

그림 3-5 투입-산출요인의 다양성 모형

아래의 모형은 기본 투입-산출 모형에 내적 피드백(환류)과 외적 피드백이 모두 일어나는 내외적 피드백 작용 모형이다. 이 피드백은 [그림 3-6]에서 보여주는 바와 같이 체제 내의 평가적 정보로 일어나는 내적 피드백과 체제활동의 환경적 평가에서 결과하는 외적 피드백으로 일어난다.

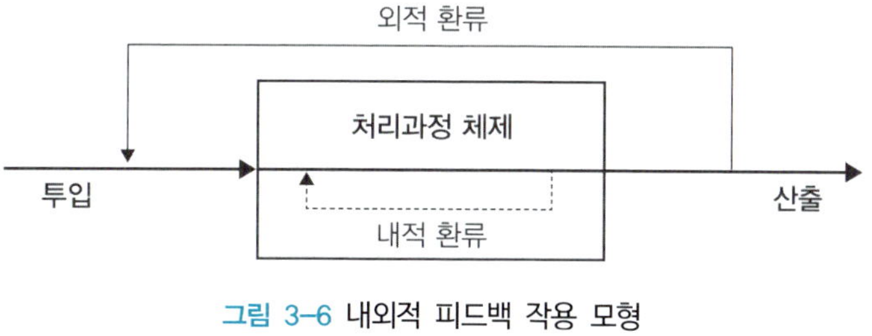

그림 3-6 내외적 피드백 작용 모형

4. 겟젤스Getzels와 구바Guba 사회체제 모형

겟젤스Getzels와 구바Guba가 설명한 사회체제론에 의하면, 인간은 심리적이고 사회적인 존재라는 것이다. 사회적 상황에서의 인간의 행동은 인간의 심리적 특이성과 사회적 관계를 지닌 하나의 체제 내에서 사회적 지위(social position)를 차지하고 있는 사람으로서의 정체감(sociological identities)에 의해 형성된다. 말하자면 구성요소들이 사람들인 사회체제 안에서 각 인간의 행위는 사회적 차원과 심리적 차원이라는 사회적 실제의 두 가지 측면에 의해 이루어진다. [그림 3-7]처럼 사회체제에서 관찰되는 인간의 행동은 사회적 힘(force)과 심리적 힘의 기능이 작용된 결과이다.

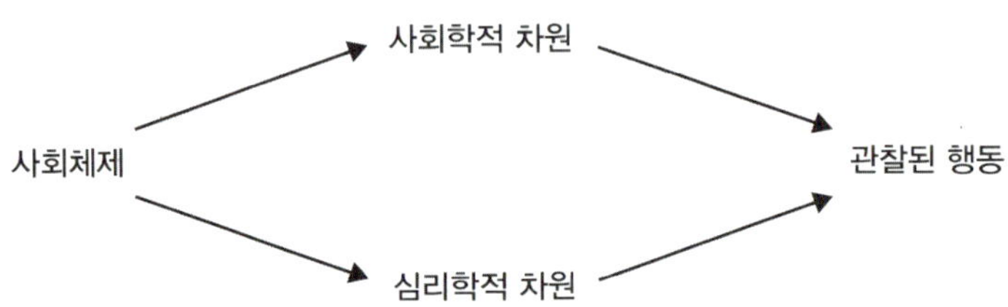

그림 3-7 사회체제 내에서의 인간 행위

출처: Silver, P.(1983). Educational administration: Theoretical perspectives on practice and research. New York: Harper & Row Publishers, p. 242.

앞에서 사회체제는 사회적 실체이며 심리적 실체라고 했다. 사회체제는 전체 사회의 한 단위(unit)이며 개인들의 집합이다. 그 사회체제 내의 각 개인의 행동은 체제의 사회적 그리고 심리적 특성 사이의 상호작용 결과이다.[9]

체제의 사회적 측면은 조직적 차원(nomothetic dimension)이라 한다. 사회는 제도(institution)라 불리는 하위체제들로 이루어져 있다. 그리고 제도는 역할이라 불리는 사회적 지위로 얽혀 있다. 또 역할(role)은 그 역할을 차지하는 사람이 어떻게 행동해야 할 것인가에 대해 사람들이 갖고 있는 기대와 관련되어 있다.

사회체제의 심리적 측면은 인성적 차원(idiographic dimension)이라 부른다. 사람은 누구나 특이하다. 이 같이 특이한 것을 인성(personality)이라 부른다. 인성이란 그 사람의 행위에 영향을 주는 일련의 특이한 욕구성향(need-disposition)으로 정의된다.

9) Jacob W. Getzels(1958). Administration as a Social Process, in A. W. Halpin, ed. Administrative Theory in Education. Chicago: Midwest Administration Center, University of Chicago, pp. 150-165.

조직적 차원과 인성적 차원, 이 두 가지가 사회체제를 이루는 각 인간 요소의 행위에 영향을 미친다. 사회체제론에 의하면, 한 사회체제 내에서 각 개인의 관찰된 행위(observed behavior)는 조직적 차원과 인성적 차원 사이의 상호작용의 결과이다. 사회체제 그 자체는 핵가족과 같은 소단위부터 한국 군대와 같은 거대한 것일 수 있다. 단위의 크고 작음에 관계없이 인간행동은 조직적 영향과 인성적 영향 사이의 상호작용을 반영한다. 사회체제와 개인의 사회적 행위와의 관계를 보여주는 일반모형을 제시하면 [그림 3-8]과 같다.

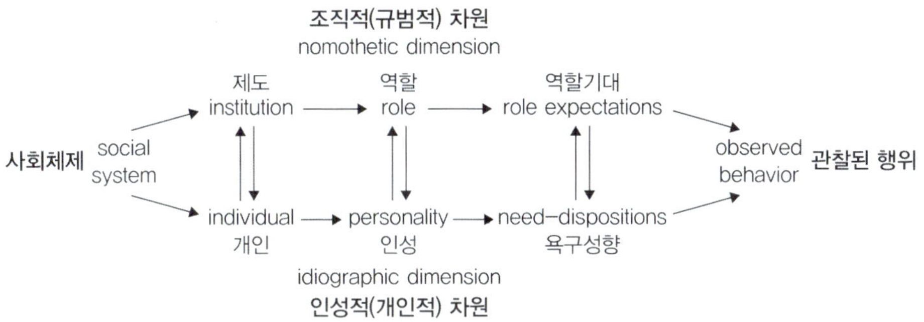

그림 3-8 사회체제와 개인의 사회적 행위와의 관계를 보여주는 일반모형

출처: Getzels, J. W. & Guba, E. G.(1957). Social behavior and the administrative process. The School Review, 65(4), 423-441. p. 429.

1) 조직적 차원

체제의 사회적 측면으로서의 조직적 차원은 체제로 하여금 사회[즉, 상위체제(supersystem)]가 기능할 수 있도록 공헌하게 만드는 그 체제의 구조적 특성을 포함한다. '조직적'(nomothetic)이란 말은 규칙을 제정하고 전달하는 것을 가리킨다. 따라서 체제의 조직적 차원은 행위가 규칙에 맞고 규율을 따르며, 또 예측할 수 있는 행위를 가져다준다. 이 조직적 차원은 행위가 사회의 규범에 순응하도록 하는 것이며 제도, 역할, 그리고 행동에 대한 기대의 세 가지가 서로 연관된 요소로 이루어져 있다.

제도(institution)는 사회에 의해 그 사회의 존속을 보장하기 위하여 만들어진 것이다. 제도는 규범과 가치의 유형(pattern)을 유지하기 위한 것, 목적달성을 위한 것, 변화하는 환경에 적응하기 위한 것, 그리고 사회의 여러 다른 부분들을 통합하기 위한 것으로 분류될 수 있다.[10] 이 분류에 따르면, 가정과 학교 같은 제도는 유형유지제도라 할 수 있다.

제도는 사회적 지위(social position)의 배열로 특징지어진다. 예를 들어, 가정이란 제도 안에는 부, 모, 자녀, 조부, 조모 등의 지위가 있다. 지위마다 역할이 부여된다.

역할(role)은 제도 내의 자리 또는 지위이다. 역할은 제각기 다른 역할들과 서로 보완적인 관계로 연결되어 있어서 그 제도의 기능을 충족시킨다. 역할마다 다른 역할과 관련하여 여러 가지 책임과 권리가 따른다.

교사의 역할은 교실에서 가르칠 책임뿐만 아니라 언어, 의복, 태도와 가치, 걸음걸이 등과 교사라는 지위(자리)를 차지하고 있는 사람의 행위 측면에 대한 기대(expectation)를 포함하고 있다.

기대란 특정한 자리에 있는 어떤 사람이 어떻게 행동할 것이며, 행동해야 하는 것에 대해 사람들이 갖고 있는 관념이라 할 수 있다. 이 같은 관념은 역할수임자 자신들, 그 제도 내에서 다른 역할을 맡은 사람들, 그리고 그 제도 밖에 있는 사람들 모두가 갖고 있는 것이다. 이 같은 기대는 사회적 지위가 주어진 사람들의 모든 행위의 측면을 포함한다. 이러한 관념은 살아가면서 그 역할에 관해 듣고 관찰하고 경험하며 생겨난다.

2) 인성적 차원

인성적 차원은 체제의 심리적 측면을 가리키며, 그 체제를 구성하고 있는 인간들의 개인적 특이성(idiosyncratic features)을 말한다. 따라서 예측할 수 없고 다양하며 특별한 행동들이 발생하기 마련이다. 인성적 차원은 세 가지 상호 연관된 요소들, 즉 개인, 인성 그리고 욕구성향으로 이루어져 있다.

개인(individual)은 다른 사람들과 신체적 및 심리적 특성에 있어서 다르다. 개인은 사회체제를 이루는 기본 요소이다. 그런데 개인들의 심리적 측면은 내면적인 것이므로 직접 겉으로 관찰 불가능하다. 이렇듯 개인은 저마다 다르지만 어느 정도까지는 일정하고 계속적인, 그래서 예측가능한 행동의 내면적 구조(internal structure)를 개

10) Talcott Parsons, & E. Shils(eds)(1951). Toward a General Theory of Action. Cambridge, Mass: Harvard University Press.

인들에서 찾아볼 수 있다. 이것이 바로 심리학자들이 알아내려는 내용인 것이다. 그 같은 일정한, 계속적인, 그리고 예측이 가능한 내면적 구조를 인성(personality)이라 한다. 개인은 각기 특이한 인성에 따라 다른 사람들과 구별된다.

개인은 그가 지니고 있는 지각적 패턴, 욕구, 습관, 가치, 신념, 지식에 따라 타인들과 달리 행동할 수밖에 없는 존재이다. 이 같은 특성을 인성이라 하며 또 인성은 특이한 욕구성향을 갖게 한다.

욕구성향(need-disposition)은 인성을 이루고 있는 다양한 요소를 나타내는 말이다. 욕구성향은 한 개인의 인성을 이루고 있는 심리적 속성들이기 때문에 비교적 오랫동안 지속된다. 욕구성향이 욕구(need)란 말과 성향(disposition)이란 두 가지 말의 복합어로 되어 있는 것은 예를 들어, 어떤 사람들이 다른 사람들 위에 서서 그들을 지배하려는 욕구를 가지고 있다고 할 때 타인들은 복종을 원하는 것으로 보일 수 있다. 지배를 필요로 하는(욕구) 사람은 다른 사람들을 지배의 대상으로 보게 된다. 욕구는 개인이 타인을 지각하는 방식과 밀접히 연관되어 있으며 타인들에 대한 행동성향과 관련되어 있다. 그래서 욕구-성향이란 복합어를 사용한다.

조직적 차원과 인성적 차원 사이의 작용(transaction)은 역동적인 것으로서 한 행정가가 구체적인 상황에서 어떻게 행정하느냐를 이해하려면 조직적 차원과 인성적 차원의 검토는 물론이려니와 이 두 차원 사이의 역동적 작용을 분석하는 것이 필요하다 하겠다. 체제 내에서 다양한 역할을 점유하고 있는 사람들은 다른 역할들을 점유하고 있는 사람들의 행위에 대한 기대를 갖고 있다. 역할을 보내는 사람으로서는(role sender) 타인들과 상호작용할 자신들의 행위 속에 기대를 나타낸다. 타인들은 이 행동을 지각하고 그들 자신들의 욕구성향에 따라 그 같은 행위를 해석하게 되며, 또 역할을 보내는 사람이 어떻게 행동해야 하는가에 대한 기대를 나타내는 방식으로 반응한다. 한 개인이 타인과의 관계에서 또는 타인의 관점에서 행동할 때마다 그 사람은 기대를 전달하는 역할발송인(role sender)이다. 말하자면 한 개인이 타인들의 행위를 지각할 때마다 그 사람은 타인들의 기대를 해석하는 역할수취인(role receiver)이다. 따라서 기대와 욕구성향 사이에 계속되는 역동적 상호작용이 있게 마련이다. 이 같은 역동적 상호작용은 역할과 인성 또는 제도와 개인 사이에도 일어난다.

3) 역할갈등

조직에 대한 연구에 있어서 핵심이 되는 것은 역할갈등(role conflict)이다. 역할갈등은 순전히 조직적 차원의 것일 수도 있고 인성적 차원의 것일 수도 있으며, 또 이 둘 사이의 작용에서 비롯되는 것일 수도 있다.

① **조직적 역할갈등**(nomothetic role conflict)

조직적 차원의 역할갈등으로 네 가지를 들 수 있다. 즉, ㉠ 갈등 속에서 서로 다른 집단들이 상반되는 기대를 전달하는 갈등, ㉡ 중요한 사람이 여러 가지 상반되는 기대를 전달하는 갈등, ㉢ 개인의 기대가 타인들의 기대와 맞지 않는 갈등, 그리고 ㉣ 역할기대가 현재의 상황에서 불가능한 갈등이다.[11)]

② **인성적 역할갈등**(idiographic role conflict)

인성적 차원에서의 역할갈등은 한 개인 내의 상반되는 욕구성향이나 몇몇 사람들의 상충되는 욕구성향에 의하여 발생되는 갈등이다.

③ **작용적 역할갈등**(transactional role conflict)

작용적 역할갈등이란 개인의 인성(욕구성향)과 제도의 역할(기대) 사이의 불일치가 생기는 갈등을 말한다. 예컨대 자기주장을 내세워야 하는 욕구성향은 복종을 해줄 역할기대와 맞지 않음으로써 갈등을 야기시킨다.

이상에서 살펴보았듯이 사회체제 내에서 역할갈등은 피할 수 없는 존재인바 그 이유는 다음과 같다. 첫째, 학교와 같은 사회체제는 여러 가지 목적을 가진다. 이 목적들은 각기 서로 맞지 않는 제도적 역할을 수반하게 마련이다. 예를 들면, 교사는 가르치도록 기대될 뿐 아니라 규칙을 지키도록 강요하며, 부모나 다를 바 없는 역할을 수행하도록 되어 있으며, 학생들을 다스리고 사회에 적응하도록 그들을 사회화시켜야 한다. 그러나 이 같은 목적들은 때때로 상반되는 기대를 수반하게 마련이다. 둘째, 체제를 이루는 인간들은 다른 제도들 속에서 다양한 역할을 맡고 있다. 학교 교장은 교장협의회의 구성원이며 남편이고 청소년단체 지도자이다. 이렇게

11) J. R. Rizzo, R. J. House, & S. I. Lirtzman(1970). Role Conflict and Ambiguity in Complex Organizations. Administrative Quarterly, 15, pp. 150-163.

다양한 역할과 관련된 기대는 때로 마찰을 가져다준다. 셋째, 개인의 욕구성향은 사건이나 신체적 상태에 따라 다소 바뀐다. 요컨대 행정가의 역할은 제도적 목적과 개인의 욕구성향을 통합하여 갈등을 제거하면서 생산적이면서 개인적으로는 자아실현을 할 수 있도록 하는 일이다. 갈등은 사회체제의 조직적 차원과 인성적 차원 간의 부조화를 뜻하며, 이 같은 부조화는 결국 생산을 저하시키므로 행정가의 실패를 의미한다.

겟젤스Getzels가 처음 내놓은 사회체제이론은 그 후에 겟젤스Getzels와 구바Guba 그리고 다른 학자들에 의해 계속 발전 · 확대되어 갔으나 그 한 가지 핵심되는 명제(proposition)는 다음과 같은 것이다. 즉, 관찰된 행위는 사회체제의 조직적 차원과 인성적 차원 사이에 일어나는 작용의 기능이다. 이 명제는 또 B=f(R · P)[12]로 나타내지며, 그것은 행위란 인성과의 작용에서의 역할의 기능이라는 것이다.

따라서 한 사회체제 내에서 사회적 행위를 설정하는 역할과 인성의 비율은 특정한 행위, 역할, 인성에 다양하게 나타날 수 있다. 그러나 인간의 행위는 역시 사회적인 것이기 때문에 정도의 차이는 있지만 역할과 인성의 상호작용으로 나타난다. 아무리 역할이 극대화된 사회적 행위라도 인성적인 측면을 완전히 배제할 수 없을 것이다.

또 인성이 아무리 극대화된다 하더라도 역할기대를 완전히 배제할 수는 없는 일이다. 아무튼 조직 내에서의 행위는 조직적 차원과 인성적 차원으로부터 동시에 생겨난다는 사실을 행정가는 이해해야 한다. 개인의 행동은 역할과 인성 간의 상호작용에서 생기는 것이기 때문이다.

5. 사회체제 모형의 확대

사회체제마다 보다 넓은 사회적인 상황에 깊숙이 관련되어 있다는 사실을 깨닫고, 겟젤스Getzels와 텔렌Thelen은 처음 내놓았던 본래의 모형을 확대시켜 행동의 문화적 차원(인류학적 차원)이 얼마나 중요한가를 보여주었다. 학교체제의 구성원들은 학교 내부에서만 활동하는 것은 아니며, 학교체제의 경계선을 넘어서 다른 사회체제

12) B = Behavior(행위), R = Role(역할), P = Personality(인성)를 말함

의 구성원일 수 있으며, 학교 밖의 체제의 구성원들과 끊임없이 관계를 맺고 있다. [그림 3-9]에서 볼 수 있듯이 문화적 차원은 기풍(ethos)으로 이루어져 있는데 기풍은 일련의 특이한 관습(mores)으로 특징지어지며, 또 관습은 특정한 가치(value)체제이다.

겟젤스Getzels와 텔렌Thelen이 겟젤스Getzels와 구바Guba 모형의 한계를 인식하고 확대시킨 새로운 모형은 [그림 3-9]와 같다.

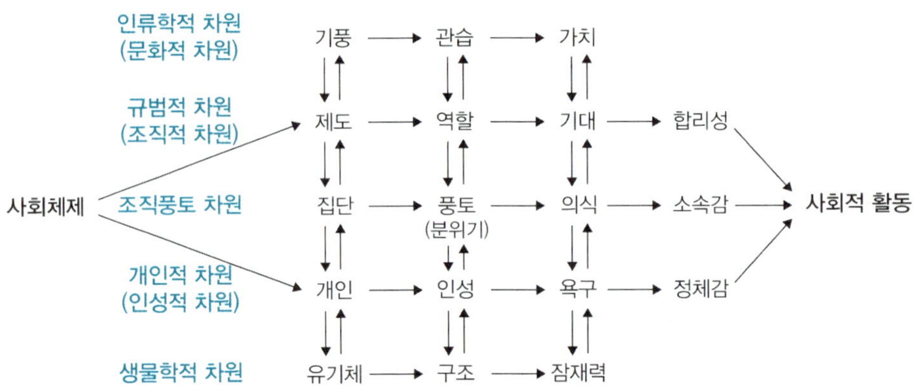

그림 3-9 확대된 사회체제 모형

출처: Silver, P.(1983). Educational administration: Theoretical perspectives on practice and research. New York: Harper & Row, Publishers, p. 249.

자료: Jacob W. Getzels, & Herbert A. Thelen(1960). The Classroom Group as a Unique Social System, In A. B. Henry, ed., The Dynamics of instructional Groups. Chicago: NSSE.

한 나라에서 다른 나라로 여행해 본 사람은 누구나 나라마다 언어, 의복, 건축양식, 음식 등이 다르다는 것을 알게 된다. 지역 간에도 차이가 많다. 이 같은 문화의 특이성을 기풍이라 한다. 특히 그 기풍의 특징은 습관과 관행이 관습으로 굳어진 것이다. 일정한 시간에 일정한 일을 하며 특별한 방식으로 지정된 장소에서의 종교예식에 참석하고 일정한 방식으로 특정한 음식을 먹는 등은 문화마다 특이하게 만드는 관습(mores)의 예이다.

이 같은 관습은 그 문화를 지닌 사람들이 갖고 있는 가치(value)를 반영한다. 가치란 사람들이 특별히 좋아하는 것, 행동 등을 말한다.

문화적 차원은 제도나 개인적 수준에서의 관찰된 행위(목표행위)에 영향을 끼친다. 사회는 그 사회가 어떤 제도를 가질 것이며, 또 그 같은 제도들이 어떠한 기능을 할 것인지를 결정한다. 문화는 제도를 형성하며 그 같은 제도에 알맞은 역할과 기대를 형성한다. 따라서 문화는 개인에게 엄청난 영향을 끼친다. 개인의 욕구성향은 그 사회가 허락하는 것들로 제한되게 마련이며, 그 사회의 다른 사람들이 나타내는 가치에 의해 항상 제약을 받는다. 그러므로 사회 전체가 각 개인의 인성에 영향을 준다. 이렇게 볼 때 사회체제로서의 학교는 문화로부터 분리해서 볼 것이 아니라 그 문화의 한 부분으로 보아야 한다.

학교마다 차이가 있는 것은 그 학교가 처해 있는 문화나 하위문화(subculture)가 다르기 때문이다. 여기서 강조해야 할 것은 문화적 상황이 학교에 관여하는 개인은 말할 것도 없거니와 학교 전체에 직접적인 영향을 주고 있다는 사실이다.

6. 사회체제이론과 교육행정

체제로서의 학교는 여러 가지 하위체제들로 이루어져 있는 체제이며, 학교는 그 자체가 교육제도와 같은 보다 큰 체제 내에 존재하는 하위체제로 볼 수 있다.

체제의 개념은 체제의 요소들인 개인들의 행위 사이의 상호관련성을 강조하는 것이다.[13] 물론 사람들은 때로는 별도의 개인들로 행동하지만 개인의 행동은 적어도 부분적으로는 조직 내에서 발생하는 것이라 할 수 있다. 어느 학교에 재직하고 있는 교사가 만족이나 불만족, 유감이나 감사한 마음 같은 감정을 강하게 나타낸다면 그 학교에서 일하는 다른 사람들이 그렇게 느끼기 때문일 수가 있다.

모든 행동은 일반적으로 이해되는 것과는 달리 그 여파가 엄청나다 하겠다. 조직 내의 개인들의 행위는 서로 관련되어 있다. 그러므로 학교의 일부에서 취해진 행위는 전 학교에 퍼져가는 파급효과(ripple effect)를 미친다. 교육행정가는 이 같은 행동의 상호연관성을 알고 있어야 한다.

흔히 행정가들은 그들 자신이 취한 행동이나 조직 내의 타인들이 취한 행동이 얼마 가지 않아서 잊혀지거나 아무런 영향을 주지 않을 것으로 생각한다. 그러나 교육행정가는 자신이 취한 행정행위가 지대한 결과를 가져온다는 사실에 주목해야

13) Talcott Parsons, & Edward A. Shils(1962). Categories of the Orientation and Organization of Action. in Toward A General Theory of Action eds., Talcott Parsons, & Edward A. Shils. Cambridge, Mass: Harvard University Press, p. 107.

한다. 그것은 어떤 행위가 다른 사람의 행위와 관련되어 있기 때문이다.

또 체제이론이 시사하는 바는 행정가의 주요 과제가 체제의 통합을 위한 지도성(leadership)을 발휘하는 데 있다는 것이다. 이 같은 통합(integration)은 내적 체제들(하위체제)은 물론이거니와 외적 체제(환경)와 상위체제들을 통합해가는 노력으로 나타난다. 또 이 같은 통합은 각 체제와 하위체제의 기능을 분화시킨 다음에 그것들 사이의 관계를 발전시켜 나아갈 필요성을 시사해 준다. 고전적 조직이론에서는 단위(unit, 과)별로 전문화를 통한 능률의 숭배에 치중되어 있었기 때문에 조직은 극도로 세분화되어 있었다. 체제적 접근방식은 이제 행정가들로 하여금 조직의 단위(과)가 하는 활동이나 그 단위의 목적 내지는 자원의 상호연관성에 주의를 집중하도록 하는 것이다.

체제의 이 같은 상호연관성 때문에 학교조직의 변화는 조직을 전체로 보고 변화를 위한 노력이 전체로 이루어져야 할 필요가 있다. 가령 어느 교사 한 사람이 새로운 계획을 가지고 독립적으로 어떤 실험을 한다고 하자. 그 실험이 아무리 성공적인 것이라 해도 다른 교사들이 그 새로운 계획을 채택하지 않을 수 있다. 그러나 전체 교사들이 그런 실험을 학교 발전을 위해 해보도록 그에게 권한을 위임한다할 때 새 계획이 채택될 가능성은 크게 마련이다. 조직 내의 어느 한 부분의 변화(개혁)는 조직 전체에 큰 영향을 준다. 따라서 학교개혁을 생각할 때는 전체 학교조직이라는 측면에서 생각할 필요가 있다. 훌륭한 아이디어들이 계속 쏟아져 나오고 있음에도 불구하고 교육개혁이 잘 일어나지 않는 것은 상부의 지시나 어느 한 부분에서만 개혁의 필요를 느끼고 있기 때문일 것이다.

이제 조직의 개혁을 촉진하는 한 가지 유력한 방법은 조직을 이루고 있는 여러 부분들 사이의 관계를 새롭게 보는 일이라 할 수 있을 것 같다. 이 같은 관계는 학교조직으로 하여금 자원을 보다 창의적으로 활용할 수 있게 한다. 이 같은 관계는 또 교사들의 전문적 성장에도 기여할 수 있기 때문에 행정가가 학교 안에서 새로운 관계를 발전시킬 수 있다면 인간자원을 증대시키게 됨으로써 보다 나은 교육을 가져다주게 될 것이다.

겟젤스Getzels와 텔렌Thelen이 문화적 차원의 중요성을 인식하여 본래의 모형에 이것을 덧붙였듯이 학교행정가는 우리나라의 특이한 문화적 세력이 교육의 목표와 절차에 어떻게 작용하고 있는가를 분석할 수 있는 능력이 필요하다. 만일 행정가가 문화적인 제약에서 오는 교육의 문제를 예리하게 분석하는 능력이 결핍되어 있어서 제도적인 면에만 계속 집중한다면 학교체제는 언제인가 다른 체제로 대치되는 날을 보게 될지도 모른다.

겟젤스Getzels와 텔렌Thelen의 모형에서 제시된 대로 교사들은 특이한 인성과 욕구성향을 지닌 개인들이다. 교사들의 역할이 개별화되어 서로 다른 그들의 인성에 맞출 수 있다면 그들의 행위는 갈등에 휘몰릴 수 있으나, 갈등을 해결한다면 보다 만족하게 역할을 이행할 수 있을 것이라는 점도 행정가가 알고 있어야 할 문제이다. 학교의 목적을 달성하면서도 교사들의 특이한 인성을 손상시킴 없이 시간을 배정한다든지 보상체제를 활용한다든지 하는 배려가 행정가에게 필요하다.

교사들의 역할을 그들의 개인적인 욕구성향에 일치시키도록 하는 노력에 개혁적인 행정가가 생각해 볼 수 있는 여러 가지 전략이 트러스티Trusty와 서지오바니Sergiovanni에 의해 제시되었는데[14] 그중 몇 가지를 제시해 보면 다음과 같다.

① 과외활동이나 특별활동은 교사가 좋아하는 일이라 판단되는 방향에서 선택적으로 맡긴다. 잡무 같은 과업은 로테이션(rotation)식으로 한다.

② 인지양식(cognitive style) 또는 학습양식(learning style)에 따라 반편성을 하고, 학생들의 양식과 그 학생들을 맡는 교사의 양식이 일치되도록 할 때 학습의 효과도 높아질 뿐 아니라 교사의 욕구성향을 실현시킬 수 있게 된다.

③ 교장은 개개 교사의 특이한 수업방법을 권장하며 다양한 수업방법을 통하여 교사들의 다양성을 실현시킨다.

④ 수업평가, 장학지도, 보상체제 등도 각 교사의 욕구성향에 맞도록 한다. 예컨대 여러 가지 다양한 평가방식을 개발하여 교사가 자신을 위한 평가로 선택할 수 있게 교사평가방식을 다양화한다. 또 수업평가는 교사의 수업능력과 특별한 목적과 관련하여 이루어져야 한다. 교실환경미화라든지 교사의 행위를 평가하는 것이어서는 안 된다.

14) F. M. Trusty, & T. J. Sergiovanni(1966). Perceived need deficies of teachers and administrators: A proposal for restructuring teacher roles. Educational Administration Quarterly, 2, pp. 168-180.

이상과 같은 전략은 경험적 검증이 없는 한 분명하게 말할 수는 없으나 체제적 접근이야말로 분명히 교육행정에 시사하는 바가 많다고 할 수 있다.

연구와 토론을 위한 실전문제

1. 바나드가 제시한 협동적 행동 및 공식적 조직에 대한 구체적인 이론을 설명하시오.
2. 행동과학적 접근이 교육행정에 끼친 영향을 간단히 설명하시오.
3. 체제의 개념을 설명하시오.
4. 체제의 속성을 설명하시오.
5. 역할갈등에 대해 설명하시오.
6. 겟젤스와 구바의 사회체제 모형을 도식화하시오.
7. 겟젤스와 텔렌의 수정모형에 대해 설명하시오.

Chapter 4

동기이론

동기(motivation)란 인간에게 어떤 행동을 유발시키고, 그 행동에 방향성을 주게 하는 조건 또는 상태(A condition that energizes behavior and gives it direction)라고 정의한다. 즉, 행동을 일으키게 하는 근원적인 힘으로 행동을 목표로 이끌어가는 에너지이다. 즉, 개인의 행동방향을 결정하는 경향이나 태세를 말한다. 동기(motivation)란 '움직이게 하다', '행동하게 하다'는 의미의 라틴어 Movere에서 유래되었으며, 인간의 행동을 일으키는 근원적인 힘으로 이해되고 있다. 이 장에서는 동기의 개념, 내용이론, 과정이론, 학습동기 유발의 원리와 방법에 대해 살펴보고자 한다.

제1절 동기의 개념

1. 동기의 개념

동기의 개념은 학자들에 따라 약간의 차이를 보이고 있는데 다음과 같다.

첫째, 앳킨슨(Atkinson, 1958)은 '행위의 방향과 강도 및 지속에 대한 직접적인 영향'이라고 했고, 영(Young, 1961)은 '인간과 동물의 행위를 결정짓는 요인'이라고 했다.

둘째, 임규혁(1996)은 '인간행동과정에서 행동의 활발성을 증감시키고 행동의 방향을 정해 주는 심리적 요인으로서 개체의 행동을 특정한 목표로 이끄는 내적 충동 상태'라고 하였다. 동기에는 개인차가 크게 작용하며, 생리적인 면, 심리적인 면, 감정적인 면을 갖고 상호작용적으로 유발된다고 할 수 있다.

2. 동기의 구분

동기의 구분에 있어서는 일차적 동기와 이차적 동기로 구분된다.

첫째, 일차적 동기(primary motivation)는 기본적 · 생득적 동기로서 유기체가 생체를 유지하는 데 필요한 동기이다. 즉, 식욕, 목마름, 수면, 성욕, 배설 등이다.

둘째, 이차적 동기(secondary motivation)는 후천적 학습 및 경험으로서의 동기로 경쟁, 우월, 독립, 상벌, 소속감, 권력, 성취, 야망, 사회적 인정, 자아실현 등이다. 이차적 동기는 환경적 요인이나 상황요인에 따라 학습한 동기, 특히 대인관계 속에서 형성하는 것들이 이에 속한다.

대표적인 일차적 동기의 예는 '성(性) 동기'와 '공격성'이고, 이차적 동기의 예는 '권력동기'와 '성취동기'이다. 권력동기는 타인으로부터 인정을 받고 집단 속에서 지위를 확보하고자 하는 욕구를 의미하고, 성취동기는 훌륭한 일을 이루고자 하는 내적인 의욕으로 도전적이고 어려운 과제를 성취함으로써 만족을 얻으려는 의욕 또는 성취하고자 하는 욕구를 의미한다.

3. 동기유발

동기유발은 내재적 요인이나 외재적 요인에 의해서 유발된다.

첫째, 내재적 동기부여(intrinsic motivation)는 동기의 목표를 구성원과 과업과의 직접적인 관계에서 일어나는 것으로, 구성원의 요구, 흥미, 태도, 목적 등에 의해 동기가 유발되어 과업을 수행하면서 얻는 성취감, 과업 자체에 대한 도전감 등이 내재적 보상이 될 수 있다.

둘째, 외재적 동기부여(extrinsic motivation)는 외부요인의 자극에 의해 구성원이 동기부여가 되는 것으로 상, 벌, 승진, 작업환경의 개선, 보수수준의 향상 등과 같은 외재적 보상이 동기부여의 수단이 된다. 작업행위에 관한 동기부여이론은 어떤 요인이 동기부여를 시키는 데 크게 작용하는가를 다루는 내용이론(content theory)과 동기부여가 어떤 과정을 통해서 발생하는가를 다루는 과정이론(process theory)이 있다.

제2절 내용이론

1. 매슬로우Maslow의 욕구계층이론

매슬로우(Maslow, 1954)는 모든 인간은 선천적으로 자아실현을 이루고자 하는 노력 혹은 경향이 있다고 보았고, 인간의 행동을 활성화시키는 인간의 기본 욕구를 다섯 단계로 구분하였다. 피라미드 형태의 계급구조로 이루어진 다섯 단계의 욕구위계는 생리적 욕구, 안전에 대한 욕구, 소속감과 사랑욕구, 존중욕구, 자아실현욕구를 말한다. 이 다섯 단계의 욕구 중 생존에 가장 긴요한 생리적 욕구와 안전에 대한 욕구는 하단부에 위치해 있으며, 심미적 특성이나 창의적 개성을 추구하는 자아실현욕구는 가장 높은 곳에 위치해 있다. 자아실현욕구는 자기 자신의 충만, 다시 말하자면 한 개인이 가지고 있는 잠재가능성을 실현화하려는 경향의 욕구이다.

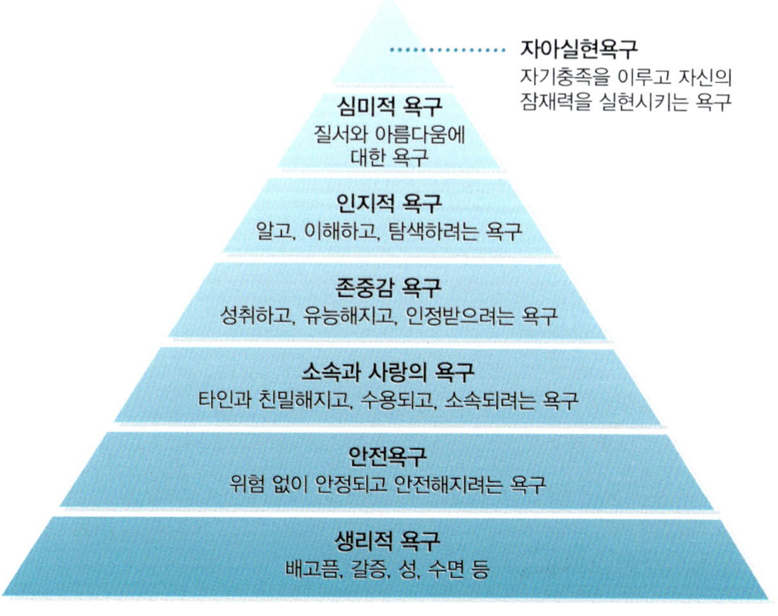

그림 4-1 매슬로우Maslow의 욕구위계모형

① **생리적 욕구**(physiological need): 인간의 욕구 중에서 가장 기본적이고 강하며 분명한 것으로 음식, 물, 공기, 수면, 성, 추위나 더위로부터 보호, 감각적 자극에 대한 욕구들이 포함된다. 이 욕구는 강하며, 더 높은 단계의 욕구를 충족시키기 위하여 충분히 충족되어야 한다.

② **안전욕구**(safety need): 환경 내에서의 확실성, 안전질서, 고통회피, 보호 등에 대한 욕구를 말한다.

③ **소속과 애정욕구**(need for belonging and love): 생리적 욕구 및 안전욕구가 보장되면, 동반자와 가족에 대한 욕구가 생겨 남들과 어울리고 애정을 나누고 싶어 한다. 건전한 사회를 유지하려면 소속과 애정의 욕구를 충족시켜야 한다.

④ **자아존중의 욕구**(self-esteem need): 자기 자신과 다른 사람들로부터 존경받고 싶어 하는 욕구를 말한다. 이러한 자존감에 대한 욕구는 자기존중과 다른 사람들로부터의 존경을 모두 포함하는 것이다. 자기존중은 능력, 신뢰감, 개인적인 힘, 적합성, 성취, 독립, 자유 등을 포함하는 것으로, 자기 자신을 가치 있다고 생각하는 것이다. 타인으로부터의 존경은 명성, 인식, 수용, 지위, 평판 등을 포함하는 것으로 타인으로부터의 좋은 평가를 받음으로써 자기 자신을 가치 있는 사람으로 간주하게 된다.

⑤ **자아실현욕구**(self-actualization need): 자신이 원하는 종류의 사람이 되고, 자기가 성취할 수 있는 모든 것을 성취하려는 욕구이다. 이러한 욕구는 자아증진을 위한 개인적 갈망이며, 잠재적 능력을 실현하려는 욕망이다.

2. 앨더퍼Alderfer의 ERG이론

ERG(Existence, Relatedness, Growth)이론은 매슬로우Maslow의 5단계를 세 가지로 다시 구분해서 단순화했고 앨더퍼Alderfer가 수정·보완하였다. 이 이론에서 앨더퍼(Alderfer, 1972)는 존재욕구(E: Existence need), 관계욕구(R: Relatedness need) 그리고 성장욕구(G: Growth need)의 세 가지 수준의 욕구를 가정하고 있다. ERG이론의 특징은 매슬로우Maslow의 욕구위계이론의 수정판으로, 그와 비교했을 때 저차원적인 욕구가 충족되면 상위욕구로 이행할 뿐만 아니라 좌절되면 퇴행하기도 하고, 둘 이상의 욕구가 동시에 나타날 수도 있다. 즉, 존경을 받고 싶다는 욕구와 안전의 욕구가 동시에 작용해서 동기유발이 될 수 있다. 또한 고차원적 욕구가 만족되지 않거나 좌절되면 저차원적 욕구를 더 많이 충족시켜서 이를 해소하려고 한다. 내적 존경을 위해 노력한 것이 좌절되는 경우 외적 존경(예컨대 돈)을 가져올 수 있는 부분에 더 집착하게 된다.

① **존재욕구**(Existence need): 생리적이고 물리적인 욕구이다. 즉, 배고픔, 갈증, 생계비 이상의 임금과 쾌적한 작업조건 등으로 충족시킬 수 있는 욕구이다.

② **관계욕구**(Relatedness need): 다른 사람들과 좋은 대인관계를 유지하려는 욕구이다. 즉, 집단의 소속감, 인정감, 애정, 대인관계 등이 포함된다.

③ **성장욕구**(Growth need): 창조적 능력을 발휘하고 개인적 성장을 추구하는 욕구이다. 이 욕구의 충족은 한 개인의 능력을 극대화시킬 수 있으며, 매슬로우Maslow의 자존의 욕구 일부와 자아실현의 욕구가 여기에 해당된다.

3. 맥클랜드McClelland의 성취동기이론

맥클랜드(McClelland, 1985)의 성취동기이론(achievement motivation theory)도 인간의 욕구에 기초한 동기부여이론이다. 성취동기란 '도전적이고 어려운 과제를 성공적으로 수행하려는 욕구'이다(Atkinson, 1980; 1983). 성취동기는 머레이(Murray, 1938)에 의해 처음 제시되었고, 그 후에 맥클랜드McClelland와 앳킨슨(Atkinson, 1980)에 의해 체계화되었다. 성취동기의 측면에서 머레이Murray는 정의적인 측면을 강조하고 맥클랜드McClelland와 앳킨슨Atkinson은 '기대－가치'라는 인지적인 측면을 강조하였다. 맥클랜드McClelland는 조직 내 개인의 동기를 부여시키는 욕구를 성취욕구(need for achievement), 권력욕구(need for power), 그리고 친화욕구(need for affiliation)의 세 가지 형태로 파악함으로써 동기부여를 이해하는 데 공헌하였다. 또한 모든 조직은 목표를 위한 집단이기 때문에, 특히 성취욕구의 중요성을 강조하고 있다.

① **성취욕구**(n-Ach: need for achievement): 어려운 과제를 달성하고, 일을 보다 효율적으로 처리하며, 복잡한 직무를 숙달하고자 하는 욕구를 말한다. 이러한 성취욕구가 강한 사람은 성공에 대한 강한 욕구를 가지고 있다. 성취욕구가 높은 사람은 성공에 대한 강렬한 희망을 가지고 있으며, 또한 실패에 대해서도 비슷한 정도의 두려움을 가지고 있다. 또한 그들은 책임을 적극적으로 수용하

며, 행동에 대한 즉각적인 피드백을 선호한다.

② **권력욕구**(n-Pow: need for power): 타인의 행동에 영향을 미쳐 변화를 일으키고 싶어 하는 욕구이다. 권력욕구가 높은 사람은 리더가 되어 남을 통제하는 위치에 서는 것을 선호하며, 타인들로 하여금 자기가 바라는 대로 행동하도록 강요하는 경향이 크다. 이들은 책임을 맡는 것을 즐기고 권력쟁탈전이 심한 상황에 기꺼이 참여하며 실제적인 업무성과보다는 높은 지위에 올라서 타인에 영향을 미치는 것에 관심을 갖는다. 또한 논쟁에서 이기는 것을 원하고 다른 사람의 생각이나 행태를 바꾸려는 시도를 하며, 권위와 지위를 가지는 자리를 획득하려고 노력한다.

③ **친화욕구**(n-Aff: need for affiliation): 개인적 친밀함과 우정에 대한 욕구이다. 친화욕구가 높은 사람은 다른 사람들과 좋은 관계를 유지하려고 노력하며 타인들에게 친절하고 동정심이 많고 타인을 도우며 즐겁게 살려고 하는 경향이 크다. 이들은 경쟁적인 상황보다는 협동적인 분위기를 좋아하고 상호이해를 넓힐 수 있는 상황을 지향한다. 친화욕이 강한 사람은 독립적으로 직무를 수행하는 곳에 배치하는 것보다는 다른 사람과 밀접한 관계를 유지할 수 있는 직무에 배치하는 것이 동기부여의 효과가 있다.

4. 맥그리거McGregor의 X·Y 이론

맥그리거(McGregor, 1960)는 『기업의 인간경영(The Human Side of Enterprise)』이라는 책을 통해 관리 및 조직에 있어서 인간의 본성에 관한 가설을 X이론과 Y이론이라는 두 가지 패턴으로 설명했다. 그는 호손실험과 매슬로우의 영향을 받아 작업장에서의 사회적 욕구 및 자아실현욕구에 대해 더 많은 관심을 가져야 한다고 지적했다. 그리고 경영자가 'X이론적 관점을 가지고 있느냐 Y이론적 관점을 가지고 있느냐'에 따라 현장에서 종업원을 대하는 방식이 달라진다고 하였다.

1) X이론

X이론(Theory X)은 조직의 목표에 인간의 에너지를 이용하려는 매니지먼트의 전통적인 사고방식이다. 여기에서의 인간관은 '인간은 본래 일을 싫어하고 돈을 벌기 위해 어쩔 수 없이 일을 하며, 명령이나 지시 받은 일 외에는 하려고 하지 않는다'는 것이다. 따라서 작업의 표준화 설정, 자극임금제의 이용 등이 필요하게 된다. 그러므로 강제, 처벌, 위협 등에 의하지 않고는 조직이나 기업의 목적달성을 할 수가 없다. 또한 책임을 될 수 있는 한 회피하여 일신의 안정만을 추구한다는 것으로서 이 가설을 받아들인다면 종래의 전통적 경영관리원칙, 즉 명령, 통제, 강제, 처벌, 위협 등에 의하지 않고는 기업의 목적을 달성할 수 없으며, 전통적인 권위주의 경영관리방식인 엄격한 감독, 상세한 명령 및 지시, 위로부터 아래로의 지배 중시, 금전적 자극 등을 특징으로 하는 관리 및 조직이 나타난다는 것이다. X이론의 관리전략은 당근(경제적 보상)과 채찍(억압, 통제)을 적절하게 사용한다. 경제적 보상을 하고 권위주의적 리더십으로 상부책임제도의 강화를 하며, 조직구조의 고층성, 공식적 구조에 의존, 집권제와 참여의 제한 등을 활용한다.

2) Y이론

인간을 자아실현적인 존재로 본다. 즉, 여건만 잘 조성되면 일이란 놀이와 마찬가지로 즐거운 것이며, 인간은 적절한 상황하에서 책임을 지고 스스로 노력에 의하여 조직의 목적을 수행하려고 하기 때문에 관리자는 감시, 명령, 통제 등을 줄이고 개인의 자율적 근무의욕과 잠재능력을 유발할 수 있도록 동기부여를 해야 한다. Y이론(Theory Y)의 관리전략은 자기성장과 자기목표성취를 할 수 있도록 하는 것이다. 경제적 · 인간적 보상을 하고 민주적 리더십으로 분권화와 권한의 위임을 하며, 평면적 조직, 비공식 구조 활용, MBO, 자기평가제도 등을 활용한다.

3) Z이론

X이론과 Y이론의 이분법적 사고에 대한 지나친 단순화를 극복하고 보다 현실적인 관리이론으로서 Z이론(Theory Z)을 제시하였다. 그러나 Z이론의 개념, 정의 및 내

용은 학자마다 견해가 다르다. Z이론에는 룬드스테트Lundstedt의 Z이론, 라우레스Lawless의 Z이론, 오우치Ouchi와 프라이스Price의 Z이론 등이 있다.

① 룬드스테트Lundstedt의 Z이론

룬드스테트(Lundstedt, 1972)의 Z이론은 맥그리거McGregor의 X·Y 이론과 대비하여 설정한 이론이다. 즉, X이론이 권위주의적 관리를 대변하고, Y이론이 민주적 관리를 대변하는 데 비해, Z이론은 자유방임형의 관리방식을 지칭하는 개념이다.

Z이론이란 여러 가지 비조직적인 사회활동도 때로는 순기능을 수행한다고 한다. 그 예로 작업 후의 점심시간에 자발적으로 이루어지는 집단을 들 수 있고, 이 집단활동은 동시에 조직목표의 수행을 위하여 도움이 된다고 생각한다. 또한 레크리에이션 활동은 비체계적인 조직활동과 같지만 개인의 욕구를 잘 충족시켜 주고 있으며, 또 어떤 집단활동은 비조직적으로 형성된 상황 속에서 오히려 좋은 결과를 낳을 수 있다고 한다. 실험실이나 연구활동 등의 성과를 그 예로 들 수 있다.

② 라우레스Lawless의 Z이론

라우레스(Lawless, 1972)의 Z이론은 고정적·획일적 관리전략에 대응하는 개념이다. 즉, 변동하는 환경 속에서 살아가는 조직을 관리할 때 상황을 객관적으로 파악하여 이에 상응하는 관리전략을 세우고 변화시켜 나아가야 한다는 상황적 접근방법을 그는 Z이론으로 명명하였다.

라우레스Lawless에 의한 관리이론은 조직의 특성, 시간과 장소 등 환경의 변화에 따라 달라진다. 즉, 환경이 변하면 이에 따라 조직의 기능도 변하기 때문에 그 관리방법도 변화된다는 것이다. 따라서 고정적이고 획일적인 관리방법보다는 변화를 객관적으로 파악하여 이에 적합한 관리전략을 수립해야 한다는 것이다.

③ 오우치Ouchi와 프라이스Price의 Z이론

오우치와 프라이스(Ouchi & Price, 1983)의 Z이론은 일본의 과거 경영철학을 바탕으로 생겨났으며, 일본의 기업들은 과거의 개인을 생각하기보다는 기업 전체를 생각하고 고용의 안정성을 고려하여 평생직장의 개념에서 생긴 이론이다.

표 4-1 X, Y, Z이론의 인간관

X이론	Y이론	Z이론
• 인간은 동물과 같다. • 인간의 천성은 악마와 같다. • 생리적 조건이 인간을 움직여 지향하게 한다. • 힘이 인간을 움직인다. • 경쟁이 대인관계의 기본 양상이다. • 개체가 인간사회의 기본 단위이다. • 비관론이 인간관을 가장 잘 묘사한다.	• 인간은 자아실현을 추구한다. • 인간의 천성은 선하다. • 인도주의가 인간을 움직여 지향하게 한다. • 자발적 협동정신이 인간을 움직인다. • 협동이 대인관계의 기본 양상이다. • 집단이 인간사회의 기본 단위이다. • 낙관론이 인간관을 가장 잘 묘사한다.	• 인간은 의지가 있다. • 인간은 선할 수도 악할 수도 있다. • 상황이 인간을 움직여 지향하게 한다. • 이성이 인간을 움직인다. • 상호의존이 대인관계의 기본 양상이다. • 상호작용이 인간사회의 기본 단위이다. • 객관론이 인간관을 가장 잘 묘사한다.

출처: Reddin, W. J.(1970). *Managerial Effectiveness*. New York: McGraw-Hill.

5. 허츠버그Herzberg의 동기-위생이론

허츠버그(Herzberg, 1959)의 동기-위생이론(motivation-hygiene theory)은 2요인 이론(two-factor theory)이라고도 한다. 허츠버그Herzberg는 피츠버그 지방의 11개 산업체에서 선정한 203명의 기술자와 회계사들을 대상으로 면접을 통해서 연구·분석한 결과 다음과 같은 결론을 얻었다.

인간에게는 상호 독립된 두 종류의 서로 다른 욕구범주가 있는데, 이것이 인간의 행동에 각각 다른 방법으로 영향을 미친다는 것이다. 인간이 자신이 하고 있는 일에 불만을 느끼게 되면 자신이 일하고 있는 환경에 대해서 관심을 갖게 되고, 자신이 하고 있는 일에 만족하면 그 만족이 일 그 자체와 관계가 있다는 것을 발견하였다.

이 첫 번째 범주의 욕구가 환경에 대한 것이고, 이것은 직무불만족을 예방하는 기본적 기능을 담당하고 있기 때문에 위생요인(Hygiene factor)이라고 했으며, 두 번째 범주의 욕구는 인간의 직무수행에 동기를 부여하여 만족으로 이끄는 요인을 동기부여요인(Motivation factor)으로 보고 있다. 위생요인이 만족되면 불만족이 없어지는 경향은 있으나 우수한 업무수행과 보다 능력발휘를 하도록 동기를 부여하는 데는 도움이 되지 않는다. 그러나 동기요인이 만족되면 인간은 성숙한 방향으로 성장·발달한다.

1) 위생요인

위생요인(hygiene factor)은 조직의 정책과 관리, 감독, 대인관계(상사나 동료, 부하와의 관계), 급여, 지위, 신분, 안정, 작업조건 등과 관계된 것들로 일 자체에 관한 것들이 아니고 일이 행해지고 있는 작업환경 및 작업조건과 관계된 것들이다. 위생이란 용어는 예방적·환경적이라는 의미가 내포되어 있어 의학상의 의미와 관련지어 사용된다.

2) 동기부여요인

동기부여요인(motivation factor)은 보람 있고 지식과 능력을 활용할 여지가 있는 일을 할 때 경험하게 되는 성취감, 성장, 인정, 책임의 증대·작업 자체 그리고 개인적 발전과 관계된 것들이다. 이들 요인들은 직무만족에 정적인 영향을 미칠 수 있고, 그 결과 개인의 생산능력의 증대를 가져온다.

표 4-2 위생요인과 동기부여요인

위생요인(환경)	동기부여요인(직무 그 자체)
정책 및 관리 감독 작업조건 대인관계 돈, 지위, 안정	성취 성취에 대한 인정 도전적이고 보람이 있는 일 책임의 증대 성장 및 발전

출처: P. Hersey, & K. H. Blanchard. Management of Organizational Behavior, p. 66.

6. 아지리스Argyris의 성숙-미성숙이론

아지리스(Argyris, 1971)는 인간이 작업환경 속에서 미성숙한 인간으로 취급당하고 있다고 보고, 이러한 상황을 설명하기 위해 조직의 가치체계를 관료적·피라미드 모형의 가치체계와 인간중심주의적·민주적 가치체계로 분류·비교하였다.

1) 관료적 · 피라미드 모형의 가치체계

자연스럽고 자유로운 감정의 표현이 허용되지 않기 때문에 인간관계가 진실하지 못하고 불신관계를 낳게 되며, 결과적으로 조직의 대인능력이 감소된다는 것이다. 공식조직 내에서 중요한 인간관계란 집단목표달성에 관련된 것이고, 인간관계의 유효성은 행동이 합리적이고 이론적인 경우의 의사소통에서 증대되기보다는 감정적인 행동에 의해 증대된다는 것이다. 또한 인간관계는 합리적인 행동과 목표달성을 강조하는 적합한 상벌을 세밀하게 규정한 지시와 권한 및 통제에 의해서 가장 효과적으로 영향을 받는다는 것이다.

2) 인간중심주의적 · 민주적 가치체계

인간중심주의적 · 민주적 가치체계가 형성된 조직에서는 신뢰관계가 이루어져 대인능력이나 집단 간의 협동성과 융통성 등이 증가하게 되고 결과적으로 조직효과가 증가한다는 것이다. 결론적으로 조직과 개인의 목표달성을 위해서는 개인의 성격(personality)을 성숙 · 실현시킬 수 있는 방향에서 조직구조와 관리방법이 확립되어야 한다는 것이다. 아지리스Argyris는 조직의 과업환경에서 관리의 실제가 구성원의 행위와 성장에 어떤 영향을 미치는가를 조사하였다.

그 결과, 조직의 풍토 측면에서 어떤 조직은 구성원의 성장을 억제하면서 계속 미성숙한 상태로 묶어놓으려고 하고, 어떤 조직은 구성원을 계속 성장하도록 격려하고 있음을 규정하였다. 아지리스(Argyris, 1957)는 이러한 연구결과를 근거로 성숙-미성숙이론을 제시하였다. 그리고 인간이 미성숙된 상태에서 성숙된 상태로 발달하려면 개인의 성격에서 일곱 가지 요소가 변화하여야 한다고 지적하였다. 아지리스Argyris가 언급한 일곱 가지의 미성숙 단계는 수동적 행동, 한정된 행동, 엉뚱하고 얕은 관심, 의존심, 자아의식 결여, 종속적 위치, 단기적 전망이다. 성숙단계는 능동적 행동, 다양한 행동, 깊고 강한 관심, 독립심, 자아의식과 자기통제, 대등하거나 우월한 위치, 장기적 전망이다.

제3절 과정이론

1. 브룸Vroom의 기대이론

기대이론(expectancy theory)은 성과가 보상을 가져다주리라는 수단성에 대한 기대감의 복합적 함수에 의해 결정된다는 브룸(Vroom, 1964)의 동기이론을 말한다. 기대이론은 개인이 어떠한 행동을 함으로써 정해진 결과를 얻을 수 있을 것이라는 기대와 그러한 결과가 개인에게 얼마나 매력적인 것인가를 보여주는 유인 정도에 따라 행동하게 된다고 보고 있다. 기대이론은 다음과 같은 가정에서 출발한다.

첫째, 인간은 현재와 미래의 행위에 대해 의식적인 행동을 한다. 둘째, 동기유발이란 여러 가지 자발적인 행위 가운데서 사람들의 선택을 지배하는 과정이다. 셋째, 사람들은 여러 가지 행동대안들에 대해 평가한 후 스스로에게 보상을 가장 많이 가져다줄 것으로 판단되는 대안을 선택한다.

브룸Vroom은 이론적 기초를 설명하기 위해 다음과 같은 개념을 제시하고 있다.

1) 결과

결과(outcome)란 인간행위의 결과를 뜻한다. 즉, "사람이 어떤 일을 해서 얻어진 결과"를 말한다. 결과에는 1차적 결과와 2차적 결과가 있다. 1차 수준의 결과는 사람이 어떤 일을 해서 직접적으로 얻는 결과로서 생산성, 직무성과 등이고, 2차 수준의 결과는 1차 수준의 결과가 가져올 보상으로서 금전, 승진, 휴가, 인정 등과 같은 것이다.

2) 수단성

성과가 바람직한 보상을 가져다줄 수 있을 것이라고 믿는 주관적인 정도이다. 즉, 수단성(instrumentality)이란 "개인이 특정 결과에 대해 유인자극이 곧 뒤따라올 것이라는 것에 대해 지각하고 있는 확률"이다. 1차 수준 결과가 2차 수준 결과를 가져오게 되리라는 주관적인 확률치이다. 예를 들면, 직원들은 승진이라는 욕구 때문에 높은 직무성과를 올리려고 하게 될 것이고, 높은 성과는 승진을 위한 수단으로 인식될 것이다. 이 수단성은 −1에서 +1까지의 값을 가지게 된다.

3) 유의성

유의성은 2차적 결과에 대해 가지는 선호의 정도이다. 즉, 유의성(valence)이란 "개인이 특정 결과에 대해 갖는 선호의 정도"이다. 사람은 어떤 일의 성취 후에 그 일의 결과들 중에서 특정한 것에 더욱 매력을 느끼고 선호하며 거기에 상대적 가치를 부여한다. 일에 대한 매력의 정도에 따라 특정 결과를 얻기를 원한다면 정(+)의 유의성을 갖고, 결과에 대해 무관심할 때는 영(0)이고, 얻기를 원치 않을 때는 부(−)의 유의성을 갖게 된다. 다시 말해서, 유인가는 한 사람이 결과 혹은 보상으로부터 받을 것으로 기대하는 만족수준을 의미하는 것이지, 이것들로부터 실제로 획득하는 실제가치는 아니다(Pinder, 1984). 예를 들면, 승진을 원하고 있는 직원은 그 목표를 달성하기 위해서 좋은 직무성과를 올려야겠다고 생각한다. 이때 1차 수준인 직무성과가 좋았다면 2차 수준 결과인 승진과 직접적으로 관련이 있으므로 정(+)의 유의성을 갖게 된다.

4) 기대감

기대(expectancy)란 "개인이 특정 행위에 대해 특정 결과가 따르리라는 가능성 혹은 주관적인 믿음"이다. 예를 들면, 교사가 열심히 학생들을 가르치면 학생들의 성적이 오를 것이라는 주관적인 확률을 가질 수 있다. 이 확률은 0~1까지의 값을 갖는데, 노력에 대해 결과가 없을 것으로 기대하면 "0"을, 결과가 확실히 있을 것이라는 신뢰는 "1"의 값을 갖게 된다. 수단성이 성과와 보상의 관계로서 결과 대 결과의 관계인 데 반해서 기대는 노력과 성과의 관계이다.

이상과 같이 설명한 브룸Vroom의 네 가지 기본 개념의 관계를 도식화하면 다음과 같다.

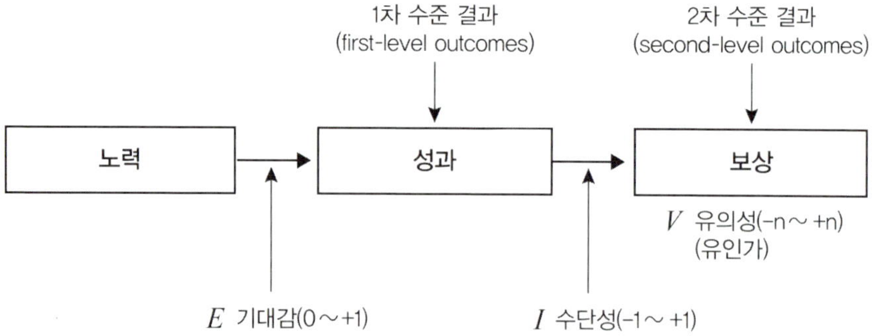

그림 4-2 기대이론의 네 가지 요소의 관계

출처: 한유경 등(2018), 교육행정 및 교육경영. 서울: 학지사. p. 87

2. 포터Porter와 로울러Lawler의 기대모형

포터와 로울러(Porter & Lawler, 1968)는 브룸Vroom의 기대이론을 토대로 하여 기대이론을 발전시켰다. 이 이론에서 직무성과는 조직구성원들이 원하는 목적과 결과를 얻으려는 노력에 의하여 결정되며, 만족은 조직구성원들이 실제로 달성하는 결과에 의해 결정될 수 있다고 전제한다(Porter & Lawler, 1968).

① **보상의 가치**(value of reward): 하나의 결과가 어느 정도 매력적인가를 말하는 것으로 브룸Vroom의 유의성과 같은 개념이다. 즉, 직원은 그가 성취한 일에 대해 받을 수 있는 보상에 가치를 부여하게 된다.

② **노력 대 보상의 확률에 대한 지각**(perceived effort- reward probability): 보상이 노력에 의하여 이루어진다는 것에 대한 인식이다. 즉, 노력-성과(기대), 성과-보상(수단성) 요소로 구성되어 있으며, 브룸Vroom의 기대와 수단성을 합한 것이다. 따라서 직원은 일에 대한 노력이 실제적으로 보상을 받게 될 것이라는 확률에 대한 주관적인 판단을 갖게 된다.

③ **노력**(effort): 일을 수행하기 위해서 투입되는 에너지의 양을 말한다.

④ **능력과 특성**(abilitiy and trait): 개인이 갖고 있는 능력과 자질을 뜻한다.

⑤ **역할지각**(role perception): 개인이 효과적인 직무수행을 위해 요구되는 포괄적인 노력에 대해 지각한다. 즉, 직원의 과업에 대한 역할의 지각 정도이다.

⑥ **성과**(performance): 과업에 대한 개인의 성취 정도를 말한다. 성과는 종업원의

노력, 능력과 특성 그리고 역할지각 간의 상호작용에 의해 결정된다. 만일 종업원이 과업수행에 필요한 노력과 특성을 지니지 못하거나 자신의 역할에 대한 이해가 부족하다면 노력은 성과를 거두지 못할 것이다.

⑦ **보상**(reward): 내재적 보상과 외재적 보상을 의미한다. 내재적 보상은 직무만족이나 작업환경의 개선 등이고, 외재적 보상은 봉급이나 인정 등이다.

⑧ **공정한 보상의 지각**(perceived equitable reward): 개인이 성과에 대해 보상이 공정하다고 느끼는 정도이다.

⑨ **만족**(satisfaction): 성과에 대해 보상이 공정하다고 느낌으로써 갖게 되는 충족도이다. 즉, 개인이 자신이 받는 보상이 지각된 공정성 수준에 도달되거나 초과된 경우에는 만족감을 갖게 되지만, 그렇지 못한 경우에는 불만족을 초래하게 된다.

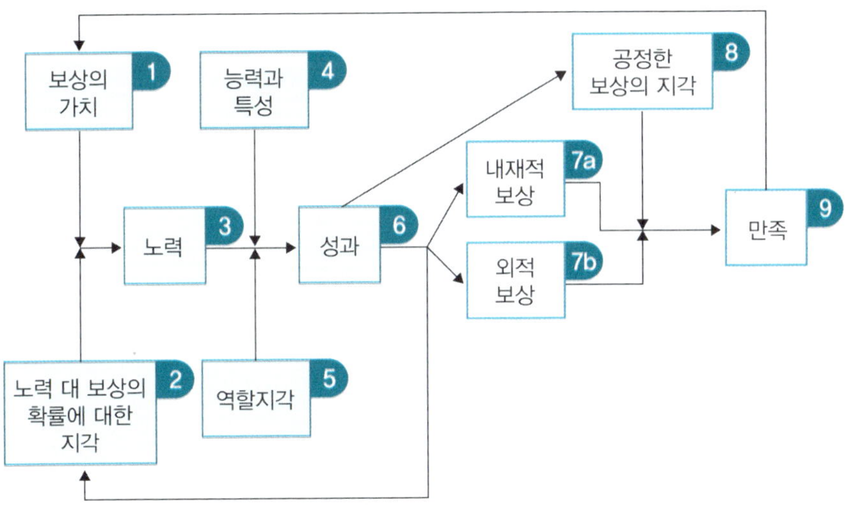

그림 4-3 포터Porter와 로울러Lawler의 동기부여모형

출처: L. W. Porter, & E. E. Lawler Ⅲ.(1969). Managerial Attitude and Performance. Homewood, Ⅲ: Richard D. Irwin, Inc., p. 165.

3. 애덤스Adams의 공정성이론

공정성이론(equity theory)은 균형이론(balance theory) 또는 교환이론(exchange theory)이라고도 한다. 이 이론은 한 개인이 다른 사람들에 비해 얼마나 공정하게 또는 균형

있게 대우를 받느냐 하는 데에 초점을 두고 맞추고 있는 이론이다. 이 이론의 핵심은 사람들의 행위가 다른 사람들과의 관계에서 공정성을 유지하는 쪽으로 동기유발된다는 것이다(Adams, 1963). 즉, 각 개인은 자신의 투입(input)과 산출(output)의 비율을 자신과 관련 있는 다른 사람과 비교하여 그 비율이 크거나 작다고 생각할 때 불공정성을 느끼며, 그것에서 벗어나 공정성을 추구하는 과정에서 동기유발된다는 것이다. 각 개인은 자신이 기울인 노력에 대한 보상이 적절한가를 판단할 때 절대적인 기준뿐만 아니라 다른 사람과 비교한 상대적 기준도 중요하게 감안한다는 전제에서 출발한 이론이다. 절대적 기준하에서는 적절히 대우받고 있다고 생각하는 사람이라도 다른 사람과 비교해서 상대적으로 대우받지 못하고 있다고 생각하면 불공정성을 느껴서 불쾌감을 갖게 되어 긴장하게 되며, 이를 해소하고자 하는 동기부여로 이어진다.

불공정성을 결정짓는 요인에는 투입, 산출, 투입과 산출, 자신과 준거인물 등이 있다.

① **투입**: 자신의 보답을 기대하면서 상대방에 기여하는 것으로 그 내용은 교육, 경험, 훈련, 기능, 연령, 경력, 사회적 지위, 직무에 대한 노력, 개인적 용모, 건강 등이다.

② **산출**: 투입에 대한 보답으로 자신이 받게 되는 수익이나 비용으로 급료, 직무의 지위, 내적인 보상, 연공에 따른 혜택, 열등한 작업조건, 단조로움, 불확실성 등이다.

③ **투입과 산출**: 투입과 산출의 비율을 말한다. 인간은 사회적으로나 규범적으로 유사한 환경에서 자신의 투입과 산출의 비율과 타인의 그것과 비슷해야 한다고 기대한다.

④ **자신과 준거인물**: 자신의 투입 대 성과와 비교하는 대상인을 뜻하며, 일반적으로 자신과의 투입요소가 비슷한 사람을 준거대상으로 한다.

여러 대상 및 자신의 과거 경험과 현재 받고 있는 대우를 비교한다. 비교대상의 성별, 경력, 직위, 교육 정도를 현재의 자신과 비교해서 자신이 투입에 비해 산출이 적다고 느껴지면 공정성 문제가 생긴다. 비슷한 사람과 비교해서 그 사람만큼 일을 했고, 배웠으며, 기여했는데도 적절한 보상을 받지 못하고 있다면, 공정성 긴장이 생기고 이를 해소하고자 하는 방향으로 동기부여가 된다.

질러기와 월레스(Szilagyi & Wallace, 1990)가 정리한 공정성이론의 단계는 [그림 4-4]와 같다. 이때 불공정성을 느끼면 다음과 같은 방법이 이용된다.

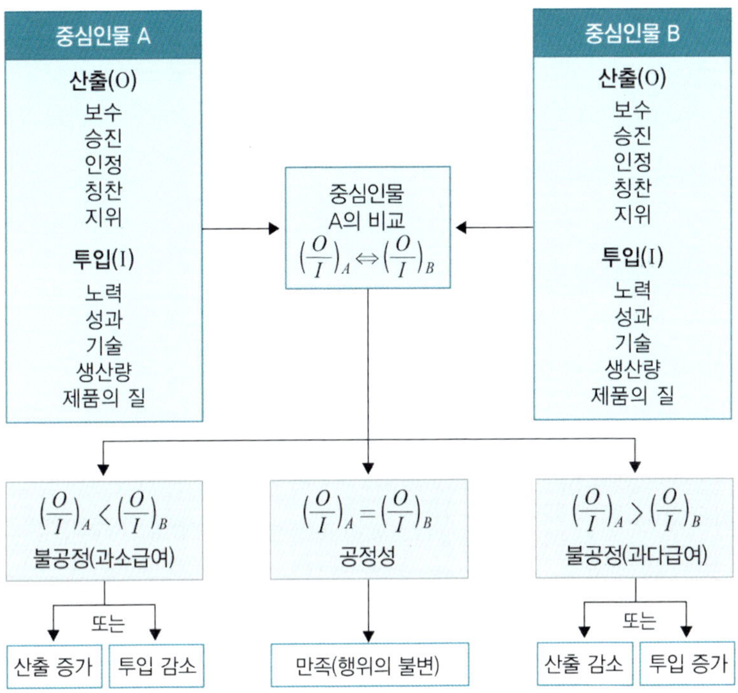

그림 4-4 공정성이론의 단계

출처: Szilagyi, & Wallace(1983). Organizational Behavior and Performance (Glanview, Ⅲ: Scott, Forean & Co., 1983), p. 100.

① **투입의 변경**: 불공정성이 자신에게 유리하냐 불리하냐에 따라 투입을 증가시키거나 감소시킨다. 예를 들면, 과소급여(underpayment)를 느낄 때는 직무에 대한 노력의 수준을 감소시킬 것이고, 과다급여(overpayment)를 느낄 때는 직무에 대한 노력의 수준을 증가시킬 것이다.

② **결과의 변경**: 대부분 결과를 증가시키려는 시도를 하는데, 노조의 힘을 이용하여 임금인상이나 작업조건을 개선하는 경우로 타 조직과 비교하여 불공정성

을 없애기 위한 것으로 볼 수 있다.

③ **직장이동**: 불공정성을 일으키는 직장을 떠남으로써 불공정성을 없애버리는 것으로 가장 극단적인 방법이다.

④ **투입이나 결과의 왜곡**: 자신이나 타인의 투입과 결과를 인지적으로 왜곡시킴으로써 실제로 변경시킨 것과 같은 효과를 얻을 수 있다. 예를 들면, 입사동기가 먼저 승진했을 경우 그가 일을 더 열심히 했기 때문이라고 지각할 수도 있다.

⑤ **비교대상의 변경**: 비교대상을 변경함으로써 불공정성을 줄일 수 있다. 예를 들면, 입사동기가 먼저 승진했을 경우 그를 비교대상에서 제외시켜서 불공정성의 지각을 줄일 수 있다.

4. 로크Locke의 목표설정이론

목표설정이론(goal setting theory)에서는 목적을 성취하려는 의도는 작업행동 뒤에 있는 동기적 힘의 바탕이라는 것이 이 이론의 기본 가정이다. 이 이론은 내적인 욕구보다 외부에서 명확한 목표가 설정될 때 더 강한 동기유발이 된다는 것을 전제한다. 막연하게 '최선을 다하자'는 것은 동기유발에 거의 영향을 주지 않으며, 명확하고 확인가능한 목표가 주어질 때 높은 생산성을 나타낼 수 있다는 것이다.

지도자가 조직구성원 개개인에게 목표를 구체적이고 뚜렷하게 설정해 주면, 직무를 성실하게 수행하고, 어려운 목표라도 수용되기만 한다면 쉬운 목표보다 높은 수준의 과업수행을 가져오며, 구체적이고 어려운 목표는 애매한 목표보다 더 높은 수준의 과업수행을 가져온다. 목표는 개인의 과업에 대한 주의력을 증가시키고 행동에 투입하는 노력을 증진시키며, 지속성 증대와 과업을 수행하는 방법을 효율화시킨다. 로크Locke는 대부분 인간행동은 유목적적이고 행위는 목표와 의도에 의하여 통제되고 유지된다고 본다.

로크와 레이덤(Locke & Latham, 1990)의 연구를 바탕으로 호이와 미스켈(Hoy & Miskel, 1996)이 목표설정에 대해 설명한 것을 살펴보면 [그림 4-5]와 같다.

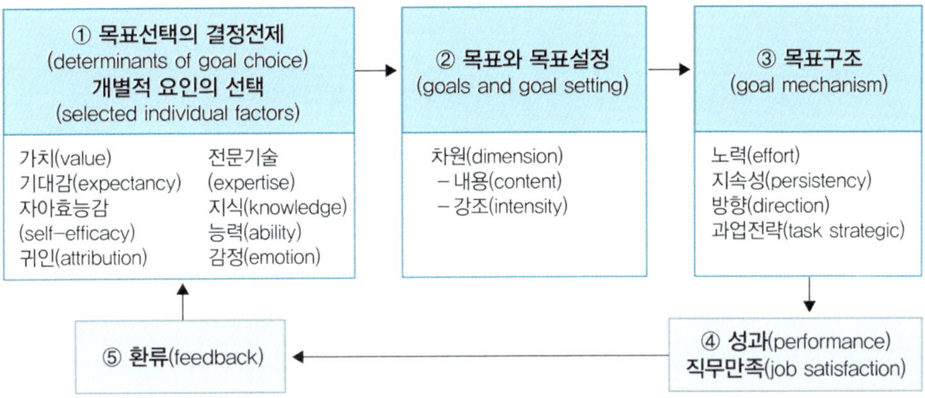

그림 4-5 목표이론의 전개도

출처: Hoy, & Miskel(1996). Educational Administration, p. 117.

1) 목표선택의 결정전제

개인의 욕구를 이행하는 데는 행동이 필요하기 때문에 어떤 행동이 자신의 복지를 향상시킬 것인가를 결정하기 위해서 환경 내의 요인들을 반드시 관찰해야 한다. 그러므로 가치(value)는 행동의 대안적 선택과정의 바탕이 된다.

개인은 일련의 가치기준을 이용하여 어떤 행동이 좋은지 나쁜지, 옳은지, 그른지 그리고 개인의 이익에 도움이 되는지 해가 되는지를 판단해야 한다. 이러한 평가는 환경 내에서 이용할 수 있는 결과를 감지하는 일과 개인적 기대감, 자아효능감 및 귀인을 측정하는 일과의 관계를 대략 평가함으로써 이루어진다.

2) 목표와 목표설정

목표는 한 개인이 의식적이고 의도적으로 무엇인가를 하려는 것으로 두 가지 특징, 즉 내용(content)과 강조(intensity)이다. 내용은 행위 혹은 원하는 결과의 성질을 의미하고, 강조는 한 개인이 목표에 부여하는 애착, 중요성, 목표에 대한 헌신성으로 목적에 도달하려는 결심을 뜻한다. 목적이 다르면 요구하는 노력의 양이 다르기 때문에 내용은 행동을 지시하고 영향을 준다. 중요한 목적은 더 받아들여질 것이고 열띤 참여를 끌어낸다(Miner, 1980). 만일에 목적에 대한 헌신이 없다면, 목적설정이 불가능하다는 것은 사실상 자명한 일이다(Locke, Latham, & Erez, 1988).

3) 목표구조

목표구조(goal mechanism)는 네 가지로 구성되었다. 세 가지는 직접적인 노력, 지속성과 방향이고, 한 가지는 간접적인 과업전략이다. 세 가지의 직접적인 구조는 동기화된 행동의 세 가지 속성인 자극(시발), 선택(방향)과 기간(유지)에 해당된다. 목표가 개인을 자극시키는 것은 개인이 과업수행에 바칠 노력의 강도를 창출하게 하기 위해서이고, 목표가 선택에 영향을 주는 것은 사람들에게 다른 활동은 무시하고 목표와 관련된 활동에만 주의를 기울이고 행동하게 하기 위해서이며, 목표가 기간에 영향을 미치는 것은 사람들이 목표에 도달할 때까지 계속 행동을 하도록 하기 위해서이다.

4) 성과와 직무만족

목표 설정 활동의 두 가지 기본적 결과는 성과와 만족이다. 목적을 성취할 가능성이 매우 높다고 판단된다면 기대한 만족도 높다. 결과에 대한 인식이 개인으로 하여금 새로운 목적을 설정할 수 있게 하기 때문에 수행수준에 대한 피드백은 중요하다.

5) 환류

환류(feedback)는 직무성취와 직무만족에 대한 결과를 개인에게 알려주는 것이다. 이 같은 결과에 대해 개인은 인지적 평가와 가치평가로 결과를 평가한다. 인지적 평가는 작업결과에 대한 지식과 경험을 이용하여 그 성취가 어느 특정 수준에 머문 이유(업무의 성격, 개인의 능력, 노력 정도 등)와 개선방법을 개념적으로 이해하는 것이고, 가치평가는 작업결과에 대한 감정적 반응으로서 개인의 가치표준에 대비되어 평가된다.

5. 바이너Weiner의 귀인이론

바이너(Weiner, 1979)는 귀인이론(attribution theory)을 체계화시켰으며, 귀인이란 '성공이나 실패에 대하여 자신의 행동에 대한 원인을 귀속시키는 경향성이다'라고 하였다. 성공이나 실패의 원인을 자신의 능력이나 노력 등의 내적 원인으로 생각하는 경우와 우연한 결과나 운 등의 외적 원인으로 생각하는 경우에 행동의 차이를 가져온다. 바이너Weiner는 학생들이 그들의 성공이나 실패의 원인을 능력(ability), 노력(effort), 학습과제의 난이도(task difficulty), 운(luck) 등의 네 가지 원인으로 설명하고, 이 원인들은 원인의 소재, 안정성, 통제가능성의 세 가지 차원이 있다고 주장하였다.

1) 원인의 소재

원인의 소재(locus of causality)는 성공이나 실패의 원인이 개인의 내부에 있는가 혹은 외부에 있는가에 따라 달라진다. 성공과 실패의 원인을 능력이나 노력으로 귀인하는 내적 원인과 운이나 과업의 난이도 등으로 귀인시키는 외적 원인으로 구분한다.

2) 안정성

안정성(stability)은 성공과 실패의 원인이 항상 같은가 아니면 변화하는가에 따른 '귀인을 변화시킬 수 있는 가능성의 정도'로 안정적 귀인과 불안정적 귀인으로 구분한다.

3) 통제가능성

통제가능성(controllability)은 성공과 실패의 원인을 통제할 수 있는가 없는가이다. 자신이 성공과 실패의 원인으로 여기는 요소들은 스스로 통제할 수 있는 것도 있지만 그렇지 못한 것도 있다.

이상에서 설명한 귀인의 세 가지 차원은 인간의 동기와 관련하여 다음과 같은 중요한 시사점을 나타낸다.

첫째, 통제의 위치는 자존심과 연관이 있다. 만약 성공이나 실패가 내적 요인에 귀인된다면 성공은 자부심을 증진시키고 이에 따라 동기를 높이겠지만, 실패가 내적으로 귀인되면 자존심을 감소시킬 것이다.

둘째, 안정성의 차원은 미래에 대한 기대와 관련이 있다. 만약 학생이 자신의 성공(혹은 실패)의 원인을 과목의 난이도와 같은 안정된 요인들에 돌린다면, 이후에도 그 과목에 대한 안정적인 결과를 기대할 것이다. 그러나 만약 어느 학생이 그날의 운과 같은 불안정한 요인들에 귀인한다면 차후 시행에서 안정적인 미래 예측을 하기 어려울 것이다.

셋째, 통제가능성의 차원은 분노와 우울과 관련이 있다. 만약 개인의 실패가 통제 불가능한 내부 요인에 귀인된다면, 그는 우울하거나 좌절하겠지만, 실패가 통제 가능한 외부적 요인에 돌려진다면, 이는 그 대상에 대한 분노로 연결될 것이다. 대표적인 귀인 네 가지를 〈표 4-3〉과 같이 나타낼 수 있다.

표 4-3 귀인과 각 차원의 관계

귀인요소	원인의 소재	안정성	통제가능성
능력	내적	안정적	통제 불가
노력	내적	불안정적	통제 가능
운	외적	불안정적	통제 불가
난이도	외적	안정적	통제 불가

6. 반두라Bandura의 자아효능감이론

반두라(Bandura, 1986)는 자아효능감(self-efficacy)이란 '어떤 과제를 성공적으로 조직하고 실행하는 자신의 능력을 지각하는 특성'이라고 정의한다. 자아효능감이란 개인이 수행을 위해 요구되는 행위를 조직하고 실행해나가는 자신의 능력에 대한 판단이다. 즉, 나는 잘 할 수 있다는 믿음 혹은 기대와 같은 것이다. 반두라Bandura는 자아효능감은 어떤 사람이 무엇을 하려고 선택할 것인가, 그 과제에 얼마나 많은 노력을 투자할 것인가, 얼마나 오랫동안 그 과제에 매달릴 것인가, 그 과제와 관련하여 얼마나 많은 감정적 스트레스를 경험할 것인가 등에 영향을 미친다고 주장하였다. 자아효능감은 우리가 도달하려는 목표의 지속성에 영향을 주며, 목표수립을 통해서도 동기에 영향을 미친다. 효능감을 지니고 있는 학생은 과업에 직접적으로 집중하지만, 그렇지 않은 학생들은 스스로 무력감을 느끼게 되어 과제를 회피하려 한다(Schunj, 1990). 만약 주어진 영역에서 높은 자아효능감을 갖는다면, 그는 높은 목표를 설정한 것이고 어려움에 직면했을 때도 끈기를 보일 것이다. 그러나 자아효능감이 낮은 수준이라면 문제에 직면할 때 그 과제를 회피하거나 쉽게 포기할 것이다(Bandura, 1993).

자아효능감이라는 동기는 자아개념과도 부분적으로 관련 있을 뿐 아니라 교사와 학생이 학습장면에서 상호작용하는 경험의 질에 따라 발달한다. 따라서 교사는 학생들이 느끼는 자아효능감은 스스로에게 긍정적인 감정을 경험하도록 보다 상위의 과제에 도전하도록 열정을 갖게 한다는 사실을 상기하여야 한다. 또한 자아효능감은 단순히 학생들에게만 영향을 미치는 것이 아니라 교사의 수행에도 영향을 준다. 자신의 능력에 신뢰감을 느끼고 있는 교사와 그렇지 않은 교사가 학생들의 학업성취에 상이한 영향을 미친다는 연구결과(Dembo & Gibson, 1985)는 실제 학급에서 보다 바람직한 수행을 유도하는 교사의 태도를 강조한다.

자아효능감 증진방법에 대해 살펴보면 다음과 같다.

첫째, 성취경험은 자아효능감 판단의 가장 영향력이 있는 결정요인이다. 성공경험은 자아효능감에 대한 평가를 높이지만 실패경험은 자아효능감에 대한 평가를 낮춘다. 따라서 다양한 상황에서 성공적인 성취경험을 할 수 있어야 한다.

둘째, 대리경험, 즉 남이 성공을 거두는 것을 보여줌으로써 자신의 효능감을 높일 수 있다.

셋째, 언어적 설득, 즉 타인의 격려나 칭찬 등은 자아효능감을 높일 수 있다. 타인의 노력에 대한 긍정적인 평가를 해주고, 과거의 성공경험을 일깨워 주며, 다양한 기술을 제공함으로써 자아효능감을 증진시킬 수 있다.

넷째, 정서적 각성, 즉 정서적인 흥분을 긍정적으로 해석하고 대처할 수 있는 기술을 제공해야 한다. 긴장이나 불안에 대처하는 기술을 훈련시키는 것이 중요하다.

제4절 학습동기 유발의 원리와 방법

동기유발이란 개체가 동기를 가지고 목표지향적인 행동을 일으키는 과정으로 여러 대상과 상황에 모두 적용되지만, 여기서는 학생의 학습동기 유발에 한정해서 다루고자 한다. 학습에 있어서 동기유발은 학습자가 하고자 하는 경향이 생기게 하고, 유목적적이고 적극적인 학습활동을 하도록 하는 것이다.

1. 동기유발의 일반원리

① 학습자의 흥미나 능력과 결부되는 학습활동의 형태를 갖추기 위해 학습자 개개인을 연구한다.

② 풍부한 학습경험과 그 경험의 심화를 도모할 수 있는 단원학습의 형태를 찾기 위해 학습단원을 연구한다.

③ 위의 두 가지 결부시키는 기술적인 원리를 찾기 위해서 동기유발에 대한 일반원리의 연구가 필요하다.

④ 동기유발에 대한 기술적인 원리

㉠ 학습동기의 유발은 이미 경험한 내용과 결부시킨다.

㉡ 학습자의 흥미나 관심과 결부시킨다.

㉢ 성공감, 필요성 등을 갖게 함으로써 학습의욕을 일으키게 한다.

㉣ 학습목표를 자각적으로 인식시킨다.

2. 동기유발의 방법

학습활동에 있어서 동기유발은 내적 동기유발(intrinsic motivation)과 외적 동기유발(extrinsic motivation)로 나눌 수 있다. 내적 동기유발은 학습자 스스로가 자발적으로 학습하려는 의욕을 갖게 하는 것이고, 외적 동기유발은 외부에서 학습자로 하여금 학습하도록 학습활동을 일으키는 것을 말한다.

1) 내적 동기유발방법

어린이들은 생리적인 문제가 충족되지 못할 때는 희망이나 욕구 그리고 행동이 제한받게 된다. 즉, 많은 행동이 기분에 좌우되기 쉬우므로 정서적 안정을 고려해야만 학습의 능률이 높아진다.

또한 호기심은 신기한 것을 탐구하려고 하는 정서이며 문제해결이나 학습의 동기가 되는 것이다. 그러므로 수업활동은 어린이의 호기심을 기초로 하여 이루어져야만 한다.

동기유발은 흥미를 가지게 하는 일이라고 할 만큼 흥미의 역할이 크다. 따라서 흥미를 동기유발의 방법으로 이용하려면 흥미를 파악하여 흥미의 발달적 조건이나 특성을 이해해야 한다.

학습목표를 학습자가 분명히 알고 있다는 것은 학습태도를 바르게 하여 수업의 효과를 높이는 데 있어서 중요한 것이다. 학습의 목표를 자각하고 의도적으로 학습하도록 하는 것은 동기유발의 한 방법이라고 할 수 있다. 이 내적 동기유발에 관한 방법을 정리하면 다음과 같다.

① 학습자가 학습문제에 대하여 호기심을 갖도록 한다.
② 성취감을 갖도록 한다.
③ 실패의 경험을 적게 갖도록 한다.
④ 지식, 기능 또는 인격 등에 감명을 줄 수 있는 모델을 상정하고 이에 동일화하도록 한다.

2) 외적 동기유발방법

학습에 있어서 성취감은 학습의욕을 더욱 높여주고 실패하면 학습의욕이 감소되는 것이 보통이다. 따라서 학습의 내용이나 방법을 학습자의 수준에 적합하도록 하는 것이 동기를 유발하는 방법이 될 수 있다. 즉, 학습에서 학습자가 성취감을 맛볼 수 있는 기회를 부여하는 것이 동기유발에 크게 도움이 된다. 동기유발에 있어서 상은 성취감을 갖게 하고, 사회적 인정의 욕구를 충족시켜 주기 때문에 효과적으로 사용하는 방법이다. 외적 동기유발의 방법을 정리하면 다음과 같다.

① 학습목표를 분명히 알게 한다.
② 학습과정을 충분히 알게 함으로써 흥미를 갖고 학습활동에 적극적으로 참여하게 한다.
③ 학습결과, 특히 무엇이 어떻게 잘못되어 나온 결과인가를 상세히 알려준다.
④ 집단소속원으로서의 소속감을 갖게 해준다.
⑤ 다양한 학습자료나 실증적인 예화를 들려준다.
⑥ 학습자 개개인의 장점을 찾아 칭찬하여 준다.
⑦ 학습활동의 중요한 과정에서 주의를 집중시킨다.
⑧ 학습과정에서 약간의 불안을 느끼게 할 수 있는 교사의 발문을 통해 불안을

없애기 위한 사고의 기회를 마련해 준다.

⑨ 약간의 경쟁심을 자극한다.

⑩ 올바른 학습습관이나 태도를 기르도록 한다.

⑪ 상과 벌을 적당히 활용한다.

연구와 토론을 위한 실전문제

1. 매슬로우의 욕구계층이론을 설명하시오.
2. 허츠버그의 동기·위생이론을 학교에서 일어날 수 있는 상황과 관련지어 설명하시오.
3. 본인이 학교장이라는 입장에서 과학적 관리론에 입각하여 학교를 관리한다면 어떠한 방향으로 할 것인지 설명하시오.
4. 맥클랜드는 성취욕구를 높이는 상황을 제시하면서 성취욕구의 중요성을 강조했다. 성취욕구를 높일 수 있는 상황에 대해 설명하시오.
5. 매슬로우의 욕구계층이론을 도식화하시오.
6. 앨더프의 ERG이론을 설명하시오.
7. 맥그리거의 X·Y 이론을 설명하시오.
8. 허츠버그의 동기·위생이론을 설명하시오.
9. 브룸의 기대이론을 설명하시오.
10. 애덤스의 공정성이론을 설명하시오.
11. 효과적인 학습동기유발 방법을 설명하시오.

Chapter 5

지도성이론

사람들은 지도성(leadership)이란 말을 들을 때 그들에게 영향을 끼친 여러 지도자들을 머릿속에서 생각한다. 그때 그들에게 영향을 끼친 사람들이 지니고 있었던 속성(attribute)이나 아니면 지도하던 방법(method)을 생각한다. 지도자들은 모두 한 가지 공통된 것을 지니고 있다. 즉, 지도자라면 모두가 영향력을 행사했으며, 사회가 필요로 하는 것들에 대해 지대한 공헌을 했고, 또 모두가 사회에 의해 영향을 받았다는 것이다.

이 장에서는 지도성의 개념, 대표적인 지도성이론과 새로운 형태의 지도성이론에 대해 살펴보고자 한다.

제1절 지도성의 개념

테일러Taylor의 과학적 관리론이 지배적이었던 고전적 조직이론에서는 지도성(leadership)에 대한 관심은 별로 없었으나 인간관계를 중요시하던 시대에 들어가면서 사람들은 조직을 효과적으로 운영해가는 데 지도성이야말로 매우 중요하다는 생각을 갖게 되었다. 그리하여 지도성에 대한 연구는 일찍이 1940년대부터 시작된다.

이렇듯 일찍부터 지도성에 중요성을 부여하여 여러 가지 연구들이 계속되어 왔으나 학자들 간에 이렇다 할 만한 지도성에 대한 정의를 내리지 못하고 있는 실정이다. 그럼에도 불구하고 지도성에 대한 정의가 없는 것은 아니어서 다음에 몇 가지 그 정의를 열거해 보기로 한다.

① 허시Paul Hersey와 블란차드Kenneth H. Blanchard는 주어진 상황 속에서 목표를 달성하기 위하여 개인 또는 집단활동에 영향을 미치는 과정이라고 지도성을 정의했다. 그들은 이 같은 과정에는 지도자(L: leader), 구성원(f: follower), 그리고 상황변수(S: situational variables)가 있어서 이것들을 함수관계, L=f(L · f · Sn)로 나타낼 수 있다.[1)]

② 카츠Daniel Katz와 칸Robert L. Kahn은 지도성 개념에 대한 중요한 구성요소로 직위의 속성, 개인의 특성, 실제 행위의 범주를 들었다.[2] 그러나 직위의 속성이나 개인의 특성을 가지고 지도성을 설명하기에는 여러 가지 문제가 뒤따른다는 사실을 최근 많은 연구들이 지적해 주고 있다.

③ 헴필Hemphill과 쿤즈Coons는 집단의 행동을 하나의 공동 목표를 향해 이끌어 나가는 개인의 행동이라고 설명하고 있다.

아무튼 지도성의 개념은 주어진 상황 속에서 조직의 목적을 효율적으로 달성하기 위하여 조직의 구성원들로 하여금 협동적 노력을 다하도록 유도하고 촉진하는 기술 또는 영향력으로 이해될 수 있을 것이다.

그렇지만 많은 학자들의 의견을 종합할 때 지도성의 개념은 특정한 측면의 대인관계를 지칭하는 것으로 점차 국한시키는 방향으로 이해된다. 어떤 사람들에게는 지도성이란 변화를 주도하는 사람, 즉 변화대행자(charge agent)를 의미하는가 하면, 다른 사람에게는 한 개인이 다른 개인에게 행사하는 영향(influence)을 뜻한다.[3] 이 같은 개념에 숨어 있는 것은 지도성의 과정(process)에 대한 생각이다.

고전적 조직이론에서는 지도성은 본래 가장 능력 있는 사람에 의한 집단통솔 또는 지시(direction)란 면에서 생각되었다. 조직이 능률적이려면 누군가가 다른 사람들에게 지시하고 통솔해야 하기 때문이었다. 그러나 가장 능력 있는 사람이 다른 사람에게 지시하고 통솔하는 지도성의 개념은 오늘날 행동과학의 발전에 따라 받아들여지고 있지 않다. 여러 행정가들은 그들이 실제로 지시를 하지 않아도 개인들과 집단으로 하여금 자신들의 목적을 설정하도록 도와주며, 그들 자신들이 갖고 있는 문제들을 알아내도록 하고 목표달성의 절차 및 문제해결의 절차를 개발하도록 도와줄 때 지도성이 가장 효과적일 수 있다는 사실을 알아냈다. 흔히 적절한 환경의 제공이 지도성의 중요한 측면이 될 수 있다는 것이다.

---

1) Paul Hersey, & Kenneth H. Blanchard(1977). Management of Organizational Behavior: Utilizing Human Resources(3rd ed.). Englewood Cliffs, N. J.: Prentice-Hall, p. 84.

2) Daniel Katz, & Robert L. Kahn(1978). The Social Psychology of Organizations(2nd ed.). New York: John Wiley & Sons, p. 527.

3) Edgar L. Morphet, Roe L. Johns, & Theodore L. Reller(1974). Educational Organization and Administration: Concepts, and Issues(3rd ed.). Englewood Cliffs, N. J.: Prentice-Hall.

지도성은 개인들이나 집단이 의도적으로 조직의 목표를 개발하거나 달성하도록 하기 위하여 타인들에게 영향을 주는 과정이라고 정의될 수 있다. 지도성은 언어적 행동을 포함하는 것으로 개인들이나 집단의 의사결정과정(decision making process)에 있어서 의사소통(communication)이 중요한 요소로 작용한다. 지도성이 발휘되는 것은 개인, 집단 또는 조직이 의도적으로 협동, 영향, 지도, 감독 또는 협의를 통하여 공동의 목적을 형성하거나 달성하는 데 타인들의 사고, 감정 또는 행위에 영향을 줄 때이다. 따라서 지도성이 효과적인 것이 되려면, 과업에 변화가 있을 때나 집단 내의 구성원들 또는 그 집단이 기능하는 상황에 변화가 있을 때 지도성의 성격도 바뀌어야 한다.[4]

지도성은 권력의 행사, 즉 특정한 일에 영향을 줄 수 있는 능력을 포함한다. 지도자는 개인이나 집단의 욕구만족(need satisfaction)을 충족시키거나 반대의 현상이 나타날 수 있도록 하는 권력을 갖는다. 권력을 행사하는 권한은 지위나 능력에서 획득된다. 권력이나 권한은 두 가지 모두가 효과적인 지도성에 있어서 필요한 것들이다.

지도성은 크게 두 가지 유형으로 나타난다. 하나는 이른바 지위적 지도성(status leadership)이고 다른 하나는 형성적 지도성(emergent leadership)이다. 지위적 지도성은 주어진 지위, 이를테면 교장, 교감, 부장 등 일정한 지위에 따라 기대되는 지도성이다. 이에 반해 형성적 지도성은 특정한 지위(자리)는 없어도 어떤 문제가 발생할 때 생겨나는 지도성이다.

제2절 지도성의 특성론

특성론(trait theory)은 지도성 연구가 시작되면서 최초로 형성된 이론으로서 지도자 특성에 대한 연구는 지도자 자체에 대한 과학적 분석에서 시작되었다. 그것은 지도자가 추종자에 비해 어떤 특성 또는 자질을 갖추고 있는가에 대한 연구가 특성론자

4) Ralph M. Stogdill(1974). Handbook of Leadership. A Survey of Theory and Research. New York: The Free Press, pp. 7-16.

들에 의해 논의된 것이라 할 수 있다. 그들은 지도자의 특성이 선천적으로 타고난다고 보고 있으며, 지도자는 추종자와 구별되는 신체적 · 지적 · 인성적 특성을 지니고 있어서 이러한 특성을 소유한 사람은 집단의 성격이나 상황에 관계없이 유능한 지도자가 될 수 있다고 본다.

스토그딜Ralph M. Stogdill은 지도자에게 의미있는 특성군(cluster of trait)으로 다음과 같은 특성들을 제시했다.[5)]

① **능력**: 지능, 기민성, 유창한 언어, 독창력, 판단력

② **성취**: 학문, 지식, 운동기량

③ **책임**: 신뢰성, 주도력, 지구력, 진취성, 자신감, 추진력

④ **참여**: 활동성, 사교성, 협동성, 적응성, 유머

⑤ **지위**: 사회 · 경제적 지위, 인기

⑥ **상황**: 이지적 수준, 지위, 기술, 추종자의 필요와 관심, 달성해야 할 목표

스토그딜Stogdill 등에 의해서 수행된 최근의 연구에서도 지도자는 자기지향적, 과업지향적 그리고 사회지향적인 특성에서 추종자와 다르다고 지적하고 있다. 자기지향적인 관점에서 보면 지도자들은 자신감에 차 있고 활동적이며, 유창한 언어를 구사할 뿐 아니라 독창적이면서도 잘 적응하고 독립적이면서도 불확실한 것에 잘 견디는 경향을 나타내었다. 과업지향적인 관점에서도 지도자들은 고도의 책임감을 보여주었고 생산지향적이며 장애에 직면했을 때 지구력을 발휘하였다. 사회지향적인 관점에서 볼 때에는 매우 사교적이고 행정능력이 있으며, 외교 수완이 있는 것으로 나타났다. 또 지도자들은 협동적이고 다른 사람들의 협력을 얻어낼 수 있는 사람들이었다.

깁C. A. Gibb도 지도성을 하나의 통일적 특성(unitary trait)으로 규정하고 모든 상황, 모든 문화에 있어서 이와 같은 특성을 지닌 사람이 지도자가 된다고 보았다. 이 같은 특성으로서 정열, 자신감, 약간 높은 지능, 유창한 언어, 지구력, 집단원 개개인을 이해하는 통찰력 등을 들면서 이러한 특성들은 어느 집단이나 어느 상황에서

5) Bernard M. Bass(ed.)(1981). Stogdill's Handbook of Leadership: A Survey of Theory and Research, revised expanded ed. N.Y.: The Free Press, p. 66.

도 공통적으로 적용될 수 있는 지도자의 특성이라고 하였다.

특성이론은 지도자의 우수한 자질을 전제로 하고 있다는 점에서 1차원적인 연구라 할 수 있다. 이 이론은 상황을 도외시한 면이 있으며, 역동적인 변화 국면보다 정태적인 동일 상황에서 지도자의 특성을 상정하려 했다는 문제를 안고 있다. 또한 지도자를 우수한 합리적 존재로 가정함으로써 구성원과는 다른 특성을 그에게서 발견하려 한 점 등도 문제시된다. 그런데 앞서 제시한 지도자의 특성군들은 일반적으로 지도자가 갖추어야 할 특성이라고는 하지만, 지도자만이 그러한 특성을 소유하고 있다고 말할 수는 없다. 그 이유는 지도자의 특성에 관한 실증적인 연구 결과에 의하면, 앞서 제시한 특성군을 갖고 있지 못한 지도자가 있는가 하면, 이들이 제시한 특성군을 갖추고 있으면서도 지도자다운 지도자가 되지 못한 사례도 얼마든지 있기 때문이다. 또 앞서 제시된 특성군 중 어느 것도 상대적 중요성에 대해서도 명확한 검토를 거치지 않았기 때문에, 한 특정 상황에 수용되는 지도자의 특성 유형이 다른 상황에서는 받아들여지지 않는 경우도 있다. 그러므로 지도자가 되려면 일정한 특성군을 갖추어야 하지만 그것은 고정된 단일적 · 일원적인 것이 아니라 지도자마다 그가 처해 있는 상황에 따라 특성이 달라진다고 보아야 할 것이다.

제3절 지도성의 행위론

이제까지의 지도성 연구에서는 지도자 개인의 인성적 측면(특성)과 상황적 측면에 대한 연구가 고작이었으나, 이제는 지도자의 행위를 관찰하는 접근으로 지도성 연구의 방향이 바뀌었다.

이 같은 접근은 지도자가 어떻게 행동해야 하는가 하는 행동유형을 밝히려는 것으로서 집단 내에서 지도자의 행위(behavior)를 관찰 · 분석하여 어떠한 형태가 구성원의 사기와 조직의 생산성에 영향을 주는가를 연구하는 방법이다.

테일러Frederick W. Taylor 등과 같은 과학적 관리론자들은 지도자의 기능을 조직의 목표달성을 위한 분명한 과업수행기능을 설정하고 그것을 강력하게 수행해나가는 것으로 보았다.[6] 반면에 메이요Elton Mayo를 중심으로 한 인간관계론자들은 구성원들에게 개인적 성장이나, 발전의 기회를 부여하면서 구성원들이 상호협력하여 조직의 목표를 달성하도록 조장하는 행위, 그것이 지도성이라 하였다.[7] 그러므로 과학적 관리론자들은 지도성 행위의 특성을 과업, 즉 생산성 강조행위로 보는 반면, 인간관계론자들은 인화, 즉 관계성 강조행위로 보았다. 다음으로 행동과학적 접근에 의한 지도성의 실증적 연구들을 소개하면 다음과 같다.

1. 르윈Lewin, 리핏Lippitt과 화이트White의 실험연구

지도성에 대해 최초로 행동과학적 접근을 시도한 실험연구는 1938년 르윈K. Lewin, 리핏R. Lippitt 및 화이트R. K. White의 『지도성과 집단생활에 관한 실험적 연구(an Experimental Study of Leadership and Group Life)』이다. 이 실험연구는 11세 아동들을 다섯 명씩 집단을 만들어 방과 후 공작지도를 하였는데, 교사의 행동을 민주적 · 전제적 및 자유방임적으로 교체하여 가면서 거기에 나타나는 아동들의 반응을 나타낸 것이다. 이 세 가지 지도성의 특징과 반응을 살펴보면 다음과 같다.[8]

1) 권위형 또는 전제형(authoritarian or autocratic style)

조직의 정책, 목표, 과제 등의 중요한 결정과정에 구성원들을 참여시키지 않고 지도자가 독단적으로 의사결정을 하는 지도자 중심적인 유형이다. 지도자가 구성원들의 작업과제와 작업할 동료를 지시해 준다. 여기에서는 인간관계적 배려가 배제된 지극히 과업지향적인 실행만이 존재하며, 작업결과에 대한 평가도 지도자의 주관적 기준에 의하여 이루어진다. 지도자는 주로 작업결과에 대한 개인적인 감정

6) Frederick W. Taylor(1911). The Principles of Scientific Management. New York: Harper & Brothers.
7) Ronald Lippitt, & Ralph K. White(1958). An experimental Study of Leadership and Group Life, in Reading in Social Psychology(3rd ed.), ed. by Eleanor E. Maccoby, et al., New York: Holt, Rinehart and Winston, Inc., pp. 496-511.
8) Ronald Lippit, & Ralph K. White(1958). An Experimental Study of Leadership and Group Life. Eleanor E. Maccoby, et al., eds., Readings in Social Psychology(3rd ed.). New York: Holt, Rinehart and Winston, Ind., pp. 406-511; idem., Leader Behavior and Member Reaction in three Social Climate. Dorwin cartwright, & Alvin Eander(1968)(eds). Group Dynamics. New York: Harper & Row Publishers, pp. 318-333.

적 칭찬이나 비판 또는 지시를 할 뿐 적극적으로 조직에 참여하지 않음으로써 권위를 유지하려고 한다. 이와 같은 지도유형하에서의 구성원들은 ① 지도자에게 반감을 표시하고, ② 작업량은 많으나 질이 낮으며, ③ 의견교환이 제한되고, ④ 구성원 간에 적개심과 공격성이 생기고, ⑤ 내적 불만이 발생하여 공동체 의식이 결여되고, ⑥ 의존적이고, 복종하기 위한 행동을 함으로써 자발적 행동을 보여주지 않고, ⑦ 자신의 개성을 발휘하지 않는 등의 반응을 보인다.

2) 민주형(democratic style)

지도자는 정책결정과정에 있어서 구성원들의 자발적인 참여에 의한 집단토의를 통해서 의사결정이 이루어지도록 적극 유도하는 지도성 유형이다. 구성원들과의 토의와 지도자의 조언에 의하여 모든 문제들이 자율적으로 결정된다. 집행과정에서도 명령, 지시 등 강압적인 방법보다는 구성원들의 자율적인 작업의욕을 자극시켜 주는 지도 · 조언 등 동기유발적 행위가 선행된다. 작업결과에 대한 평가도 객관적인 기준에 의해서 이루어지며, 직접적인 간섭보다는 구성원들의 자발적인 자기평가를 유도한다.

이와 같은 지도유형에서의 구성원들의 반응은 ① 지도자를 존경하고, ② 작업량과 질이 우수하며, ③ 의견교환이 활발하고, ④ 구성원 간의 관계가 원만하며, ⑤ 과업수행에 성의가 있으며 공동체의식이 강하고, ⑥ 자발적 행동이 추가되었으며, ⑦ 구성원들의 통찰력이 발휘되었다.

3) 자유방임형(laissez-faire style)

정책 등 중요한 의사결정과정에 있어서 지도자의 참여를 최소화하고 집단이나 구성원들이 좋은 대로 자유롭게 결정하도록 완전한 자율을 허락해 주는 지도성 유형이다. 지도자는 조직에서 일어나는 모든 일을 일임하고 구성원들의 요구가 있을 때에만 관여한다. 작업을 수행해가는 과정에서도 마찬가지로 별도로 요구가 있을 때 외에는 모든 구성원들에게 일임한다. 작업결과에 대한 평가도 구성원들의 질문이 없는 한 하지 않는다. 구성원들의 반응은 ① 지도자를 타인시하고, ② 낭비와 파손품이 많이 생겨 생산성이 낮으며, ③ 의견교환이 없고, ④ 독자적 행동이 생기며, ⑤ 공동체 의식도 없고, ⑥ 도구 및 내용의 정돈상태도 좋지 않고, ⑦ 구성원 개인의 강한 개성을 앞세워 조직이 지리멸렬되기 쉽다.

위의 실험연구를 통하여 민주형 지도자가 이끄는 집단에서 생산성과 성원의 만족도가 가장 높으며, 또 지도자는 존경을 받으면서 집단을 지속적으로 이끌 수 있음을 알 수 있다. 또한 상이한 지도자 유형이 동일한 집단에서 상이하고 복잡한 반작용을 일으킬 수 있음을 보여주는 연구라고 할 수 있다. 학교 현장에서 지도성에 대한 개념이나 이론이 도입되고 발전되어 온 것은 이 연구에 힘입었음을 부정하기 어렵다.

2. 미시간(Michigan)대학교에서의 연구

미시간(Michigan)대학교 사회연구소 소속 리커트R. Likert와 그의 동료들은 다양한 산업조직의 지도자(감독) 및 종업원들로부터 자료를 수집·분석하고 지도자(감독)의 유형을 직무중심(job-centered)과 종업원 중심(employee-centered)으로 분류하였다.

리커트Likert는 두 유형의 감독자가 이끄는 사무·판매·제조업과 같은 전혀 다른 상황을 다룬 몇 개의 연구에서 능률이 낮은 저생산부서의 감독들은 태도 면에서 직무중심적인 반면에 고생산부서의 감독들은 태도에서는 종업원중심이었음을 발견하였다(그림 5-1 참조).[9] 직무중심이란 종업원들에게 업무를 분담시키고 감독하며 생산을 높이기 위한 유인체제를 강구하고 종업원을 조직목표달성을 위한 도구로 보는 입장이다.

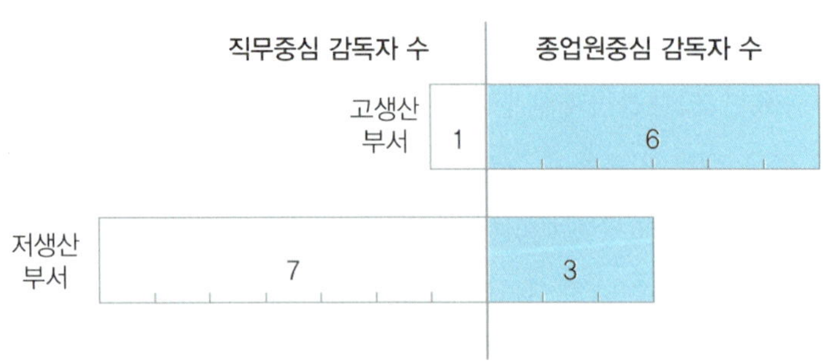

그림 5-1 직무중심 감독자 수와 종업원 중심 감독자 수

9) Rensis Likert(1961). New Patterns of Management. New York: McGraw-Hill, p. 7.

감독자들의 이러한 태도는 업무를 여러 부분으로 세분하고 그것을 수행할 사람을 선발하여 훈련하며, 목표량을 달성하기 위하여 부단히 압력을 가하는 것을 강조했던 테일러Frederick W. Taylor의 과학적 관리론으로부터 나온 것이라 할 수 있다. 이런 조직의 의사전달은 하향적이고, 상위자와 하위자는 심리적으로 분리되어 있으며, 많은 결정들이 상위계층에서 이루어진다. 종업원 중심이란 인간적인 측면에서 종업원의 문제를 해결하고, 종업원들의 자발적 작업활동을 통해 높은 조직목표를 달성하려고 하는 입장을 말한다. 이런 감독자들은 하위자가 업무를 능률적으로 수행하도록 돕는 것을 중요한 역할로 삼으며 철저한 감독보다는 전반적인 감독을 하게 된다. 또 작업방법보다는 목표에 관심을 갖는 감독자들이다. 이 같은 감독자들은 목표를 설정하고 작업방법을 개선하는 데 집단성원의 참여를 충분히 허용하며 하향적인 동시에 상향적인 의사전달방법을 사용한다. 하위자와 상위자들의 심리적으로 친밀한 의사결정은 집단과정을 통해 전 조직에 걸쳐 광범위하게 이루어진다. 리커트Likert에 의하면, 직무성과를 높이고 의사전달을 원활히 하기 위해 지도자는 언제나 그의 집단구성원들을 중심으로 지도성을 발휘해야 한다는 것이다.[10]

3. 오하이오(Ohio)주립대학에서의 연구

지도성 연구에 있어서 행동과학적 연구의 새로운 장을 열게 된 것은 오하이오(Ohio)주립대학의 심리학 · 사회학 · 경제학 분야의 연구자들로 구성된 연구팀이라 할 수 있다. 그들은 공군지휘관, 전폭기승무원, 군장교, 군행정요원, 사회의 일선감독, 협동조합의 중역, 대학행정담당관, 교사, 교장, 장학관, 학생, 민간단체의 지도자 등을 대상으로 하여 광범위한 연구를 시도하였다. 특히 헴필Hemphill과 쿤스Alvin E. Coons는 지도자 행동기술질문지(LBDQ: Leader Behavior Description Questionnaire)를 개발하여 다양한 집단과 상황 속에서 지도성을 분석하는 데 크게 공헌하였다.[11]

또한 할핀Andrew W. Halpin과 위너James Winer는 LBDQ를 공군에 적용시켜 반응요인을

10) 이형행(1983). 교육행정: 이론적 접근. 서울: 문음사, p. 364.

11) John K. Hemphill, & Alvin E. Coons(1957). Development of the Leader Behavior Description Questionnaire. in Ralph M. Stogdill, & Alvin E. Coons(eds.), Leader Behavior Its Description and Measurement. Columbus, Ohio: Ohio State University, Bureau of Research.

표 5-1 하위척도에 의한 LBDQ항목

구조성 차원	배려성 차원
1. 그는 직원들에게 그의 태도를 명확하게 한다.	1. 그는 직원들에게 개인적 호의를 베푼다.
2. 그는 직원들과 함께 그의 새로운 생각을 시도해 본다.	2. 그는 직원들을 기쁘게 하기 위해 조그마한 일을 행한다.
3. 그는 강철과 같은 손으로 지배한다.	3. 그는 이해를 잘한다.
4. 그는 불량한 일을 비판한다.	4. 그는 직원들에게 경청할 시간을 갖는다.
5. 그는 질문하지 못하도록 이야기한다.	5. 그는 그의 자신이 보존한다.
6. 그는 직원들에게 특정 업무를 배당한다.	6. 각 직원들의 개인적 복지를 위한 것을 찾는다.
7. 그는 계획 없이 일한다.	7. 그는 그의 행동을 설명하기를 거절한다.
8. 그는 성과의 표준을 유지한다.	8. 그는 직원들과 자문 없이 행동한다.
9. 그는 최종기간 내에 하도록 강조한다.	9. 그는 새로운 아이디어를 받아들이는 데 완만하다.*
10. 그는 동일한 절차의 사용을 고무한다.	10. 그는 모든 직원들을 그와 동등하게 대우한다.
11. 그는 조직에서 그의 부분이 모든 구성원들에 의해 이해되도록 하는 것을 확실히 한다.	11. 그는 변화를 일으키려는 의지가 있다.
12. 그는 직원들이 표준규칙과 규정을 따르도록 요구한다.	12. 그는 친절하고 가까워질 수 있다.
13. 그는 직원들에게 무엇을 기대하고 있는지를 주지시킨다.	13. 그는 직원들과 이야기할 때 편안한 느낌을 갖도록 한다.
14. 그는 직원들이 능력 이상으로 일하고 있는가를 주시한다.	14. 그는 직원들에 의해서 만들어진 제안을 운영에 적용한다.
15. 그는 직원들의 일이 조정되었는가를 주시한다.	15. 그는 전진하기 전에 중요한 일들에 대해서는 직원들의 승인을 받는다.

* 부정적인 점수

분석한 결과, 지도성을 과업중심적 차원(initiating structure)과 인화중심적 차원(consideration structure)으로 분류하였다.[12]

과업중심적 차원은 각 구성원에게 기대되는 역할을 분명히 해주고, 그들에게 임무를 배정하며, 미리 계획을 세우고, 일을 처리하는 방법과 절차를 세우며, 결실을 보기 위해 과업을 추진하는 지도형이다. 반면에 인화중심적 차원은 소속 구성원들의 욕구충족에 관심을 가지며, 부하직원들로 하여금 의사결정과정에 적극 참여하게 하고, 의사소통을 활발히 하도록 장려하는 행위를 말한다.

LBDQ는 과업중심 차원과 인화중심 차원에 각각 15문항씩 배정하여 모두 30문항

12) Andrew W. Halpin, & B. James Winer. A Factorial Study of the Leader Behavior Descriptions. in Stogdill and Coons, eds. Ibid.

으로 구성되어 있는데, 대상자들은 5점 척도(five point scale) 위에 지도자의 행동을 기술하도록 되어 있다. 기술방법도 각 문항마다 "항상", "자주", "가끔", "거의", "결코" 가운데 한 가지를 표시하게 된다(0점에서 5점까지).

각 요인에 대한 질문과 문항을 참고로 살펴보면 〈표 5-1〉과 같다.

할핀Halpin은 과업중심 차원과 인화중심 차원을 양축으로 하여 [그림 5-2]와 같은 사분도를 만들었다. [그림 5-2]에서 네 가지의 지도성 차원이 구성되는데, 그중 인화중심과 과업중심 차원의 점수가 모두 높은 Ⅱ상한(과업+, 인화+)이 효과적(highly effective) 지도자로, 그리고 인화중심과 과업중심 차원의 점수가 모두 낮은 Ⅲ상한(과업−, 인화−)이 비효과적(most ineffective) 지도자로 평가된다는 것이다.[13] 이것은 지도성 유형을 평가적인 의미에서 분류한 것으로, 그 후 연구자들에 의해 편의상 ① 효과적 지도성(effective leadership: 과업+, 인화+), ② 과업중심 지도성(task-centered leadership: 과업+, 인화−), ③ 인화중심 지도성(human relationship-centered leadership: 과업−, 인화+), ④ 비효과적 지도성(ineffective leadership: 과업−, 인화−)이라 불렸다.

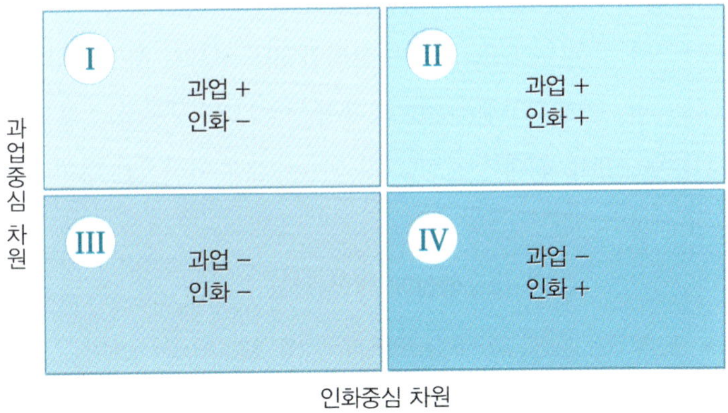

그림 5-2 과업과 인화 차원의 지도성 행위를 기술한 사분도

출처: Andrew W. Halpin(1958). The Superintendent's Effectiveness as a leader. Administrator's Notebook, Vol. 7, No. 2(Oct.), p. 2.

13) Andrew W. Halpin(1956). The Leadership Behavior of School Superintendent. Chicago: Midwest Administration Center, University of Chicago, p. 79.

4. 블라크Blake와 무톤Mouton의 관리망 연구

블라크Robert R. Blake와 무톤Jane S. Mouton은 오하이오(Ohio)주립대학의 유형을 더욱 발전시켜 새로운 지도자 유형을 창출해내었는데 이것이 관리망(managerial grid) 이론이다.[14]

관리망 이론은 인간에 대한 관심(concern for human)과 생산에 대한 관심(concern for production)의 두 가지 기본적인 결합요소로 구분하고, 생산에 관한 관심이 높을수록 큰 수치로 횡축에 표시하고, 인간에 관한 관심이 높을수록 큰 수치로 종축에 표시하여 [그림 5-3]과 같이 관심도에 따라 각각 9등분하여 관리망을 도형화하였다.

여기서 생산에 대한 관심은 반드시 공장의 물질적인 생산품만을 의미하지 않는다. 생산이라는 용어는 훌륭한 연구, 아이디어의 창출, 판매량, 제공되는 용역의 질이나, 최고 정책의 질 등을 지칭할 수도 있다. 인간에 대한 관심도, 우정, 임무에 대한 개인의 헌신적 관여(commitment), 자기존중 및 공정한 보수 등에 대한 모든 관심을 포함한다.

[그림 5-3]에서 보는 바와 같이 이론상으로는 81(9×9)개의 지도유형으로 나타나지만, 블라크Blake와 무톤Mouton은 가장 특징적인 지도성으로 무기력형(1·1형), 과업형(9·1형), 중간형(5·5형), 관계지향형(1·9형), 통합형(9·9형)으로 구분하고, 9 · 9의 통합형을 인간과 생산 양쪽에 모두 최대한 관심을 기울이는 가장 이상적인 형이라고 생각한다.

생산에 대한 관심

★ 생산목표는 과업의 요구와 인간관계의 요구를 통합함으로써 달성된다. 감독자의 중요한 책임은 구성원의 참여와 관여를 통해서 능률적인 생산과 높은 사기를 이루는 것이다.

★★ 좋은 인간관계는 높은 생산성에 부수적인 것이다. 감독자는 모든 활동을 기획하고 지시하며 통제하는 데 집중하므로 생산목표를 강조한다.

★★★ 상호작용에 최소한의 영향력을 행사한다. 생산과 인간 모두에게 무관심하다. 대부분의 활동은 일상적으로 수행한다.

★★★★ 생산은 좋은 인간관계에 부수적인 것이다. 감독자는 작업조직이 즐겁도록 조화스런 집단관계를 발전시키는 데 관심을 집중한다.

★★★★★ 목표는 높은 생산성과 좋은 인간관계 사이에 균형을 이루는 것이다. 지도자는 적합한 사기 속에서 적절한 생산을 올릴 수 있도록 중도노선을 취하려고 노력한다.

---

14) Robert R. Blake, & Jane S. Mouton(1964). The Managerial Grid. Houston, Texas: Gulf Publishing Co.

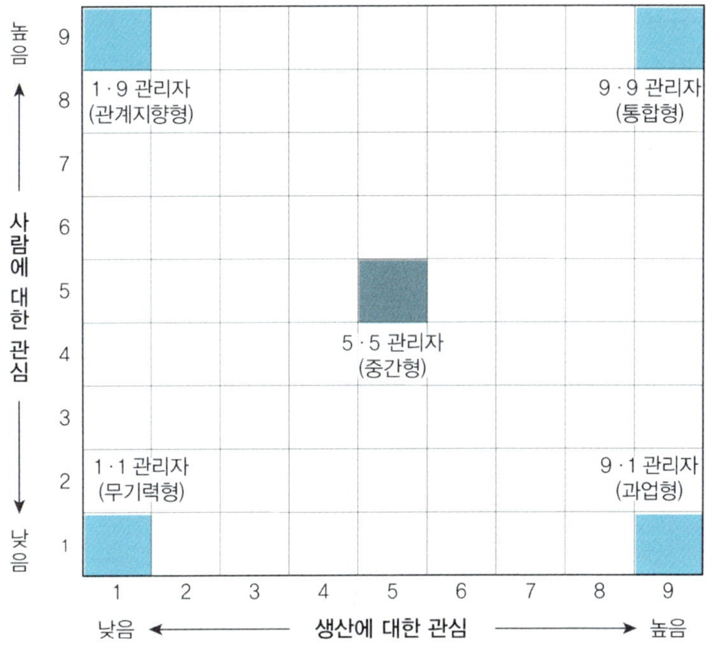

그림 5-3 블라크와 무톤의 관리망

출처: Robert R. Blake, & Jane S. Mouton(1964). The Manageria: Grid. Houston Texas: Gulf Publishing Co., p. 10.

① **(1·1형) 무기력형:** 인간과 생산에 대한 관심이 적은 지도자형이다. 이런 유형의 지도자일수록 책임지는 일이나 인간관계에 개입하거나 간섭하는 것을 꺼린다. 단지, 조직구성원의 자격을 계속 유지할 정도로 작업수행상 최소한의 노력을 할 뿐이다.

② **(9·1형) 과업형:** 생산에 관해서는 지대한 관심을 보이나 인간에 대한 관심은 별로 없는 지도자형이다. 이런 지도자들은 생산성을 높이기 위하여 엄격한 규칙과 과업이 예정표대로 이행되도록 하기 위하여 명령과 통제에 의해 관리한다. 그리하여 인간적 요인보다는 작업조건을 중요시한다. 그러나 이런 유형의 지도자들은 단기간에는 고도의 생산성을 달성할 수 있는 유리한 점이 있지만 하위 조직구성원들의 어떠한 창조적인 힘이나 아이디어로 제도를 개선할 수 없는 것이 약점이라 할 수 있다. 상위자들의 요구사항만 수행할 뿐 그 이상의 활동을 하지 않으며, 무관심하고 냉담한 태도를 유지하는 것도 문제이다.

③ **(1·9형) 관계지향형:** 인간에 대한 관심이 지대한 지도자 유형이다. 이들은 생

산을 위하여 사람을 독촉하기보다는 오히려 고무하고 지원한다. 이러한 유형은 구성원의 사회 · 심리적 욕구충족을 중시하며, 원만한 인간관계를 중심으로 조직을 유지해나가려는 인화중심 지도성이다. 그러나 관계지향형 지도자들에게도 결함은 있다. 사람들은 직접적인 의견 불일치나 서로에 대한 비판을 회피하려고 노력하며, 생산문제들은 그럴듯하게 꾸며서 말하게 된다. 비록 작업이 제대로 이루어지지 않는다 해도 아무도 당황하지 않는다. 곤란을 야기시킬지도 모르는 새로운 구상이나 긴장을 야기시킬 듯한 목표들은 그대로 방치하게 된다.

④ (5 · 5형) **중간형**: 생산과 인간에 관한 관심이 모두 적당한 정도로 유지되는 균형적인 지도자 유형이다. 이 유형은 수락할 만한 생산을 얻기에 충분할 정도로 일을 밀고 나가고 수락할 만한 사기를 유지하기에 충분할 정도로만 산출한다. 지도자는 공정하지만 확고한 표준을 고수하면서 절도있는 유화강경책(carrot and stick)을 써가며, 목표를 수행하는 하위자들의 능력을 신뢰하고 있다. 그래서 균형형 지도자들은 문제에 대한 견해차를 가져오기 쉬우며, 최선의 해결책보다는 오히려 균형잡힌 해결책을 시도하게 된다.

⑤ (9 · 9형) **통합형**: 생산과 인간 모두에 높은 관심을 함께 보이는 통합형 지도자 유형이다. 이런 지도자들은 생산을 중심으로 인간을 통합시키므로 최선의 그리고 가장 효과적인 해결책을 발견하려고 노력하며, 구성원들의 자아실현욕구를 만족시켜 주고 신뢰와 지원의 분위기를 이루어 높은 생산성과 아울러 완전한 인간적 통합을 가져올 수 있다고 믿는 지도유형이다.

블라크Blake와 무톤Mouton은 통합형(9 · 9형) 지도성 유형이 가장 이상적이라고 지적하면서도 산업조직에서의 연구결과에 의하면, 가장 전형적인 관리자유형이 중간형(5 · 5형)이고, 그 다음은 (9 · 9형), (9 · 1형), (1 · 9형), (1 · 1형)의 순으로 나타났다고 밝히고 있다. 이들은 이런 자료를 근거로 하여 관리직에서 성공적인 사람의 관리유형은 (9 · 9형)이나 (9 · 1형)이었고, (1 · 9형)은 적었다고 결론을 내리고 있다.

제4절 지도성의 상황론

이제까지의 지도성에 관한 접근방법은 거의 모두가 생산과 구성원이라는 이원론적인 접근방법을 탈피하지 못하였다. 그러나 현대 조직과 같은 복잡다양한 조직을 분석하거나 발전시켜 나가려면 이러한 이원론적 접근방법만으로는 불충분함을 알 수 있다. 최근 많은 지도성이론들은 지도자 행동과 집단행위를 실천하는 방법을 가르치는 방법을 제시하기 위한 가정에 의하여 어떤 유형의 행동이 효과적인 집단행위에 도움이 되고 혹은 유해한가를 밝혀보고자 하였던 것이다.

이러한 결과, 인화중심의 지도자 행동은 효과적인 집단에서 발견되며, 효과적인 지도자는 계획과 의사결정에 구성원의 참여를 조장한다거나, 반대로 비효과적인 지도자들은 집단과의 관계에서 고도로 구조적이고 지시적인 행동을 할 필요가 있다고 설명하고 있다. 이와 같이 지도성에 관한 초기 연구들은 대체로 가장 이상적인 하나의 지도유형을 발전시키는 데 초점을 맞추었다. 인간관계론에서는 인간관계중심적인 지도유형이 가장 바람직한 것이라고 처방하였으며, 수정주의자들은 생산과 인간에 다 같이 관심을 갖는 지도유형이 가장 바람직하다고 처방하였다. 그러나 어느 상황에서도 효과성을 발휘하는 만병통치적인 단일한 지도성이 없다는 점이 피들러Fiedler에 의하여 분석되었다. 그는 과거의 연구결과를 분석하여 인화중심적 지도자가 과업중심적 지도자보다 어느 상황에서나 똑같이 효율적인 것이 아니며, 참여적 경영이 어느 상황에서나 효과적인 것만은 아니라는 점[15]을 지적하였다. 따라서 지도자들이 처한 상황적 변수에 따라서 효율적인 지도유형도 달라질 수 있다는 것이 상황중심적 접근방법이라 할 수 있다. 상황중심적 접근에 의하면, 지도성의 효과는 지도자와 성원 간의 관계, 업무의 구조화 정도, 지도자의 직위권력, 구성원의 기대, 성숙수준, 기술, 조직철학 등 여러 가지 복잡한 상황변수가 지도자의 행동과 어떻게 적절하게 결합되느냐에 따라 결정된다는 것이다. 따라서 상황중심 이론적 접근은 어떠한 상황적 조건 아래서 어떠한 지도성 유형이 더 효과적인가를 예언

15) E. F. Fiedler, & M. M. Chemers(1974). Leadership and Effective Management. Glenview, Ill.: Scott, Foreman & Company, pp. 94-95.

해 줄 수 있다.

1. 피들러Fiedler의 연구

상황이론의 대표자인 피들러Fred E. Fiedler의 지도성 유형은 지도자의 동기체제에 의하여 결정된다고 보면서 조직의 효과는 지도자가 그가 처한 상황적 호의성이 어떻게 결합되느냐에 따라 좌우된다고 하는 상황적응이론을 제시했다. 피들러Fiedler의 상황적응론의 특색은 종전의 지도성에 관한 이원론적 설명을 벗어났을 뿐만 아니라 관리망(managerical grid) 이론이 X이론과 Y이론의 종횡 양축밖에 없는 데 대하여 그것은 종횡 측면뿐만 아니라 높이의 측면까지도 포함된 삼차원적 접근방법이라 할 수 있다. 피들러Fiedler는 세 가지의 상황변수(지도자와 구성원과의 관계, 과업구조, 지도자의 직위권력)의 조합에 의한 8개의 집단상황(8 octagon)과 LPC(Least Preferred Co-Workers: 가장 싫어하는 동료작업자)점수에 의한 지도성 특성과의 적응관계에 의하여 지도성 유형과 지도성 효과를 연결시켰다.[16] 그는 기본적인 지도유형을 두 가지로 구분하였다. 즉, 인간관계 중심적 지도유형과 직무중심적 지도유형으로서 전자를 "심리적으로 밀착된 관리자"(PCM: Psychologically Close Manager), 후자를 "심리적으로 거리를 두는 관리자"(PDM: Psychologically Distant Manager)로 표현한다. PCM(Psychologically Close Manager)은 부하에게 관용을 베풀지만 비능률적인 인간관계 전문가라고 할 수 있는 유형이다. 이에 반해 PDM(Psychologically Distant Manager)은 심리적으로 거리를 두는 관리자로서 그와 쉽게 함께 일할 수 있는 사람을 심리적으로 배격하며, 주변에 아는 사람은 많지만 친구는 적으며, 다른 사람과 어울리기를 좋아하지만 그들에게 전적으로 의지하려고도 하지 않는다. 이와 같은 관리자는 보다 능률적이며 업무전문가라고 부를 수 있다.

이상과 같은 지도성 유형을 재는 척도로서 피들러Fiedler는 함께 일하기를 가장 싫어하는 동료(LPC: the Least Preferred Co-Workers:)라고 하는 16개로 구성된 최소 우호동료척도를 개발하였다.[17]

16) Fred. E. Fiedler(1978). The Contingency Model and The Dynamics of the Leadership Process. in Leonard Berkowits, ed. Advances in Experimental social Psychology, Vol. 11. New York: Academic Press, pp. 62-66.

LPC는 지도자가 가장 일하기 싫어하는 동료에 대하여 16개 항목을 어의적으로 반대되는 내용을 골라서 기술하였다. 이 16개 항목은 즐거움–즐겁지 않음, 우호적–비우호적, 긍정적–부정적, 실망적–도움되는, 열정적–소극적, 편안함–긴장감, 폐쇄적–개방적, 따뜻함–차가움, 협동적–비협동적, 지원적–적대적, 흥미있는–따분함, 조화적–싸움하는, 자아확신적–주저하는, 능률적–비능률적, 명랑한–음울한, 능동적–감시적과 같은 인간관계에서 흔히 찾아볼 수 있는 개념을 골라 이들 상반된 어의의 연속성을 8등분한 것이다. 위에서 제시된 16개 개념 중 앞의 개념에 8점을 주고 뒤의 개념에 1점을 주도록 하여 거기에서 얻은 점수로서 LPC점수가 높으면, 그는 인간관계 지향형 지도자로, LPC점수가 낮으면 과업지향적 지도자로 구분된다.

피들러Fiedler는 이러한 상황을 세 가지 차원에서 분류하고 있는데, 지도자와 구성원 간의 정의적 관계(affective leader-member relations), 과업구조(task structure), 지도자의 지위권력(leadership position power)이다. 지도자와 구성원 간의 정의적 관계는 지도자가 부하들로부터 얼마나 많은 신임과 충성을 받고 있느냐의 문제이며, 또한 그의 지도를 얼마나 따르느냐의 정도로서 측정되며, 과업구조는 업무내용이나 방법이 상부의 지지를 어느 정도 받고 있느냐에 기준을 두는 것이다. 그 측정기준은 ① 결정이 상부의 결재를 받은 정도, ② 집단원들에게 그 일의 내용이 알려진 정도, ③ 업무수행방법의 다양성, ④ 문제에 대한 정답의 수 등에 의한다. 따라서 상부에 의하여 결재를 받았고, 많은 집단원들이 일의 내용을 알고 있고, 업무수행방법이 하나밖에 없고 정답도 하나밖에 없을 때, 그 업무는 가장 고도로 구조화된 경우라 할 수 있다.

지도자의 지위권력은 지도자가 공적 지위를 차지함으로써 생기는 권력을 말하며 보상(報償), 처벌권 및 공식적 권위가 포함되며, 또한 그의 배경 때문에 지도자를 지지하는 것까지도 포함된다.

[그림 5–4]에서 보는 바와 같이 피들러Fiedler는 이상의 세 가지의 상호작용관계를 도형화하면서 효과적인 지도성과를 가져오는 데 요구되는 지도자 태도의 유형은,

17) F. E. Fiedler(1967). A Theory of Leadership Effectiveness. New York: McGraw-Hill Book Company, p. 41.

고정적인 것보다는 주어진 조직의 상황에 따라 지도유형을 융통성 있게 행사하는 것이 바람직하다고 주장한다.

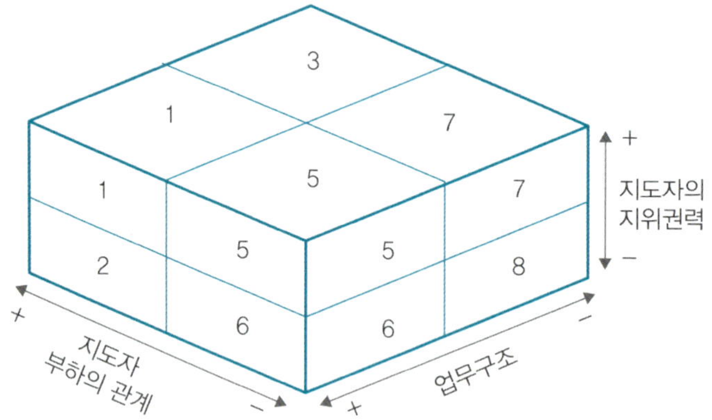

그림 5-4 피들러의 상황적응적 지도성 모형

출처: Fred. E. Fiedler(1963). A Theory of Effectiveness. New York: McGraw-Hill Book Co., p. 33.

이것을 좀 더 자세히 설명한 내용을 도식화해 보면 [그림 5-5]와 같다.

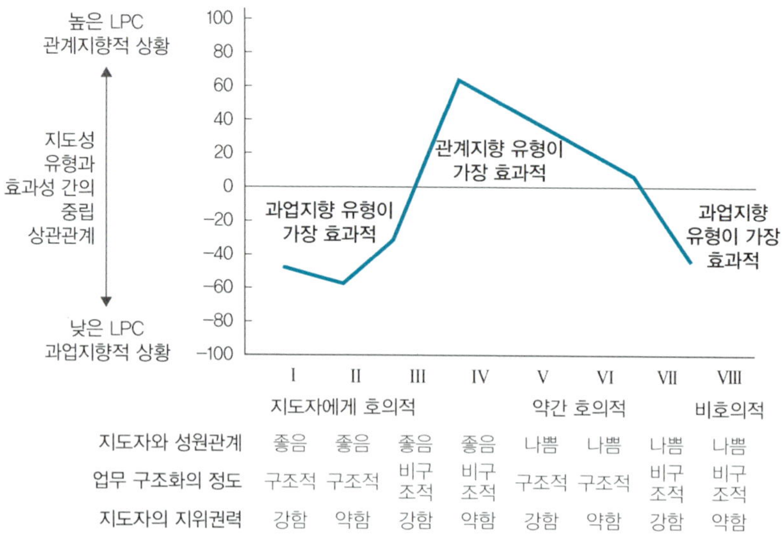

그림 5-5 피들러의 상황적 호의성의 분류 및 상황적 호의성 지도성 유형의 관계

출처: Wayne K. Hoy, & Cecil G. Miskel(1982). Educational Administration: Theory, Research, and Practice(2nd ed.). New York: Random House, p. 241; 이형행(1982). 신교육행정론. 서울: 문음사, p. 319.

2. 레딘William J. Reddin의 연구

레딘William J. Reddin은 블라크Blake와 무톤Mouton의 관계망(managerial grid) 또는 바둑판 무늬 개념과 피들러Fiedler의 상황이론(Contingency theory) 등을 수용하고 여기에다 효과성 차원을 추가시켜 3차원 관리유형이론(3-D Management Style Theory)을 제시하였다.[18]

여기에서 효과성 차원이란 경영자가 자신의 직책이 책임지고 있는 목표를 성취하는 정도를 말한다. 그는 지도자의 행동유형을 네 가지로 구분하고 이 유형들의 상황에 따른 효과성을 검토하였다.

레딘Reddin의 3차원 모형은 오하이오(Ohio)주립대학의 지도성 연구 및 블라크Blake와 무톤Mouton의 경영망처럼 다음과 같은 네 가지 기본 유형으로 제시되었다. ① 낮은 과업과 낮은 관계로 된 분리형(separated style), ② 낮은 과업과 높은 관계로 된 관계형(related style), ③ 높은 과업과 낮은 관계로 된 헌신형(dedicated sty1e), ④ 높은 과업과 높은 관계로 된 통합형(integrated style)으로 이러한 기본 유형을 근거로 하여 지도자가 상황에 어떻게 적응해 나가는가에 따라 효과적인 유형과 비효과적인 유형이 될 수 있다. 말하자면 어떠한 지도성 유형이 주어진 상황에 적절할 때 그것을 효과적인 지도성이라 부르는 반면, 주어진 상황에 적절하지 못할 때 그 지도성은 비효과적인 지도성이라 보는 것이다. 여기서의 상황변수로는 기술(technology), 구성원(subordinate), 협동자(cooperator), 상사(superior), 조직(organization) 등 다섯 가지 변수가 제시되었다. 다섯 가지 상황변수 가운데 직업기술은 조직업무가 수행되는 것과 관련된 방법을 말한다. 기술은 일하는 사람에 대하여 어떤 종류의 요구가 경영자로부터 주어지게 된다. 그러므로 작업의 종류나 활용되는 도구 또는 기구 등과 같은 작업기술 등은 지도자 유형을 결정짓는 데 커다란 변인으로 작용한다.

조직의 상황변수로서 구성원, 협동자, 상사 등과 같은 기본적 인간 요소가 있다. 상황변수에 따른 지도성 유형은 단순하게 효과적 · 비효과적으로 양분되는 것이 아니라 효과성 차원의 연속선상에 놓이게 된다. 연속선상의 한쪽 끝에는 효과적인 지도성 유형이 놓여 있게 되고, 또 다른 한쪽에는 네 가지의 비효과인 지도성 유형

18) William J. Reddin(1970). Managerial Effectiveness. Tokyo: McGraw-Hill Kogakusha, pp. 11-18.

이 위치하게 된다. 이 관계를 그림으로 나타내면 [그림 5-6]과 같다.

동일 연속선상에서 지도성 유형이 효과적일 때와 비효과적일 때를 대비시켜 설명하면 다음과 같다.[19]

① **경영자형**: 높은 과업지향성과 높은 관계지향성을 수용하는 상황에서 지도성을 발휘하는 효과적인 지도성 유형이다. 또 높은 과업수준을 설정하고 조직구성원의 개인차를 인정하면서 동기유발을 효과적으로 하는 지도성 유형이다.

② **타협자형**: 높은 과업지향성과 높은 관계지향성을 보이긴 하지만 상황적 요구에 적절하지 못하는 비효과적인 지도성 유형이다. 장기적인 관점에서 생산의 극대화를 기하지 못하고, 외부의 압력에 의해서 너무 흔들리는 졸속한 의사결정을 하므로 비효과적이다.

③ **자선적 독재자형**: 상황적 요구에 적절하게 대응하면서 높은 과업과 낮은 관계성을 지향하는 효과적인 유형이다. 이와 같은 지도자는 조직구성원들의 원망을 사지 않으면서도 수행해야 할 과업의 내용이나 방법을 알고 있다.

④ **독재자형**: 상황적 요구에 적절하게 대응하지 못하면서 높은 과업과 낮은 관계

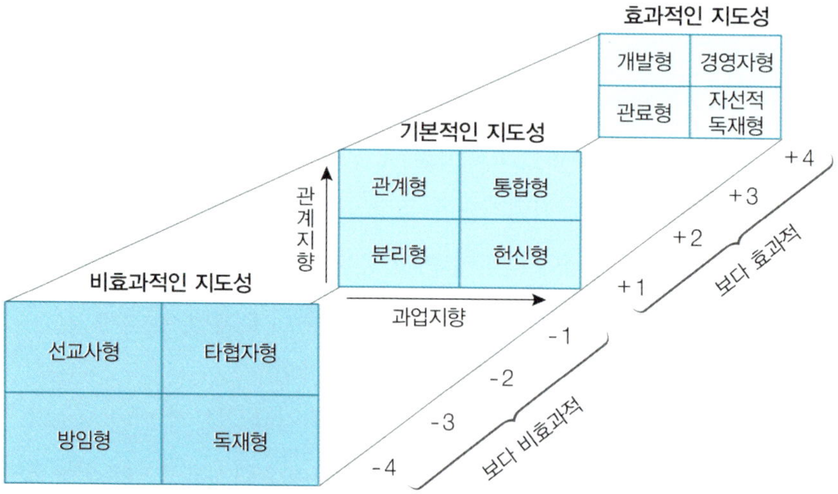

그림 5-6 레딘Reddin의 삼차원적 지도성 모형

출처: Wayne K. Hoy, & Cecil G. Miskel(1982). Educational Administration Theory, Research, and Practice(2nd ed.). New York: Random House, p. 254 재구성.

19) Ibid., pp. 205-229.

성을 지향하는 비효과적인 유형이다. 조직구성원들로부터 신뢰를 받지 못하고 즐거운 작업분위기를 조성하지도 못하며, 오직 당면한 과업에만 관심을 보이는 비효과적 지도자 유형이다.

⑤ 개발자형: 상황적 요구에 적절하게 대응하면서 높은 관계성과 낮은 과업지향성을 발휘하는 효과적인 유형이다. 조직구성원에 대한 신뢰를 바탕으로 개개인의 발전에 관심을 기울인다. 그러나 효과적인 지도자이다.

⑥ 선교자형: 상황적 요구에 부적절하게 대응하면서 높은 관계성과 낮은 과업지향성을 지향하는 비효과적인 유형으로서 오직 조직구성원들과의 조화에만 관심을 기울인다.

⑦ 관료형: 낮은 관계성과 낮은 과업지향성을 행사하나 이러한 것이 상황의 요구에 적절하게 수용되어 효과적인 유형이다. 규칙 · 규정 · 절차에 관심이 크고 이것을 통한 현상유지 및 환경통제를 추구한다.

⑧ 방임형: 상황적 요구에 맞지 않게 낮은 관계성과 낮은 과업지향적인 성향을 띠는 비효과적인 유형이다. 조직에 몰입하지 않고 책임회피적이며 피동적이고 부정적이다.

이상과 같이 레딘Reddin의 지도자 효과성 모형이 시사하는 것은 지도성 유형의 효과는 지도자가 어떠한 상황에 처해 있느냐에 따라 좌우된다는 것이다.

효과적인 지도자가 되려면 상황에 따라 지도성 유형을 바꿀 수 있는 능력이 있어야 하며, 상황변수의 정확한 진단 · 평가와 또한 이것을 조작할 수 있는 능력을 소유해야 함을 알 수 있다. 다시 말해서, 유능한 지도자란 상황의 요구에 맞추어 자신의 지도성 유형을 바꿀 수 있는 능력을 갖추고 있어야 한다는 것이다. 이처럼 레딘Reddin의 상황적응이론은 지도자와 조직구성원 그리고 상황을 고려하면서 지도자는 효과성을 높이기 위하여 적응적 유형을 가져야 함을 시사하고 있다. 단지, 하나의 문제점으로 지적할 수 있는 것은 어떠한 상황이 어떠한 지도성 유형이 적합한가를 판단하는 기준이 애매한 점이라 하겠다.

3. 허시Paul Hersey와 블란차드Ken Blanchard의 연구

허시Hersey와 블란차드Blanchard는 레딘Reddin의 3차원 관리유형이론에 근거하여 3차원 지도자 효과성 모형(3-D Leader Effectiveness Model)을 개발하였다.[20] 그들은 오하이오(Ohio)주립대학교 지도성 연구에서 제시했던 구조성(과업중심), 배려성(인화중심)을 과업행위(task behavior)와 관계성 행위(relationship behavior)로 개념화하고, 여기에 효과성 차원을 더하여 상황변수에 따라서 효과적인 경우와 비효과적인 경우를 〈표 5-2〉에서와 같이 나타내었다. 그리고 기본적인 지도성 유형들이 유효한 경우와 비유효한 경우를 상정하여 이러한 것을 근거로 12개의 상황을 설정한 문항으로 이루어진 지도자의 효과성과 적응성 측정표(LEAD: Lead-Effectiveness Adaptability Description)를 제작하여 사용했다.

이 모형에 의하면, 다양한 지도성 유형들이 상황에 따라 효과적일 수도 있고 비효과적일 수도 있다. 지도성 유형이 특정 상황에 적절하면 효과적이고 부적절하면 비효과적이다. 그런데 효과적인 유형과 비효과적인 유형 사이의 차이는 지도자의 실제 행위에 있는 것이 아니라, 그 유형이 환경이나 상황에 적절한가에 달려 있다.

허시Hersey와 블란차드Blanchard는 지도성 유형의 효과성을 결정하는 상황에서 가장 중요한 변인으로 집단구성원들의 성숙도를 들고 있으며, 그와 관련시켜 [그림 5-7]과 같이 곡선적으로 파악하였다.[21]

구성원들의 성숙도란 성취동기, 책임감, 교육 정도와 경험, 그리고 직무수행에 있어서의 자신감 등이라 할 수 있다.[22] 그러나 이 성숙변인들은 과업이나 기능 및 목적과 관련해서 다소간 성숙하다거나 성숙하지 못하다고 판단되는 것에 불과하며 총체적 의미로는 될 수 없다.

성숙도 개념 속에는 과업을 수행하기 위한 능력, 기술적 지식과 같은 직무성숙도와 개인으로서 자신에 대한 자신감과 자존심이라는 심리적 성숙도가 포함된다. 따라서 [그림 5-7]에서 볼 수 있는 바와 같이 이 모형은 구성원의 성숙수준에 따라 효과적인 지도성 유형이 결정된다고 볼 수 있다.

---

20) Hersey, & Blanchard, op. cit., p. 96.
21) Ibid., p. 194.
22) Ibid., p. 161.

표 5-2 타인이 지각한 기본적 지도자 행위유형

기본 유형	효과적	비효과적
높은 과업과 낮은 관계	추종자들에게 도움이 되는 목표를 달성하기 위한 방법을 잘 규정한 것으로 보임	타인에게 목표달성 방법을 부담시키고 때로는 불쾌하게 보이며, 단기적인 성과에만 관심이 있는 것으로 보임
높은 과업과 높은 관계	과업을 설정하거나 과업을 편성하는 데 집단의 욕구를 충족시켜 줄 뿐만 아니라 고도의 사회·정서적 지원도 해주는 것으로 보임	집단이 필요로 하는 것 이상으로 조직을 운영하고, 흔히 대인관계는 성실치 못한 것으로 보임
높은 관계와 낮은 과업	사람들에게 내면적 신뢰를 가지면서 주로 그들의 목표성취를 이용하게 하는 데 관심을 가진 것으로 보임	주로 구성원의 조화에 관심을 가지며 때로는 「호인」이라는 이미지를 잃게 되거나 인간관계를 깨뜨릴 위험이 있다고 생각하면 과업수행을 꺼리는 것으로 보임
낮은 관계와 낮은 과업	과업을 수행할 방법에 대해 하위자들에게 결정권을 적절히 위임하고, 사회·정서적 지원을 별로 하지 않은 것으로 보임	구성원의 요구에도 불구하고 조직의 운영이나 사회·정서적 지원을 별로 하지 않은 것으로 보임

출처: Paul Hersey, & Ken Blanchard(1982). Management of Organizational Behavior(4th ed.). Englewood Cliffs, N.J.: Prentice-Hall, Inc., p. 99.

지도자는 자기 책임하에 있는 개인이나 집단의 성숙수준이 낮으면 과업중심적 행위를 높이고 인간관계중심 행위를 줄이는 지도성을 발휘해야 하며, 성숙수준이 높아지면 「높은 과업과 낮은 인간관계」(지시적) →「높은 과업과 높은 인간관계」(설득적) →「높은 인간관계와 낮은 과업」(참여적) →「낮은 인간관계와 낮은 과업」(위임적)의 지도성 유형으로 변경해야 한다는 것이다. 그러기 위해서는 지도자는 집단 간의 각 개인의 성숙도와 아울러 집단의 성숙수준을 측정·평가할 수 있어야 한다.

허시Hersey와 블란차드Blanchard는 특히 학교 내에서의 학생들의 경우처럼 많을 경우에 더욱더 그럴 필요가 있다고 보고 있다.

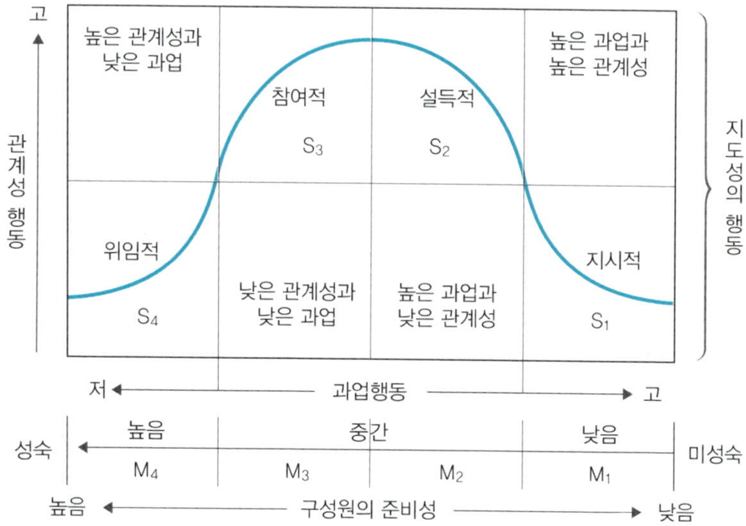

그림 5-7 기본적 지도자 효과성 모형과 구성원의 성숙수준과의 관련

출처: Paul Hersey, & Ken Blanchard(1982). Management of Organizational Behavior(4th ed.). Englewood Cliffs, N.J.: Prentice-Hall, Inc., p. 152.

제5절 새로운 지도성이론

지도성의 특성론, 행위론, 상황론에 이어 새롭게 많은 지도성 이론들이 대두되고 있다. 변혁적 지도성, 카리스마적 지도성, 문화적 지도성, 슈퍼 리더십, 도덕적 지도성, 감성 지도성, 진성 리더십, 긍정 기반 지도성 등 시대적 변화와 요구에 따라 새로운 이론들이 계속적으로 대두되고 있다.

1. 변혁적 지도성

교육행정학에서 교육행정가의 지도성에 대한 연구는 일찍부터 있어왔지만 20세기 말에 들어서 그 이전의 이론들과는 다른 성격의 지도성 이론들이 제시되었다. 그중에서 변혁적 지도성(transformational leadership) 이론이 두드러지게 각광을 받고 있다. 이 이론은 번즈Burns에 의하여 맨 처음 시도되었고 배스Bass에 의하여 그 개념이

조작적으로 정의되어, 경영조직, 군대조직, 그리고 교육조직에도 확대 · 적용되고 있다.[23]

번즈(Burns, 1978)에 따르면, 변혁적 지도자는 카리스마와 열정, 낙관적 견해, 비전을 갖추고 있으며, 사람들에게 오랜 인식과 믿음을 바꿀 능력을 주는 사람들이다. 변혁적 지도자는 단순히 구성원들의 욕구나 목적을 충족시키는 것이 아니라 구성원의 욕구수준을 높여 더 높은 수준의 욕구에 호소함으로써 구성원들로 하여금 자신의 이익을 초월해 조직의 이익을 위해 공헌하도록 동기를 부여한다. 변혁적 지도자는 목적과 가치를 중시함으로써 지도자와 구성원 모두가 더 높은 수준의 동기부여와 도덕성을 갖도록 상호작용함으로써 개인, 집단, 조직의 변화를 조장하게 된다. 변혁적 지도성은 구성원들에게 단순히 보상을 약속하기보다는 그들로부터 무엇인가를 끌어내려고 한다.[24]

배스(Bass, 1985)에 따르면, 변혁적 지도자는 기대 이상의 과업을 수행하도록 욕구를 자극하고 동기화하는 영향력으로 첫째, 변혁적 지도자는 구성원들에게 특정한 목표와 수단의 중요성과 가치, 이들 결과를 성취하기 위한 방법들에 관하여 의식수준을 고양시킨다. 둘째, 변혁적 지도자는 집단, 부서, 조직의 이익을 위하여 구성원들에게 자신의 이해 관계를 초월하도록 유도한다[25]는 것이다.

이상의 제 학자의 변혁적 지도성에 대한 개념을 종합하면, 학교장의 변혁적 지도성이란 조직구성원들이 조직의 목적이나 비전을 인식하여 공유하고, 구성원의 능력과 잠재력을 높은 수준으로 발휘할 수 있도록 동기유발하여 기대 이상의 조직목표를 달성할 수 있도록 구성원들의 인식수준을 제고하고, 집단의 이익목적을 위해 개인의 사적 이익을 초월하도록 하며, 욕구수준을 상승시켜 상위수준의 욕구가 충족될 수 있도록 끊임없이 도전하는 자세를 추구하고 시대를 이끌어가는 지도성이라고 하겠다.

---

23) J. M. Burns, Leadership(N.Y.: Happer & Row, 1978), p. 18.

24) J. M. Burns, Op. Cit, p. 43.

25) B. M. Bass, Leadership and Performance Beyond Expectation(N.Y: Free Press, 1985), p. 21.

2. 카리스마적 지도성

탁월한 비전, 가능성 있는 해결책, 압도하는 인간적 매력을 소유한 지도자가 구성원의 헌신적인 복종과 충성을 바탕으로 나타내는 강력한 영향력을 말한다.

따라서 카리스마적 지도자는 높은 수준의 자신감, 다른 사람을 지배하려는 경향과 영향력을 발휘하려는 욕구, 자기신념의 완전무결함에 대한 확신을 가지는 특성이 있다.

카리스마적 지도자의 지도성 행동은 ① 역할모델을 통하여 부하에게 자신의 가치와 신념을 표현하고 바람직한 경쟁을 유도, ② 이미지 조성을 통해 업적달성을 강조하는 부하의 행동을 이용, ③ 목적 명세화를 통해 초월적인 목표를 제시, ④ 부하들의 성취에 대한 자신감과 높은 기대를 보여주는 행동, ⑤ 자신의 행동을 통해 부하의 목적에 영향을 주고, ⑥ 비전 성취와 관련된 행동으로 나타난다.

이와 같은 특성으로 인해 위기, 격동, 변화 요구가 높은 조직상황에서 큰 효과를 발휘할 수 있고, 일부 지도자들이 구성원들에게 미치는 특별한 영향력을 효과적으로 설명하는 장점이 있다. 또한 지도자와 구성원의 관계에 과도하게 초점이 맞추어져 있으며, 리더십을 제한하고 촉진하는 상황적 변인이 무시되거나 간과되었다는 비판을 받고 있다.

3. 문화적 지도성

문화적 지도성이란 인간의 의미추구욕구를 만족시킴으로써 구성원들을 조직의 주인으로 만들고 조직의 제도적 통합을 가능하게 하는 지도성이다. 서지오바니 Sergiovanni는 리더십의 영향력 위계를 다음과 같이 구분하였다.

① **기술적 리더십**: 견고한 경영관리기술에서 나오는 리더십으로 지도자는 계획, 조직, 조정, 시간관리 등을 강조하고 그에 대한 우수한 능력을 가지고 있다.

② **인간적 리더십**: 유용한 사회적·인간적 자원을 활용하는 데에서 나오는 리더십으로 지도자는 인간관계, 사교능력, 동기화 능력 등을 강조하고 지원, 격려, 참여적 의사결정 등을 통해 사람들의 사기를 높이고 조직의 성장을 도모한다.

③ **교육적 리더십**: 교육에 대한 전문적 지식에서 나오는 리더십으로 지도자는 효

과적인 교수-학습, 교육 프로그램 개발, 임상장학 등에 대한 전문적 지식과 능력을 통해 교사들을 지도하며, 장학 · 평가 · 직원능력 · 교육과정 개발을 효율적으로 진단한다.

④ **상징적 리더십**: 학교의 중대사에 대해 다른 사람에게 주의를 환기시키는 데서 나오는 리더십으로 지도자는 학교 견학, 교실 방문, 학생과의 간담회, 학생 교육에 대한 특별한 강조, 행사나 의전의 관장 등 상징적 행사와 언사를 통해 학교의 비전과 목표에 주의를 환기시키고 특별한 행동을 유도한다.

⑤ **문화적 리더십**: 독특한 학교문화를 창출하는 것에서 나오는 리더십으로 지도자는 학교로 하여금 독특한 정체성을 갖게 만드는 가치와 믿음, 그리고 관점을 창조 · 강화 · 유지하는 것을 중요시하고, 이를 통해 전통을 만들고 무용담을 수행한다고 할 수 있다.

문화는 어떤 학교의 구성원을 다른 학교의 구성원과 구별하는 집합의식과 정신을 만드는 것으로 묘사할 수 있다. 그래서 학교문화는 특정한 교사, 학생, 학부모를 하나의 집단으로 묶는 공유된 가치, 신념, 의미체계라고 말할 수 있다. 효과적인 지도자는 이러한 과정에서 가장 중요한 역할을 수행한다. 그래서 서지오바니 Sergiovanni는 문화적 리더십을 가장 상위에 위치시키고 다양한 리더십의 힘을 하위에 위치시켰다.

4. 슈퍼 리더십

슈퍼 리더십(super leader)이란 구성원의 잠재능력이 최대한 발휘될 수 있도록 자극을 주고, 스스로 모범을 보이며, 궁극적으로는 관리가 필요 없는 수준으로 조직의 힘을 키우는 리더를 가리킨다.

슈퍼 리더십은 새로운 마음가짐과 생각, 창조성, 열린 마음, 주도성, 열정, 문제해결 능력, 변화 적응 능력, 위기 관리 능력을 갖춘 창조적 지식(Spirit), 디지털 기술, 어학 능력, 의사소통 능력을 갖춘 미래형 기술(Skill), 섬김, 배려, 헌신, 협동, 신뢰를 갖춘 봉사적 성품(Service), 영적, 정신적, 정서적, 신체적으로 건강한 심신(Strength)의 삼박자를 두루 갖춘 리더십이다. 슈퍼 리더십은 섬김의 리더십 토대 위에 섬기는 리더의 모습과 실천 행동을 강조하고 구체적인 리더십의 구성 요소들을 새롭게 체계화한 것으로 볼 수 있다.

따라서, 슈퍼 리더십은 조직이 공식적인 권력과 권위, 그리고 간섭과 통제라는 전통적 방식에 의해 관리되기 때문에 비효율적이라는 전제하에 구성원들의 자발적인 리더십을 개발하여 활용하는 새로운 방식의 슈퍼 리더십을 토대로 한 조직 관련 방식을 제안한 것이다. 슈퍼 리더십을 발휘하는 지도자는 조직의 모든 구성원이 스스로 자율적 리더십을 개발하고, 이를 통해 조직의 과업 수행을 효율화하고 조직의 생산성을 제고하는 방향으로 일할 수 있도록 역량을 발휘한다. 자율적 리더십은 조직구성원 개개인이 자율성을 발휘하게 되는 것을 의미하며, 슈퍼 리더십은 지도자가 조직구성원 개개인을 지도자로 성장시킴으로써 단순히 '구성원의 지도자'가 아니라 '지도자의 지도자'가 되게 하여 모든 구성원을 지도자로 변혁시키는 리더십이다. 그러나 모든 사람이 자율적 리더십을 실천할 수는 있지만, 그 모두가 반드시 효과적인 지도자가 될 수 있는 것이 아니라는 점에서 이 이론은 일정한 한계를 가진다. 특히 지도자의 특별한 능력이나 행위보다는 구성원의 능력과 행위에 리더십의 초점이 맞추어져 있기 때문에 지도자의 리더십 프로그램이나 역량개발 등에 시사하는 바가 약하다는 문제점을 지니고 있다.

5. 도덕적 지도성

도덕적 지도성은 지도자의 도덕성과 추종자의 자율성 확보를 통하여 지도자는 스스로 '지도자의 지도자'가 되고, 추종자는 '자기 지도자'가 되도록 이끄는 지도성이다.

그린필드Greenfield[26]도 학교장의 도덕적 측면을 강조하여 학교장은 학교경영을 통해 도덕적인 조치를 취하고 도덕적 의사결정을 하는 행위자로 보았다. 이러한 도덕적 지도성은 도덕적 헌신으로 학교장과 교사들을 하나로 결속시키고, 조직 목표를 상호 공유하도록 하는 의식을 일깨운다. 그리고 학교장은 좋은 학습조건을 유지하고 학생들이 양질의 서비스를 받도록 보장해야 하며, 교사들을 지원하고, 교사와

26) Greenfield, C. D.(1987). "Moral Imagination and Value Leadership in School." Administration Educational Research Association. Washinton, D.C. pp. 8-9.

학생들을 위하여 학교에서 필요한 자원과 조건들을 확보해 주어야 하는 도덕적 의무를 갖는다. 이와 같은 주장들은 학교조직을 이끌어 가기 위한 학교장의 지도성에서 학교조직의 도덕적 지도성이 중요함을 말하고 있으며, 학교장의 도덕적 행동이 학교구성원들로 하여금 조직목표를 달성하기 위해 자발적으로 헌신하도록 하는 중요한 행위임을 강조하고 있다.

서지오바니Sergiovanni[27]는 지도성에 대한 50년에 걸친 지속적인 연구에도 불구하고 사회과학이 지도성에 대하여 말해줄 수 있는 것이 거의 없었다고 단정하고, 지도성 연구의 실패원인으로 전문직업적 권위와 도덕적 측면을 강조하고 있다.

이에 서지오바니Sergiovanni는 학교조직을 도덕적 측면의 선의와 관리적 측면의 성공을 토대로 유추하여 학교조직의 지도성 이론을 다음과 같이 네 가지 유형으로 구분하였다. ① Ⅰ상한의 도덕적인 학교(선의는 높으나 성공이 낮은 도덕적인 학교), ② Ⅱ상한의 도덕적이고 효과적인 학교(선의와 성공이 두루 높은 도덕적이고 효과적인 학교), ③ Ⅲ상한의 비도덕적이고 비효과적인 학교(선의도 성공도 낮은 비도덕적이고 효과적인 학교), ④ Ⅳ상한의 정략적인 학교(선의는 낮으나 성공이 높은 정략적인 학교)로 나눌 수 있다.

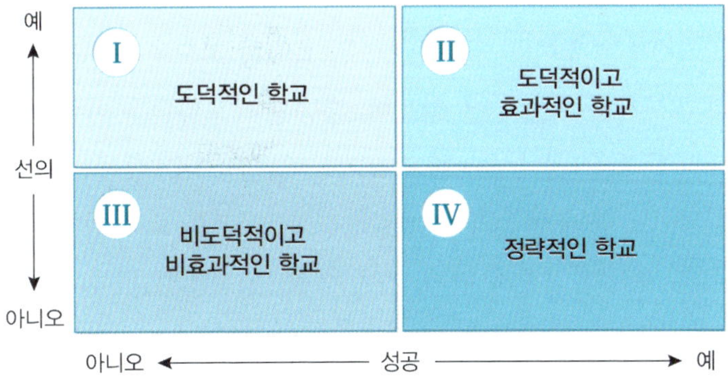

그림 5-8 학교의 네 가지 유형

출처: Sergiovanni, T.J.(1992). MoralLeadership: Getting to the Heart of School Improvement. SanFrancisco: Jossy-BassPublishers. p.104.

위에서 제시한 학교에서 도덕적이고 효율적인 학교는 선의에 의해 동기가 유발

27) Sergiovanni, T. J.(1992). Moral Leadership: Getting to the Heart of School Improvement. SanFrancisco: Jossy-BassPublishers. p. 16.

되고, 목적의 성취를 이룬 Ⅱ상한의 학교이다. Ⅰ상한의 도덕적인 학교에서 교직원들은 선의에 의해 동기가 유발되지만, 목적성취에 있어서는 성공적이지 못하다. 반면에 Ⅳ상한의 정략적인 학교에서 교직원들은 선의에 의해 동기가 유발되지 않았지만 목적성취에 있어서는 성공적이다. Ⅰ상한의 도덕적인 학교는 교직원들이 선의에 기초한 교장의 지도성을 이해하게 되면서 성공할 가능성이 증대될 것이다. 단기적으로 성공을 지향하는 Ⅳ상한의 정략적인 학교보다는 선의를 강조하는 Ⅰ상한의 학교가 장기적으로는 성공할 가능성이 더 높게 된다. 교장이 지향해야 할 도덕적 지도성은 성공보다는 선의를 중시하는 Ⅰ상한과 Ⅱ상한의 학교를 만드는 지도성이라 할 수 있다. 따라서 학교행정가의 리더십은 높은 가치와 윤리에 바탕을 둔 도덕적 리더십에 의존해야 하며, 그럴 때에만 학생의 복지와 학교의 발전에 기여할 수 있는 참다운 리더십을 발휘할 수 있게 된다고 하였다.

6. 감성지도성

지도자가 자신이 가지고 있는 감성적이고 사회적인 능력을 개발하고, 구성원들의 감성을 이해하고 배려함과 동시에 비전을 제시하고 자연스럽게 조직구성원들에게 영향력을 행사하는 것이다. 골만Goleman은 '훌륭한 지도성을 위해 정해진 공식은 없다, 우수한 지도자가 되는 길은 많으며, 훌륭한 지도자들은 아주 다른 스타일을 갖고 있다'고 말한다. 그러나 유능한 지도자는 일반적으로 감성지능의 4가지 기본 영역 중에서 적어도 하나 이상의 역량에서 강점을 가진다고 보았다. 자기인식능력(Self-awareness)은 자신의 강점과 한계, 가치와 동기, 목적뿐만 아니라 감정에 대한 깊은 이해를 의미한다. 자기관리능력(Self-management)은 자신의 감정을 이해하고 타인의 목적을 분명히 아는 것으로 모든 리더가 목표 성취를 위해 필요한 노력이다. 사회적 인식 능력(Social awareness)은 다른 사람의 감정을 명확하게 인식하는 능력이며 관계 관리능력(Relationship management)은 다른 사람과의 사회적 관계를 효과적으로 관리하는 능력을 말한다. 감성지도성 이론은 감성지능이 지도성 유효성에 중요한 요소일 뿐 아니라 팀을 이끄는 지도자에게 특히 중요하며, 조직의 상위계층으로 갈수록 감성지능이 더욱 중요하다고 주장하였다. 자기인식능력, 자기관리능력, 사회인식능력, 사회적 기술능력이 뛰어난 감성적 리더들이 발휘하는 지도성이라 할 수 있다. 구성요인으로는 개인역량(자기인식능력, 자기관리능력)과 사회적 역량(사회적 인식능력, 관계관리능력)으로 나눌 수 있다.

연구와 토론을 위한 실전문제

1. 허시와 블란차드는 구성원의 직무성숙도와 심리적 성숙도에 따라 효과적 지도성 유형을 제시하였다. 이들이 제시한 상황적 지도성 이론을 설명하시오.
2. 교육적 지도성은 슈퍼지도성, 도덕적 지도성, 문화적 지도성을 포함한다. 이 중에서 도덕적 지도성에 대해 설명하시오.
3. 변혁적 지도성을 발휘하는 지도자의 성격을 설명하시오.
4. 지도성 이론 중에서 특성론(자질론)을 설명하시오.
5. 지도성 이론 중에서 행위론을 설명하시오.
6. 지도성 이론 중 피들러의 상황적합론(상황조건론)에 대해 설명하시오.
7. 허시와 블란차드의 상황적 지도성 이론에 대한 모형을 그리고 설명하시오.
8. 변혁지향적 지도성(변혁적 지도성, 변화지향적 지도성) 유형의 특성을 설명하시오.
9. 서지오바니의 문화적 지도성에 대해 설명하시오.

Chapter 6

의사소통론

의사소통(communication)은 인간관계의 필수 불가결한 조건이다. 의사소통 없이는 의미 있는 인간관계란 있을 수 없으며, 인간관계를 생각지 않는 의사소통은 가능하지도 않다. 또 조직이 그 목적을 달성하기 위해선 인간관계란 매우 중요하기 때문에 조직에서의 의사소통은 심장의 고동과도 같은 것으로 비유될 수 있다. 이처럼 의사소통이 일상적 대인관계나 조직생활에 매우 중요한 것임에도 불구하고 여태까지는 대인관계에서 발생될 수 있는 실제상의 의사소통문제나 행정적 차원에서 인간의 역동성 문제 등이 간과되어왔다. 이런 측면에서 이 장에서는 의사소통이란 과연 무엇인지 그 의의와 유형, 원칙, 조직과 관련지은 조직 커뮤니케이션 등에 대해 살펴보도록 하겠다.

제1절 의사소통의 의의

1. 의사소통의 정의

의사소통(communication)이란 용어는 전통적으로 한 사람이 다른 사람에게 자신의 감정이나 사고를 전달하는 것으로 정의되어 왔다. 또한 슈람Wilbur Schramm은 의사소통이란 "한 사람이 다른 사람에게 영향을 줄 수 있는 모든 절차"[1]라고 규정지었다. 사이몬Simon은 행정의 핵심을 의사결정이라고 보면서, 의사소통이란 "조직구성원의 한 사람으로부터 다른 사람에게 결정 전체가 전달되는 과정"[2]으로 정의했다. 또한 라스웰Lasswell은 의사소통의 요소로서 누가(who), 무엇을(what), 어떤 경로를 통하여(in which channel), 누구에게(to whom), 어떤 효과를 주는가?(with, what effect)의 다섯 가지를 들고 있다.[3]

1) Wilbur Schramm(1971). "The Nature of Communication Between Humans". in The Process and Effects of Mass Communication(rev. eds. ed.). Wilbur Schramm and Donald F. Roberts. Urbana, Ill.: University of Illinois Press, p. 12.
2) Herbert A. Simon(1957). Administrative Behavior(2nd ed.). New York: Macmillan, p. 154.

그런데 여기서 주의할 점은 한 행정가가 말을 하거나 글을 쓰는 행동으로 곧 의사소통이 이루어졌다고 단정지을 수는 없다는 사실이다. 왜냐하면 그가 보낸 메시지는 상실(loss) 또는 왜곡(distortion)으로 인해 수신되지 않을 수 있기 때문이다. 따라서 의사소통이란 보내진 메시지가 수신된 한도 내에서만 발생한다고 볼 수 있다.

즉, 의사소통이란 공통으로 의미있는 정보를 전달하는 과정이라 할 수 있는데, 이런 의미의 의사소통은 전통적 조직이론에서는 거의 도외시되었다. 귤릭Luther Gulick, 어윅L. Urwick, 페이욜Henri Fayol 중 아무도 의사소통을 그들의 조직원리나 주요 활동 속에 포함시키지 않았던 것이다. 이들은 계서제의 원리 속에 암시된 하향적 의사소통만을 강조하였을 뿐 수평적 의사소통은 거의 무시하였고, 상향적 의사소통은 완전히 무시하였다.[4)]

의사소통에 깊은 관심을 갖고 비로소 의사소통 문제를 조직의 핵심적 요소로 부각시킨 사람은 바나드Chester I. Barnard였다. 그는 공동목적(common purpose), 봉사하려는 의사(willingness to serve)와 함께 의사소통(communication)을 조직의 3대 요소에 포함시키고 있다.[5)] 사이몬Herbert A. Simon도 의사소통에 깊은 관심을 표명하고, 특히 마치James G. March의 공저인 『조직론(Organizations)』에서는 조직과 의사소통 간의 복잡한 상호관계에 관해서 깊은 통찰을 시도하였다.[6)]

의사소통의 유형방법과 저해요인에 대해 관심을 보였던 인간관계론자들에 비해 최근의 사회체제를 강조하는 조직이론에서는 의사소통에 관한 연구가 더욱 중요한 위치를 차지하게 되었으며, 의사소통망이 특정한 결정내용을 규정짓는 요인이라는 사실에 보다 많은 관심을 갖게 되었다.[7)]

---

3) Harold D. Lasswell(1948). The Structure and Function of Communication on Society. in The Communication of Ideas, ed. by L. Bryson. New York: Harper & Row, Publishers, p. 37.

4) Francis Griffith(1979). Administrative Theory in Education: Text and Readings. Midland, Mich: Pendell Publishing Co., p. 300.

5) Chester I. Barnard(1938). The Function of the Executive. Cambridge: Harvard University Press, p. 82.

6) James G. March, & Herbert A. Simon(1958). Organizations. New York: John Wiley & Sons, Inc., pp. 161-169.

7) E. P. Learned, & A. T. Sproat(1966). Organization Theory and Policy: Notes for Analysis. Homewood: Richard D. Irwin, Inc., p. 81.

2. 의사소통의 기능

의사소통의 기능이 무엇이냐 하는 점 역시 의사소통에 관한 정의만큼이나 다양하나 이상의 의사소통의 정의에서 알 수 있듯이 인간은 의사소통을 통하여 서로 공통된 의미를 조성하고, 또한 서로의 행동에 영향을 미침으로써 서로 협동하면서 조직생활을 영위해나가고 있다.

라스웰Lasswell에 의하면, 의사소통에는 중요한 세 가지 기능이 있다고 하는데, 첫째는 환경감시(surveillance)의 기능이고, 둘째는 합의(consensus)의 기능이고, 셋째는 사회화(socialization)의 기능이라는 것이다.[8] 즉, 이는 인간이 의사소통을 통하여 주위환경에서 일어나는 사건에 대한 정보를 제공받고, 그것에 대처하며 나아가서는 새로운 세대를 교육해가고 있다는 말이 된다. 또한 의사소통의 기능은 일찍이 슈람Scharmm이 지적한 바와 같이 인간으로 하여금 ① 생활환경에 대한 지식을 공유(to share knowledge of environment)시키고, ② 새로운 사회구성원을 교육(to socialize new members)시키며, ③ 즐거움(to entertain)을 주고, ④ 서로 설득하고 통제해서 합의(to gain consensus)를 얻게 하는 구실을 담당하고 있다고 할 수 있다.[9]

이처럼 의사소통의 가장 중요한 기능은 무엇보다도 조직구성원들 사이의 협동을 통한 조직유지기능이라고 하겠다. 특히 현대와 같이 이질화되어가는 조직에서의 의사소통의 역할은 새삼 강조될 필요가 없을 것이다. 그 이유는 의사소통이라는 수단 없이는 인간들 사이의 협동이 불가능하게 되며, 협동 없이는 조직이 존재할 수 없기 때문이다.[10]

3. 의사소통의 과정

위에서는 의사소통의 정의와 기능을 살펴봄으로써 의사소통의 개념을 파악하고자 하였다. 그러나 의사소통이란 현상을 좀 더 정확히 파악하기 위해 의사소통의 과정(communication process), 즉 대인관계에 있어 의사소통이 어떻게 이루어지고 있는

8) Lasswell, op. cit., pp. 37-51.
9) Schramm, op. cit., p. 21.
10) Gerald Barry(ed.)(1969). Communication and Language. Englewood Cliffs, N.J.: Responsive Environments Co., p. 16.

가를 살펴볼 필요가 있겠다.

여기서 "과정"이란 말은 두 개 이상의 다른 요소들 사이의 상호작용(reciprocal interaction)을 의미하는 것으로 벌로Berlo는 이것을 "시간에 따라 연속적인 변화를 보이는 어떤 현상 또는 그 연속적인 작용[11]"이라고 말하고, 그 특징으로서 역동성(dynamics), 연속성(continuity), 상변성(ever-changing) 및 진행성(ongoing)을 들고 있다. 즉, 의사소통이란 시작과 끝의 고정된 절차가 없는 바로 이러한 과정이라는 것이다. 반런드Barnlund와 같은 학자는 "모든 의사소통에 대한 탐구는 의사소통의 과정에서 비롯되어야 한다"[12]고까지 주장하고 있으며, 또한 라스웰Lasswell은 의사소통과정에 따라서 "의사소통이란 '누가'(who says), '무엇'(what)을, '누구'(to whom)에게, 어떤 '매체'(which medium)를 통하여, 어떤 '효과'(with what effect)를 얻느냐?라는 과정"이라고 말하는가 하면,[13] 슈람Schramm도 의사소통이란 "A가 B라는 내용을 C라는 매체(channel)를 통하여 D에게 전달해서 E라는 효과를 얻는 과정"이라고 정의하고 있다.[14]

그러나 실제로 발신자(communicator)와 수신자(communicatee)가 어떠한 형태로 교호작용을 하고 있으며, 그러한 과정에 포함된 모든 요소들과 아울러 이들의 상호관계를 분석한다는 것은 그리 쉬운 일이 아니다. 따라서 의사소통과정을 보다 정확히 묘사하기 위해 언어보다 모형으로 많이 설명되고 있는데, 여기서는 모형 제시보다는 의사소통과정에 있어서 작용하는 제 요소들을 살펴보는 것으로 간략화하기로 한다.

이들 의사소통과정의 변인들을 살펴보면 다음과 같다.[15]

① **발신자**(communicator): 발신자 또는 정보원(source)이란 의사소통의 행위자를 뜻한다. 이는 한 개인일 수도 있고 또는 집단, 단체일 수도 있는데 그 나름대로의 의도와 속성을 갖게 된다. 여기서 의도란 의사소통을 하는 목적이요, 속성이란 발신자 자신이 가지고 있는 태도 · 지식 · 의사소통기능 · 공신력(source

11) David K. Berlo(1960). The Process of Communication. New York: Holt, Rinehart & Winston, p. 23.
12) Dean C. Barnlund(1962). Toward a Meaning-Centered Philosophy of Communication. Journal of Communication, 12, p. 198.
13) Lasswell, op. cit., p. 37.
14) Wilbur Schramm(1948). Communication in Modern Society. Urbana, Ill.: University of Illinois Press, p. 24.
15) 차배근(1976). 커뮤니케이션학 개론(上). 서울: 세영사, pp. 42-43 재구성.

credibility) 등으로서 의사소통 효과에 영향을 미치는 요인들을 의미한다.

② **전언**(message): 전언이란 발신자가 자기의 목적(즉, 수신자로부터 자기가 의도한 반응을 얻는 것)을 달성하기 위하여 고안한 내용과 기호(symbol)들의 집합이라 할 수 있으며, 발신자의 머릿속에 있는 생각이 기호로 바뀌어져 겉으로 표출된 상태를 의미한다.

③ **매체**(medium 또는 channel): 이는 메시지를 담는 용기(vehicle) 및 그 용기의 운반체(vehicle carrier), 경로(channel) 등을 말하는 것으로 이것을 통하여 메시지가 수신자에게 전달되는데, 여기서 용기란 신문 · 라디오 · TV · 잡지 등을 말하며, 용기의 운반체는 음파 · 광파 등을 지칭한다.

④ **수신자**(receiver): 이는 발신자가 보내는 메시지를 받게 되는 한 개인 및 집단을 말하는데, 이때 수신자의 메시지뿐만 아니라 그의 속성이나 매체들의 특성도 함께 받아들이게 된다.

⑤ **효과**(effect): 이것은 수신자가 의사소통 자극을 받고 보이는 반응 중에서 발신자가 의도하였던 반응만을 뜻한다. 수신자는 발신자가 의도한 대로만 반응하지는 않으므로 발신자가 의도한 반응, 즉 효과를 얻는 것은 쉬운 일이 아니다.

⑥ **피드백**(feedback): 피드백이란 의사소통을 높은 수준에서 이해하는 데 기본적인 것으로 발신자에게 되돌아오는 수신자의 반응이라 볼 수 있는데, 구체적으로 말해서 발신자가 수신자의 반응을 보고 자기의 의도와 비교 · 평가해서 차이가 있을 때 의사소통 자극을 수정 · 보완해서 되돌아가게 하는 것을 말한다. 평가반송(feedback)을 받아보기 위해 교사는 시험제도를 이용하고, 행정가는 의역과 인지를 검토하며, 받아들인 전언이 본래 보낸 것인지를 확인하기 위해 개관조사를 해보는 것이다.

⑦ **의사소통 상황**(context setting): 마지막으로 의사소통 상황이란 문자 그대로 의사소통이 일어나는 시대적 및 지리적 상황을 뜻하는 것으로, 분위기 · 장소 · 시간 · 수용자와의 관계 등을 들 수 있다.

제2절 의사소통의 유형

행정가는 지시를 하고, 제안을 하며, 편지를 받아쓰게 하고, 보고서를 읽으며, 불평을 듣고, 추천을 받아들이는 등 보통 사람들보다 더 많은 시간을 의사소통을 하면서 보내게 된다. 한 마디로 말해서 행정가는 언어의 환경(verbal environment) 속에 묻혀서 산다. 그러나 이러한 언어를 통한 의사소통 외에도 때로는 무언적(non-verbal)이고 비상징적(non-symbolic)인 수단으로도 의사소통을 하고 있다.[16] 이처럼 의사소통은 여러 가지 다른 방식으로 발생되고 있으며, 이는 다양한 형태로부터 한 조직 내에서 가능한 의사소통의 풍부한 수단들을 제공받을 수 있을 것이다.

1. 언어적 의사소통

언어를 통한 의사소통은 인간에게만 있는 고유한 특징이다. 물론 다른 동물이나 새들도 그들의 소리로 대화할 수는 있다. 그러나 단어를 사용해야만 가능한 수많은 독특한 의미들을 그들은 전달할 수가 없다. 단어를 사용함으로써 우리는 복잡한 아이디어들을 포괄적으로 그리고 정확하게 표현할 수 있다. 또한 단어를 사용해서 우리의 사고나 감정을 표현할 수 있으며, 광범위한 의미들을 분명하게 표현하게 되고, 그러한 과정을 통해 우리의 의사소통능력이 상당히 증대되어 왔다고 볼 수 있다.

이러한 언어적 의사소통을 효율적으로 사용하는 능력은 행정가에 있어 필수적으로 요구되는바, 이는 목표의 인지 · 목표달성을 위한 전략과 행동 · 발달 · 복합적이고 정확한 사고와 학습이 언어적 의사소통을 통하여 가능하기 때문이다. 이와 같은 언어는 구두로서, 청취에 의해서, 문자로서, 독서에 의해서 수용될 수 있는데, 하지만 언어를 통한 의사소통이 그렇게 간단한 것만은 아니다. 왜냐하면 의미를 경험의 소산이라고 볼 때, 두 사람이 똑같은 경험을 할 수는 없으므로 비록 가장 평범한 사물에 대해서도 그 두 사람은 똑같은 의미를 가질 수 없기 때문이다. 즉, 전달자의

16) Griffith, op. cit., p. 292.

관점에서는 단어나 구문이 아무리 정확하다고 하더라도 구 · 문장 · 단어 · 내용들은 각 개인들에게 서로 다른 의미들을 지니고 있을 수 있는 것이다. 예를 들면, 개(犬)를 애완동물로 기르는 가정에서 개와 친숙하게 지내는 어린이가 개에 대해 가지는 생각과 개를 기르지 않는 가정에서 개란 무서운 동물이라고 알아왔던 어린이가 가지는 생각은 전혀 다를 것이다. 이렇게 경험을 통해서 알게 되는 의미는 개인마다, 또 상황에 따라 다르다.[17] 따라서 모든 행정가가 중시해야 할 의사소통의 한 분야는 의미의 영역(의미론)으로, 의미의 문제를 고려하지 않으면 곤란한 의사소통문제들을 초래하게 된다.

파번Don Fabun은 영어단어를 약 60만 개로 추정하고 있으나, 보통 정도의 교육을 받은 사람들이 일상생활의 대화에 활용하는 단어는 단지 2천 단어뿐이라고 한다. 이것은 대부분의 단어가 다양한 뜻을 가지고 있음을 의미한다. 예를 들면, "run"이라는 단어는 250개, "round"라는 단어는 73개의 뜻을 내포하고 있다는 것이다.[18]

이처럼 동일한 단어에 대한 제각기 다른 의미규정으로 인해 언어를 통한 의사소통은 전적으로 정확할 수가 없다. 의미의 왜곡이 불가피한 것이다.

또한 코집스키Alfred Korzybski가 단어를 일정한 영역을 표시하는 지도에 비유하여 지도가 영역 그 자체가 아닌 것처럼 단어도 그것이 표현하는 사물이 아니라고 말하듯이,[19] 단어란 어떤 사물에 대한 상징에 불과하기 때문에 언어를 사용하는 데에 어려움이 있는 것이다.

한편 행정가가 어떤 주제에 관해 말할 때 모든 것들을 완전히 다 표현할 수는 없으므로 어느 정도의 왜곡의 여지는 또한 존재하게 된다.

따라서 효율적인 의사소통을 위해 행정가는 그가 의사를 전달하려고 하는 대상이 다양한 단어나 표현들을 어떻게 해석하고 있는지를 참작하고, 오해의 소지가 있는 근원들을 제거해 주어 의도한 의사소통의 본질이 가장 잘 받아들여질 수 있도록 상징들(symbols)을 선택하는 작업을 할 필요가 있다.

---

17) 이형행(1983). 교육행정: 이론적 접근. 서울: 문음사, p. 322.
18) Don Fabun(1965). Communication: The Transfer of Meaning. Beverly Hill, Calif: Glencoe Press, p. 19.
19) Clarence A. Newell(1978). Human Behavior in Educational Administration. Englewood Cliffs, N. J.: Prentice-Hall, Inc., p. 50 재인용.

2. 비언어적 의사소통

단어를 사용해서 의사소통을 하는 순간에도 비언어적 메시지는 수신자에게 계속 전달될 수 있다. 비언어적 의사소통은 쉽게 인지될 수도 또는 그 단서가 아주 가려져서 포착되기 힘들 수도 있는데, 즉 무심코 취한 자세 · 몸짓 · 표정 등이 은연중에 감정이나 동기를 전하고 있을 뿐만 아니라, 그 전달효과가 언어 사용 시보다 더 큰 경우도 있다는 것이다.[20]

목소리의 고저, 태도, 외침, 문을 세게 닫는 행동, 머리를 책상에 기대는 행동, 또는 의복, 자동차, 거주지 등의 요소들에 의해 메시지가 전달될 수 있는데, 민감한 행정가는 이를 이해함으로써 성공적인 의사소통을 이룰 수 있다. 예를 들면, 비언어적 의사소통에 민감한 학교장은 교사가 얼굴을 붉히거나 찡그리는 행동을 하는 것만 보아도 그 의미를 알아차릴 수 있으며, 회의를 주재하는 의장은 성원들의 고개 끄덕임만 보고도 회의를 연장시킬 것인지 아닌지를 판단하게 되는 것이다.

이러한 비언어적 의사소통에 대한 관심은 비교적 최근에 이르러서야 이루어졌는데, 발신자(sender)의 측면에서 볼 때 이는 은연중에 자신의 동기와 감정을 직접적으로 표현하는 방법이란 점에서 정직한 의사소통의 수단이라고 하겠다. 즉, 우리가 얼굴을 붉힌다거나 말을 더듬거나 헛기침을 하거나 말을 천천히 또는 빠르게, 크게 또는 부드럽게 하거나 눈을 깜박이거나 웃거나 하는 행동 등을 보이는 것은 그 당시의 감정상태에 따라 반응하는 것이므로, 이런 측면에서 우리가 보이는 행동(action)은 정직하다고 할 수 있는 것이다.

비언어적 의사소통의 단점은 그것이 잘못 해석(오인)되거나 무시되기 쉽다는 점에 있으며, 반면 그 장점은 의사소통과정에 다른 한 차원을 부각시킨 정직한 영향력 있는 방법이란 점이다(기타 의사소통의 수단이 될 수 있는 유형들로서 행동, 정책과 절차, 발견을 통한 의사소통의 방법을 들 수 있다).

많은 행동이 실제적인 의사소통을 낳는다는 점에서 모든 행동은 잠재적 의사소통(potential communication)이라 할 수 있다. 행동은 한 개인의 동기에 의해 방향지어지고 한 개인의 환경에 대처하는 의도를 나타내기 때문에 개인 인성의 표현이란 점에

20) 이형행. 전게서, p. 323.

서 항시 중요하다. 따라서 행동이 행동하는 사람의 관점에서 이해된다면 그 행동은 직접적이고도 의미있는 대화가 된다.

물론 행동은 행정가 · 교사들에 있어 잠재적 의사소통을 형성하여 행정가의 행동은 종종 다른 이들에게 정보의 중요한 근원으로 파악되기도 하고, 그 행동에 대한 해석은 오해될 수도 있다. 그러므로 행정가는 효과적인 의사소통을 위해서 그의 행동과 말의 표현이 일치되도록 하여야 한다.

또한 행정상의 행동과 마찬가지로 정책이나 절차도 잠재적인 의사소통을 내재적으로 제공하고 있어 정책과 절차를 통해서도 간접적인 의사소통이 가능하다고 볼 수 있다. 인사정책이나 봉급규정 등에서 알 수 있듯이, 예를 들면 교사의 봉급정책이 물질적인 문제 이상으로 교사들에게 중요한 의미를 지닌다는 점에서 정책이나 절차가 간접적 의사소통이 될 수 있다.

제3절 의사소통의 원칙

레드필드Redfield[21]는 의사소통의 원칙으로서 명료성, 일관성, 적정성, 적기적시성, 배포성, 적응성과 통일성, 관심과 수용 일곱 가지를 들고 있다.

① **명료성**(clarity): 간결한 문장과 평이한 용어를 사용한다.

② **일관성**(consistency): 의사소통은 일관성이 있어야 하며, 처음의 명령과 나중의 명령이 모순되어서는 안 된다. 또한 명령은 조직의 목표와 부합되어야 한다.

③ **적정성**(adequacy): 의사소통의 양은 적정해야 하며 너무 많거나 적어도 안 된다.

④ **적기적시성**(timing and timeliness): 알맞은 시기를 택해야 하며 때를 놓쳐서는 안 된다.

⑤ **배포성**(distribution): 정보는 전달자로부터 수신자에게 올바르게 전달되어야 한다. 레드필드Redfield가 말한 바와 같이 '누구에게'(수신자)를 결정하는 것은 '무엇을'(전달내용)을 결정하는 것과 마찬가지로 중요하다. 왜냐하면 '누구에게'(수신

21) Charles E. Redfield(1958). Communication in Management(revised edition). Chicago: University of Chicago Press, pp. 29-45.

자)라는 문제는 '어떻게'(전달방법)라는 문제를 해결하여 주기 때문이다.

⑥ **적응성과 통일성**(adaptability and uniformity): 행정가에게 가장 곤란한 문제는 적응성과 통일성을 어떻게 조화시키느냐 하는 것이다. 적응성이란 융통성 · 개별성 · 합치성을 말하는 것으로 통일성과는 반대되는 개념이다.

⑦ **관심과 수용**(interest and acceptance): 효과적인 의사소통은 관심과 수용 없이는 이뤄질 수가 없다. 의사소통이 즉각적으로 또는 서서히 일어나는 경우와 상관없이 의사소통에 대한 최종적인 반응은 수신자가 어느 정도의 관심과 수용태세를 갖추고 있는가에 달려 있다는 것이다.

제4절 조직 내의 의사소통

1. 조직 커뮤니케이션

조직구조의 기능 중 하나는 의사소통을 용이하게 하는 것이다. 따라서 조직구조와 의사소통은 상호 관련되어 있는 것으로 행정상의 의사소통이 효율적이기 위해서는 이들 관계를 잘 살펴볼 필요가 있다.

파슨스Parsons는 "조직이란 특정한 목적을 가진 사회체제(social system)"[22]라고 말하는가 하면, 에치오니Etzioni는 조직이란 "구체적인 목적을 추구하기 위하여 계획적으로 만들어진 인간집단"[23]이라고 정의하고 있다.

위와 같은 개념의 조직과 의사소통의 관계를 살펴보면, 과거의 일부 학자들은 의사소통을 조직의 부차적인 기능(secondary or 'helper' function)으로 보아왔는데,[24] 근래에 와서는 많은 학자들이 "인간조직(human organization)이란 곧 의사소통체제(communication system)"라는 견해를 피력하고 있다.

예컨대 도시Dorsey는 "만약 행정(또는 경영)을 연속적인 의사결정들의 과정이라고 정

22) Talcott Parsons(1960). Structure and Process in Modern Societies. Glencoe Ill.: Free Press, p. 17.
23) Amitai Etzioni(1964). Modern Organization. Englewood Cliffs, N. J.: Prentice-Hall, p. 3.
24) W. Charles Redding(1964). The Organizational Communicator. in W. Charles Redding and George A. Sanborn(Eds.), Business and Industrial Communication. New York: Harper & Row, p. 34.

의할 수 있고, 의사결정이란 기본적으로 의사소통현상이라고 한다면, 행정이란 곧 의사소통과정이라고 볼 수 있다"[25]는 결론을 삼단논법으로 전개하고 있고, 또한 사이몬Simon[26]과 스코트Scott[27]도 인간조직을 의사소통 메커니즘(mechanism)으로 보고 있다. 즉, 사이몬Simon은 "의사소통이란 의사결정의 전제들(premises)이 조직의 한 성원으로부터 다른 성원에게로 전달되는 모든 과정"이라고 말하면서, 그렇기 때문에 "의사소통 없이는 조직이란 있을 수 없다"[28]고 주장하고 있다.

이상의 조직과 의사소통의 관계에서 알 수 있듯이 조직 커뮤니케이션이란, 인간조직이란 특수한 상황에서 일어나는 의사소통의 한 현상으로서 조직의 공동목적을 달성하기 위한 협동적 수단 또는 체제라는 점, 그리고 성원들 사이의 정보 혹은 메시지가 조직구조에 따라 상하좌우의 다방향으로 흐르고 있다[29]는 점 등의 특성을 지닌 조직 내에서 그 성원들 사이에 이루어지는 커뮤니케이션 또는 그 현상이라고 정의될 수 있다.

2. 의사소통의 흐름

조직 내의 의사소통은 의사소통의 흐름, 즉 정보유통의 방향에 따라 하행적 커뮤니케이션, 상행적 커뮤니케이션, 수평적 커뮤니케이션의 세 가지 유형으로 나누어 질 수 있다. 그 유형들에 대해 간단히 살펴보면 다음과 같다.

1) 하향적 커뮤니케이션

이는 주로 계선조직(line organization)을 따라 상위성원(superior)이 하위성원(subordinate)에게 하는 명령 · 지시 · 설명 등의 의사소통을 말한다.

하향적 커뮤니케이션은 명령과 일반적 정보 또는 동기를 자극하기 위한 내용 등

25) John T. Dorsey, Jr.(1957). A Communication Model for Administration. Administrative Science Quarterly, 2, p. 309.
26) Simon, op. cit., p. 154.
27) William G. Scott(1962). Human Relations in Management. Homewood, Ill.: Richard D. Irwin. 제7장 및 제8장.
28) Simon, op. cit., p. 154.
29) 차배근. 전게서, p. 419.

그 전달내용이 받아들여지는지, 이해되는지에 상관없이 하달하기만 하면 된다. 그러므로 의사소통의 하행흐름은 가장 많이 사용되며, 대부분의 조직에 있어 세 유형 중 가장 효과적인 방법이라 할 수 있다. 그런데 이 방법에서는 피드백(feedback)이 무시될 수 있다는 점에 주의해야 하며, 또한 보다 효과적인 의사소통을 위해서는 하위성원이 원하는 메시지를 상위자가 알고 있어야 한다.

명령은 구두 또는 문서에 의하여 행해지는데, 공공관계(public relation)에 관한 조사연구의 결과를 종합해 보면, 문서에 의한 의사소통은 교육 정도가 높은 사람들에게 효과가 있으며, 구두에 의한 의사소통은 교육 정도가 낮은 사람들과 일반대중에게 효과가 있다는 것이다.[30] 따라서 이 둘의 병용이 바람직하다 하겠으며 또한 양자가 다 중요하다고 볼 수 있다.

일반적 정보는 명령이 아닌 구성원의 일반적 지식습득과 귀속감을 앙양시킴을 목적으로 전달하는 내용이다. 그런데 행정가는 명령과 지시를 다하게 되므로 양자의 혼돈을 막기 위해 정확한 용어(말씨)의 사용이 요구된다.

여기서 레드필드Redfield가 작성한 메시지의 전달형식, 매체를 살펴보면 [그림 6-1]과 같이 분류될 수 있다.[31]

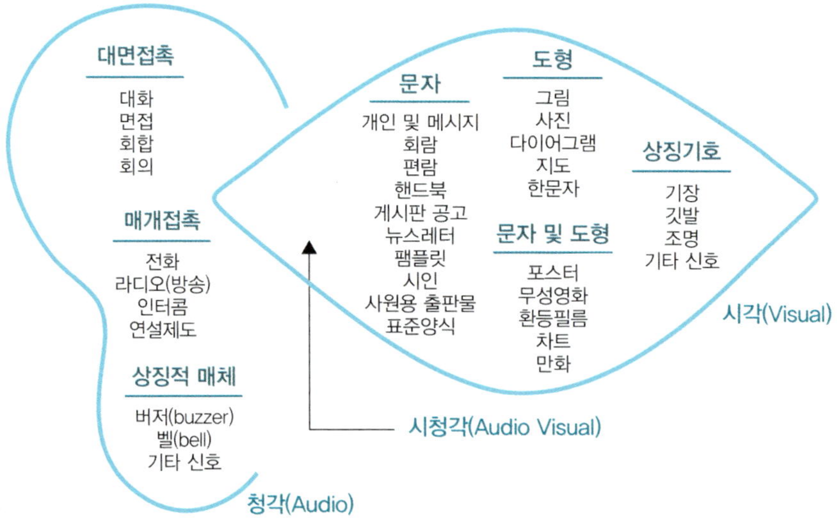

그림 6-1 레드필드Redfield의 매체분류도형

30) Redfield, op. cit., pp. 73-74.

31) Redfield, op. cit., p. 72; 차배근. 전게서, p. 436.

2) 상향적 커뮤니케이션

이는 하위성원으로부터 상위성원으로 올라가는 의사소통을 말하는 것으로서 보고 · 제안 · 불평 · 요구 등이 포함된다. 대부분의 조직에 있어서 의사소통의 상행 흐름은 그 효율성에 있어 세 가지 유형 중 두 번째를 차지한다. 계선조직을 따라 올라가는 모든 정보는 의사소통이 진행되는 동안 각 개인들의 지각에 따라 윤색되고, 응축 · 요약되고, 또한 사실이기보다는 추정에 가까운 내용이 될 수 있기 때문에 상향적 의사소통에 있어서의 왜곡은 불가피하다. 또한 상향적 의사소통에는 많은 난점이 있을 수 있으므로, 행정가는 이러한 장애요인을 제거하고, 효율적 의사소통이 될 수 있는 조치를 취할 필요가 있다. 즉, 첫째, 행정가는 상향적 의사소통이 바람직하다는 점을 말로, 또한 행동으로 분명히 해주어야만 한다. 둘째, 행정가는 필요한 정보유형을 지적해 주어야 한다. 셋째, 행정가는 받아들여진 상향적 의사소통을 쫓아 실행을 해야 한다.

이러한 점에 비추어 플랜티Planty와 맥하버Machaver는 최소한 다음과 같은 사항들이 위로 전달될 때 조직이 효과적으로 운영될 수 있다고 하였다.[32)]

① 하위자들(subordinates)이 하고 있는 일: 이들의 작업의 개요, 업적, 그 진행과정 및 앞으로의 계획

② 하위자들이 현재 또는 앞으로 도움을 필요로 하고 있는 미해결 업무의 문제점들의 개요

③ 하위자들이 속해 있는 부서나 또는 조직 전체에서 개선을 필요로 하는 점들에 관한 제안이나 아이디어

④ 하위자들이 하고 있는 일이나 그들의 상위자와 동료 및 조직 자체에 대한 그들의 생각이나 느낌

이들 중에서 특히 네 번째의 내용이 효과적인 의사소통을 위해서는 반드시 필요하다고 그들은 주장하고 있다.

32) Earl Planty, & William Machaver(1952). Upward Communications: A Project in Executive development. Personnel, 28(Jan.), p. 313.

3) 수평적 커뮤니케이션

마지막으로 수평적 커뮤니케이션은 같은 계층의 성원들 사이의 의사소통을 말하는 것으로서, 그 내용은 주로 과제(task)의 해결이나 협조 의뢰 등에 관한 것이 되겠다. 이러한 의사소통은 문서로서 이루어지기도 하나 대개는 회합이나 회의 및 공동토의 형식을 취하게 된다.

수평적 의사소통은 자신의 상 · 하 지위의 사람들보다는 동료들과 더 쉽게 대화할 수 있다는 이점 때문에 하행적 의사소통에서 발생할 수 있는 간격을 채워줄 수 있으며, 만일 필요한 정보가 조직의 상부에서 받아들여지지 않을 때는 정보를 얻기 위해, 행동방침을 결정하기 위해 동료들과 의논하게 된다. 또한 이 유형은 많은 사회적 · 정서적 필요를 충족시켜 주기도 한다.

수평적 의사소통을 제공하는 가장 좋은 방법 중의 하나는 다양한 조직단위의 대표들을 포함시킴으로써 형식적 조직의 구조적 경계를 초월한 정책조직이나 의사결정의 집단을 만드는 것이다. 또한 학교조직에서 가능한 방법으로는 팀티칭(team teaching), 타 분야와의 제휴과정, 프로그램, 위원회, 스터디 그룹, 사보, 게시판, 폐쇄회로 TV, 기타 매스미디어, 연구협의회 등을 들 수 있다.

3. 공식적 · 비공식적 조직의 의사소통

의사소통에 관련되는 조직으로 우리가 지금까지 주로 다루어온 공식적 조직 외에 비공식적 조직도 또한 생각해 볼 수 있다. 사람들은 커피를 마시며, 점심식사를 같이 하며, 연구실이나 사무실에서, 또는 복도에서 대화를 하게 된다. 이처럼 수많은 대화를 통한 메시지는 공식적 경로(formal channel)를 통해서만 전달되는 것이 아니라, 소위 포도덩굴망(grapevine)이라는 비공식적 경로(informal channel)를 통하여 전달되고 또는 수신되고 있다. 특히 가십이라든가 루머(rumor) 등의 정보나 뉴스는 이러한 매체를 통하여 성원들 사이에 전해짐으로써 경우에 따라서는 안정성을 해치기도 한다.[33)]

따라서 예로부터 일부 조직에서는 이러한 비공식 경로를 봉쇄하려고 노력해왔

33) 차배근. 전게서, pp. 439-440.

다. 그러나 근래에 와서는 이러한 경로를 조직의 목적에 맞도록 오히려 활용하려는 경향이 나타나고 있다.

데이비스Davis가 ECCO(Episodic Communication Channels in Organization) 분석이라는 방법을 사용하여 미국의 한 피혁제조회사를 대상으로 연구한 바에 의하면, 비공식 정보망(grapevine)을 조직 의사소통의 유용한 매체로 활용될 수 있다고 한다.[34] 데이비스Davis의 연구에 의하면, 비공식 정보망은 메시지 전달의 속도가 빨랐으며, 그 정보대상에 선별성(selectivity)이 있었으며, 또한 그 전달범위가 조직 내에 국한되었으며, 그 효과도 공식적 매체보다 컸다고 한다. 즉, 이러한 측면에서 비공식 정보망은 충분히 활용의 가치가 있다고 데이비스Davis는 결론을 내리고 있다.

공식적 의사소통은 어느 조직의 경우에나 조직의 모든 구성원들에게 조직의 목표 및 정책을 알리고 또 직원들의 의견 및 보고내용을 관리자에게 알리기 위하여 필수 불가결한 것으로 인정되어 오고 있다.[35]

그러나 공식적 의사소통만으로는 조직 내의 모든 의사소통이 이루어지는 것은 아니며, 조직 내 성원들의 상호작용으로 필연적인 비공식적 의사소통의 경로를 자생시키게 된다.

따라서 비공식적 의사소통은 공식적 의사소통의 결함을 보완하는 불가피한 경로라고 볼 수 있다. 또한 이 양자는 상호 보완관계에 있어 일반적으로 공식적 의사소통이 활발한 조직일수록 비공식적 의사소통도 그에 상응하여 발달하는 관계에 있다고 하겠다.[36]

그러므로 행정가는 비공식적 조직에서 발생하는 의사소통을 인지할 필요가 있으며, 그것을 통제하기는 곤란하나 함께 할 수는 있으므로 행정가는 때때로 점심을 같이 먹거나 비공식적인 모임을 개인 · 집단과 함께 가짐으로써, 공식적 조직에서는 불가능한 아이디어나 사소한 불만 등을 듣는 기회를 가져 가치있는 의사소통 내용을 받아들일 수 있도록 하여야 하겠다.

---

34) Keith Davis(1953). Management Communication and the Grapevine. Harvard Business Review, 31(Jan-Feb.), pp. 43-49.

35) Wayne K. Hoy, & Cecil G. Miskel(1978). Educational Administration: Theory, Research, and Practice. New York: Random House, p. 246.

36) Davis, op. cit., pp. 43-49.

4. 의사소통의 장애요인과 문제점

의사소통의 장애요인은 조직이론의 중대한 문제영역의 하나이다. 의사소통과정에 있어서 여러 가지 장애요인들이 존재하게 되는데, 호슬렛Hoslett은 조직 커뮤니케이션의 장애요인으로서 성원 간의 지위관계(status relationship), 개인 대면접촉(individual face-to-face contact) 및 집단 대면접촉(group face-to-face contact)의 결여, 목적지향적 경영 커뮤니케이션의 결여, 어려운 문서 커뮤니케이션 및 확인 커뮤니케이션의 실패 등을 들고 있다.[37)]

또한 사이몬Simon 등이 들고 있는 저해요인을 살펴보면 다음과 같다.[38)]

① **언어상의 장해**: 의사소통의 저해요인 중 가장 심각한 것의 하나가 언어상의 장해이다. 모든 사람이 이해할 수 있는 용어가 제한되어 있을 뿐만 아니라 같은 용어가 사람에 따라 전혀 다른 뜻을 지니고 있을 수 있으므로 완전한 의사소통이 불가능한 것이다. 즉, 의사들이 흔히 사용하는 용어가 다른 사람들에게는 난해한 것으로 들리며, 숙련 기계공들의 용어를 의사들이 이해할 수 없는 것 등이 그 예이다.

② **행동의 준거기준(frame of reference) 차이**: 모든 조직의 구성원들의 준거기준이 유사할 때에는 의사소통이 효율적으로 이루어지나, 준거기준이 서로 다를 때에는 의사소통의 생략·왜곡 등과 같은 각종 저해현상이 일어난다.

③ **지위의 차이와 발안자의 자기방어**: 계층제의 상하관계는 의사소통을 저해하는 중요한 요인의 하나이다. 하급자는 상급자가 듣기 좋아하는 정보만 제공하며, 상급자가 듣기를 원치 않는 사실이나 자기가 저지른 과오에 대해서는 보고를 꺼려한다. 이러한 경향은 상향 커뮤니케이션의 왜곡을 초래할 뿐만 아니라 하향 커뮤니케이션에도 영향을 미친다.

④ **지리적 거리**: 이는 의사소통기술의 발달에 의해 어느 정도 극복되고 있다.

⑤ **타 직무의 압박**: 우선 눈앞에 닥치는 다른 일에 쫓기다 보니 의사소통의 임무를 뒤로 물려버리는 경향이 있다.

---

37) Schuyler D. Hoslett(1951). Barriers to Communication. Personnel, 28(Sept.), pp. 108-114.

38) Herbert A. Simon, Donald W. Smithburg, & Victor A. Thompson(1950). Public Administration. New York: Knopf, pp. 232-235.

⑥ **의식적 제한**: 이것은 대내적 의사소통에서보다는 주로 대외적 의사소통에서 일어나는 문제로, 제한이 지나친 경우에는 조직 내 의사소통의 침체를 초래할 우려가 있으므로 의사소통의 의식적 제한은 최소한으로 줄여야 한다.[39]

그러나 이러한 기술적인 의사소통의 기능보다 더 중요한 것은 발신자나 수신자의 마음가짐 또는 태도라고 볼 수 있으며, 근래에는 남에게 말을 효과적으로 하는 기능보다는 남의 말을 효과적으로 들을 수 있는 방법에 대한 연구가 많이 진행되고 있다.

또한 메시지가 전달되는 과정에서도 많은 문제점들이 노출되고 있는바 앞서 제시한 장애요인들로 말미암아 의사소통의 내용이 변형, 즉 왜곡되거나 누락되는 등의 문제들이 발생되고 있으므로 주의해야 하겠다.

스코트Scott는 조직에서 메시지를 전달할 때의 문제점으로 시기(timing)의 부적, 과잉전달(overloading), 누락(short-circuiting), 왜곡(distortion) 및 가미(filtering)를 들고 이런 점들에 주의해야 한다고 했다.[40]

첫째, 시기의 부적이란 메시지를 주고받는 시기의 불일치를 말하는데, 이러한 문제점을 해결하기 위해서는 수신자들이 동시에 다 같이 메시지를 받거나 또는 시차를 두고 받도록 계획적으로 조정할 필요가 있다고 한다.

둘째, 과잉전달이란 문자 그대로 너무 많은 양의 메시지를 한꺼번에 전달함으로써 수신자들이 그것을 완전히 소화하지 못하고, 또한 그에 대한 반응도 제대로 하지 못하게 된다는 것으로 적절한 양의 메시지 전달이 요구된다. 또한 과잉전달이 선택적인 반응을 통하여 건설적으로 처리될 수 있는 몇 가지 방법들이 있는데, 즉 조직 내에서 가장 중요하다고 생각되는 문제에만 반응하는 방법, 우선적으로 처리해야 할 문제에 앞서 반응하는 방법, 그리고 일부 메시지는 조직 내의 다른 사람이나 단위에게로 재지시하여 다른 경로로 전환시키는 방법 등이 그것이다.[41]

셋째, 누락이란 수직적 또는 수평적 커뮤니케이션 체인에서 한 사람이나, 그 이상

39) 유훈(1980). 행정학원론. 경기: 법문사, pp. 296-298.

40) Scott, op. cit., pp. 196-203.

41) Daniel Katz, & Robert L. Kahn(1966). The Social Psychology of Organizations. New York: John Wiley & Sons, Inc., pp. 231-235.

의 사람들에게 메시지가 전달되지 않는 것을 말하는데, 발신자는 이 점에 유의해야 한다.

넷째, 왜곡이란 발신자가 보낸 메시지가 몇 사람을 거쳐 전달되는 동안에 그 뜻이 달라지는 현상을 말하는데, 이 점도 항상 검토되어야 된다.

끝으로 내용의 가미란 왜곡과는 달리 의도적으로 사실을 곡해시키고 자신에게 유리한 방향으로 내용을 더하거나 빼놓는 것을 말하는데, 이는 특히 상향적 커뮤니케이션에서 많이 일어나는 현상이다.

5. 학교행정가의 의사소통능력

최근 교육인구의 급격한 증가와 교육기관 수의 증가, 그리고 학교라고 하는 조직체의 구조적 분화현상으로 학교에서의 의사소통 연구의 필요성이 강조되고 있다. 학교에서의 의사소통 보급은 교육행정에 있어서 기본적이고 통합적인 과정으로서[42] 효과적인 의사소통이 가능할 때만이 학교조직이 성공적으로 작용할 수 있으므로, 학교행정가는 의사소통을 원활하게 할 책임이 있다. 이러한 책임을 충족시키기 위해서는 매일매일의 다양한 문제들을 다루는 데 사용되는 과정, 절차, 기술 등의 광범위한 영역에 대한 고등수준의 행정능력이 요구된다. 그런데 이들 행정능력 외에도 행정가는 의사소통기술을 사용함으로써 모든 행정분야를 더 효율적으로 다룰 수 있게 되는바, 그만큼 행정가에게 있어 효율적인 의사소통의 능력은 필수적이라 하겠다.

또한 지금까지 살펴본 의사소통과 마찬가지로 교육행정에서도 의사소통이란 개념은 대인 간에 공식적 · 비공식적으로, 언어적 · 비언어적으로 정보와 이해를 교환하는 모든 행동을 포함하는 것으로, 특히 학교행정가들의 경우는 대면 의사소통을 하는 시간이 대부분이므로 효과적인 의사소통의 기술은 상당히 중요하다고 볼 수 있다.

그러나 대부분의 행정가들은 논리정연한 사람과 지적인 문제에 관해 대화할 때는 잘 대응할 수 있으나, 감정적이고 비논리적인 사람과 대화할 때는 적절한 대화기

42) Hoy, & Miskel, op. cit., p. 257.

술의 부족으로 곤욕을 치르게 된다. 이런 점에서 행정가에게 있어서 더 인간적인 대화를 할 수 있고 감정적인 사람들과 문제를 해결하는 데 도움이 될 수 있는 기술들을 개발시키는 것이 필요하다고 본다.[43]

또한 학교나 학교체제가 효과적으로 운영되기 위해서는 형식적 학교조직과 조직 밖 사람들 간의 쌍방 의사소통(two-way communication)이 필요하다고 볼 수 있다. 한편으로는 학교조직으로부터 부모나 시민들에게로 정보가 전달되고, 다른 한편으로는 지역사회 내의 개인 · 집단 · 조직체로부터 학교로 정보가 전달되는 상호적인 과정이 필요한 것이다. 교육은 학교체제와 부모들과의 합작투자로 볼 수 있으며 모든 시민들이 관련된 매우 중대한 일인 것이다. 게다가 학교는 일반적으로 지역사회로부터의 정보 없이는 그 임무를 효과적으로 수행할 수 없으므로 쌍방 의사소통은 필수적이라 하겠다.

지금까지 조직 내의 의사소통을 중심으로 하여 의사소통의 의의, 유형, 원칙 등을 살펴보았다. 그러나 이 책 내용의 전부가 의사소통이라고 말해도 과언이 아닐 만큼 의사소통의 문제가 일상생활 학교를 비롯한 조직생활에 매우 중대함에도 불구하고 현재까지는 교육행정분야에서의 의사소통의 연구는 거의 미비한 상태로 남아 있으며, 또 학교조직 속에서 의사소통의 구조가 얼마나 중요한가에 대해 문제를 제기하는 학자도 거의 없는 실정이다.[44]

43) Clarence A. Newell(1978). Human Behavior in Educational Administration, pp. 72-78 참조.

44) Stephen J. Knezevich(1975). Administration of Public Education(3rd ed.). New York: Harper & Row Publishers, p. 68.

연구와 토론을 위한 실전문제

1. 의사소통의 과정을 설명하시오.
2. 비언어적 의사소통 대해 설명하시오.
3. 의사소통의 원칙을 설명하시오.
4. 의사소통의 흐름 중 수평적 커뮤니케이션에 대해 설명하시오.
5. 의사소통의 장애요인과 문제점을 설명하시오.
6. 학교행정가의 의사소통능력을 설명하시오.

Chapter 7

교육기획과 교육정책론

교육활동을 이끄는 교육행정의 적극적인 기능은 교육기획과 교육정책에서 찾을 수 있다. 교육기획은 교육의 합리성과 효율성을 극대화하기 위한 지적 합리적인 사전준비 과정으로서 교육의 비전과 교육활동의 방향을 제시한다. 또한 교육정책은 교육활동을 운영하기 위한 국가의 기본 이념 혹은 방침으로써 교육행정의 적극적 기능을 대표하는 중심적 활동이다. 교육활동을 이끌어가기 위해서는 교육을 운영하기 위한 방향설정과 계획을 수립하고, 그를 추진하기 위한 행동과정의 표준을 정립 제시하여야 한다. 교육기획과 교육정책은 그러한 활동 자체 혹은 그 활동의 결과를 의미하는 것을 말하며, 구체적으로 교육활동을 이끌어가는 중심적 역할을 수행하는 것이다. 따라서 이 장에서는 교육기획론 및 교육정책론에 대해 살펴보고자 한다.

제1절 교육기획론

교육활동을 이끄는 교육행정의 적극적인 기능은 교육기획과 교육정책에서 찾을 수 있다. 교육기획은 교육의 합리성과 효율성을 극대화하기 위한 지적 · 합리적인 사전준비 과정으로서 교육의 비전과 교육활동의 방향을 제시한다. 또한 교육정책은 교육활동을 운영하기 위한 국가의 기본 이념 혹은 방침으로서 교육행정의 적극적 기능을 대표하는 중심적 활동이다. 교육활동을 이끌어가기 위해서는 교육을 운영하기 위한 방향설정과 계획을 수립하고, 그를 추진하기 위한 행동과정의 표준을 정립 · 제시하여야 한다. 교육기획과 교육정책은 그러한 활동 자체 혹은 그 활동의 결과를 의미하는 것을 말하며, 구체적으로 교육활동을 이끌어가는 중심 역할을 수행하는 것이다.

1. 교육기획의 개념

교육기획에 대해 자세히 살펴보기 전에 기획이란 단어의 의미에 대해서 알아보겠다. 기획이란 모든 조직활동에서 가장 중요한 기능 중의 하나로 인식되고 있다. 어떠한 조직을 보더라도 대부분 기획을 담당하는 부서가 있으며, 이 부서가 기관의 핵심적 기능을 담당하는 조직으로 간주되고 있다. 기획을 담당하는 부서에서 하는 일이란 대체로 미래지향적인 것들이다. 특히 사회체제가 훨씬 조직화되고, 그 활동을 위해 보다 체계적인 노력이 요청되고 있는 오늘날에는 모든 조직에서 기획의 개념을 도입하여 보다 장기적이고 종합적인 관점에서 비전과 목표를 수립하고 과업을 체계적으로 수행하고 있다.

기획은 어느 정도의 사회적 통제와 무제한의 자유경쟁을 제한하는 것이므로 우리가 추구하는 민주사회에는 부적절한 것이라고 생각하기 쉽다. 그러나 민주적 절차에 의한 기획의 강화는 개인에 대한 무절제한 자유허용에 따른 방임을 억제하고, 집단의 이익을 앞세우는 이기주의를 줄일 수 있으며, 중용의 철학을 본질로 하는 사회를 건설할 수 있다는 점에서 오히려 민주주의를 더 효율적으로 달성시킬 수도 있다. 민주주의와 기획은 배타적인 것이 아니며, 자유를 위한 기획이 필요한 것이다.

교육의 영역에서도 오래전부터 기획의 개념이 도입되어 미래의 교육을 위한 사전준비를 통해 교육활동을 보다 체계적이고 합리적으로 계획 · 수행하고 있다. 교육기획은 국가수준에서 단위학교에 이르는 다양한 교육단계와 활동영역에서 장래의 불확실성을 제거하고, 교육의 합리성과 효율성을 극대화하기 위한 준비과정으로 이루어지고 있다. 교육기획이란 “미래의 교육활동에 관하여 교육목표의 달성을 위한 효율적 수단과 방법을 제시함으로써 교육정책결정의 효율성과 안정성을 보장해 주는 지적 준비과정”이라 정의하여 기획의 수단적 · 과정적 의미를 강조하였다. 앤더슨Anderson과 보먼Bowman 역시 교육기획이란 미래의 교육활동에 대하여 일련의 결정을 준비하는 과정이라고 정의하였다. 이렇게 볼 때 교육기획은 미래 교육목표를 보다 효율적으로 달성하기 위한 최선의 수단과 방법을 모색해가는 지적 준비과정이라고 정의할 수 있다. 지금부터 교육기획에 대해서 원리, 유형, 새로운 접근법, 의의와 문제점 등에 대해서 자세하게 다루어 보겠다.

2. 교육기획의 목적과 기능

교육기획은 교육목적을 효율적으로 달성하기 위한 보조적 · 수단적 기술이다. 따라서 교육기획의 목적은 교육의 내적 효율성과 외적 생산성을 향상시키기 위한 것이다. 전자는 교육체제 내부에 있어서의 성과를 올리는 것을 뜻하며, 후자는 교육활동의 사회적 목표에 대한 타당성과 효율성을 의미하는 것으로 외부 사회에 대한 성과를 향상시키는 것을 뜻한다. 구체적으로 교육기획의 목적은 다음과 같다.

첫째, 교육의 기회균등화를 촉진시키는 것이다. 교육계획을 통하여 취학률과 진학률의 향상, 성별 · 인종별 · 종교별 · 사회적 신분별 · 경제적 빈부에 따른 교육상의 차별대우를 없애고 능력과 적성에 따른 교육의 기회균등을 촉진한다.

둘째, 교육내용과 방법의 현대화 및 효율화의 촉진이다. 변천하는 사회의 요구에 부응하는 교육내용과 교육방법을 개선 · 개발하여 교수-학습의 효과를 올릴 수 있도록 보조 역할을 한다.

셋째, 교직의 전문화와 교원의 지위향상 촉진으로 전직교육과 현직교육의 발전, 교원처우와 후생의 개선, 신분과 사회보장의 강화 등 교원정책의 전반에 걸친 개선을 촉진한다.

넷째, 교육행정의 현대화 촉진으로 교육계획을 통하여 교육행정조직의 효율화, 행정요원의 전문화, 인사행정의 개선, 사무관리의 표준화 · 간소화 · 기계화 · 교육시설의 발전과 시설 활용의 개선 등을 촉진한다.

다섯째, 교육재정의 효율화는 적정규모의 교육재원을 확보하고 기획과 예산의 연결을 통하여 예산의 효율적 배분과 효과적인 집행을 도모한다.

여섯째, 교육연구개발의 촉진과 평가활동 강화는 교육발전을 위한 연구개발을 촉진하며, 과학적인 평가체제를 확립하여 피드백, 피드포워드함으로써 교육목적 달성을 극대화한다.

일곱째, 교육의 사회수요와 인력수요를 충족시키고 교육의 외적 생산성 고양은 교육에 대한 사회의 요청, 즉 능력 · 지식 · 기술 · 태도 · 가치관 등을 인력수급 면에서 충분히 만족시킬 수 있도록 도와준다.

마지막으로 여덟째는 계획하는 교육의 체제 구축으로 교육계획을 통해서 과학성 · 합리성 · 효율성을 추구하며, 변화에 대응하고 계속적으로 계획하는 교육의 체제를 구축한다.

변화를 미리 예견하여 적극적·능동적으로 변화를 계획함으로써 교육발전을 촉진시키고, 설정된 목표를 가장 효율적으로 달성할 수 있는 대안을 선택함으로써 경제적 효율성과 교육활동의 타당성을 높여준다. 교육목표와 정책 등을 장기적인 전망하에서 일관성 있게 견지하면서 교육을 운영해나가도록 방향을 제시하여 주며, 한정되어 있는 재정의 합리적 배분과 교육투자의 우선순위 결정 등을 통해 교육의 효과를 극대화할 수 있다. 마지막으로 기획의 실천과정이나 실천 후에 이루어지는 평가와 환류를 통해 애초의 목표를 수정할 수도 있고 진도를 조절할 수 있다.

3. 교육기획의 원리

교육기획의 원리에는 미래지향성, 합목적성, 종합성, 민주성, 경제성, 과학성, 단순성, 중립성, 지속성, 적응성의 열 가지 원리로 나누어 볼 수 있다.

첫째, '미래지향성'은 기획이란 변화하는 사회에 대응하기 위한 청사진과 같은 성격을 가져야 하므로 발전지향적이고 미래예측적이어야 한다고 정의내린다. 따라서 교육기획에는 변화하는 사회에 대응하기 위한 미래 교육의 모습이 제시되어야 한다는 것이다.

둘째, '합목적성'은 기획의 기본 취지는 목적의 명확한 제시와 그의 달성을 위한 구체적 대안의 모색이라는 점을 고려할 때, 교육기획은 목적을 명확히 제시하거나, 설정된 목적을 타당한 방법에 의해 달성하는 데 기여해야 한다는 것이다.

셋째, '종합성'은 교육기획이 국가적 차원의 기획 중 중요한 하위영역의 하나라는 점을 고려할 때, 국가종합기획에 제시된 다른 부문의 기획과 통합적 연계성을 가져야 한다는 것이다.

넷째, '민주성'은 기획이란 모든 이해집단의 요구를 광범위하게 수렴한 민주적 성격을 가져야 한다고 말한다. 따라서 교육기획은 교육의 공급자와 수요자의 요구가 적절히 반영될 수 있도록 관련집단의 다양한 참여를 통해 수립되어야 한다.

다섯째, '경제성'은 현실적 여건을 감안할 때, 가용한 인적 자원과 물적 자원의 효과를 극대화시키고 능률성을 확보시킬 수 있는 방향으로 추진되어야 한다는 것을 의미한다.

여섯째, '과학성'은 교육기획의 목적이 가능한 한 조작적으로 명확히 제시하여 그 실천과정에 있어서의 비능률적이고 소비적인 요인을 제거하도록 한다. 또한 기획의 작성을 위한 자료의 수집 · 분석 · 평가 등 일련의 과정이 과학적인 방법론에 기초하고 있어야 하며, 이를 위해서는 투입 및 산출 절차가 표준화되어야 한다는 것이다.

일곱째, '단순성'은 관련집단은 물론 국민 모두의 이해를 쉽게 하기 위하여 가능한 한 단순하게 표현되어야 한다.

여덟째, '중립성'은 가치판단을 위한 기준을 제공하는 것이므로 비정치적이고 전문적인 기술 적용의 과정이 되어야 한다는 것이다.

아홉째, '지속성'은 교육기획이 계층별, 조직별로 계속적인 연구와 평가의 뒷받침으로 연결되어야 한다는 것이다.

열째, '적응성'에서는 교육기획이 변화하는 시대적 · 사회적 상황에 따라 적절히 대응할 수 있고, 수정 · 보완될 수 있도록 신축성을 가져야 한다는 것을 의미한다.

이 열 가지 교육기획의 원리는 미래지향적 활동, 지적인 활동, 합리적 활동, 사전 준비 과정의 네 가지 특징으로 나누어 구분할 수도 있다.

4. 교육기획의 유형

교육기획의 유형은 계획기간에 따른 유형, 수준에 따른 유형, 계획의 종합성 정도에 따른 유형의 세 가지로 나누어 설명할 수 있다.

첫째, 계획기간에 따른 교육계획의 유형은 계획기간의 길고 짧음에 따라 장기교육계획, 중기교육계획, 단기교육계획으로 구분된다. 장기교육계획은 10년 이상에서 20년에 이르는 것도 있으나, 일반적으로 6년 이상의 계획을 지칭한다. 우리나라의 장기종합교육계획심의회가 15년간의 미래에 대하여 작성한 '장기종합교육계획', 한국교육개발원이 교육부의 위촉을 받아 작성한 '교육발전의 전망과 과제' 등이 여기에 해당한다. 중기교육계획은 계획의 기간이 3년 내지 5년인 계획을 말하는데, 경제사회발전 5개년 계획의 교육부문계획이 여기에 해당한다고 볼 수 있다. 그간 7차에 걸친 경제 · 사회개발계획에는 매번 교육부문의 계획이 포함되었는데, 이것이 전형적인 중기교육계획의 하나라고 할 수 있다. 단기교육계획은 보통 계획의 기간이

3년 미만인 계획을 의미하지만, 대체로 1년이나 그 이내의 계획을 가리킨다. 단기교육계획에는 매해 교육예산편성을 위한 교육계획이나 비상상황에 대비하기 위한 일시적 교육계획이 포함된다. 이러한 계획은 서로 밀접한 관련 속에서 수립되기도 하는데, 단기교육계획은 중기나 장기 교육계획에, 중기교육계획은 장기교육계획에 의거하여 수립될 수가 있다.

둘째, 수준에 따른 유형은 수립주체가 누구냐에 따라 크게 국가수준의 교육계획, 지역수준의 교육계획, 단위학교수준의 교육계획으로 나눌 수 있다. 국가수준의 교육계획은 중앙정부가 중심이 되어 국가적 차원의 교육제도 운영 전반과 관계되는 종합적이고 개혁적인 발전계획을 수립하는 것을 의미한다. 일반적으로 개발도상국가나 중앙집권적 국가 등에서 정부가 중심이 되어 교육체제 운영에 관한 정책과 행정상의 발전을 위해 수립·시행하는 교육계획이 여기에 해당한다. 지역수준의 교육계획은 지방자치단체에서 수립하는 교육계획으로서 각 시·도 교육행정기관이 중심이 되어 지역교육 발전을 위한 계획을 수립하는 것을 말한다. 지방분권이 정착된 국가에서는 국가수준의 교육계획보다 지역수준의 교육계획이 일반적으로 이루어지고 있으며, 지방교육자치제의 실시에 따라 앞으로는 각 지역의 특수성을 고려한 지역수준 교육계획의 중요성은 더욱 증대될 것이다. 단위학교 수준의 교육계획은 단위학교가 수립하는 교육계획을 의미한다. 최근에는 단위학교 책임경영제가 보편화되어 단위학교의 특수성과 자율성을 강조하는 학교수준 교육계획의 중요성이 크게 부각되고 있다. 이러한 수준별 교육계획들은 서로 유리되어 수립되어서는 곤란하다. 이러한 분류는 서로 계획의 내용과 기능이 달라야 함을 전제로 한 분류일 뿐 상호 밀접한 연계성을 갖고 수립되어야 전반적인 교육발전을 도모할 수 있는 것이다.

마지막으로 계획의 종합성 정도에 따른 분류는 종합성 정도에 따라 종합교육계획과 부문교육계획으로 나누어 볼 수 있다. 종합교육계획은 부문별 교육계획이 갖는 제한점, 즉 한정된 대상이나 부문만을 다루기 때문에 다른 부문별 교육계획과 연계성을 갖지 못한다는 단점을 줄이기 위한 계획의 방식이다. 근래에는 국가수준의 교육기획은 물론 지역교육기획의 경우에도 장기적이고 종합적인 교육기획이 보편화되고 있다. 종합교육기획은 부문별 또는 부처별 사업을 조정하여 중복 시행으로 인한 낭비를 줄일 수 있고, 대상영역의 전체적인 모습을 일목요연하게 파악할 수 있다는 장점이 있다. 부문별 교육계획은 종합계획과의 관련 속에서 수립되는 것이 원칙이나, 흔히 국가 또는 지방자치단체의 필요에 따라 수시로 수립되기도 한다. 전체적인 사업과 조율되지 않은 채 한 분야의 사업계획이 수립되는 경우, 다른 부문과의 갈등이 야기될 가능성이 있다. 1954~59년간에 수립 · 추진된 '의무교육 완성 6개년 계획'이 전형적인 예이다.

5. 교육기획의 과정

교육기획의 과정에는 어떤 정형이 있는 것이 아니라, 기획의 성격과 내용, 필요한 시간과 자원, 환경조건 등에 따라 거치는 과정이나 단계가 다를 수 있다. 그렇지만 대체로 교육기획의 과정은 과학적 문제해결의 과정과 유사한 단계를 거쳐 이루어진다. 교육기획은 일반적으로 첫째, 목표설정, 둘째, 현황 분석, 셋째, 기획전제의 설정, 넷째, 대안의 탐색과 비교, 다섯째, 최종안의 선택, 여섯째, 기획의 집행과 후속기획 등의 과정을 거쳐 수립된다.

첫째, **목표설정단계**에서는 국가 또는 조직이 기획을 통하여 이루고자 하는 바를 정하는 단계이다. 목표가 실효성 있는 준거의 역할을 수행하기 위해서는 목표가 타당하게 실현가능성이 있어야 하며, 가능한 한 명확하고 구체적으로 진술되어야 한다. 또한 목표설정에서 내적 일관성을 유지하여야 한다. 교육기획의 경우, 이 단계에서 국가목표의 테두리 안에서 지향하는 미래의 교육목표나 비전을 설정하는 일이 이루어지게 된다.

둘째, **현황분석단계**에서는 지향하는 목표와 현실 간의 괴리현상을 정확히 측정하는 단계라 할 수 있다. 현재의 상황에 대하여 정확하게 분석하고 문제를 도출한다. 교육기획의 경우 이 단계에서 정치 · 경제 · 사회 · 문화 등 사회 전반에 관한 현황, 즉 교육과 관련이 있는 모든 현상에 대한 기초통계와 연구물을 수집 · 분석해야 한다. 또한 교육에 대해서도 양적 · 질적 현황 조사가 이루어진다. 교육현황 조사에는 교육의 목표와 결과, 교육과정 및 교수요목, 장학, 학생, 교직원, 교재, 학교시설, 교육재정 등이 모두 포함되어야 한다.

셋째, **기획전제의 설정단계**에서는 기획이란 것이 미래지향적인 활동이므로 기획의 대상이 되는 부분의 내외적 상황 변화에 대한 모종의 가정을 전제로 하여 예측되어야 한다. 교육기획의 경우는 교육체제 외적인 조건과 상황, 즉 인구의 변화, 경제 · 정치 · 사회의 발전, 과학 · 기술의 발전, 산업구조의 변화 등에 대한 가정을 상정해야 하며, 교육체제 내적인 요인, 즉 교육과정, 교육제도, 교육시설, 교육재정 등에 있어서의 변화에 대한 가정을 상정해야 한다.

넷째, **대안의 탐색과 비교단계**는 문제를 해결하고 목표를 달성할 수 있는 대안을 탐색하고, 각 대안별로 결과가 어느 정도 예측되면, 각 대안을 비교 · 평가할 수 있는 기준을 설정하여 비교하고 최종안을 선택하는 것이다. 효과적인 대안을 선택하기 위해서는 기획목표와 대안이 어느 정도 일치하는가, 가용한 자원을 고려할 때 어느 정도나 실현가능성이 있는 대안인가, 대안이 주는 파급효과가 어느 정도일 것인가 등을 면밀하게 검토하여 장단점을 심층적으로 분석해야 할 것이다.

다섯째, **최종안의 선택단계**는 앞의 단계에서와 같이 모색된 대안들의 장단점 비교, 의사결정자의 직관 및 전문적 판단 등이 총체적으로 작용하여 가장 이상적이라고 생각되는 최선의 방안을 선택하는 단계이다. 교육기획에 있어서는 이 단계가 무엇보다 중요하다.

여섯째, **기획의 집행과 후속기획단계**는 기획을 통한 계획안이 실질적인 목표, 예산 및 세밀한 작업계획 등에 따라 실시되는 단계이다. 계획안의 효율성을 측정하기 위해서는 많은 실험과 검증을 해야 하며, 그에 따라 다음 기획에 참고할 수 있는 피드백 장치가 마련되어야 한다.

교육기획의 과정을 학교에 적용시킬 때 단계는 다음과 같다.

1단계, 상황의 분석에서 학교체제의 현황을 체제 내외의 여러 변인과 관련시켜 확인하고 당면한 문제 및 필요성 등을 분석한다. 상황의 분석은 '상위목표 분석'과 '제반실태 분석'으로 대별된다.

2단계, 목표설정계획은 1단계의 상황분석을 토대로 목표설정계획이 이루어진다. 여기에는 '학교교육 목표설정', '학교경영 목표설정', '학교경영 방침설정' 등이 포함되는데, 이 목표들은 일관성 있게 목표의 위계화에 의해서 상위목표와 하위목표의 관계로 이루어져야 한다.

3단계, 학교경영 조직계획은 학교교육 목표, 경영목표 그리고 경영방침이 설정되면, 실천단계에서 각종 활동이나 과업을 수행할 부서와 담당자를 정하게 되는 조직계획이 따르게 된다. 설정된 교육목표를 효율적으로 달성하기 위해서는 '교육지도조직, 사무조직, 운영조직, 지역인사 조직' 등이 잘 구성되어 전체가 협동성을 갖도록 운영해야 한다.

4단계, 활동계획의 작성은 선정된 경영방침을 실천에 옮기기 위한 조직계획을 세운 다음에 세부적인 실천계획이 작성되는 가장 중요한 단계이다. 즉, 누가, 무엇을, 언제, 얼마나 수행할 것인가를 정확하게 그리고 상세하게 기술하는 계획과정이 활동계획의 작성이다.

5단계, 평가계획에서는 학교교육 목표가 효율적으로 달성될 수 있도록 모든 필요하고 관련된 요소들이 적절히 투입되고, 그 과정에서 최적하게 상호작용하여 그 산출을 극대화할 수 있는지를 검토하는 계획을 의미한다. 즉, 교육계획이 교육목표를 달성하는 데 적합한 계획인가를 평가하는 것이다. 그리고 마지막에 피드백 과정을 통해 각 단계를 자세하게 분석하여 잘못된 부분은 수정하고, 전체적인 단계가 제대로 이루어지도록 바로잡는다.

6. 교육기획의 접근방법

교육기획의 접근방법은 수립주체와 강조점, 그리고 적용방법에 따라 매우 다양하다. 접근방법으로는 사회수요 접근방법, 인력수요 접근방법, 수익률 분석방법, 국제비교 접근방법의 네 가지 방법에 미래예측기법이라는 것을 하나 더 추가하여 알아보았다.

1) 사회수요 접근방법

사회수요에 의한 접근방법에서 사회수요라는 단어의 의미를 살펴보면 여러 가지로 해석될 수 있지만 일반적으로 교육에 대한 대중의 요구를 총계한 것을 의미한다. 사회수요에 의한 접근방법은 교육에 대한 개인적 또는 사회적 수요를 근거로 교육기획을 수립하는 것을 말한다. 즉, 교육을 받고자 하는 모든 사람에게 교육의 기회를 부여해야 한다는 원칙하에서 이루어지는 교육기획방법이다. 이는 교육에 대한 개인적 · 사회적 수요를 기초로 하여 이루어진다는 점에서 교육수요에 의한 접근이라고도 할 수 있다. 교육기획 시에 국가의 인구와 가계소득, 그리고 미래의 학부모와 아동의 교육에 대한 수요를 예측한 후 이를 기초로 하여 학교설립과 교원양성, 기타 교육적 투입요소를 계획해나가는 방법이다. 이 방법은 대부분 국가에서 교육계획을 수립하는 1차적인 접근방법으로 활용된다.

사회수요 접근방법의 장점은 우선 사회의 교육적 수요에 부응함으로써 적어도 단기적으로는 사회적 · 정치적 안정에 기여할 수 있다는 점이고, 기획의 과정이 비교적 단순하여 손쉽게 교육계획을 세울 수 있다는 것이다. 하지만 이러한 장점에도 불구하고 이 방법이 신중하게 계획되지 못하였을 경우 많은 문제를 발생시킬 소지가 크다. 우선 이 방법은 사회수요라는 개개인의 심리적 욕구충족에 주안점을 두기 때문에 교육에 대한 사회적 필요와는 동떨어진 교육계획을 수립할 가능성이 있다. 즉, 교육에 대한 사회적 수요라고 하는 것이 반드시 사회적 요구와 일치하지는 않다는 것이다. 또한 재정적 제약 등을 고려하지 않은 사회수요의 충족은 교육의 질적 수준을 하락시키는 요인이 되기도 한다. 특히 투자의 우선순위 등을 상세화하지 않고, 모든 교육수요를 충족시킬 만큼 자원의 여유가 없을 때 어떻게 해야 되는가에 대한 방안을 제시하지 못한다는 치명적인 약점을 가지고 있다. 하지만 이 방법이 교육의 수요와 공급의 조절에 의하여 사회적 필요를 충족시켜 나갈 수 있다는 점, 인구의 자연적 증가나 진학률 및 재정적 제약 등의 요인을 제외한다면 비교적 손쉬운 추정방식이라는 이유 때문에 이용되고 있는 것이다.

2) 인력수요 접근방법

인력수요에 의한 접근방법은 많은 국가에서 교육기획뿐만 아니라 경제기획 등 국가기획을 수립하는 데에 활용하고 있는 방법이다. 이 방법은 경제성장에 필요한 인적 자본의 중요성에 대한 인식을 전제로 경제성장을 뒷받침하는 인력수요를 예측하고, 그에 기초하여 인력수요를 충족시킬 수 있도록 교육적 측면의 공급을 조절해나가는 방법이다.

이 방법은 교육과 취업, 나아가 교육과 경제성장을 보다 긴밀하게 연결하여 교육에 대한 계획을 수립할 수 있고, 교육운영에서 낭비를 줄여 효율성을 높일 수 있는 장점을 가지고 있다. 그러나 교육과 취업이 반드시 일대일의 대응관계를 갖지 않고, 급변하는 사회에 있어서는 교육수요나 인력수요의 구조도 역시 급변하기 때문에 추정 자체가 대단히 어렵다는 것이다. 학생들이 반드시 전공한 분야로만 취업을 하는 것이 아니며, 한 직종 내에서도 다양한 기술이 요구되고 있는 실정이기 때문이다. 그리고 산업구조의 고도화 등으로 새로운 직종이 나날이 생겨남으로써 이를 전망한 정확한 교육수요 추정이 어렵다. 또한 교육과 취업 간의 시차 때문에 수급 측면에서 차질을 빚기 쉽다는 점과 예측의 어려움 등으로 기술상 많은 어려움이 있다는 단점을 가지고 있다.

3) 수익률 접근방법

수익률에 의한 접근방법은 교육을 투자로 보고, 그 투자에 대한 경제적 효과를 분석하는 방법으로, 특정 단계 혹은 특정 분야의 교육이나, 그 제도 혹은 운영방법 등에 대한 경제적 수익률을 측정하여 비교수익률이 높은 부문이나 방식을 채택하는 접근방법이다. 즉, 수익률에 근거하여 교육 프로그램의 우선순위를 결정하는 것으로 수익률이 높은 교육 프로그램에 우선적으로 투자하는 것을 말한다. 이 방법은 하나의 단일한 교육기획방법이라기보다는 사회수요 접근방법이나 인력수요 접근방법의 보완적 의미로 활용된다. 이 방법은 교육에 대한 투입에 비해 교육에 의해 발생하는 산출의 많고 적음을 밝혀 교육투자의 경제적 효과를 측정하는 데 주된 목적이 있는데, 여기서 투입은 들어가는 비용을 말하고, 산출은 기대되는 수입을 의미한다. 따라서 이 방법에 의한 수익률은 일정 기간의 교육을 받기 위해 투입된 비용과 이 기간의 교육을 받았기 때문에 생기게 되는 평생 동안의 수입 차이를 연 수익률로 표시한다.

교육을 위한 지출은 앞으로 어느 정도 수익을 가져올 것이라는 기대를 수반한다. 개인에게 가져오는 수익을 사적 수익이라고 하고, 사회 전체에 가져다주는 수익을 사회적 수익이라고 한다. 이러한 점에서 개인이든 사회든 교육에 투입하는 비용은 직접적으로 교육투자라고 할 수 있다.

수익률에 의한 접근방법을 통해 교육투자 수익률을 분석한 연구들은 주로 1960

년대 중반과 1970년대에 많이 이루어졌으며, 이러한 연구는 학교단계가 낮을수록, 후진국일수록 투자수익률이 높으며, 사회적 수익률보다는 개인적 수익률이 비교적 높다는 것을 밝히고 있다.

이 방법은 교육운영의 경제적 효율성을 제고시킬 수 있고, 비용 · 수익분석을 통해 교육투자의 합리성을 제고할 수 있다는 장점을 가지고 있으나, 교육투입과 교육산출을 계산하는 방식은 너무 다양하고 학자 간에도 합의된 것이 없기 때문에 그 측정이 용이하지 않으며, 수익률 계산에 따르는 어려움과 과거의 소득을 가지고 미래의 소득을 추정하는 기법 자체의 문제 등 기술적 한계를 가지고 있다.

4) 국제비교 접근방법

국제비교에 의한 접근방법은 국가의 발전단계를 수준에 따라 여러 단계로 나누고, 그 단계마다 효과적인 인간자원 개발전략을 설정하고, 이에 따라 적절한 교육기획을 수립하는 것이다. 선진국 혹은 경제와 교육발전이 유사한 다른 국가의 경험을 비교 · 연구함으로써 자국의 교육발전을 위한 방향과 전략 등을 수립하려는 접근방법을 말하며, 국가의 발전단계를 국제적으로 비교하여 보다 발전된 국가의 발전모형과 교육계획을 모방하려는 것으로 개발도상국에서 흔히 활용되는 교육계획 방법이다.

국제비교 접근방법의 가장 대표적인 예로 하비슨Harbison과 마이어Myers의 연구가 있다. 이들 연구는 세계 75개국을 발전단계에 따라 저개발국가(17개국), 부분개발 국가(21개국), 중진국가(21개국), 선진국가(16개국)의 네 유형으로 분류하고, 각 발달단계의 인력개발전략을 연구 · 제시한 것이다. 이들이 세계 75개국을 4단계로 나눈 지수의 산출에 결정적으로 고려한 것은 중등 및 고등 교육단계의 적령인구 취학률이었다. 교육수준이 높은 우리나라는 1960년대 이루어진 당시 이들의 연구에서 중진국가로 분류되었다.

이 방법은 후발국이 선진국의 경험을 모방하여 발전계획을 수립하려는 것이다. 따라서 유사한 외국의 경험을 모방하여 교육에 관한 기획을 수립하기 때문에 1차적으로 그 과정을 단순화할 수 있다는 장점이 있다. 그러나 국가마다 교육의 제도나 운영방식이 다르기 때문에 한 국가에서 효과적인 방법이었다 하더라도 자국에서는 비효과적인 방법이 될 수도 있다는 문제가 있다. 뿐만 아니라 각 나라의 전통과 사회 · 문화적 배경이 다르고, 삶의 양식과 가치체계 등도 다르기 때문에 모방의 장점을 거의 활용하지 못하는 경우도 발생할 수 있다. 아울러 과거에 선진국에서 성공한 발전모형을 미래에 후발국에서 채택할 때, 그것이 타당하다 할지라도 시차에 따른 변화와 조건의 차이에 의해 그 효과가 반감될 수 있다는 점 등 한계점이 있다.

5) 미래예측기법

미래예측기법의 교육기획은 본질적으로 미래지향적인 활동이다. 따라서 많은 미래예측방법들이 활용되어야 하는데, 미래예측기법들은 다양한 접근방식에 따라 다양한 방법으로 발전되고 있다. 현재 미래예측을 위한 접근방식은 탐구적 예측, 규범적 또는 예언적 예측, 직관적 예측으로 분류할 수 있다. 탐구적 예측은 과거에서 현재까지의 역사에서 출발하여 미래의 전망이나 발전 등을 추계하는 미래예측방법이고, 규범적 예측은 이상적인 미래상을 설정하고 현재를 이상적인 미래상으로 연결시키는 길을 모색하는 것으로서 가치지향적인 가정에 근거한다. 직관적인 예측은 주로 전문가 또는 기획과 정책결정담당자들이 직관적 판단에 의해 미래를 투시하는 방식이다. 이 방식들 중 교육분야의 기획에 적용이 비교적 용이하다고 할 수 있는 시계열 분석과 델파이 기법을 살펴보면 다음과 같다.

① 시계열 분석은 관측된 정보에 입각하여 변화의 모습을 분석하고 미래의 경향을 예측하려는 분석방법, 즉 확률과정의 성격을 규명하는 것을 말한다. 시계열 분석의 구체적 방법으로는 시계열 자료의 변동을 고르게 하여 경향성을 설명하는 이동평균법과 불안정한 시계열을 안정적인 시계열로 만들어 예측하는 Box-Jenkins의 아리마 모형 등이 있다.

② 델파이 기법은 예측하려는 문제에 대하여 선행 참고자료가 없을 때 관계전문가들로부터 그들의 견해를 유도하여 이를 종합하여 집단적인 판단을 내리는 방법이다. 즉, 어떠한 문제해결을 위한 정보를 가지고 있지 않을 경우, 그 문제해결을 위해서는 한 사람보다는 두 사람의 의견이 적절하다는 계량적인 원리와 다수의 판단이 소수의 판단보다 정확하다는 의사결정의 원리에 기초하고 있다.

델파이 기법의 구체적 절차는, 첫째 의견을 수렴하려 하는 분야의 전문가 집단을 선정하고, 선정된 각 성원은 특별히 구조화된 질문지에 대한 응답을 하도록 한다. 둘째, 질문지에 관한 각 개인의 응답결과를 알려준다. 그리고 델파이 참가전문가들에게 반응분석에 의해 제공되는 정보에 기초를 두어 그들의 반응을 재평가하도록 요구된다. 셋째, 전체주기가 반복된다. 만일 어떤 전문가가 중간 4분점 간 범위에 속하지 않으면, 그들의 의견을 정당화하거나 위원회의 다른 구성원에게 그들의 극단적 반응을 정당화하는, 그들이 가진 정보를 제공하도록 요구할 수 있다. 또한 반응자들에게 당초 추정을 수정하는 이유를 제시하라고 요구할 수 있다. 이외에도 집단의 다른 성원이 제시하는 이유를 비판하고 어느 논지가 유력하며, 그 이유가 무엇인지를 서면으로 요약하고, 다음 단계의 질문지에서 각 개인이 결정하는 골격 또는 틀에 포함시키게 된다. 최근에는 질문지를 통하지 않고 컴퓨터를 이용하여 한 자리에 모여 어떠한 문제에 대한 전문가의 의견일치를 해나가는 실제시간 델파이 방법도 활용되고 있다.

7. 교육기획의 의의

교육기획은 교육발전을 촉진하고 교육목표를 효율적으로 달성하게 하는 데 대단히 중요한 역할을 담당한다. 기획이 지니고 있는 일반적인 효용성을 교육기획에 적용하여 교육기획의 의의를 살펴보면 다음과 같은 것이 있다.

첫째, 교육계획은 교육정책 수행과 교육행정의 안정화에 기여한다. 장기적 전망하에 수립된 교육계획은 교육정책의 일관성을 유지할 수 있고, 미래교육에 대한 뚜렷한 목표와 방향성을 가지고 교육행정을 할 수 있다는 것이다.

둘째, 교육행정 혹은 교육경영의 효율성과 타당성을 제고할 수 있다. 설정된 교육목표를 가장 효율적으로 달성할 수 있는 최적의 교육적 대안을 선택하는 과정을 통하여 경제적인 효율성을 높일 수 있고, 교육목표와 그를 달성하기 위한 수단을 합리적으로 연결함으로써 교육행정활동의 합목적성과 타당성을 제고할 수 있다.

셋째, 한정된 재원을 합리적으로 배분할 수 있도록 해준다. 교육투자, 지출의 우선순위를 합리적으로 설정하고, 그 효과를 극대화하도록 배분함으로써 투자의 효율성을 제고할 수 있다.

넷째, 교육개혁과 교육적 변화를 촉진하는 역할을 수행한다. 상황과 여건의 변화를 미리 예견하여 그에 기민하게 대처하고, 소망스러운 개혁과 변화를 계획 · 추진함으로써 교육발전을 촉진할 수 있다.

다섯째, 합리적인 통제를 가능하게 한다. 교육계획의 실천 후에는 반드시 평가 내지는 심사분석이 수반된다. 그 결과를 토대로 목표를 수정할 수도 있고 진도를 조절할 수도 있다. 이러한 통제활동이 계획이 시행된 후뿐만 아니라 시행과정에서 계속적으로 행해져서 필요한 시정조치가 적시에 이루어지도록 함으로써 긍정적인 의미의 통제가 가능해지는 것이다.

8. 교육기획의 한계점

미래교육에 대한 예측을 핵심으로 하는 교육기획은 사실상 쉬운 교육행정업무가 아니다. 사람이란 불완전한 존재이며, 교육을 둘러싼 주변상황은 가변적인 경우가 많기 때문이다. 또한 교육조직은 경직성을 띠고 있는 경우가 대부분이고, 때로는 의사소통도 원활히 되지 않는 등 교육기획에는 많은 저해요인과 한계점들이 있다.

첫째, 미래예측이 어렵다는 것이다. 교육계획은 미래에 관한 정확한 예측을 기초로 하는데, 인간의 예측능력은 불완전하기 때문에 그 효용에도 한계가 있다.

둘째, 정보와 자료가 부족하다. 교육계획 수립을 위해서는 다양한 정보와 자료가 필요하다. 그러나 정확하고 적절한 정보와 자료의 취득에는 한계가 있기 때문에 합리적인 교육계획을 작성하는 데 늘 어려움이 상존하고 있다.

셋째, 전제설정의 불확실성이다. 각종 예측과 추정을 위해 여러 가지 상황을 전제한다. 하지만 급변하는 현대에 있어서는 이러한 전제설정이 매우 어려운 일이고, 비록 설정하였다 하더라도 그 변화를 예상하기 어렵기 때문에 정확한 미래예측을 통한 교육기획에는 많은 한계가 있다.

넷째, 시간과 비용 및 노력에 제약이 따른다. 이러한 것들도 항상 한정되어 있기 때문에 교육계획의 효율적인 수립과 추진이 저해를 받는다.

다섯째, 정치적 · 사회적 압력을 받게 된다. 교육계획은 중립성의 원리에 따라 합리적으로 이루어지는 것이 바람직하다. 그러나 교육전문가에 의해 합리적으로 수립된 교육계획의 경우도 정치적 · 사회적 압력에 의해 변경되거나 실현되지 못하는 경우가 종종 발생한다. 모든 사람에게 이익이 되고, 만족감을 충족해 줄 수 있는 변화와 개혁은 있을 수 없기 때문에 교육기획은 대단히 어려운 것이다.

여섯째, 계량화의 곤란성이다. 교육계획의 목표는 대체로 추상적인 경우가 많다. 그렇기 때문에 이를 명확하게 계량화하기가 어렵고, 목표를 설정하는 것 자체가 어렵다.

일곱째, 교육운영의 경직성으로 인한 개인의 창의성이 위축된다. 교육은 자율적인 활동에 의존하므로 지나치게 세부적인 교육계획은 그러한 자율성의 침해를 가져오고 창의성을 위축시킬 수 있다. 특히 교육계획은 교육발전을 최우선 목표로 하고 있기 때문에 자율성 침해나 창의력 위축은 심각한 저해요인이 되는 문제다.

이 외에도 목표설정의 갈등, 행·재정상의 여러 가지 문제, 기술상의 문제 등도 제약요인으로 지적할 수 있다.

교육기획의 기능이 잘 수행되느냐 그렇지 않느냐에 따라 우리 교육의 미래가 좌우될 수 있다는 점을 고려한다면, 앞으로 우리나라의 교육기획 기능은 많이 개선되어야 할 것이다.

제2절 교육정책론

1. 교육정책의 개념

정책이라는 용어는 그 용어를 사용하는 사람이나, 그 말이 사용되는 상황, 그리고 목적 및 관점 등에 따라 다양하게 정의된다.

이러한 다양한 정의들을 정리해 보면, 정책은 행위주체가 정부와 공공기관으로 한정되고, 정책은 목표 지향적 또는 목표를 추구하며, 정책은 무엇인가를 해결하기 위한 노력이며, 정책은 일련의 정치적 또는 사회적 절차와 과정을 거치는 것으로 종합할 수 있다. 따라서 정책이란 국가나 자치단체가 사회적 문제를 해결하기 위해 정치적인 과정을 거쳐 목표를 세우고, 그 목표를 달성하도록 수단과 방법을 동원하도록 하는 행동노선 또는 행동지침이라고 할 수 있다. 정책을 다섯 가지 관점으로 구분해 볼 수 있다(윤정일 외, 2004). 첫째, 정책은 목적지향적 활동이다. 어떤 결과를 산출하기 위한 활동이 아닌 무의도적인 활동이나 우연적 결과는 정책과는 무관하다. 둘째, 정부에 의해 이루어지는 체계적인 활동이다. 정책은 개인의 계획이나 방침이 아니라 법률이나 공적 활동 등에 의해 이루어지고, 조직적 활동을 통해 체계적으로 집행되는 결정이기 때문이다. 셋째, 실천적인 활동이다. 일에 대한 계획만으로는 정책이라고 할 수 없으며, 적어도 의도된 목적 달성을 위한 실제적인 행동과정을 포함하고 이를 추진해야 할 것이다. 넷째, 공공성을 우선시해야 한다. 정책은 그 결과로 영향을 받게 되는 국민들의 이익에 우선적으로 합치해야 한다. 다섯째, 권위를 바탕으로 한다. 정책은 공익에 기초한 국민의 동의를 바탕으로 국가가 정치권력을 동원하여 강제력을 갖는 결정이다.

따라서 교육정책이란 사회의 교육문제를 해결하기 위해서 공공기관이 정치체제 내에서 일정한 절차를 거쳐 교육목표를 세우고, 그 목표를 달성하도록 수단 · 방법을 동원하도록 하는 행동노선이나 지침이라고 할 수 있다.

교육정책에 대한 정의에는 다음과 같은 구체적인 교육상황과 내용들을 함축해야 할 것이다(송미섭, 1993).

첫째, 정치적 과정을 통해 결정되는 국가의 통치작용이다. 교육정책은 정책의 산출을 목적으로 이미 수립된 절차를 통해 적절한 정치적 권력에 의해 결정되는 행위이다.

둘째, 교육제도와 그 운영의 요강에 관한 기본 지침이다. 교육정책은 그를 통하여 수립되거나 개편 및 운용되는 교육제도의 지침이 된다.

셋째, 교육문제 해결을 위한 대안의 선택이다. 교육정책이 교육문제의 해결을 위한 대안들 중 특정한 기준에 의하여 하나의 대안을 합리적으로 선택하는 과정이다.

넷째, 교육이념의 구현이다. 교육정책은 교육이념의 구현과정에서 수단적 역할을 함으로써 교육이념의 구현을 지원한다.

다섯째, 교육행정에 대한 기본 지침이다. 교육정책은 이를 기본 지침으로 삼아, 그 구체적 목표를 실현시키는 과정인 교육행정활동의 기초가 된다.

2. 교육정책 형성의 관점

교육정책은 교육에 관한 의사결정이기 때문에 교육정책의 정확한 이해는 의사결정행위에 대한 우선적인 논의를 필요로 하는 것이다. 교육정책은 교육의 방향을 모색하고 결정하는 중심적인 활동이고, 그것은 결국 인간행위로서의 의사결정에서 시작되고 마무리된다는 점에서 의사결정은 교육정책의 논의에 있어 핵심적인 위치를 차지하고 있다고 볼 수 있다. 의사결정에서 반드시 뒤따르는 핵심사항은 합리적 관점, 참여적 관점, 정치적 관점, 우연적 관점의 선택에 관한 내용이다. 이들이 교육정책 형성의 중심이론모형을 이루고 있다고 할 수 있다(윤정일 외, 2004).

1) 합리적 관점

합리적 관점은 합리성에 대한 절대적인 믿음에 근거하고 있다. 산업혁명과 과학적 관리시대를 거치면서 과학과 합리성에 대한 믿음이 강화되었고, 이에 따라 모든 선택과 의사결정에는 가장 최적의 방식이 항상 존재한다는 생각에서 형성되었다고 설명할 수 있다.

이러한 관점에서 의사결정이란 목표달성을 위한 수많은 대안 중에 최적의 대안을 선택하는 입장이다. 과학적이고 합리적인 의사결정의 절차, 즉 목표의 세분화, 대안의 확인, 대안의 선택에 따른 결과의 평가, 목표를 극대화하는 대안의 선택 등과 같은 일련의 체계화된 단계를 거치면 최적의 대안이 선택될 수 있다는 것이다.

2) 참여적 관점

참여적 관점은 공동의 목표가 있고 이를 달성하기 위해 최선의 선택을 하며, 체제 내의 작용에 의해 의사결정이 이루어지고, 당위적인 결과를 기대할 수 있다는 가정을 취하고 있다. 그러나 이러한 관점은 의사결정을 합리적인 이성적 판단보다는 관련 당사자 간의 논의를 통한 합의의 결과로 보고 있다는 점에서 합리적 관점과는 차이가 있다고 할 수 있다.

이러한 참여적 관점은 관료제 조직보다 전문직 조직에 적합하다고 할 수 있다. 왜냐하면 공동의 가치에 대한 의식, 전문가의 식견에 대한 신뢰, 관련자들의 합리성에 대한 신뢰 등이 전제되면서 조직상황에 적합한 의사결정방식을 취하기 때문이다. 따라서 소규모 조직이나 대규모 조직 내의 산하 전문가 집단 등의 결정행위를 분석하는 데 적합한 의사결정모형이라고 볼 수 있다.

3) 정치적 관점

정치적 관점은 어떠한 조직도 자체의 결정만으로 운용되는 것이 아니라, 다른 여러 요인과 세력들에 의해 그 의사가 결정되고 그것에 의해 운용된다는 현실적인 이유에서 제기되었다. 이러한 정치적 관점에서 조직에 대한 영향력을 행사하려는 이익집단들의 존재를 전제하면서, 의사결정이란 이러한 이해집단들 간의 타협의 결과라는 입장을 취하고 있다.

이러한 관점은 조직이 달성하고자 하는 목표가 특정하게 존재하는 것이 아니라 이익집단의 이질적인 목표들이 경쟁하고 타협하여 특정한 목표를 지향하게 되며, 폐쇄체제가 아닌 개방체제를 전제로 한다는 점에서 합리적 관점이나 참여적 관점과는 차이를 보이고 있다. 그러나 달성하고자 하는 의도적인 목표가 있다는 점에서는 위의 관점들과 유사하다고 볼 수 있다. 어느 조직에서나 갈등은 항상 존재하기 때문에 협상과 타협을 기본 원칙으로 하여 조직의 문제를 해결하려는 의사결정모형이라고 할 수 있다.

4) 우연적 관점

우연적 관점은 결정행위가 어떤 합리적인 사고나 합의 혹은 타협의 산물이라기보다는 우연적으로 결정된다는 입장을 취한다. 의사결정이란 목표달성을 위한 체계적인 과정에 의해서 이루어지는 것이 아니라 필연적인 결과와는 무관한 수많은 요소가 우연히 동시에 한 곳에서 모여질 때 이루어진다는 것이다.

이러한 관점은 의사결정이 목표의 달성을 지향한다는 기존의 합리적 가정을 무시한다는 점에서 차이가 있다. 위의 세 가지 관점과는 마찬가지로 목표, 조직구조, 합리적 절차, 관련 당사자 등의 의사결정요소들이 사용되기는 하지만, 이의 관점은 의사결정이 목표를 달성하기 위한 과정이라는 가정을 부정하고 여러 가지 요인이 복잡하게 조합된 결과로 나타난 우연적인 현상이라는 점에서 차이가 있다.

3. 교육정책의 형성과정

교육정책의 형성은 일반적으로 교육문제가 제기되어 그것이 본격적인 사회적 쟁점으로 이슈가 되고, 공공의 토론과 논쟁을 거쳐 결국 법제화되는 과정을 거치는 것을 말한다. 김종철(1994)은 교육정책 형성과정을 교육문제의 제기, 정부귀속과 정책의제화, 교육정책의 목표설정, 정책대안의 탐색과 선택, 정책대안의 심의 · 결정과 합법화의 5단계로 제안하고 있다(윤정일 외, 2004). 이에 대한 내용은 다음과 같다.

1) 교육문제의 제기

일반적으로 문제란 욕구의 충족을 가로막는 장애물을 의미하며, 그와 같은 장애물의 제거를 통한 욕구의 충족, 갈등 및 긴장의 해소 등을 필요로 하는 불만족스러운 상태나 조건을 의미한다. 따라서 교육문제는 교육과 관련하여 개인이나 집단에 있어 불만족과 갈등 혹은 긴장이 존재하는 상태나 조건을 의미한다.

첫째, 교육에 관한 사회적 논쟁점 그 자체이다. 교육문제는 교육의 목표, 수단, 방법 등은 물론 교육활동의 여러 영역에 걸쳐 사회적 합의의 결여와 쟁점이 존재하고 있음을 나타낼 때 사용되는 용어이다.

둘째, 교육활동에 관련하여 부딪히는 장애물 혹은 극복해야 할 곤란이다. 교육의 목적, 수단, 방법 등에 대하여 어떠한 사회적 합의가 전제되더라도 그 목표를 달성하는 데 있어 제약과 곤란이 제기된다면 그것은 새로운 문제가 발생하게 된다.

셋째, 교육에서 성취해야 할 미결의 과제이다. 교육의 질 향상을 위해 새로운 교원평가제를 도입하겠다거나, 교육예산을 GDP의 7%까지 향상시키겠다는 계획 등이 미해결 교육문제이다.

넷째, 단순히 교육에 관해서 연구와 검토의 대상이 되는 의문점을 들 수 있다. 선진국에서는 교육을 어떻게 실시하고 있는가와 같은 문제는 그것이 탐구의 대상이 되는 한 바로 교육문제가 될 수 있다. 이러한 교육문제들 중 중요성이나 심각성이 중요한 정책결정자에 의해 인식되거나 사회적으로 인정될 때 교육정책의 문제로 제기된다.

2) 정부귀속과 교육정책 의제화

교육문제는 1차적으로 특정한 개인이 그 문제의 중요성 혹은 심각성을 인식함으로써 제기된다. 그 후에 개인에 의해 제기된 문제의식이 사회의 불특정 다수에 의해 인식되고, 그 문제의 심각성이 지속되어 사회적으로 중대하고 심각한 것이라는 평가를 얻게 되면, 그것은 곧바로 사회문제화 된다. 사회문제화된 교육문제가 다시 교육정책 문제로 부각될 때, 그것은 교육문제의 정부귀속과 정책의제화(agenda)가 된다.

첫째, 정치체제에 의해 그 중요성이나 심각성이 인식될 수 있는 교육문제가 정책의 문제가 된다. 심각성의 정도가 크고, 그에 대한 공감의 폭이 넓으며, 문제해결이나 개혁의 방향이 사회규범과 대의명분에 부합될수록 정책문제가 될 가능성이 높다.

둘째, 당면한 사회문제를 해결할 주체가 없거나 있더라도 관련자 간의 해결이 어려울 경우 그 문제가 정책의 문제로 된다.

셋째, 문제해결을 위해 소요되는 재원의 규모가 방대할 때 그 문제는 정책의 문제가 된다.

넷째, 민간투자 유인력이 저조함으로써 정부지원이 요청될 때 그 교육문제는 교육정책의 대상이 된다.

다섯째, 당면한 교육문제를 방치하는 경우 그것이 정치적으로 중대한 의미를 가질 때 그 문제는 정책의 문제가 된다. 이러한 요인들이 복합적으로 작용하게 되면서 교육문제의 정부귀속과 정책의제화를 형성하게 되는 것이다.

3) 교육정책의 목표설정

교육문제가 정부에 귀속되고 공식적인 정책의제로 결정되면, 문제해결을 위한 대안의 검토에 앞서서 우선적으로 교육정책의 목표를 설정하게 되는 것이다. 목표란 달성하고자 하는 바람직한 상태를 의미하는데, 대체로 심리적 욕구의 충족과 사회적 당위성을 가진 목표를 포함한다.

첫째, 목표는 미래를 지향한다. 모든 교육정책은 현재보다는 바람직하다고 생각되는 개선된 상태를 목표로 지향한다.

둘째, 대의명분을 지향한다. 모든 교육정책은 사회적으로 타당한 명분과 그를 정당화할 수 있는 논리적 근거를 제시하고 있다.

셋째, 공공의 이익을 우선시한다. 모든 교육정책은 국민 대중에게 공공적 이익이나 선을 보장하려 한다.

넷째, 공식적으로 표방한 목표와 실제의 목표는 다를 수 있으며, 목표가 위장되거나 목표의 일부가 숨겨진 채 제시되는 경우도 있다.

다섯째, 정책목표는 최종목표, 중간목표, 당면목표 등으로 구분되어 있다.

여섯째, 교육정책의 목표는 정책의 집행과정에서나 집행 후 평가의 중요한 준거가 되며, 정책수행의 효과성 측정을 위한 기준이 된다.

일곱째, 교육정책의 목표는 형성과정에서나 집행과정에서 환경의 변화, 자원의 제약, 기타 여러 가변적인 요인 등으로 인하여 변동될 수 있다.

4) 대안의 탐색과 선택

교육문제가 공식적으로 정책의제화되어 정책목표가 설정되면 정책대안 탐색에 들어가게 된다. 정책대안은 미래에 대한 예측과 계획을 담고 있는 가능한 행동의 경로이며, 정책수행을 위한 구체적 방안을 의미하는데, 대안의 탐색과 선택과정은 다음과 같다.

첫째, 본격적인 대안의 탐색에 우선하여 교육문제의 실태와 문제점, 미래의 환경 변화 등에 대한 충분한 정보를 확보해야 한다.

둘째, 가능한 모든 대안을 충분히 검토해야 한다.

셋째, 모든 대안의 기술적·정치적 가능성을 검토해야 한다. 기술적 가능성은 재정적 가능성을 포함하며, 교육현장에서의 기술과 능력, 교육행정 당국의 지원능력 등 실질적인 면에서의 실현가능성을 의미한다.

넷째, 대안의 작성과정에는 정부관료, 자문기구와 연구기관, 언론매체, 정책결정자 등 여러 요소가 참여하여 직·간접적인 영향을 미치게 된다.

다섯째, 대안을 본격적으로 적용하기에 앞서 시범적으로 시행해 볼 수 있다. 모의시험뿐 아니라 실제로 대상과 범위를 한정하여 특정한 기간 동안 시범적으로 시행해 보고, 그 시행평가의 결과에 따라 전면적으로 실시하거나 수정, 보류, 기각할 수 있다.

5) 심의 · 결정과 합법화

대안이 선택되면, 이를 심의 · 평가하고 정부의 교육정책으로 결정하여 합법화하는 과정을 거치게 된다. 교육정책의 종류에 따라서는 행정부 내에서의 정책결정기구 속에서 절차를 밟아 심의 · 결정되는 것도 있으며, 국회에서의 심의와 결정이 필요한 것도 있다. 어떤 교육정책은 교육부 내부에서 실무자의 검토와 실 · 국장회의의 협의 · 결정, 그리고 소관 자문위원회의 심의 등을 통해 결정되며, 어떤 교육정책은 국무회의의 심의를 거쳐 결정된다. 어떤 중요한 교육정책은 그러한 절차를 거치는 과정에서, 혹은 그 후 정책안의 수정과정에서, 당정실무기획위원회, 당정조정협의회, 청와대회의 등에서의 정책조정을 통해 결정된다. 중요한 교육정책은 그러한 절차를 모두 거치고 국회에 제출되어 교육위원회와 법사위원회 등 관련 위원회의 심의와 전체 회의의 의결을 거쳐 결정되기도 한다. 이러한 과정과 절차를 거쳐 교육정책이 결정되고, 교육부장관이나 대통령의 이름으로 공포되거나 국회에서의 심의 · 의결을 통해 관련 법률안이 정부의 이름으로 공포되면 교육정책의 합법성을 지니게 되는 것이다.

4. 교육정책 형성에 영향을 미치는 요인들

우리나라의 경우는 현실적으로 교육정책의 형성과정에는 대통령을 비롯하여 행정부처, 국회, 정당, 이익집단, 매스컴과 여론, 전문가 및 연구기관, 교원단체, 시민단체, 학부모, 학생, 그리고 기타 환경 등 수많은 요인이 직 · 간접적으로 영향을 미치고 있다. 이러한 교육정책 형성과정에 영향을 미치는 요인들을 살펴보면 다음과 같이 분류할 수 있다.

1) 교육부 관계자

교육정책을 기안하고 심의 · 의결하여 수립하는 교육부의 공무원들이 교육정책 형성에 있어서 가장 중요한 참여자들이다. 이들은 교육행정에 있어 전문가들이기 때문에 국가의 교육활동을 운영하면서 발생되는 교육의 문제와 쟁점들을 잘 파악하고 있으며, 과거 및 현재의 자료와 정보를 가장 많이 가지고 있는 사람들이라고 할 수 있다. 또한 정책을 발안하고 발안된 정책을 검토하며, 결정된 정책을 시행하는 역할을 맡고 있기 때문에 교육정책 형성과정에 있어 가장 핵심적인 참여자라고 할 수 있다.

2) 연구기관과 학자

교육정책은 그 대상과 범위가 광범위하고, 복잡한 과정을 거쳐 형성되며, 민주적 참여와 공공의 이익을 도모한다는 특징을 가지고 있기 때문에 그 형성과정에서 전문적 지식과 통찰을 가진 전문가와 지식인 집단을 요구하는 것이다. 교육행정가 중심의 교육부 관계자들은 비록 현실적인 문제에 대해서는 전문가이겠지만, 현실적 정보를 정확하게 해석하고 합리적으로 판단하여 미래를 조망하는 안목에 있어 미흡한 점이 없지 않다. 따라서 연구기관과 학자들이 교육정책 형성과정에 있어 중요한 역할을 하게 되는 것이다.

3) 국회와 정당

교육정책은 국회에서의 심의와 의결이 필요하기 때문에 국회와 정당은 교육정책 형성의 중요한 참여자이다. 우리나라의 경우 많은 교육정책은 집권여당의 공약을 실현하는 형태를 띠기 때문에 집권여당은 행정부와 협력하여 교육정책을 산출하는 역할을 맡게 되며, 국회에서의 심의와 결의를 통해 정당화의 기반을 제공하게 된다.

4) 교원단체 등의 이익집단

교육정책의 대상이 대단히 포괄적이고 다양하기 때문에 압력단체의 역할을 수행하는 이익집단이 다양하게 존재한다. 대표적인 이익단체들로는 한국교원단체총연합회, 전국교직원노동조합, 한국교원노동조합과 같은 교원단체, 사학법인연합회 및 초·중등학교장협의회와 같은 육영단체, 학원연합회와 같은 이익단체, 행정부나 입법부의 교육정책을 심의 또는 개발하는 과정에서 다양한 방법으로 영향력을 행사하려 하고 있다. 이러한 다양한 이익집단의 참여는 부정적인 측면도 있지만 교육정책의 실현가능성을 확대하고 보다 좋은 정책대안을 수립할 수 있게 하는 긍정적인 요인으로 작용하기도 하다.

5) 매스컴과 여론

매스컴은 정보전달과 비판기능을 통하여 정책결정과정에 영향을 미친다. 매스컴은 정책당국과 국민 간 의사소통의 통로로서의 역할을 수행한다. 정책당국의 정보를 국민에게 전달하며, 국민의 의견을 여론이라는 형식을 통해 정책당국에 전달한다. 따라서 매스컴은 이러한 정부와 국민의 매개 역할을 통해 교육정책 형성에 강력한 영향을 미치고, 그 수정과 정교화에 참여하는 것이다. 매스컴은 비판기능을 통하여 정책결정과정에 영향을 미치기도 한다.

6) 국민과 학부모

어떤 교육문제가 하나의 교육정책으로 형성되는 것은 국민들이 새로운 요구를 계속하고, 그 요구가 국회나 다른 기구를 통하여 정책결정자에게 전달됨에 의해서이다. 사실 어떤 교육문제가 정책의제로 결정되는 것은 일반적으로 그 문제에 의해 불편하고 불만스러운 상태를 지속적으로 받아온 사람이나 집단이 보여준 노력의 산물일 경우가 많다. 이러한 관점에서 보면, 교육정책의 형성에 있어 1차적인 참여자는 분명히 국민과 학부모라 할 수 있다. 학부모들의 의견을 교육정책 형성과정에 반영하기 위한 노력의 일환으로 나타난 대표적인 단체는 참교육을 위한 학부모회의와 인간교육실현 학부모연대 등을 들 수 있다.

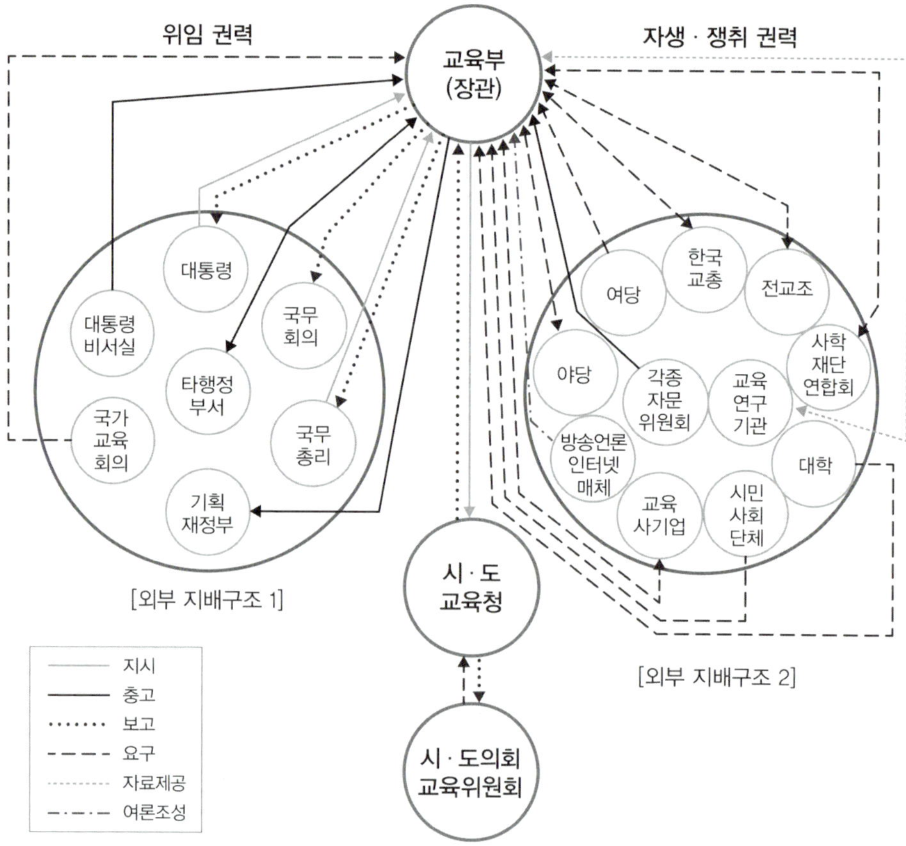

그림 7-1 교육정책 형성에 영향을 미치는 요인들

출처: 최희선(1990). 교육정책 결정과정에 관한 개념모형. 한국교육행정학의 탐구. 서울:교육과학사. 재구성

5. 교육자치제의 의의

우리나라 「헌법」 제31조 제4항은 '교육의 자주성 · 전문성 · 정치적 중립성 및 대학의 자율성은 법률이 정하는 바에 의해서 보장된다'고 규정하고 있으며, 또한 「교육기본법」 제5조 제1항에서도 '국가와 지방자치단체는 교육의 자주성 · 전문성을 보장하여야 하며, 지역 실정에 맞는 교육을 실시하기 위한 시책을 수립 · 실시하여야 한다'라고 규정되어 있다. 교육자치의 개념은 교육행정의 독자성과 민주성을 보장하기 위하여 일반행정으로부터 독립과 각 지방의 실정에 맞는 교육행정을 보장하기 위하여 주민자치를 통한 중앙으로부터의 자치 등 두 가지 요소가 내포되어 있다.

실제로 우리나라에서도 교육자치의 개념에 대하여 학자들은 주로 두 가지 입장으로 나누어 설명하고 있다.

첫째, 교육자치의 개념을 지방교육행정에 국한시키는 입장이다. 이러한 입장에 있는 학자들은 주민자치에 의한 지방교육자치제에만 교육자치의 개념을 관련시켜 규정한다(남정걸, 1992; 서정화, 1988; 신중식, 1985; 윤관중, 1989; 조병효, 1988). 예를 들면, 서정화는 교육자치제를 '교육의 전문성과 특수성, 그리고 자주성을 확립하고 주민통치의 이념을 구현시키는 지방분권적 통제를 보장하는 기구와 그 운영체제'라고 정의하고 있다. 또는 교육행정의 자주성을 확보하기 위한 일반행정으로부터의 분리 · 독립을 인정하면서도 대체로 교육자치의 핵심을 지방교육자치에 두는 입장도 있다(김영식 · 최희선, 1988; 김종철, 1989).

둘째, 교육자치의 개념을 중앙교육행정까지를 포함시키는 입장이다. 이 입장은 교육의 자주성과 특수성을 보장하려면, 교육행정체제를 중앙에서 지방에 이르기까지 일반행정으로부터 분리 · 독립시키는 데 그 초점을 두고 있다(김신복, 1985; 김태완, 1989; 이형행, 1985).

우리나라의 경우 교육자치의 개념을 정의할 때, 중앙에서 지방수준까지 일반행정으로부터 분리 · 독립을 유지하는 교육부문의 자치와 교육행정의 민주적 운영을 위해 중앙집권으로부터의 주민자치에 의한 교육행정사무의 지방분권이라는 두 가지 요소를 함께 고려해야 한다. 우리는 지방교육자치에만 주된 관심을 둘 것이 아니라 일반행정으로부터의 분리 · 독립된 자주적 교육자치도 같은 비중으로 고려해야 한다.

위와 같은 관점에서 볼 때, 교육자치제도는 '교육의 특수성으로 인하여 중앙에서 지방 및 단위학교의 수준에 이르기까지 교육행정을 일반행정으로부터 분리하여 공정한 민의에 따라 독자적으로 운영함으로써 교육의 자주성과 전문성 그리고 정치적 중립성을 보장하기 위한 기구와 제도'를 의미한다고 할 수 있다.

6. 교육자치제의 원리

교육자치제는 전술한 바와 같은 교육활동의 특수성 내지 전문성에 대한 인식을 전제로 하여 교육행정의 조직과 운영 면에서의 민주성, 자주성 등을 보장할 수 있는 제도라고 할 수 있다. 교육자치제도에 있어 기본이 되는 원리는 행정의 관점에서 다음 네 가지를 들 수 있다.

1) 전문적 관리의 원리

전문적 관리의 원리는 교육의 본질과 교육활동 및 교육조직의 특수성을 이해하고 교육행정에 대한 고도의 전문적 식견과 기능을 갖춘 인사들에 의해서 교육지원 활동이 효율적으로 관리되고 운영되도록 하기 위한 것이다. 여기서 전문성이란 교육업무의 특수성에 대한 고도의 지적·기술적 수월성을 함께 갖춘 상태를 말하며, 고도의 지식, 장기간의 직접교육과 계속적인 훈련, 엄격한 자격요건의 적용, 고도의 자율성과 사회적 책임성, 애타적 동기에서 비롯된 봉사성, 고도의 직업윤리, 전문적 단체 등 여러 가지 요건을 기준으로 하여 성립되는 것으로서 어떤 과업을 효율적으로 수행하는 데 있어 하나의 원동력이 되는 것이다.

2) 지방분권의 원리

의사결정권한이 행정조직상 상위계층이나 상급기관 또는 중앙정부에 집중되어 있는 것을 집권(centralization)이라고 하며, 분권(decentralization)은 의사결정권한이 행정조직의 하위계층이나 하위기관 또는 지방정부에 분산되어 있는 것을 말한다.

지방분권의 원리는 중앙집권의 원리와 대립되는 개념으로서 민주화의 요청에 따라 중앙정부에 의한 획일적인 통제와 지시를 지양하고, 지방의 실정과 특수성을 고려하여 독자적이고 창의적으로 교육정책을 수립하고 집행함으로써 지역 간에 교육의 특수성과 다양성을 유지하고 교육행정을 민주화하기 위한 것이다. 또한 그 교육정책의 집행과정에서는 지역적 특성을 감안하도록 하여 지역 간에 다양성을 최대한 허용하여 주고, 다양성을 토대로 하는 통일성을 지향할 뿐만 아니라 교육활동에 대해 지역주민의 자율과 자치정신을 배양해나가려는 것이다.

지방분권은 중앙의 권한을 지방에 이양함으로써 중앙의 전횡을 방지하고 지역의 실정에 맞는 행정이 가능하여, 주민통제의 민주주의적 이상을 실현할 수 있는 기초를 마련해 준다.

3) 주민통제의 원리

주민통제의 원리는 교육행정이 국가기관이나 관료에 의해서 집행되는 관치행정과는 달리 지역주민의 참여에 의하여 집행되어야 하며, 일정한 지역의 주민은 그들의 대표자를 통하여 교육정책을 심의 · 결정해야 한다는 원리이다. 일정 지역의 교육은 그 지역의 주민들이 직접 참여하거나, 또는 그들의 대표를 통하여 독자적으로 교육정책을 심의하고 결정함으로써 주민의 공정한 의사에 따라 자율적으로 실시하여, 민주국가에 있어서 대의정치의 이념과 맥락을 같이하고 주민참여에 의하여 일방적인 관료주의적 통제를 배제하려는 것이다.

교육에 대한 주민통제는 중앙정부의 일방적인 관료주의적 통제나 지시에 의한 것보다는 주민의 공정한 의사를 교육정책 결정과정에 훨씬 많이 반영할 수 있기 때문에 주민들의 정책에 대한 순응도가 높아 정책집행이 효과적일 뿐만 아니라 민주적인 방식이라고 할 수 있다. 따라서 교육정책을 심의하고 의결하며 집행하는 과정에 있어서 어떠한 형태로든지 다양한 배경을 가진 지역사회주민의 대표가 참여할 수 있도록 하는 제도적 장치를 마련하는 것이 요청된다. 학교현장에 주민통제의 원리가 적용되기 위해서는 지역사회의 주민이 학교의 의사결정에 적극적으로 참여하여야만 지방분권뿐만 아니라 지역주민의 통제가 동시에 이루어질 수 있다.

4) 일반행정으로부터의 분리 · 독립의 원리

교육사업의 특수성은 교육행정의 특수성을 수반하게 된다. 교육사업의 특수성을 이해하고, 그 자주성과 정치적 중립성을 보장하기 위하여 교육행정을 일반행정으로부터 분리 · 독립시켜야 한다는 것이다.

교육의 정치적 중립성이란 교육과 정치의 완전한 단절을 의미하는 것이 아니라 교육에 대한 어느 한 종파나 당파의 부당한 개입의 배제를 의미한다. 교육의 정치적 중립성의 유지는 정치적 측면에서 교육의 자주성 존중을 조건으로 한다. 교육행정이 일반행정으로부터 분리되지 못하고 부분적으로 예속되어 있을 때 교육행정의 특수성이나 독립성은 유지되기 어려우며 정치적인 압력에 의한 정치도구화의 결과를 초래할 가능성이 크다. 따라서 외부의 간섭이나 통제는 교육의 가치창조적 활동을 억제하기 쉬우며, 획일과 타율을 초래하게 되므로 교육행정은 외부의 간섭과 통제를 배제해야 한다.

연구와 토론을 위한 실전문제

1. 교육기획 접근방법 중 인력수요 접근법의 장점과 단점을 설명하시오.
2. 교육행정이란 교육정책에 근거한 교육목표 달성을 위해 교육과정을 마련하고, 교육조건을 갖추어 교육활동을 실천하여 그 성과를 점검하는 활동이다. 현대 교육행정의 특징으로는 민주화의 촉진, 행정력의 강화, 직무의 전문화, 합리화의 촉진, 중립화의 촉진을 들 수 있다. 이들의 특징과 관련되어 실시되고 있는 교육행정의 예를 들어보시오.
3. 교육기획의 접근방법 중에서 교육수요 접근법의 특성을 설명하시오.
4. 교육정책의 기본 원리를 기술하시오.
5. 교육정책모형 중 만족화모형을 설명하시오.
6. 교육정책모형 중 점증모형을 설명하시오.

Chapter 8

교육행정조직론

인간은 조직을 떠나서 살 수 없으며, 조직 없이는 아무것도 할 수 없을 정도로 오늘날 조직은 누구에게나 중요하다. 한편 날이 갈수록 현대사회에 있어서 조직은 그 규모도 방대해져가고 있거니와 그 기능 또한 더욱 복잡해져가고 있다. 조직의 종류도 다양해지고 있는 것이 현대사회의 특징이기도 하다. 이렇듯 조직은 그것이 학교조직이든 정부조직이든 간에 인간생활과 뗄 수 없는 관계에 놓여 있기 때문에 조직을 이해하지 않고는 행정을 논할 수 없다. 따라서 이 장에서는 조직의 개념과 원리, 조직의 분류와 형태, 학교조직의 이해, 우리나라의 중앙교육행정조직과 지방교육행정조직에 대해 살펴보고자 한다.

제1절 조직의 개념과 원리

1. 조직의 개념

1) 에치오니Amitai Etzioni

현대사회는 조직의 사회이다. 우리는 조직 속에서 태어나고, 조직에 의해서 교육되고, 그리고 우리들의 대부분은 평생의 대부분을 조직을 위하여 일하는 데 보내는 것이다. 우리는 여가의 대부분을 조직 속에서 소비하고, 놀고, 그리고 기도함으로써 보낸다. 우리들의 대부분은 조직 속에서 죽게 되며, 매장될 때에는 가장 큰 조직-국가-의 공적 허가를 얻어야 하는 것이다.[1]

현대사회는 참으로 조직의 사회라 할 정도로 인간은 조직에서 출생하고 성장하며, 조직을 위해 일하다 조직의 허가를 받아 사망신고로 끝난다.

1) Amitai Etzioni(1964). Modern Organizations. Englewood Cliffs: Prentice Hall.

2) 사이몬Herbert A. Simon

① 조직은 인간의 질과 습관을 형성하고 발전시키는 힘을 제공한다. 인간이 조직 속에서 얼마 동안 생활하거나 일하다 보면 자연히 특이한 습관을 형성하게 마련이며, 조직의 다양한 성격에 영향을 받게 됨으로써 다양한 삶의 질을 갖게 된다.

② 책임 있는 지위에 있는 사람들에게 조직은 타인들에게 권한과 영향력을 행사하는 방법들을 갖게 한다. 그것은 조직 속에서만 이 같은 권한과 영향력이 유효하기 때문일 것이다.

③ 조직에 대한 이해 없이는 행정가의 명령이나 그 같은 명령이 가져다주는 결과를 이해할 수 없다. 따라서 행정가의 행위와 그 같은 행위의 결과는 조직의 기능이다.[2]

3) 베버Weber

관료제(bureaucracy)에 관한 논의로 유명한 베버Max Weber는 조직의 구조나 체제에 역점을 두고, 조직을 계속적이고 의도적인 특정한 종류의 활동체제로 정의했다.[3] 베버Weber는 이 같은 조직이 갖는 다음과 같은 몇 가지 속성을 밝힘으로써 조직에 대한 그의 관점을 드러냈다.

조직에는 한계가 있으며 조직구성원의 상호작용은 조직에 의하여 유형지어진다. 조직 내에는 권한의 계층과 분업이 있다. 또 조직 내의 질서는 이를 관리할 기능을 맡은 특정한 구성원들에 의해서 유지된다. 조직 내의 상호작용은 연합적이며 공생적(communal)인 것만은 아니다. 조직은 특정한 종류의 목적지향적인 활동을 지속적으로 수행한다. 그리고 조직은 구성원의 생애를 초월하는 존재이다.[4]

2) Herbert A. Simon(1976). Administrative Behavior(3rd ed.). New York: Free Press, pp. 16-17.
3) Max Weber(1947). The Theory of Social and Economic Organizations, trans, by A. M. Henderson and Talcatt Parsons. New York: The Free Press, p. 151.
4) Ibid., pp. 139-153.

4) 바나드Barnard

베버Weber가 조직의 구성 및 체제에 역점을 두고 조직을 밝혔는가 하면, 바나드Chester I. Barnard는 조직의 구성원에 초점을 맞추어 개념짓고 있다. 바나드Barnard는 조직이란 일정한 목적을 실현하기 위하여 두 사람 이상의 협동자들이 일정한 방법으로 업무를 분담하고, 일정한 권위하에 권한의 이양과 커뮤니케이션에 의해 연락·조정 및 통제를 기초로 하여 형성된 활동체계로 정의했다.[5]

5) 가우스John M. Gaus

가우스John M. Gaus는 '조직이란 여러 가지 기능과 책임의 분배를 통하여 합의된 목적을 수행하기 위한 인원의 배정(arrangement of persons)'이라고 했다. 그것은 공동의 과업에 종사하고 있는 개인 또는 집단으로 하여금 최소한의 갈등과 최대한의 만족을 보장하면서 합의된 목적을 달성할 수 있도록 그들의 노력과 능력을 연결시키는 것(relating of efforts and capacities)이라고 보았다.[6]

6) 카츠Katz와 칸Kahn

카츠Daniel Katz와 칸Robert L. Kahn은 조직을 체제의 하나로 보고, 조직은 다른 집단들에 비해 다음과 같은 특이한 특징을 지니고 있는 것으로 조직을 정의했다.

① 조직은 생산구조와 생산지원 구조뿐만 아니라 유지구조를 가지고 있다. 생산구조는 조직의 생산활동을 하고, 유지에 관한 하위체제는 조직에 일정한 수준의 항상성(homeostasis)을 부여하는 기능을 한다.

② 조직은 공식적 또는 형식적 역할구조(role patterns)를 가지고 있다. 역할구조란 분업을 통해서 여러 역할들의 기능적 특정성을 규정해 놓은 배열이라 할 수 있다.

③ 조직에는 뚜렷한 권한의 구조가 있는데 이것은 통제 및 관리의 기능을 행사하는 패턴을 반영한다.

---

5) Chester I. Barnard(1960). The Function of the Executive. Cambridge, Mass: Harvard Univ. Press, p. 73.
6) 박문옥(1971). 행정학. 서울: 박영사, p. 81 재인용.

④ 관리구조의 일부로서 잘 발달된 규제장치와 적응구조가 있다. 조직은 이것을 통해서 스스로의 활동과 환경의 변화에 대한 평가의 반송(feedback)에 반응을 보일 수 있는 것이다.[7)]

이렇듯 카츠Katz와 칸Kahn은 체제이론(system theory)의 테두리 안에서 조직을 정의했고, 보통의 체제이론이 그렇듯이 조직을 개방체제로 규정하고 환경과의 상호작용을 강조한 것을 알 수 있다.

이상의 학자들이 내린 조직에 대한 정의들은 표현은 서로 다르나 몇 가지 공통적인 특성을 드러내고 있다. 이 같은 공통적인 조직의 특성은 조직은 ① 특정한 목적을 갖고 있고, ② 조직은 조직을 구성하는 개인과 관계있는 실체이며, ③ 조직은 조직을 구성하는 인원들의 결합 또는 배치이고, ④ 목적을 달성키 위한 수단을 지니며, 또 기능과 책임의 분담이 있다는 것이다.

2. 조직의 원리

조직에 있어서 그 능률(efficiency)을 향상시키는 데 도움이 되고, 조직의 경영에 당연히 적용되어야 할 몇 가지 기준 또는 원리들을 조직의 원리라 한다. 이 같은 원리들은 과학에 있어서 원리나 법칙과는 반드시 같은 효력이 있다고 볼 수 없겠지만, 그동안 여러 학자들이 능률을 향상시킬 수 있는 조직의 원리들로 알아낸 것들을 여기서 소개하기로 한다.

1) 페이욜Henri Fayol

페이욜Fayol은 열네 가지의 조직을 관리하는 원리, 즉 '관리원리(principle of management)'라 부르는 다음과 같은 내용을 제시하였다. ① 분업의 원리, ② 권한의 원리, ③ 규율의 원리, ④ 명령일원화의 원리, ⑤ 지시일원화의 원리, ⑥ 일반적 이

7) Daniel Katz, & Robert L. Kahn(1978). The Social Psychology of Organizations(2nd ed.). New York: John Wiley, pp. 18-23; 이형행, op. cit., pp. 173-174 재인용.

익에 대한 개인적 이익의 존속, ⑦ 보상의 원리, ⑧ 집권화(centralization)의 원리, ⑨ 책임계열의 원리, ⑩ 질서의 원리, ⑪ 공정성의 원리, ⑫ 임기안정성의 원리, ⑬ 자발성의 원리, 그리고 ⑭ 단체정신의 원리가 해당된다.

이상의 열네 가지 관리원리들은 행정학 발달을 다루는 장에서 설명했듯이 실험이나 경험적 연구에 기초해서 알아낸 원리들이 아니며, 다만 자신의 경험에서 터득했던 조직의 능률향상을 위한 원리들이었다.

2) 김종철

김종철은 위에서 제시된 페이욜Fayol의 열네 가지의 원리 등을 집약하여 다음과 같이 네 가지의 원리를 내놓았다. 즉, ① 조정의 원리, ② 계층의 원리, ③ 기능적 분업의 원리, 그리고 ④ 적도집권의 원리가 그것이다.[8]

3) 박문옥

박문옥은 ① 계층의 원리, ② 조정의 원리, ③ 권한과 책임의 원리, ④ 통제범위의 원리, 그리고 ⑤ 명령일원화의 원리를 들었다.[9]

저자에 따라 조직의 원리 속에 포함시키는 항목이 다양하고 서로 다르기는 하지만 가장 공통된 원리들로 보여지는 것들은 ① 계층의 원리, ② 명령일원화의 원리, ③ 조정의 원리, ④ 적도집권의 원리, 그리고 ⑤ 분업의 원리이다. 이제부터 이 같은 다섯 가지 조직의 원리들을 자세히 설명하기로 한다.

(1) 계층의 원리(principle of hierarchy)

어느 조직에든지 그 조직의 목적을 달성시키기 위하여 다양한 업무가 수행되어야 하는 것은 당연하다. 이러한 다양한 업무수행에는 권한과 책임이 따르게 마련이며, 권한과 책임은 직위의 서열에 따라 다를 수밖에 없다. 그리하여 어느 조직에나 직위의 수직적 서열 또는 등급이 있게 된다. 이것을 계층의 원리라 부른다.

8) 김종철(1982). 교육행정의 이론과 실례. 경기: 교육과학사, pp. 76-77.
9) 박문옥(1972). 행정학. 서울: 전영사, pp. 128-138.

조직의 구조는 흔히 최고경영자를 정점으로 하부 간에는 피라미드식의 지위구조가 형성된다. 계층의 원리가 현저하게 나타나는 조직은 군대 같은 조직으로 분대, 소대, 중대, 대대, 연대, 사단, 그리고 군단 등의 체계의 계층이 형성되어 있다. 또 로마 가톨릭 교회는 신부주교(bishop), 대주교(archbishop), 추기경(cardinal) 및 교황(pope)의 계층체계를 이룩하고 있다.

조직이 엄격하게 계층적으로 운영될 때 작업동기(work motivation)에 좋지 않은 영향을 미칠 수 있다는 것이 흔히 문제로 지적된다. 단순히 위로부터 명령과 지휘가 일관될 때 시키는 대로만 하면 된다는 식으로 작업에 열의를 갖게 할 수 없을 것은 당연하다. 뿐만 아니라 이 같은 엄격한 계층은 조직구성들이 소속감(sense of belonging)을 좀처럼 갖도록 해주지 못하며, 강력한 통제 없이는 조직의 목적달성이 어렵게 된다. 인간관계론에서 살펴본 대로 이 같은 상황에서는 각 구성원들이 갖고 있는 인격적인 욕구가 잘 충족될 수 없음으로써 결과적으로 조직의 목표가 달성되기 어렵다는 것도 문제이다.

(2) 명령일원화의 원리(principle of unity of command)

이 원리는 하부직원이 오직 한 사람의 상부직원으로부터 명령이나 지시를 받고 한 사람의 상부직원에게 또 보고하도록 하는 것을 말한다. 그러므로 한 단위조직에는 오직 1인의 장만이 있어야 하며, 그에게만 그 단위조직을 운영할 최종권한을 부여하는 원리이다.

명령일원화의 원리에 의하면, 한 사람이 누구로부터 명령과 지휘를 받고 누구에게 보고해야 할 것이며, 한편으로는 그도 또한 누구에게 명령하고 누구로부터 보고를 받을 것인가는 분명하게 된다. 따라서 ① 각 구성원들로 하여금 그들의 지위에 대한 안정감을 갖게 해주며, ② 조직의 관리책임자로 하여금 전체적 조정을 가능케 해주고, ③ 판단이나 행정상의 오류에 대한 책임을 명백히 해줌으로써 부하에 대한 통제를 가능케 하는 효과를 갖게 한다.[10)]

그런데 전통적으로 적용되어 온 명령일원화의 원리는 군대 또는 그와 흡사한 조직에서는 잘 먹혀 들어가지만, 수시로 명령과 지시를 내려야 하는 조직이나 명령보

10) 박문옥. 상게서, p. 93.

다는 협력이 더 절실히 요구되는 조직에서는 이 원리가 제대로 통용될 수 없다.

폴렛Mary Follett에 의하면, 명령이란 조직이 수행하는 여러 기능들 가운데 한 가지에 불과하며, 명령의 목적은 여러 가지 특수한 요인들을 조정하는 데 있다고 보고 명령일원화 대신에 지시일원화(unity of direction)란 말을 썼다.

문제는 누가 과연 명령을 일원화할 수 있을 만큼 권위적이며, 이 같은 능력을 갖고 있을 수 있겠는가이다. 민주적 행정이 요청되는 것은 바로 한 인간의 능력에 대한 제한을 강하게 느낄 수밖에 없기 때문이다.

(3) 조정의 원리(principle of coordination)

조정의 원리란 조직의 각 부분들이 조직이 표방하는 일관된 목적을 달성할 수 있도록 행동의 통일을 이룩하며, 집단적 노력을 조화롭게 결합하도록 하는 것을 가리킨다.

무니James D. Mooney와 레일리Alan C. Reiley는 조정의 원리야말로 조직의 원리 가운데 최고이며, 제1의 원리라고 보고 다른 원리들은 조정을 위한 보조적 또는 수단적 하위원리에 불과한 것이라고 했을 정도로 조정의 원리를 중요시하였다.[11]

조정은 조직 내의 마찰, 갈등, 의혹 및 파괴를 제거함으로써 작업을 능률적으로 수행할 수 있게 하는 필수적인 것이다. 고도로 전문화되고 있는 조직들은 그 어느 때보다 계층의 원리나 명령일원화의 원리보다는 전문적 부분 간의 조정이 절실히 요청된다 하겠다.

(4) 적도집권의 원리(principle of optimum centralization)

적도집권의 원리란 중앙집권(centralization)과 분권제(decentralization) 사이에 적절한 균형을 취하는 원리이다. 중앙집권제가 중앙관서나 중심기관에 권한을 집중시킴으로써 능률적일지 모르나 획일주의와 전제주의를 가져올 위협이 없지 않다. 이에 반해 분권제는 지방관서나 하부기관에 권한을 분산시킴으로써 지방 또는 하부 기관의 특수성이나 자율성을 보장할 수 있어도 비능률적일 수 있다.

---

11) James D. Mooney, & Alan C. Reiley(1939). The Principles of Organization. New York: Harper & Brothers, p. 5.

일반적으로 중앙집권은 ① 통일된 행정기능을 보장할 수 있으며, ② 신속한 대량처리로 경비의 절감이 가능하며, ③ 강력한 통솔력, ④ 위기에 대한 신속한 대처방안, ⑤ 통합적 조정 등이 장점으로 지적될 수 있다. 이에 반해 중앙집권은 ① 관료화, ② 형식주의, ③ 창의성과 적극성의 결여, ④ 지방 실정에 맞는 행정이 어렵다는 등의 약점을 갖고 있다. 이 같은 장단점은 교육행정에 있어서도 마찬가지 현상을 가져다준다.

한편 분권제도 장단점을 지니고 있는바 그 내용은 다음과 같다. 분권제의 장점은 ① 지방 실정에 맞는 행정을 가능하게 한다. ② 자발적 참여로 사기와 창의성을 제고시킨다. ③ 관리자 훈련이 가능하다. 그러나 단점으로는 ① 경비의 과다한 지출, 행정체제의 문란, ② 업무의 중복 등이 지적되고 있다.

따라서 중앙집권과 분권제 사이의 적도균형이 필요한데, 어디에서 이 같은 균형점을 찾아야 할 것인가는 항상 문제로 대두된다. 물론 조직의 목적, 기능, 구성원 등의 성격, 사회적 · 문화적 환경 등 다양한 요인들을 고려해서 균형점을 찾아야 할 것이므로 어떤 것이라 지적하기 어려운 문제이다.

(5) 분업의 원리(principle of division of work)

분업의 원리는 업무나 작업을 성질에 따라 나누어 가능한 한 사람에게 한 가지 주된 업무를 분담시켜 능률을 높이기 위한 원리이다.

귤릭Gulick은 분업의 필요성과 그 한계성을 다음과 같이 지적했다.

인간은 성격이나 능력, 또는 기술에 있어서 개인차가 있으므로 전문화를 통하여 능률적이며 효율적 작업성과를 올릴 수 있다. 한 인간이 같은 시간에 두 가지 일을 동시에 할 수가 없을 뿐 아니라 그가 습득할 수 있는 지식과 기술에도 한계가 있다.

분업의 정도는 시간, 업무량, 각자의 능력에 따라 결정되며, 지나친 세분화는 불필요하다. 현대사회에 있어서 전문적 지식의 증가는 분업을 더욱 가속화시켜가고 있으나 지나친 전문화 및 그에 따른 분업은 전체 속에서 부분이 차지하는 의미 또는 전체와의 관련성에 대한 이해의 부족을 초래하는 약점을 노출시키고 있다.

제2절 조직의 분류와 형태

1. 조직의 분류

학교로서의 조직이 어떻게 기능하고 있는가를 이해하는 한 가지 방법은 분류학(typology)을 이용하는 것이다. 분류학은 잡다하고 복잡한 현상을 비슷한 특성에 따라 분류하는 것으로서 조직도 이 같은 방법에 의해 분류할 수 있다. 가장 평범한 예를 든다면, 개인 소유냐 공적 소유냐(private or public ownership)에 따라 분류하거나 자발적 조직이냐 비자발적 조직(voluntary or involuntary organization)이냐, 아니면 생산조직이냐 서비스 조직이냐(production or service organization)에 따라 분류할 수 있다.

1) 카츠Katz와 칸Kahn의 분류

카츠Katz와 칸Kahn은 모든 조직이 중요한 기본적 기능을 갖고 있다고 보고 본질적인 사회적 역할(social role)에 따라 조직을 분류했다.

① **생산적 또는 경제적 조직**(productive or economic organization): 생산적 · 경제적 조직은 돈을 얻고 상품을 제조하며 서비스를 제공하는 조직이다.

② **유지를 위한 조직**(maintenance organization): 사회질서의 유지에 필요한 가치와 규범을 사람들에게 가르침으로써 이 같은 조직들은 인간들을 사회화한다. 그렇게 될 때 사회는 유지되고 존속되기 때문이다. 이 같은 조직 가운데 학교와 교회가 포함된다.

③ **관리적 또는 정치적 조직**(managerial or political organization): 여러 정부의 조직들이 이 같은 조직에 해당되는 것으로, 그 나라의 자원, 국민 또는 여러 기관들을 통제하고 조정한다.

④ **적응적 조직**(adaptive organization): 지식을 창조하여 이론을 개발 · 검증하고 제한된 범위에서나마 지식을 적용하는 조직으로 연구기관들이 여기에 속한다. 여기서 '적응적'이란 말은 사회가 적응하여 나가는 데 필요한 기능을 해주기 때문에 카츠Katz와 칸Kahn이 그런 말을 붙인 것 같다.

카츠Katz와 칸Kahn이 조직을 네 가지로 분류하는 것이 이론적으로 맞는 이유는 사회가 존속하기 위해서는 이 네 가지 기능이 필요하기 때문이라고 보았다. 사회학자들은 흔히 기능적 필수(functional requisites)란 말을 쓰지만 사회가 존속하려면, ① 생활필수품을 생산하는 또는 기본 서비스를 제공하는 경제적 생산이 있어야 하며, ② 가치와 규범을 가르치고 사회적 역할을 위한 특수훈련이 제공되어야 하고, ③ 대중의 이익을 위한 자원의 분배를 목적으로 결정해 나아가는 관리적 조직이 있어야 하며, 그리고 ④ 지식을 창출해내는 전문기관이 있어야 한다. 말하자면 생산적 또는 경제적 조직, 유지를 위한 조직, 관리적 또는 정치적 조직 그리고 적응적 조직이 필요하다.

그러나 이 같은 특이한 기능들은 어떤 조직만이 홀로 담당하는 것처럼 분류하긴 했으나 실은 이 같은 특이한 기능들은 다른 조직과 서로 나누어 수행되는, 그러므로 서로 중첩된다는 것을 알 수 있다. 이를테면 학교는 카츠Katz와 칸Kahn의 분류에 따라 '유지를 위한 조직'에 속하지만 학교는 기존의 가치와 규범을 다음 세대에 가르침으로써 사회유지에 기여할 뿐만 아니라 새로운 지식의 창출을 통한 사회개혁에도 공헌하고 있으므로, 학교는 '적응적 조직'에도 속한다 하겠다.

2) 블라우Blau와 스코트Scott의 분류

블라우Peter M. Blau와 스코트W. Richard Scott는 '누구에게 혜택이 가는가'에 따라 조직을 분류했다. 이들의 분류는 다음과 같다.

먼저 주요 수혜자를 보면, ① 호혜적 조직구성원(members in mutual benefit), ② 사업관계에 있어서의 소유자, 경영자 및 주주(stockholder), ③ 국민 또는 국가, 그리고 ④ 봉사를 받는 조직 외부의 고객이다. 블라우Blau와 스코트Scott가 인정한 대로 이러한 분류에도 문제가 없는 것은 아니어서 주요 수혜자가 누구인가 할 때 그 조직에 공헌하는 개인 또는 집단이 일정한 상보적 보상을 받는 경우를 생각할 수 있기 때문이다.

위의 네 가지 주요 수혜자를 기초로 한 조직의 분류는 다음과 같다.

① **호혜조직**(mutual-benefit association): 호혜조직의 주요 수혜자는 조직의 구성원으로 노동조합, 정당, 클럽, 교육연합회 등이 이에 속한다. 그런데 호혜조직은

민주적 통제방식으로 구성원들을 유지시키는 데 어려움이 있게 마련이다. 구성원들이 별 큰 관심을 나타내지 않으면 열성적인 소수가 호혜조직을 압도하게 된다. 그렇게 되면 몇몇 사람만이 이미 만들어놓은 안(plan)을 통과시키며 민주적 절차가 무시되게 된다. 이 같은 엉터리 민주방식을 과두정치(oligarchy)라 부른다. 어떻게 보면 민주주의의 허상이 이렇게 해서 드러난다 할 수 있다.

② **사업조직**(business concern): 기업, 도매 및 소매 점포, 은행 등과 같은 것들이 사업조직에 해당된다. 이 같은 조직의 주요 목표는 이윤추구이다. 그리하여 최소의 노력으로 최대의 효과를 노리는 경제원칙은 시장의 치열한 경쟁을 조성하는 것이 문제이다.

③ **공공복리조직**(commonwealth organization): 일반 대중 또는 국민은 경찰, 소방서, 군대와 같은 공공복리조직의 주요 수혜자이다. 이 조직의 문제점으로는 국민이 어떻게 이 조직을 민주적으로 통제할 수 있는가이다.

④ **봉사조직**(service organization): 이 조직은 본래 고객에게 봉사하는 것을 기본적 임무로 삼기 때문에 그 같은 조직과 직접 관계를 맺고 있는 일반대중이 주요 수혜자가 된다. 이 조직에는 학교, 병원, 사회사업단체, 형무소, 정신병원 등이 포함된다. 이 조직이 안고 있는 문제는 그 조직을 운영해가는 직원이 아니라 고객을 주요 수혜자로 받들 수 있겠는가에 있다. 그러나 고객은 무엇이 그에게 가장 혜택이 되는가를 잘 알지 못하므로 오히려 이용을 당할 수 있다는 문제가 있다. 이를테면 학교에서 주요 수혜자는 말할 필요도 없이 학생들이지만, 학생들 자신은 무엇이 그들에게 가장 혜택이 되는가를 알지 못하는 경우가 많으므로 교사나 교수들, 또는 직원들이 양심에 따라 학생의 이익을 우선으로 하지 않는 한 고객인 학생들은 매우 불리할 수 있다.

2. 조직의 형태

1) 공식적 조직과 비공식적 조직

조직은 공식적 조직(formal organization)과 비공식적 조직(informal organization)으로 크게 나뉘기도 한다. 공식적 조직은 조직의 공식적 조직도(organization chart) 또는 기구표에 의하여, 그리고 규정에 의하여 인위적으로 제도화되고 명문화되어 있는 조직을 말한다. 이에 반해 비공식적 조직은 표면화되지 않았을 뿐만 아니라 인위적인 것도 아닌 자연발생적 조직이며, 공식적 조직 안에서 구성원들 간에 직접적인 인간관계를 통하여 형성되는 조직을 가리킨다.

(1) 공식적 조직

① 시작부터 대인관계는 미리 규정되어 있으며, 이 같은 대인관계는 그 조직이 목표를 달성하는 데 가장 효과적이라는 생각을 반영해 준다.

② 지도적 역할은 조직이 느끼는바 한 개인이 조직의 목표달성을 위한 의무를 수행할 수 있는 그런 사람에게 맡겨진다.

③ 한 개인이 보여주는 조직 내에서의 형식적 행위는 그 조직이 개인에게 부여할 수 있는 보상과 벌을 그가 어떻게 받아들이고 있는가에 따라 달라진다.

④ 조직구성원의 지도자에 대한 종속은 조직이 갖고 있는 기존의 제재(sanctions) 때문에 받아들여진다.

(2) 비공식적 조직

① 시작부터 대인관계는 구성원들 간의 상호작용에서 발생하여, 구성원들 자신의 필요와 욕구를 충족시키기 위하여 구성원들이 서로 교호할 필요성을 반영한다.

② 지도자적 역할은 구성원들 생각에 그가 그들의 필요를 가장 잘 충족시킬 것으로 믿어지는 사람에게 주어진다.

③ 집단 내의 개개 구성원의 행위는 그들의 필요를 충족시키려는 노력에서 생긴다.

④ 구성원들의 지도자에 대한 종속(dependency)은 그 같은 종속이 그들의 필요를 충족시킬 것으로 믿어지기 때문에 받아들여지고 이루어진다.

훌륭한 행정가라면 비공식적 조직 내의 구성원들 간의 의사소통(communication)이 무엇인가를 언제나 민첩하게 알아내고, 그 같은 내용을 감지하여 행정해가는 사람이라 할 수 있다. 만일 공식적 조직의 풍토가 생각을 자유롭게 나타내도록 허용하는 개방적인 것이라면, 그 집단은 비공식 조직 내에서 돌고 있는 말들이나 지각은 감출 필요가 없을 것이다.

이 같은 의사소통이 개방적일 때 행정가는 비형식적 조직이 더욱 발전하도록 격려할 수 있을 것이다.

2) 계선조직과 참모조직

(1) 계선조직

계선조직(line organization)은 흔히 직선조직이라고도 불리는 것으로 군대에서는 사령관으로부터 말단 사병에 이르기까지 수직적인 명령계통을 이루고 있는 것에서 생겨난 조직의 이름이다. 이 같은 계선조직은 행정과 경영에도 적용이 되는데, 계선조직을 통해 지휘와 명령이 위에서부터 아래로 일관될 때 각자의 책임과 한계는 분명하기 때문에 강력한 통제력을 행사할 수 있다는 장점도 없지 않다.

그러나 군대를 제외하고는 행정에 있어서 수직적 지휘와 명령을 우선하는 계선조직은 점차 사라지고 있다.

(2) 참모조직

참모조직(staff organization)도 실은 군대에서 쓰이던 개념으로 계선조직의 지휘관에게 인사, 정보, 작전 등에 관한 자문에 따른 응답과 건의를 하는 참모(staff)의 기능을 행정조직에 옮겨놓은 것이다. 이 같은 참모의 기능은 현재 교육부장관 소속의 중앙교육심의회나 교육과정심의회 등의 참모조직을 통해 이루어지고 있음을 알 수 있다.

제3절 학교조직의 이해

1. 학교조직의 특성

조직은 본래 사회적 동물인 인간의 활동유형 중 가장 기본적인 특징을 이루고 있는 것으로써 인간의 역사와 더불어 존재해왔고, 인류 역사상 중요한 업적은 대부분이 조직의 힘을 통하여 이루어졌다고 볼 수 있다(이수도, 2004).

이런 의미에서 학교도 하나의 조직이며, 구성원들이 그들의 역량을 최대한 발휘할 수 있는 삶의 장이라는 점에서 다른 조직과 같다. 그러나 학교는 인간교육 그것도 아직 발달단계에 있는 인간의 조화로운 발달을 돕는 교육조직으로서 그 운영의 성과가 쉽게 드러나지 않으며, 단기적 효과를 거두기가 어렵다는 점에서 다른 조직과 다르다.

이처럼 학교조직은 다른 조직에서는 볼 수 없는 특이한 조직체를 이루고 있는데, 대부분 교장, 교감이 학교경영자의 책임을 지고 있고, 보직교사가 중간관리자로서 맡은 역할을 다 하면서 일반교사와 더불어 학급담임 및 교과담임 교사의 역할을 담당하고 있다. 또한 학교조직은 관료적 조직형태인 지시 · 명령의 계통에 따라 학교업무를 추진하는 영역이 있고, 전문적 조직 특성인 교사의 전문가적 자질과 능력에 의하여 교육활동이 이루어지는 영역도 있다. 뿐만 아니라, 학교조직은 교수와 학습에 헌신하는 봉사조직으로 구성원들이 원하는 성과를 달성할 수 있도록 교수-학습을 지속적으로 지원하고, 조직의 역량과 사고능력을 함양시킬 수 있도록 지속적으로 배움을 이끌어가는 조직이기도 하다.

이러한 학교조직의 특성들을 많은 학자들이 다양하게 설명하고자 하였다. 〈표 8-1〉은 학교조직 특성에 대한 다양한 설명들을 나타낸 것이다.

표 8-1 학교조직의 다양한 특성

학교조직 특성	주요 특징	연구자
관료제	계서제, 분업 및 전문화, 규정·규칙 강조, 경력·경쟁 지향성	Abbott(1969)
전문적 관료제	현업핵심층이 조직의 핵심이 되며, 실무 전문가들의 기술과 지식에 의존하는 조직으로 분권회되고 이완된 형태	Mintzberg(1979)
조직화된 무정부	불명료한 목적, 불확실한 방법, 조직의 유동적인 참여	Cohen, March & Olsen(1972)
이완결합 체제	구조는 결합되지만, 각각은 고유 정체성, 분리성을 가짐	Weick(1976)
이중 조직	관료적 영역과 전문적 영역이 공존	Hoy & Miskel(2013)
학습 조직	구성원이 원하는 성과를 달성할 수 있도록 역량 확대, 사고능력 함양, 학습방법 공유 등 지속적으로 배우는 조직	Senger(1990)

2. 학교조직의 구성

학교조직을 구성하는 집단은 크게 교직원, 학생, 학부모로 구분해 볼 수 있는데, 우리나라의 경우 구성원의 임무와 조직에 관한 사항이 초중등교육법으로 정해져 있다.

1) 교직원, 학생, 학부모

교직원은 교원과 직원을 모두 포함한 것으로 교원은 교장, 교감, 수석교사 및 교사를 의미하며 직원은 학교운영에 필요한 행정직원 등을 가리키는 용어이다. 초중등교육법 제19조는 학교에 두는 교직원을 구분하여 규정하고 있으며, 교직원의 정원에 필요한 사항은 대통령령으로 정하도록 하고 있다. 법적 규정과 별도로 실제 학교에서는 행정직원 뿐만 아니라 무기계약직으로 근무하는 교육공무직원과 학교 보안관 등과 같은 기타 근로자도 직원으로 분류하기도 한다. 교육공무직원은 교무, 과학실험, 실습, 사서, 전산 업무 등을 지원하는 교육실무사나 교무행정지원사, 교육복지전문가, 지역사회교육전문가, 영양사, 조리사, 조리원, 초등돌봄전담사, 특수교육실무사, 전문상담사 등 다양한 직종으로 구성되어 있다. 교직원의 임무에 대해서도 초중등교육법 제20조에서 정하고 있는데, 그 내용은 〈표 8-2〉와 같이 요약할 수 있다.

표 8-2 교직원의 임무

교직원 구분	주요 임무
교장	교무 통할, 소속 교직원 지도·감독, 학생 교육
교감	교장 보좌, 교무 관리, 학생 교육, 교장 직무 대행
수석교사	교수·연구 활동 지원, 학생 교육
교사	법령에서 정하는 바에 따라 학생 교육
직원	법령에서 정하는 바에 따라 학교 행정사무와 그밖의 사무 담당

원활한 학교 운영을 위해서는 교원의 학생지도와 직원의 지원활동 만으로 충분하지 않고, 학교 교육에 관한 일반적인 업무를 교원이 분담하여 추진할 필요가 있다. 이에 초중등교육법은 제19조 제3항에서 '학교에는 원활한 학교 운영을 위하여 교사 중 교무(校務)를 분담하는 보직교사를 둘 수 있다.'고 규정하고 있다. 실제 학교에서 '부장교사'로 불리고 있는 보직교사는 단순히 교무 분담 만 하는 것이 아니라, 교장, 교감의 역할 보조자인 참모이자 중간관리자의 역할을 담당하는 실정이다. 즉, 학교경영에 공동으로 참여하는 교육전문가로서의 참모인 수평적인 역할과 계서제에 의한 수직적 관계에서 중간관리자로서 부서장 역할을 한다고 볼 수 있다. 일반적으로 학교장이 1년 단위로 보직교사를 임명하며, 시도교육감이 보직교사의 임명에 관한 사항을 정하고 있다. 보직교사는 법률상으로 정해진 직위가 아니고 의사결정권도 없는 일종의 보직을 부여 받은 것에 불과하나, 학교현장에서는 학교조직 구성원들의 역할 기대 요구가 크기 때문에 직무수행에 많은 어려움을 호소하기도 한다.

보직교사제는 여러 면에서 학교조직 관리 및 운영에 다양한 이점을 제공한다. 조직원리 측면에서 볼 때, 보직교사는 학교조직의 계층적 구조와 통솔의 범위에 준거하여 중간관리자의 역할 수행을 통해 학교 교육목표 달성에 공헌할 수 있다. 또한 학교 교육에 관한 업무(교무)를 세분화여 전문적으로 분담하게 함으로써 그 분야의 업무능력을 지속적으로 개발하고 전문적 수준으로 수행하여 학교 교육목표 달성의 효율성을 높일 수 있다., 구성원의 동기 측면에서 볼 때, 보직교사는 교사 승진의 한 방편으로 인식되어 교사들의 성취욕구와 직무 만족도를 높이고 과업동기를 부여함으로써 학교조직의 목표 달성에 기여한다. 조직형태 측면에서 볼 때 학교조직은 공식 조식과 비공식 조직의 형태를 모두 가지고 있으므로, 보직교사는 공식조직의 중층을 이루는 부서의 공식적 리더이자 다양한 학교내 비공식 조직의 리더로 역할을 함으로써 학교교육 목표달성에 공헌할 수 있다. 조직체제 면에서 볼 때, 보직교사는 학교조직의 하위체제인 부서 간, 단위부서 내, 학년 간, 단위 학년 내의 목표 및 인적 · 물적 자원의 조정을 통해 학교 교육목표 달성의 효율화에 기여할 수 있다. 학교경영 측면에서 보면, 상위 행정수준의 학교장은 종합적 기술에 중점을 두고 하위 행정수준의 교사가 실무적 기술에 중점을 둘 때, 중간행정 수준의 보직교사는 종합적 기술, 인간관계 기술, 실무적 기술을 균형적으로 활용함으로써 조직의 목표달성에 공헌할 수 있다.

학교조직에서 학생 조직은 기본적으로 학령에 의한 학년제와 단위 학급제로 편성되는 것이 일반적이다. 이와 더불어 학생동아리 조직, 학생 자지활동 조직 등이 편성된다. 학생동아리 조직은 학생의 희망과 학교 실정을 고려하여 조직되는 것이 일반적이다. 학생자치활동 조직은 초중등교육법은 제17조에 의해 그 조직과 운영에 관한 기본적인 사항을 학칙으로 정한다. 일반적으로 학생자치활동 조직으로 학교조직에 학생회(중등) 또는 어린이회(초등)를 두도록 하고 회장 · 부회장을 소속 학교 학생들의 직접선거를 통해 선출하도록 학칙으로 정하고 있다.

학부모회는 일반적으로 교육적 필요성에 의해 학교 주도로 학급단위, 학년단위, 전교단위, 기능단위 수준의 학부모회가 조직되어 교육활동을 지원해왔으나, 최근 들어 학부모들이 교육공동체의 일원으로 교육활동에 참여하여 학교교육 발전에 이바지할 수 있도록 지방자치단체 수준에서 법제화가 이루어졌다. 서울시교육청의 경우 '서울특별시교육청 학교 학부모회 설치 · 운영 및 학부모교육 지원 등에 관한 조례'를 통해 학부모회 조직의 구성, 운영 등에 관한 사항을 정하고 있다. 이 조례 제5조에 의하면, 학부모회의 주요기능은 학교운영에 대한 의견제시 및 학교교육 모니터링, 학부모 자원봉사 등 학교교육 활동 참여 · 지원, 자녀교육 역량강화를 위한 학부모 교육, 지역사회와 연계한 비영리 교육사업, 그 밖에 학교의 사업으로서 해당 학교가 학부모회 규정으로 정하는 사업을 수행하는 것으로 나타나 있다.

2) 학교운영위원회

초중등교육법은 제 31조에서 학교운영의 자율성을 높이고 지역의 실정과 특성에 맞는 다양하고도 창의적인 교육을 할 수 있도록 초등학교 · 중학교 · 고등학교 및 특수학교에 학교운영위원회를 구성 · 운영하도록 규정하고 있다. 국립 · 공립학교의 경우, 학교운영위원회는 그 학교의 교원 대표, 학부모 대표 및 지역사회 인사로 구성하도록 하고 있으며, 위원의 수는 5명 이상 15명 이하의 범위에서 학교의 규모 등을 고려하여 대통령령으로 정하고 있다.

학교운영위원회는 국공립학교의 경우 주요 학교운영에 관한 사항을 심의하고, 사립학교는 자문하는 역할을 한다. 아울러, 학교운영위원회는 학교발전기금의 조성 · 운용 및 사용에 관한 사항을 심의 · 의결한다. 다음은 초중등교육법 제32조에서 국공립학교에 두는 학교운영위원가 심의하는 사항들을 열거한 것이다.

1. 학교헌장과 학칙의 제정 또는 개정
2. 학교의 예산안과 결산
3. 학교교육과정의 운영방법
4. 교과용 도서와 교육 자료의 선정
5. 교복 · 체육복 · 졸업앨범 등 학부모 경비 부담 사항
6. 정규학습시간 종료 후 또는 방학기간 중의 교육활동 및 수련활동
7. 「교육공무원법」 제29조의3 제8항에 따른 공모 교장의 공모 방법, 임용, 평가 등
8. 「교육공무원법」 제31조 제2항에 따른 초빙교사의 추천
9. 학교운영지원비의 조성 · 운용 및 사용
10. 학교급식
11. 대학입학 특별전형 중 학교장 추천
12. 학교운동부의 구성 · 운영
13. 학교운영에 대한 제안 및 건의 사항
14. 그 밖에 대통령령이나 시 · 도의 조례로 정하는 사항

※ 사립학교의 장은 각 호의 사항(제7호 및 제8호의 사항은 제외한다)에 대하여 학교운영위원회에 자문하여야 한다. 다만, 제1호의 사항에 대하여는 학교법인이 요청하는 경우에만 자문한다.

제4절 우리나라의 중앙교육행정조직

우리나의 중앙교육행정조직은 중앙집권적 교육행정의 기능을 수행한다. 중앙집권적 교육행정은 행정의 권한과 책임을 중앙정부, 상급기관, 최고 관리층에 집중시켜 전국적으로 하위 기관에 이르기까지 강력한 통제력과 지휘·감독, 행정적 결정권을 행사하는 교육행정의 형태라 할 수 있다.

중앙집권적 교육행정은 ① 신속·강력한 행정을 수행할 수 있고, ② 통일성과 안정성을 확보할 수 있으며, ③ 교육행정의 전문화를 기할 수 있어 행정능률을 향상시킬 수 있고, ④ 전국의 교육적 기회균등을 이룰 수 있으며, ⑤ 행정의 중복을 방지하고 인적 자원을 절약할 수 있다. 요컨대 중앙집권적 교육행정은 행정의 통일성, 강력성 및 능률성을 보장할 수 있다는 장점을 갖고 있다.

그러나 중앙행정적 교육행정은 다음과 같은 단점도 가지고 있다. ① 지역의 특수성을 무시한 획일행정에 빠질 우려가 있고, ② 이는 지방민의 참여기회를 박탈하므로 자발적인 참여의식, 창의성을 마비시킬 우려가 있으며, ③ 중요한 교육내용, 방법 등에서까지 획일주의와 통제위주가 되어 발전가능성을 저해할 수 있으며, ④ 사실상 광범위한 지방행정의 지휘, 통제가 어려우므로 행정능률을 저하시킬 우려가 있다. 또한 ⑤ 민주주의 원칙을 외면한 관료제에 빠질 우려도 없지 않다.

중앙교육행정조직은 지방교육행정조직과 대조되는 개념으로 중앙정부의 교육행정조직을 말한다. 중앙교육행정조직은 흔히 협의로 중앙정부의 교육부 조직에 국한하기 쉬우나 대통령·국무총리·교육부장관 그리고 국무회의를 포함하는 것으로 넓게 이해할 필요가 있다(김종철, 1985; 김창걸, 1994; 이찬교·김재웅, 2005).

행정권은 대통령을 수반으로 하는 정부에 속해 있고, 교육행정에 관한 행정권은 대통령을 정점으로 하여 국무회의를 거쳐 교육부에 이르는 행정체계를 통하여 행사되고 있다는 사실로 미루어 보아 대통령과 국무회의를 중앙교육행정조직에 포함하는 것이 타당하다. 따라서 우리나라의 중앙교육행정조직은 대통령·국무총리·교육부장관·차관,국무회의, 실장까지 포함하는 최고 관리층, 국·과장이 포함되는 중간관리층과 과원들로 구성되는 사무관리층이 포함된다고 볼 수 있다.

1. 대통령

국가원수로서의 지위에 있다. 이를 「대한민국 헌법」은 “국가의 원수이며 외국에 대하여 국가를 대표한다”라고 규정하고 있다. 국가의 원수라 함은 국내법상 국가의 통일성과 항구성을 상징하며, 국내에서는 최고의 통치권을 행사하고 대외적으로는 국가를 대표하는 자격을 가진 국가기관을 말한다.

대통령이 「헌법」에 의하여 조약을 체결 · 비준하고 외교사절을 신임 · 접수 또는 파견하며, 선전포고와 강화를 할 외교에 관한 권한을 가지는 것은 국가 원수로서의 지위에 따른 것이다.

대통령은 행정수반으로서의 지위에 있다. 「대한민국 헌법」 제66조 제4항에 “행정권은 대통령을 수반으로 하는 정부에 속한다”라고 규정하고 있다. 이 규정에 의해 대통령은 행정수반의 지위를 가지는 것이며, 이것은 정부가 그에 의하여 조직되고 영도되는 것을 말한다.

대통령은 정부조직권과 행정 각부 장의 임명권, 감사원의 조직과 통할권을 가진 기관인 동시에, 국무회의의 의장으로서의 지위 및 행정 각부를 통할하는 행정의 최고 지휘자의 지위 등을 갖고 있다. 이는 대통령의 행정수반으로서의 지위를 나타내는 것이다. 또한 일정한 직무를 행하는 공무원에 대한 임명권과 영전수여권, 사면권 등을 가진다.

2. 국무총리

국무총리(國務總理)는 대한민국의 정무직 공무원으로 현행 「대한민국 헌법」하에서 대한민국의 대통령을 보좌하며, 행정에 관하여 대통령의 명령을 받아 행정 각부를 통괄하는 역할을 맡는다(대한민국 헌법 제86조 제2항). 대통령제하에는 부통령을 두는 것이 일반적이나 현행 「헌법」은 의원내각제적 요소로 볼 수 있는 국무총리제를 채택하고 있다.

국무총리는 부통령의 궐위로 현재 대통령의 권한대행자로서의 지위, 대통령의 보좌기관으로서의 지위, 행정부의 제2인자로서의 지위, 중앙행정관청으로서의 지위, 국무회의의 부의장으로서의 지위를 가진다. 행정부의 제2인자로서의 지위로서는 각부 장관보다 상위의 지위로서 행정 각부의 장을 지휘 · 감독하나, 중앙행정관청으로서의 지위로서는 행정 각부 장과 동등한 지위를 가진다. 대통령중심제에 내각책임제적 요소가 가미된 현행 「헌법」하에서 국무총리는 국무위원 제청권, 해임건의권 등을 지닌다. 내각책임제인 제2공화국에서 국무총리는 정권의 최고 책임자로서 현재의 국무총리에 비할 수 없이 큰 권한과 책임을 지녔다.

국무총리는 국회의장, 대법원장, 헌법재판소장, 중앙선거관리위원장과 함께 헌법기관장이며, 대한민국 공식 의전서열 5위이다.

3. 국무회의

국무회의(國務會議)는 대한민국 정부의 권한에 속하는 중요정책을 심의하는 최고 정책심의기관이다. 국무회의는 국정의 기본 계획과 정부의 일반정책과 대외정책을 비롯하여, 「헌법」 제89조 제1~17호에서 열거 · 규정하고 있는 심의사항은 반드시 심의하여야만 대통령이 집행할 수 있는 「헌법」상의 심의기관인 점에서, 대한민국 특유의 헌법기관으로 의원내각제의 각의와 대통령제의 장관회의를 절충한 형태이다. 「헌법」상 국무회의에서 심의 후 의결하는 것이 관례로 되어 있지만, 그 의결은 법적 구속력이 없어 대통령이 이에 구속되지 않는다. 국무회의의 법적 성격에 관하여는 의결기관설 · 자문기관설 등이 있지만, 자문적 기능을 가진 심의기관으로 보는 것이 통설이다.

국무회의는 대통령 · 국무총리와 15인 이상 30인 이하의 국무위원으로 구성되고, 대통령이 의장이 되며 국무총리는 부의장이 된다. 대통령이 의장으로서 회의소집권과 회의주재권을 가지나, 국무총리와 국무위원도 의안을 제출하고 회의의 소집을 요구할 수 있다. 국무위원은 무임소 국무위원을 제외하고는 행정 각부의 장이지만 국무회의에는 국무위원자격으로 참여하고 대통령이나 국무총리와 대등한 지위에서 국정을 심의한다. 그러나 그 심의사항을 대통령이 집행할 때는 행정 각부 소관사항에 관하여, 대통령과 국무총리의 지휘 · 감독을 받는 상명하복(上命下服)관계에 선다. 국무회의에는 정기국무회의와 임시국무회의가 있다.

국무위원은 국무회의의 소집을 요구하고, 국무회의에 의안(議案)을 제출하며, 국무회의에 출석 · 발언하고, 그 심의에 참가할 권한과 의무가 있다. 국무위원은 대부분 행정 각부의 장에 임명되므로 두 가지 지위를 겸하고 있으나, 양 지위는 「헌법」상 구별되며 차이가 있다. 행정 각부의 장으로서의 지위에 있어서는 국무총리가 대통령의 명을 받아 행정에 관하여 행정 각부를 통할하기 때문에 그의 지휘·감독을 받는다. 국무총리는 국무위원의 해임을 대통령에게 건의할 수 있고, 국회는 국무총리 또는 국무위원의 해임을 대통령에게 건의할 수 있으며, 이 해임건의는 국회 재적의원 3분의 1 이상의 발의에 의하여 국회 재적의원 과반수의 찬성이 있어야 한다.

국무회의에는 행정 각부의 장관 외에도 다음의 규정 및 법률에 따라 대통령비서실장, 국가안보실장, 국무조정실장, 인사혁신처장, 법제처장, 국가보훈처장, 식품의약품안전처장, 공정거래위원회위원장, 금융위원회위원장, 중소기업청장 및 서울특별시장이 배석[12]한다. 각 부의 차관은 국무위원이 국무회의에 출석하지 못할 때 대리하여 출석[13]할 수 있다.

국무총리는 대통령의 유고 시 및 탄핵 시 대통령의 권한을 임시적으로 이어받아 행정 각부를 통할하고 지휘할 수 있으며, 국무위원을 통솔한다. 또한 원활한 국정운영을 위해 국무를 조정하고 통할한다.

4. 교육부장관

교육부장관은 인적자원개발정책, 학교교육·평생교육, 학술에 관한 사무를 관장한다.[14] 교육부장관은 국무위원으로서 국무회의의 구성원임과 동시에 교육부의 수장으로서 중앙행정조직의 사실상 핵심이며, 중앙교육행정사무를 관리하고 집행하는 최고 책임자이다. 교육부장관은 교육정책의 수립과 제반시책에 관하여 실질적인 의사결정의 책임을 가지고 있으며, 교육행정 전반에 관하여 최고의 조정과 통제를 한다.

[그림 8-1]은 2021.6.11. 기준 우리나라의 중앙교육행정조직인 교육부 조직체계를 나타낸 것이다.

12) 국무회의 규정 제8조(배석 등)
13) 국무회의 규정 제7조(대리출석)
14) 정부조직법 제28조

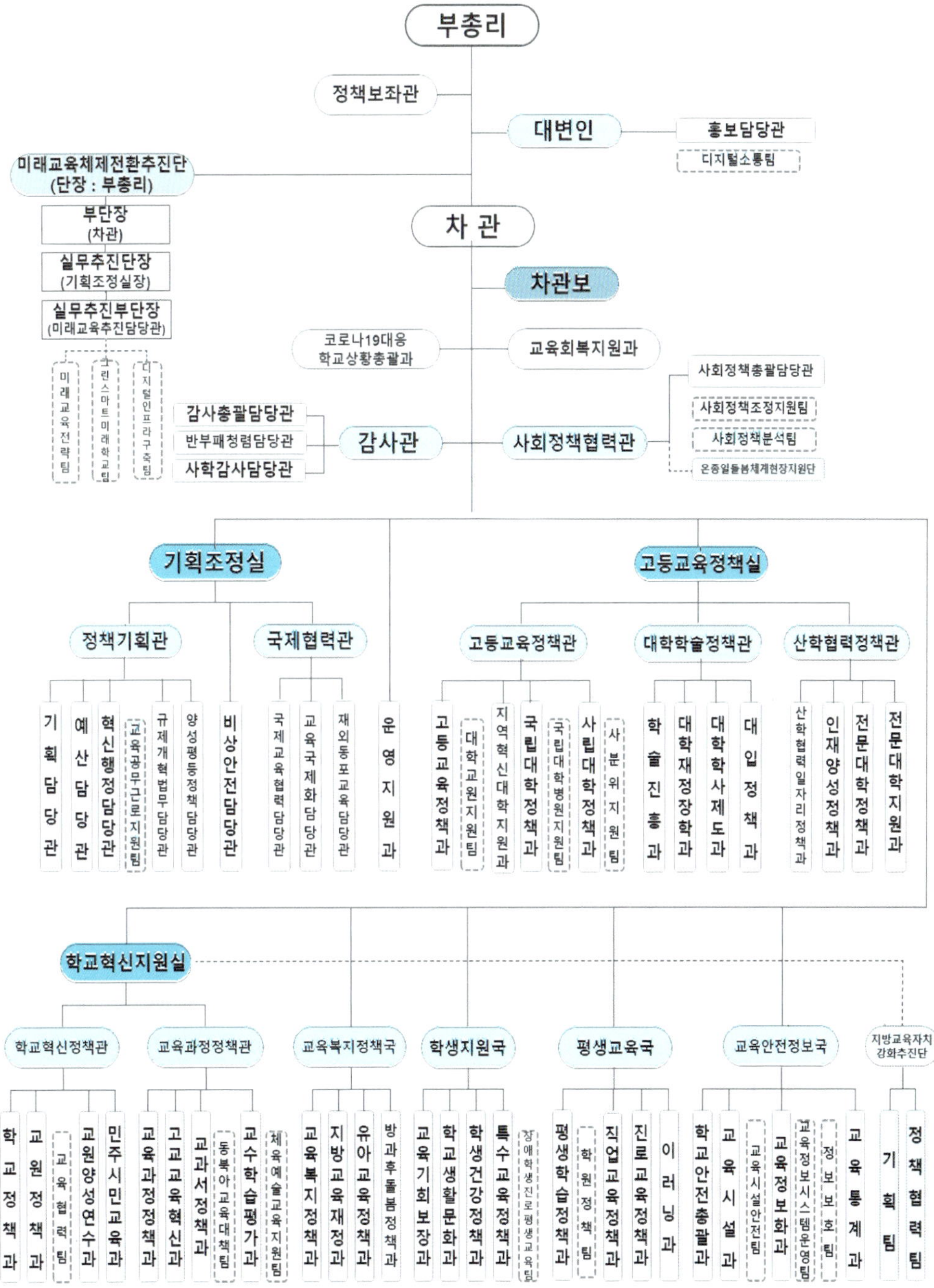

그림 8–1 교육부 조직체제(2021. 6. 11. 기준)

제5절 지방교육자치제도와 지방교육행정조직

지방교육행정조직은 지방분권적 교육행정의 기능을 수행한다. 지방분권적 교육행정은 행정권한과 책임을 지방정부 · 하급기관 · 실무층에 위임하여 지휘 · 감독, 행정적 결정권을 행사함으로써 교육행정에서 자율적으로 민주적 통제가 이루어지도록 하는 교육행정의 형태이다.

지방분권적 행정의 장점은 ① 지방 실정에 맞는 교육을 실시할 수 있고, ② 지방민의 적극적 참여를 유도하므로 발전적 행정이 가능하며, ③ 교육내용과 방법 등도 지방에 적합한 것을 채택 · 발굴할 수 있고, ④ 중앙의 업무량 감소 등 민주화를 기할 수 있다는 것이다. 그러나 지방분권적 교육행정은 행정의 통일성, 강력성, 능률성 등을 보장할 수 없다는 단점도 가지고 있다.

우리나라의 지방교육행정조직은 민주주의의 이상을 실현하기 위한 지방교육자치제도에 근간을 두고 있다. 지방자치제도는 다수 민주주의 국가에서 시행하고 있는 제도를 우리의 「교육법」에서 받아들인 것이다.

지방교육자치제도는 지방자치제와 교육자치제를 동시에 포함하는 것으로, 지방분권과 주민자치를 통한 중앙으로부터의 자치와 교육행정의 자주성을 보장하기 위한 일반행정으로부터의 분리 독립을 함축하고 있다. 우리나라의 지방교육자치제도에서는 일반 행정을 위한 지방자치단체와 구별하여 교육에 관한 사무를 전문적으로 처리하기 위하여 지방교육자치단체로서 광역단위의 시 · 도교육청을 두고, 지방교육자치단체장인 교육감을 주민 직선으로 선출하고 있다.

지방교육자치제도는 다음의 네 가지 원리로 설명되고 있다(김창걸, 1994).

① **지방분권의 원리**: 중앙의 획일적 통제를 지양하고 지방의 실정에 맞게 그 다양한 요구에 부합하는 행정을 하려는 것이다.

② **주민자치의 원리**: 주민자치의 원리를 구현하는 것이 곧 교육위원회 제도이며, 그것은 교육에 관한 기본 정책을 민중의 대표들이 결정하게 됨을 의미한다.

③ **일반행정으로부터의 분리 · 독립의 원리**: 교육활동의 특수성에 비추어 그 자주

성과 전문성을 보장하기 위하여 교육행정을 일반행정에서 분리·독립하여 운영해나가는 것을 의미한다.

④ **전문적 관리의 원리**: 전문적 관리란 교육의 본질과 특수성에 대한 인식을 가지고 교육행정에 대한 교양과 훈련을 쌓은 전문적인 인사들로 하여금 교육행정을 운영하게 하려는 것이다.

1. 우리나라의 지방교육자치제도

1) 지방자치제도의 변화

우리나라의 지방교육자치제도는 다음과 같이 몇 단계를 거치며 발전해 왔다(김창걸, 1994).

제1단계는 교육자치제 실시 이전의 준비시기이다. 1952년 4월 23일부로 「교육법 시행령」(대통령령 제633호)이 공포됨에 따라 교육자치제 실시의 법적 기초가 마련되었다.

제2단계는 1952년 6월 4일 교육자치제의 발족부터 1961년 5·16 군사혁명에 이르기까지 교육자치제의 초창기로 소단위 교육자치제의 시기이다.

제3단계는 1961년부터 5·16군사혁명부터 1963년 12월 16일 「교육법」이 개정될 때까지 교육자치제가 일시적으로 정지되었던 때이다.

제4단계는 1964년 1월 1일부터 「지방교육자치법」이 제정될 때까지 시·도단위 교육자치제도의 실시시기이다. 제3공화국의 발족과 더불어 교육자치제의 부활에 대한 광범한 여론에 의해 마침내 1963년 12월 16일 「교육법」을 개정하면서 대단위 교육자치제도가 실시되었다.

제5단계는 1991년 지방자치의 시대가 열리고, 1991년 3월 8일 「지방교육자치에 관한 법률」(법률 제4347호)이 제정됨으로써 명실상부한 교육자치제가 발족되었다. 시·도 단위에 심의·의결기관인 교육위원회를 두고 시·도의 교육·학예에 관한 사무의 집행기관으로서 교육청에 교육감을 두고, 교육감의 하급 교육행정기관인 시·군·구의 교육청에 교육장을 두게 되었다.

제6단계는 1995년 개정에서 교육위원의 피선 경력연수를 15년에서 10년으로, 교육감의 경우에는 20년에서 15년으로 조정하였다. 1997년에는 기초 및 광역의회 이중간선방식에서 학교운영위원회 선거인(97%)과 교원선거인(3%)에 의해 교육위원 및 교육감을 선출토록 개정하고, 1998년의 개정에서는 교육위원정수를 7 내지 25인에서 7 내지 15인으로 조정하였으며, 선거기탁금(600만 원, 3천만 원) 제도가 도입되었다. 2000년에는 학교운영위원회위원 전원으로 교육위원, 교육감선거인단을 구성하는 변화가 있었고, 2006년에는 제주도특별자치도에 한하여 주민직선을 통한 교육위원 선거와 지방의회 통합형 교육위원회 제도가 출범하였다. 2007년에 개정된 법은 교육위원회를 시 · 도의회 내 상임위원회로 전환하고, 교육감과 교육위원의 선출을 주민직선으로 하는 것으로 이루어져 지방교육자치의 큰 틀이 마련되어 시행되었다.

제7단계는 2010년 2월 26일 시행된 「지방교육자치에 관한 법률」에서 교육의원 및 교육감의 후보자 자격을 당적보유 금지기간을 2년에서 1년으로 완화하고, 교육경력과 교육행정경력을 5년 이상으로 통일하였고, 교육의원 및 교육감에 대한 주민 소환제 도입과 「주민소환에 관한 법률」에 지역구 시 · 도의원 또는 시 · 도지사에 관한 규정준용을 두었다.

교육의원 선거구와 의원정수는 소선거구 주민직선제를 채택하되, 일몰법이 도입되어 2010년에 한하여 선거를 실시하도록 하고, 경과조치를 두어 당시 교육위원은 교육의원후보자로서의 경력인정과 2010년 8월 31일까지 그 직을 가지고 해당 지방자치단체의 교육의원 선거 및 교육감 선거에 입후보가 가능하도록 하였다. 교육감 선거에 있어서 교육경력 또는 교육행정경력은 차기 임기만료로 인한 선거부터 폐지되도록 함에 따라 2014년 6월 30일까지 효력을 가지며, 2014년 6월 30일 임기만료에 의한 교육감선거부터 적용하지 않도록 하였으나, 2014년 2월 13일 법률 제12394호를 개정하면서 교육감후보자가 되려는 사람은 후보자등록 신청 개시일을 기준으로 교육경력 또는 교육행정경력이 3년 이상 있거나 교육경력과 교육행정 경력을 합한 경력이 3년 이상 있는 사람이어야 한다고 하였다. 〈표 8-3〉은 지금까지 살펴본 우리나라의 교육감선출제도의 연혁을 정리한 것이다.

표 8-3 교육감 선출제도 연혁

구분	성격	자격요건	선출방식	비 고
1949. ~ 1961.	독임제 집행 기관	• 교육 · 교육행정경력 7년 이상인 자 • 고등고시 합격자로 교육 또는 교육행정경력 3년 이상인 자 • 대학 졸업자로 교육 또는 교육행정경력 3년 이상인 자	교육위원회의 추천과 도지사 · 문교부장관 경유, 대통령이 임명	교육법 제29조
1962. ~ 1990.	교육 위원회 사무장	• 고등고시 합격자로 교육 또는 교육행정경력 3년 이상인 자 • 학사학위 소지자로 교육 또는 교육행정경력 5년 이상인 자 • 고등학교 졸업자로서 교육 또는 교육행정경력 10년 이상인 자 • 교육에 관한 특별한 학식과 경험이 있는 자 ※ '88년에는 교육경력 · 교육전문직경력 20년 이상 있는 자	교육위원회의 추천과 문교부장관의 제청으로 대통령이 임명	교육법 제33조
1991.3. ~ 1995.6.	독임제 집행 기관	학식 · 덕망, 비정당원, 교육경력 · 교육전문직경력 20년 이상인 자	당해 교육위원회에서 교육위원 중에 무기명투표로 선출, 재적 위원 과반수의 찬성 (일명 교황선출)	교육법 제33조
1995.7. ~ 1997.11.	독임제 집행 기관	학식 · 덕망, 비정당원, 교육경력 · 교육전문직경력 15년 이상인 자	당해 교육위원회에서 교육위원 중에 무기명 투표로 선출, 재적위원 과반수의 찬성(일명 교황선출)	지방교육 자치에 관한 법률 제28조
1997.12. ~ 2000.2.		학식 · 덕망, 비정당원, 교육경력 · 교육공무원으로서 교육행정경력 5년 이상인 자	학교운영위원회 선거인 (학교당 1인, 학부모위원 또는 지역위원)과 교원 단체 선거인(학교운영위 원회선거인 총수의 3%) 으로 구성된 선거인단 에서 선출	지방교육 자치에 관한 법률 제28조
2000.3. ~ 2006.12.		학식 · 덕망, 과거 2년간 비정당원, 교육경력 · 교육공무원으로서 교육행정 경력이 5년 이상인 자	초 · 중 · 고 학교운영 위 원회 위원 전원으로 구성 된 선거인단에서 선출	지방교육 자치에 관한 법률 제61조
2007.1. ~ 2010.1.		과거 2년간 비정당원, 교육경력 · 교육공무원으로서 교육행정경력이 5년 이상인 자	주민직선	지방교육 자치에 관한 법률 제24조
2010.2~ 2014.2		과거 1년간 비정당원, 교육경력 · 교육공무원으로서 교육행정경력이 5년 이상인 자	주민직선	지방교육 자치에 관한 법률 제24조
2014.2 ~ 현재		과거 1년간 비정당원, 교원경력 3년, 교육행정경력 3년, 또는 교원경력과 및 교육행정경력 합산이 3년 이상인 자	주민직선	지방교육 자치에 관한 법률 제24조

2) 지방자치제도의 주요 내용

우리나라는 지방교육자치에 관한 법률을 두어 지방교육자치제에 관한 사항을 규정하고 있다. 지방교육자치에 관한 법률은 교육의 자주성 및 전문성과 지방교육의 특수성을 살리기 위하여 지방자치단체의 교육 · 과학 · 기술 · 체육 기타 학예(이하 "교육·학예"라 한다)에 관한 사무를 관장하는 기관의 설치와 그 조직 및 운영 등에 관한 사항을 규정함으로써 지방교육의 발전에 이바지함을 목적으로 한다.

우리나라 지방교육자치에 관한 법률에 나타난 주요 내용을 살펴보면 다음과 같다.

① 시 · 도의 교육 · 학예에 관한 사무의 집행기관으로 시 · 도에 임기 4년의 교육감을 두도록 하고, 교육감은 주민의 보통 · 평등 · 직접 · 비밀선거에 따라 선출한다.

② 교육감의 자격은 시 · 도지사의 피선거권이 있는 사람으로서 후보자 등록신청 개시일부터 과거 1년 동안 정당의 당원이 아닌 사람이어야 하고, 후보자등록 신청 개시일을 기준으로 교육경력 또는 교육행정경력이 3년 이상이거나 둘을 합한 경력이 3년 이상 있는 사람이어야 한다.

③ 교육감은 시 · 도의회가 성립되지 아니한 때(시 · 도의회의원의 구속 등의 사유로 의결정족수에 미달하게 된 때를 말함), 학생의 안전과 교육기관 등의 재산보호를 위하여 긴급하게 필요한 사항으로서 시 · 도의회가 소집될 시간적 여유가 없거나 시 · 도의회에서 의결이 지체되어 의결되지 아니한 때는 선결처분을 할 수 있도록 한다.

④ 교육감 밑에 국가공무원으로 보하는 부교육감을 두되, 교육감의 추천을 받아 교육부장관의 제청으로 국무총리를 거쳐 대통령이 임명하도록 하며, 그 직급은 대통령령으로 정하도록 한다.

⑤ 시 · 도교육감의 교육 · 학예에 관한 관장사무의 일부를 분장하게 하기 위하여 한 개 또는 두 개 이상의 시 · 군 및 자치구를 관할구역으로 하는 하급 교육행정기관인 교육청을 두도록 하고, 교육청의 교육장은 장학관으로 보하고 임용 등에 관한 사항은 대통령령으로 정하도록 한다.

⑥ 주민은 교육감을 소환할 권리를 가진다.

⑦ 교육감이 겸임할 수 없는 직에 취임한 때, 피선거권이 없게 된 때, 정당의 당원이 된 때는 퇴직된다.

⑧ 교육감은 교육 · 학예에 관한 시 · 도의회의 의결이 법령에 위반되거나 공익을 현저히 저해한다고 판단될 때에는 그 의결사항을 이송받은 날부터 20일 이내에 이유를 붙여 재의를 요구할 수 있다. 교육감이 교육부장관으로부터 재의요구를 하도록 요청받은 경우에는 시 · 도의회에 재의를 요구하여야 한다.

⑨ 교육감은 교육 · 학예에 관한 의안 중 주민의 재정적 부담이나 의무부과에 관한 조례안, 지방자치단체의 일반회계와 관련되는 사항, 그 밖에 교육 · 학예에 관한 의안과 청원 등의 제출 · 심사 · 처리에 관련하는 의안을 시 · 도의회에 제출하고자 할 때에는 미리 시 · 도지사와 협의하여야 한다.

⑩ 시 · 도의회의 교육 · 학예에 관한 사무를 처리하기 위하여 조례로 정하는 바에 따라 시 · 도의회의 사무처에 지원조직과 사무직원을 둔다.

⑪ 부교육감은 당해 시 · 도의 교육감이 추천한 자를 교육부장관의 제청으로 국무총리를 거쳐 대통령이 임명한다.

⑫ 시 · 도의 교육 · 학예에 관한 사무를 분장하기 위하여 시 · 군 및 자치구를 관할구역으로 하는 하급교육행정기관으로서 교육지원청을 둔다.

⑬ 교육감은 상호 간의 교류와 협력을 증진하고, 공동의 문제를 협의하기 위하여 전국적인 협의체를 설립할 수 있다.

2. 교육감[15)]

1) 교육감의 지위와 권한

시 · 도의 교육 · 학예에 관한 사무의 집행기관으로 시 · 도에 교육감을 둔다. 교육감은 교육 · 학예에 관한 소관사무로 인한 소송이나 재산의 등기 등에 대하여 당해 시 · 도를 대표한다.

15) 지방교육자치에 관한 법률 제3장 요약

2) 교육감의 관장사무

교육감은 조례안의 작성 및 제출에 관한 사항, 예산안의 편성 및 제출에 관한 사항, 결산서의 작성 및 제출에 관한 사항, 교육규칙의 제정에 관한 사항, 학교 그 밖의 교육기관의 설치 · 이전 및 폐지에 관한 사항, 교육과정의 운영에 관한 사항, 과학 · 기술교육의 진흥에 관한 사항, 평생교육 그 밖의 교육 · 학예진흥에 관한 사항, 학교체육 · 보건 및 학교환경 정화에 관한 사항, 학생통학구역에 관한 사항, 교육 · 학예의 시설 · 설비 및 교구(敎具)에 관한 사항, 재산의 취득 · 처분에 관한 사항, 특별부과금 · 사용료 · 수수료 · 분담금 및 가입금에 관한 사항, 기채(起債) · 차입금 또는 예산 외의 의무부담에 관한 사항, 기금의 설치 · 운용에 관한 사항, 소속 국가공무원 및 지방공무원의 인사관리에 관한 사항, 그밖에 당해 시 · 도의 교육 · 학예에 관한 사항과 위임된 사항 등 교육 · 학예에 관한 사무를 관장한다.

3) 교육감의 자격

교육감후보자가 되려는 사람은 당해 시 · 도지사의 피선거권이 있는 사람으로서 후보자등록신청개시일부터 과거 1년 동안 정당의 당원이 아닌 사람이어야 한다. 교육감후보자가 되려는 사람은 후보자등록신청개시일을 기준으로 「유아교육법」 제2조 제2호의 규정에 따른 유치원, 「초 · 중등교육법」 제2조 및 「고등교육법」 제2조의 규정에 따른 학교(이와 동등한 학력이 인정되는 교육기관 또는 평생교육시설로서 다른 법률에 따라 설치된 교육기관 또는 평생교육시설을 포함한다)에서 교원으로 근무한 경력 또는 국가 또는 지방자치단체의 교육기관에서 국가공무원 또는 지방공무원으로 교육 · 학예에 관한 사무에 종사한 경력과 「교육공무원법」 제2조 제1항 제2호 또는 제3호의 규정에 따른 교육공무원으로 근무한 경력이 3년 이상 있거나, 교원경력과 교육행정 경력을 합한 경력이 3년 이상 있는 사람이어야 한다.

4) 교육감의 소환

주민은 교육감을 소환할 권리를 가진다. 교육감에 대한 주민소환투표사무는 선거관리위원회가 관리한다. 교육감의 주민소환에 관하여는 이 법에서 규정한 사항을 제외하고는 그 성질에 반하지 아니하는 범위에서 「주민소환에 관한 법률」의

시 · 도지사에 관한 규정을 준용한다. 다만, 이 법에서 「공직선거법」을 준용할 때 「주민소환에 관한 법률」에서 준용하는 「공직선거법」의 해당 규정과 다르게 정하고 있는 경우에는 이 법에서 준용하는 「공직선거법」의 해당 규정을 인용한 것으로 본다.

5) 교육감의 겸직 제한

교육감이 겸임할 수 없는 국회의원 · 지방의회의원 · 교육의원직에 취임한 때, 피선거권이 없게 된 때(지방자치단체의 구역이 변경되거나, 지방자치단체가 없어지거나 합쳐진 경우 외의 다른 사유로 교육감이 그 지방자치단체의 구역 밖으로 주민등록을 이전함으로써 피선거권이 없게 된 때를 포함), 정당의 당원이 된 때는 퇴직된다.

6) 교육감의 선출방식

교육감은 주민의 보통 · 평등 · 직접 · 비밀선거에 따라 선출한다. 교육감선거에 관한 사무 중 선거구선거사무를 수행할 선거관리위원회는 「선거관리위원회법」에 따른 시 · 도선거관리위원회로 한다. 후보자는 특정 정당을 지지 · 반대하거나 특정 정당으로부터 지지 · 추천받고 있음을 표방하여서는 아니 된다. 공무원 등의 입후보는 공직선거법에 따라 선거일 전 90일까지 그 직을 그만두어야 한다. 다만, 교육감선거에서 해당 지방자치단체의 교육의원이나 교육감이 그 직을 가지고 입후보하는 경우에는 그러하지 아니하다. 교육감선거에 관하여는 「정치자금법」의 시 · 도지사선거에 적용되는 규정을 준용한다. 투표용지에는 후보자의 성명을 표시하여야 하며, 후보자의 성명은 왼쪽부터 오른쪽으로 열거하여 한글로 기재한다. 다만, 한글로 표시된 성명이 같은 후보자가 있는 경우에는 괄호 안에 한자를 함께 기재한다. 선거구선거관리위원회는 후보자등록마감 후에 후보자나 그 대리인을 현장에 출석시켜 추첨으로 후보자의 투표용지 게재순위를 결정하되, 그 추첨을 시작하는 시각까지 후보자나 그 대리인이 현장에 출석하지 아니한 경우에는 해당 선거구선거관리위원회 위원장이나 그가 지명한 사람이 해당 후보자를 대리하여 추첨한다. 후보자등록기간이 지난 후에 후보자가 사퇴 · 사망하거나 등록이 무효로 된 때라도 투표용지에 해당 후보자의 성명은 그대로 둔다. 아울러, 투표용지에는 일련번호를 인쇄하여야 한다.

7) 교육감직인수위원회 설치[16)]

「지방교육자치에 관한 법률」에 따라 교육감으로 당선된 사람을 보좌하여 교육감직의 인수와 관련된 업무를 담당하기 위하여 해당 시 · 도 교육청에 교육감직인수위원회를 둘 수 있다. 인수위원회는 교육감의 임기개시일 이후 30일의 범위까지 존속할 수 있다. 인수위원회는 교육감당선인이 추천하는 사람으로 구성하되 위원장 1명, 부위원장 1명 및 10명 이내의 위원으로 구성하며, 해당 시 · 도의 교육 · 학예에 관한 사무의 현황 파악, 해당 시 · 도의 교육기조를 설정하기 위한 준비, 그밖에 교육감직의 인수에 필요한 사항 업무를 수행한다.

8) 교육감의 임기

「지방교육자치에 관한 법률」 제21조에서 "교육감의 임기는 4년으로 하며, 교육감의 계속 재임은 3기에 한한다"고 규정하고 있다.

9) 지방교육에 관한 협의체 운영

지방자치단체의 교육 · 학예에 관한 사무를 효율적으로 처리하기 위하여 지방교육행정협의회를 둔다. 지방교육행정협의회의 구성 · 운영에 관하여 필요한 사항은 교육감과 시 · 도지사가 협의하여 조례로 정한다.

교육감은 상호 간의 교류와 협력을 증진하고, 공동의 문제를 협의하기 위하여 전국적인 협의체를 설립할 수 있다. 협의체를 설립한 때에는 당해협의체의 대표자는 이를 지체 없이 교육부장관에게 신고하여야 한다. 동 협의체는 지방교육자치에 직접적 영향을 미치는 법령 등에 관하여 교육부장관을 거쳐 정부에 의견을 제출할 수 있으며, 교육부장관은 제출된 의견을 관계 중앙행정기관의 장에게 통보하여야 한다. 교육부장관은 교육감 협의체가 제출한 의견에 대한 검토 결과 타당성이 없다고 인정하면 구체적인 사유 및 내용을 명시하여 협의체에 통보하여야 하며, 타당하다고 인정하면 관계 법령 등에 그 내용이 반영될 수 있도록 적극 협력하여야 한다. 관계 중앙행정기관의 장은 통보받은 내용에 대하여 통보를 받은 날부터 2개월 이내

16) 2013. 4. 5. 신설

에 타당성을 검토하여 교육부장관에게 그 결과를 통보하여야 하고, 교육부장관은 통보받은 검토 결과를 협의체에 지체 없이 통보하여야 한다. 교육감 협의체는 지방교육자치와 관련된 법률의 제정 · 개정 또는 폐지가 필요하다고 인정하는 경우에는 국회에 서면으로 의견을 제출할 수 있다. 국가는 교육감 협의체에 대하여 그 운영 등에 필요한 재정을 지원할 수 있다. 동 협의체의 설립신고와 운영, 그 밖의 필요한 사항은 대통령령으로 정한다.

3. 지방교육행정조직으로서의 교육청

우리나라의 지방교육행정조직으로서 지방교육행정기관을 들 수 있다. 지방교육행정기관은 특별시 · 광역시 · 특별자치시 · 도 및 특별자치도(통상 '시·도'라 한다)의 교육 · 학예에 관한 사무를 담당하기 위하여 설치된 행정기관으로서 그 관할권이 미치는 범위가 일정 지역에 한정된다. 보통 "시 · 도 교육청"은 교육감을 보조하는 기관과 교육감 소속으로 설치된 기관을 말한다. "본청"은 시 · 도 교육청의 기관 중 직속기관 등을 제외하고 교육감을 직접 보조하는 기관을 말하며, "교육지원청"은 시 · 도의 교육 · 학예에 관한 사무를 분장하기 위하여 1개 또는 2개 이상의 시 · 군 · 자치구를 관할구역으로 하여 설치된 하급 교육행정기관을 말한다. "직속기관"은 각급 학교를 제외한 본청 소속의 교육기관을 말한다. 교육청의 조직과 정원에 관한 사항은 지방교육행정기관의 행정기구와 정원기준 등에 관한 규정(대통령령)으로 기본적인 사항을 정하고 있으며, 시 · 도는 조례로서 구체적인 사항을 정하고 있다.

교육청의 수장은 주민직선으로 선출된 교육감이 되며, 교육감 소속하에 국가공무원으로 보하는 부교육감 1인(인구 800만 명 이상이고, 학생 170만 명 이상인 시·도는 2인)을 두되, 대통령령이 정하는 바에 따라 국가공무원법 제2조의2의 규정에 따른 고위공무원단에 속하는 일반직공무원 또는 장학관으로 보한다. 부교육감은 당해 시 · 도의 교육감이 추천한 자를 교육부장관의 제청으로 국무총리를 거쳐 대통령이 임명한다. 부교육감은 교육감을 보좌하여 사무를 처리한다. 부교육감 2인을 두는 경우에 그 사무분장에 관한 사항은 대통령령으로 정한다. 이 경우, 그중 1인으로 하여금 특정 지역의 사무를 담당하게 할 수 있다.

[그림 8-2]는 지방교육행정기관인 서울특별시교육청의 조직편제를 나타낸 것이다.

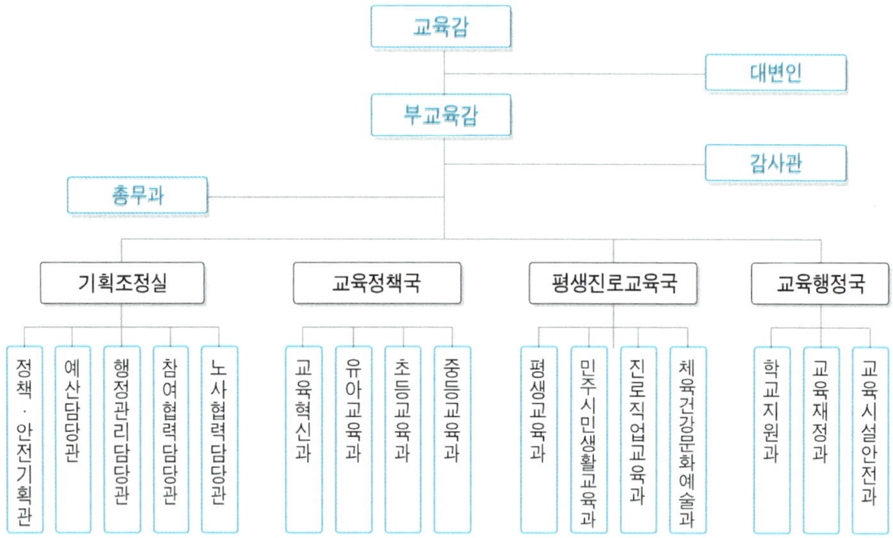

그림 8-2 서울특별시교육청 본청의 조직편제(2021.8.1.)

연구와 토론을 위한 실전문제

1. 조직의 일반적 원리를 설명하시오.
2. 블라우와 스코트의 견해 따른 조직의 분류를 설명하시오.
3. 공식적 조직과 비공식적 조직에 대해 설명하시오.
4. 학교조직의 특성을 설명하시오.
5. 보직교사제도의 필요성과 지위에 대해 설명하시오.
6. 우리나라의 교육행정은 중앙집권과 지방분권 중 어느 방식이 더 강하게 작용하고 있는지 그 이유나 사례를 들어 토론해보시오.
7. 지방교육자치제도의 원리를 설명하시오.
8. 현행 교육감의 자격에 대해 설명하시오.

Chapter 9

교육인사행정론

교육인사행정은 교육목표를 달성하기 위해서 교육활동에 요구되는 인적 자원을 동원하고 관리하는 과정과 유능한 교육직원의 채용과 그들의 계속적인 능력발전 그리고 사기앙양을 도모하는 일련의 과정이다. 따라서 이 장에서는 교육인사행정에 대한 기본 개념, 교원의 선발과 임용, 교원의 교육과 연수, 교원의 근무조건, 교원의 휴가에 대해 살펴보고자 한다.

제1절 교육인사행정의 이해

1. 교육인사행정의 개념과 기본 이념

학교조직이 교육목표를 효율적으로 달성하려면, 유능한 인력을 채용하여 적재적소에 배치해야 하고 그들의 능력발전을 지속적으로 도모해야 하며, 동시에 그들이 발전된 능력을 발휘하여 과업수행에 전념할 수 있게 높은 사기를 유지시켜 주어야 한다. 이와 같은 일련의 과정이 교육인사행정이라고 할 수 있다. 교육인사행정이란 유능한 인적자원을 확보·배치하고 그들의 계속적인 능력계발을 도모하며 높은 사기와 긍지를 지니고 직무에 최선을 다할 수 있도록 제반 여건을 조성하는 과정[1)]인 것이다. 교육인사행정의 목적은 ① 조직의 목적을 달성하고, ② 구성원이 지위에 맞는 업무수행을 하도록 도와주며, ③ 구성원의 능력계발을 극대화하고, ④ 개인의 목적과 조직의 목적을 조화시키기 위해 인력을 유치 · 개발 · 유지하고 동기화시키는 데 있다[2)]. 교육인사행정에는 교원의 신분과 자격, 수요와 공급, 선발과 임용, 전보와 승진, 복무와 의무, 보수와 후생, 신분보장 및 징계, 퇴직제도, 사기, 교육과 훈련, 근무평정, 교직단체, 윤리강령 등에 대한 활동들이 포함된다.[3)]

1) 윤정일, 송기창, 조동섭, 김병섭(2015). 교육행정학원론(6판). 서울: 학지사.
2) Willam. B. Castetter(1971). *The Personal Function in Educational Administration*. NY: Macmillian Co.
3) 김종철, 이종재(1995). 교육행정의 이론과 실제. 서울: 교육과학사.

민주주의 사회에서 시민을 기르는 교육을 실현하기 위해서는 다음과 같은 교육인사행정의 기본 이념이 전제될 필요가 있다.[4] 첫째, 교육인사행정은 인간을 수단이 아닌 목적으로 다루어야 한다. 즉, 인간존중이라는 기본 정신에 따라 각 개인은 저마다 어떤 목적으로 다루어져야 하며, 목적을 위한 수단으로 다루어져서는 안 된다. 둘째, 교육인사행정은 집단에 기반을 두고 운영되어야 한다. 민주주의 사회에서는 집단 판단과 집단의사결정을 중히 여기므로, 집단사고에 의하여 얻은 결론에 대하여 신뢰하는 태도가 기초를 이루어야 한다. 셋째, 교육인사행정가는 동료적인 입장에서 행정에 임해야 한다. 교육인사행정 담당자는 인사문제를 다룰 때 동료적인 입장에서 생각하고 처리해나가야 한다. 교육인사행정가에게 아무리 큰 권한이 주어졌다 해도 권력을 행사하기에 앞서 협동적인 노력이 필요하다. 넷째, 교육인사행정은 인적 자원을 각자의 능력에 따라 적재적소에 배치해야 한다. 이는 선발과 채용 시 공석에 필요한 인물을 배치해 주는 경우뿐만 아니라 한 부서나 학교 내 인사배치의 경우에도 적용되어야 한다.

2. 교육인사행정의 접근관점과 원칙

교육인사행정의 접근 관점은 크게 엽관주의와 실적주의, 절충주의로 구분해볼 수 있다.[5] 엽관주의(spoils system)는 어떤 사람을 임용할 때, 임용 기준을 임용권자의 혈연, 지역, 학연, 정치적 지지 관계 등 임용권자와 임용대상자 간의 귀속적 관계에 두는 것을 말한다. 실적주의(merit system)는 개인의 능력, 자격, 실적 등에 기초하여 임용대상자에게 차별 없이 동등한 기회를 부여하고 공개경쟁 과정에 따라 적격자를 선발하는 것을 뜻한다. 절충주의(eclecticism)는 엽관주의와 실적주의를 절충한 것으로 실적주의를 기본으로 하되 엽관주의적 요소를 조화시켜 두 관점의 단점을 상호보완한 것이다. 이들 세 관점의 장단점을 정리하면 〈표 9-1〉과 같다.

4) 신중식(1982). 현대교육행정학. 서울: 교육출판사.
5) 한유경 등(2018). 교육행정 및 교육경영, 서울: 학지사.

표 9-1 교육인사행정에 대한 관점

구분	엽관주의(spoils system)	실적주의(merit system)	절충주의(eclecticism)
의미	• 임용권자-임용대상자 간의 귀속적 관계(혈연, 지연, 학연, 정당관계 등)를 기준으로 임용	• 개인의 능력, 자격, 실적 등에 기초하여 임용대상자에게 차별 없이 동등한 기회를 부여하고 공개경쟁 과정에 따라 적격자를 선발하는 것	• 실적주의를 기본으로 하되 엽관주의 요소를 조화
장점	• 정당제도 유지에 기여 • 충성스런 사람을 통솔함으로써 정책을 효과적으로 침투	• 공정성과 기회균등 실현 가능 * 임용 시 공개경쟁시험 원칙 • 정치적 중립성과 신분 보장	• 엽관주의와 실적주의의 상호보완 * 충성스런 고위 정책결정자를 통한 행정통제 가능
단점	• 행정의 계속성 손상 • 업무능률 저하 • 유능한 인력 영입의 제한	• 외부인력 영입에 방어적	• 상호 갈등 우려

오늘날 교육인사행정을 함에 있어 일반적으로 몇 가지 원칙들이 사용되는데, 그 내용은 다음과 같다.[6] 첫째, 전문성 확립의 원칙이다. 이는 학교별 · 교과별 전문성이 지켜져야 한다는 것을 포함한다. 둘째, 실적주의와 연공주의와의 적정배합의 원칙이다. 실적주의(merit system)는 구성원의 직무수행능력과 수용태세 등 가치적 기준을 강조하는 입장이고, 연공주의(seniority system)는 근무연수 · 연령 · 경력 · 학력 등의 기준을 강조하는 입장이다. 셋째, 공정성 유지의 원칙이다. 학교급별, 공 · 사립별, 성별, 지역 등의 이유로 인해 차등을 두어서는 안 되며, 누구에게나 능력에 따라 동등한 기회가 부여되어야 한다. 넷째, 적재적소 배치의 원칙이다. 구성원 자신의 능력과 적성 · 흥미 등에 맞는 일을 맡기는 것이 조직의 능률향상 측면이나 개인의 동기유발 측면에서 바람직하다. 다섯째, 적정수급의 원칙이다. 교원의 수요와 공급을 적정하고도 원활하게 조절하는 것이 요구된다.

3. 교육인사행정 담당 기구

교육인사행정의 담당기구는 임용기관과 자문 · 의결기구의 두 가지 형태로 구분된다. 전자는 대통령, 교육부장관, 교육기관의 장, 교육감, 교육장 등으로 연결되는

6) 김창걸(1994). 종합교육학신강. 서울: 박문각.

체계를 말하며 후자는 교육공무원 인사위원회, 각급징계위원회, 소청심사위원회 등의 체계이다.[7] 여기서는 대통령, 교육부장관, 교육감 및 교육장, 교육공무원 인사위원회에 대해 간략히 설명한다.

① **대통령**: 헌법 제78조는, "대통령은 헌법과 법률이 정하는 바에 의하여 공무원을 임명한다"고 규정함으로써 모든 공무원의 임명권을 대통령이 가지고 있음을 명시하고 있다. 교육공무원의 경우 대통령은 그 권한의 상당부분을 교육부장관에게 위임하고 있다.

② **교육부장관**: 교육부장관은 교육공무원[8] 인사에 관한 총괄권자이며 최고기관이다. 그러나 초등학교와 중등학교 교원의 인사권은 대부분 교육감에게 위임하고 있다.

③ **교육감 및 교육장**: 시 · 도 교육청의 교육감, 시 · 군의 교육장은 대통령 · 교육부장관으로부터 일정한 범위의 권한을 위임받아 인사권을 행사한다.

④ **교육공무원 인사위원회**: 교육공무원 인사위원회는 교육공무원의 인사에 관한 중요사항에 대하여 교육부장관의 자문에 응하기 위하여 설치되어 있다(교육공무원법 제3조). 이 인사위원회의 기능으로는 ① 교육공무원의 인사행정에 관한 방침 및 기준의 결정과 기본 계획의 수립에 관한 사항, ② 교육공무원의 인사에 관한 법령의 제정 · 개정 또는 폐지에 관한 사항, ③ 기타 교육공무원의 인사에 관한 중요한 사항이 있다(동법 제4조). 교육공무원 인사위원회가 교육부장관에게 제출하는 의견 · 건의 · 결정 등은 법률상 교육부장관을 기속(羈束)하는 힘은 없다.

〈표 9-2〉는 중앙정부, 지방정부, 단위학교로 구분되는 행정단위 수준에서 이루어지는 교육인사행정 담당 기구와 그 대상을 요약한 것이다.

---

7) 김종철(1985). 교육행정학 신강. 서울:세영사.

8) 교육공무원법 제2조 제1항에 교육기관에 근무하는 교원 및 조교, 교육행정기관에 근무하는 장학관 및 장학사, 교육기관, 교육행정기관 또는 교육연구기관에 근무하는 교육연구관 및 교육연구사로 규정하고 있다.

표 9-2 행정단위 수준의 교육인사행정 담당기구와 주요 대상

구분	임용권자 및 주요 대상	자문·의결 기구	비고
중앙 정부	• 대통령 - 교육부장관 - 국립 대학의 장, 교수 및 부교수 - 국공립 초중등 학교 및 유치원의 장 - 교육부 소속 장학·교육연구관 - 교육부 소속 5급 이상 국가공무원 • 교육부장관 - 국립 대학의 조교수, 교육부 소속 교육연구사 - 교육부 소속 6급 이하 국가공무원 - 교감·원감·수석교사 및 교사의 임용	• 자문기구 - 인사위원회 • 의결기구 - 징계위원회 - 교원소청심사위원회	- 교수 및 부교수의 임용권은 장관에게 위임 - 교장, 원장의 임명 이외 임용권은 교육감에게 위임 - 조교수 임용권은 대학의 장에게 위임 - 교감·원감·수석교사 및 교사의 임용권은 교육감에게 위임
지방 정부	• 교육감 - 교육감 소속 지방 교육전문직원 - 교육감 소속 지방 공무원 • 교육장(교육감 위임) - 교감·원감·수석교사 및 교사의 전보 등	• 자문기구 - 인사위원회 • 의결기구 - 징계위원회	
단위 학교	• 학교장 - 임용권 없음	• 자문기구 - 인사자문위원회	- 소속 교원 담임 및 보직 임명, 업무분장 및 복무관리 등 인사권이 있음

4. 교육인사행정에 관한 기본 법령

교육인사행정의 기본이 되는 법령에는 「국가공무원법」과 「교육공무원법」이 있다. 「국가공무원법」은 "대통령은 헌법과 법률이 정하는 바에 의하여 공무원을 임면한다"는 「헌법」의 규정(제78조)에 의거하여 국가공무원에게 적용할 인사행정의 기본 기준을 확립함으로써, 공정하고 민주적이며 능률적으로 인사행정을 운영하는 것을 목적으로 하고 있다.

「교육공무원법」은 교육공무원에게 적용할 인사행정의 근본 기준을 정함을 목적으로 하여 제정되었으며, 교육공무원의 직무와 책임의 특수성에 비추어 「국가공무원법」의 규정과 별도로 교육공무원의 자격, 임용, 보수, 연수와 복무, 신분보장, 징계, 소청 등에 관한 기준을 정하고 있다.

이 외에도 「교육기본법」, 「초·중등교육법」 및 「동법 시행령」, 「사립학교법」 및 「동

법 시행령」, 「교원지위 향상을 위한 특별법」, 「공무원 교육훈련법」 및 「동법 시행령」, 교원자격검정령, 교육공무원임용령, 교육공무원 승진규정, 교육공무원징계령, 공무원 보수규정이 있다.

교육인사행정 관련 주요 법령을 내용영역별로 요약하면 〈표 9-3〉과 같다.

표 9-3 교육인사행정 관련법령

내용영역	주요 관련법령
자 격	교육기본법 및 초·중등교육법 동 시행령, 교원자격검정령 및 동 시행규칙, 교수자격기준 등에 관한 규정
임 용	교육공무원법, 교육공무원 임용령 교육공무원 임용후보자 선정 경쟁시험규칙, 교사 임용후보자 명부작성규칙 교육공무원 인사관리규정, 교육공무원 인사위원회 규정 교육공무원 인사기록 및 인사사무 처리규칙, 해외파견 교육공무원 인사관리규칙 교육공무원 승진규정 국립의 각 급 학교에 두는 공무원의 정원에 관한 규정 공무원 평정규칙, 사립학교법 및 동 시행령
연 수	교육공무원법, 공무원 교육훈련법 및 동 시행령 교원연수 등에 관한 규정 및 동 시행규칙, 국가공무원법
복 무	국가공무원 복무규정, 교육공무원법, 사립학교법 및 동 시행령 공직자윤리법 및 동 시행규칙
복지후생	공무원연금법 및 동 시행령, 시행규칙 사립학교법, 사립학교 교직원 연금법 및 동 시행령
신분보장 및 징계	교육기본법 및 초·중등교육법, 교육공무원법, 교원지위 향상을 위한 특별법 교육공무원징계령, 교원 징계처분 등의 재심에 관한 규정, 교원예우에 관한 규정 사립학교법 및 동 시행령, 공무원징계령, 상훈법 및 동 시행령 교육공무원 징계양정 등에 관한 규칙 및 동 시행지침
보 수	공무원 보수규정, 공무원 수당 등에 관한 규정
단체활동	교육기본법, 국가공무원법 교원지위 향상을 위한 교섭·협의에 관한 규정 교원의 노동조합 설립 및 운영 등에 관한 법률

제2절 교원의 선발과 임용

1. 교육직원의 분류와 자격기준

1) 교육직원의 분류

교육직원은 '교원'과 '교육공무원'을 포함하는 개념이다(김종철, 1985; 김창걸, 1994; 이찬교 · 김재웅, 2005).

교원은 국 · 공 · 사립의 각급 학교에 근무하는 자로서 ① 초 · 중등학교의 교장 · 교감 · 교사, ② 대학 및 전문대학의 학장(대학교는 총장) · 교수 · 부교수 · 조교수, ③ 유치원의 원장 · 원감 · 교사를 말한다. 한편 교사란 교원의 한 종류로 교장, 교감 등 관리직에 대응되는 개념이다. 즉, 교원이란 대학의 교수, 부교수, 조교수 등 교수직렬에 대한 초 · 중 · 고등학교 교원을 포함하는 것으로 국 · 공 · 사립을 막론하고 사용되는 법률상(구 교육법 제79조 제1항)의 용어이다.

교육공무원은 ① 국립 또는 공립의 교육기관에 근무하는 교원, ② 교육행정기관에 근무하는 교육감 · 교육장 · 장학관 · 장학사, ③ 교육연구기관 또는 교육행정기관에서 근무하는 교육연구관 또는 교육연구사를 말한다.

교육직원을 줄여서 교직원이라 하는 경우도 있으나, 교직원이라 하면 보통은 학교의 교육직원, 즉 교원과 기타 학교직원만을 의미하고, 교육행정기관이나 교육연구기관 등의 교육전문직원을 포함시키지 않는다.

교육공무원은 「국가공무원법」의 규정에 의하여 소위 특정직 공무원에 해당한다(국가공무원법 제2조). 특정직 공무원이라 함은 법관, 검사, 외무공무원, 경찰공무원, 군인 및 국가정보원의 특수분야 업무를 담당하는 공무원으로서 다른 법률이 특정직 공무원으로 지정하는 공무원을 말한다.

공무원은 직계제에 따라서 세밀히 분류된다. 직계제란 직위 또는 관직을 직무의 종류 및 곤란과 책임 정도에 따라 직종별 또는 등급별로 분류 · 정리해놓은 것으로서 과학적 인사행정의 기본 조건으로 채택되고 있는 제도이다.

교육직원의 분류는 [그림 9-1]과 같다. 교육직원은 크게 국 · 공립학교 및 국 · 공립 계통의 교육행정기관(교육부와 서울특별시, 광역시, 특별자치시, 도, 특별자치도, 시 · 도 · 군의 교육관서)과 교육연구기관에서 교육 또는 교육행정활동에 종사하고 있는 직원과 사립교육기관의 직원으로 나눌 수 있다. 국 · 공립계통의 교육직원은 단계적으로 세분화된다(이찬교 · 김재웅, 2005).

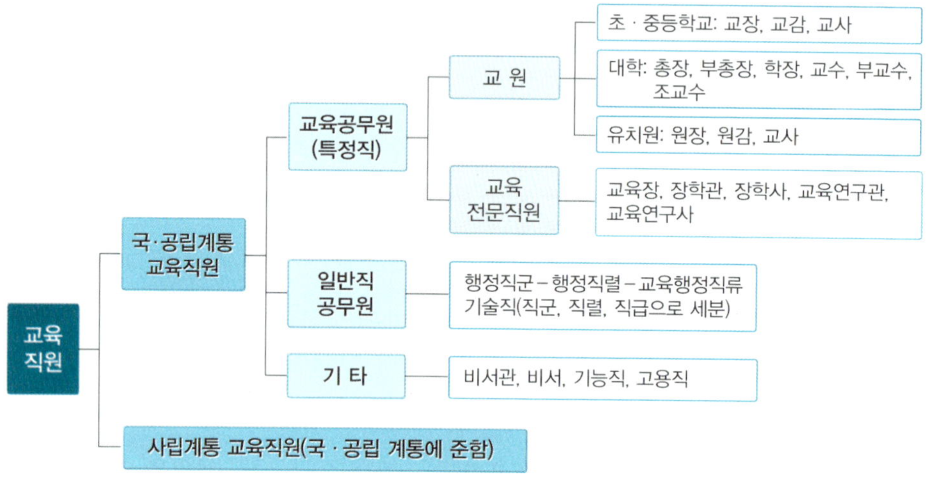

그림 9-1 교육직원의 분류

교육공무원은 주권을 가진 국민의 수임자요, 국민 전체의 봉사자로 공무원으로서 성실하게 의무를 수행하여야 하는 동시에 정당하게 권리를 주장할 수 있다.

사립학교 교원의 신분은 법적으로 학교경영자와 교원 간에 「민법」상의 고용계약 관계를 맺고 있는 사인(私人)이지만, 「사립학교법」에 의하여 자격 · 복무에서는 「교육공무원법」이 준용되고 있고 신분보장에 관해서도 국 · 공립학교 교원과 비슷한 권리를 가지게 되어 있어, 고도의 공공성을 띠고 있다. 따라서 국민 전체의 봉사자로서 그 소임을 다하여야 한다는 점에서 공립학교 교원과 사실상 차이가 없다.

2) 교원자격의 종류와 기준

교원을 비롯한 교육직원의 자격은 법으로 규정하고 있다. 교원자격[9]의 종류는 정교사(1급, 2급) · 준교사 · 전문상담교사 · 사서교사 · 실기교사 · 보건교사(1급, 2급) · 영양교사(1급, 2급), 수석교사, 교장 · 교감 · 원장 · 원감 등으로 분류되어 있다. 아울러 교원자격검정령과 교원자격검정령 시행규칙에 의한 법령상의 제도가 확립되어

9) 유아교육법 제20조, 초 · 중등교육법 제21조, 제22조,

있다. 「초 · 중등교육법」 및 「유아교육법」에 의한 2급 정교사 및 교장 · 교감 등의 자격기준은 〈표 9-4〉, 〈표 9-5〉와 같다.

표 9-4 2급 정교사 자격기준

구분	자격기준
중등학교	1. 사범대학 졸업자 2. 교육대학원 또는 교육부장관이 지정하는 대학원의 교육과에서 석사학위를 받은 자 3. 임시 교원양성기관을 수료한 자 4. 대학에 설치한 교육과 졸업자 5. 대학 · 산업대학졸업자로서 재학 중 소정의 교직과 학점을 취득한 자 6. 중등학교 준교사자격증을 가진 자로서 2년 이상의 교육경력을 가지고 소정의 재교육을 받은 자 7. 초등학교의 준교사 이상의 자격증을 가지고 대학을 졸업한 자 8. 교육대학 · 전문대학의 조교수 · 전임강사로서 2년 이상의 교육경력이 있는 자 9. 제22조에 따른 산학겸임교사 등(명예교사는 제외)의 자격기준을 갖춘 자로서 임용권자의 추천과 교육감의 전형을 거쳐 교육감이 지정하는 대학 또는 교원연수기관에서 대통령령으로 정하는 교직과목과 학점을 이수한 자
초등학교	1. 교육대학 졸업자 2. 사범대학 졸업자로서 초등교육과정을 전공한 자 3. 교육대학원 또는 교육부장관이 지정하는 대학원의 교육과에서 초등교육과정을 전공하고 석사학위를 받은 자 4. 초등학교 준교사 자격증을 가진 자로서 2년 이상의 교육경력을 가지고 소정의 재교육을 받은 자 5. 중등학교 교사자격증을 가진 자로서 필요한 보수교육을 받은 자 6. 전문대학 졸업자 또는 이와 동등 이상의 학력이 있다고 인정되는 자를 입소자격으로 하는 임시 교원양성기관을 수료한 자 7. 초등학교 준교사 자격증을 가진 자로서 교육경력이 2년 이상이고 한국방송통신대학교 초등교육과를 졸업한 자
특수학교	1. 교육대학 및 사범대학의 특수교육과를 졸업한 사람 2. 대학 · 산업대학의 특수교육 관련 학과를 졸업한 사람으로서 재학 중 일정한 교직과정을 마친 사람 3. 대학 · 산업대학의 특수교육 관련 학과를 졸업한 사람으로서 교육대학원 또는 교육부장관이 지정하는 대학원에서 특수교육을 전공하고 석사학위를 받은 사람 4. 유치원 · 초등학교 또는 중등학교 정교사(2급) 자격증을 가지고 필요한 보수교육을 받은 사람 5. 유치원 · 초등학교 또는 중등학교 정교사(2급) 자격증을 가지고 교육대학원 또는 교육부장관이 지정하는 대학원에서 특수교육을 전공하고 석사학위를 받은 사람 6. 특수학교 준교사 자격증을 가지고 2년 이상의 교육경력이 있는 사람으로서 일정한 재교육을 받은 사람 7. 유치원 · 초등학교 · 중등학교 또는 특수학교 준교사 자격증을 가지고 2년 이상의 교육경력이 있는 사람으로서 교육대학원 또는 교육부장관이 지정하는 대학원에서 특수교육을 전공하고 석사학위를 받은 사람

구분	자격기준
유치원	1. 대학에서 설치하는 유아교육과 졸업자 2. 대학(전문대학 및 이와 동등 이상의 각종 학교와 「평생교육법」 제31조제4항에 따른 전문대학학력인정 평생교육시설을 포함한다)졸업 자로서 재학중 소정의 보육과 교직학점을 취득한 자 3. 교육대학원 또는 교육부장관이 지정하는 대학원의 교육과에서 유치원교육과정을 전공하고 석사학위를 받은 자 4. 유치원 준교사 자격증을 가진 자로서 2년 이상의 교육경력을 가지고 소정의 재교육 받은 자
비 고	1. 이 표 중 초등학교는 공민학교 및 이와 같은 수준 정도의 각종 학교를, 중등학교는 중학교·고등학교·고등공민학교 및 이들과 동등 정도의 각종 학교를 포함한다. 2. 교장·교감·원장·원감·교육장·장학관·교육연구관·교육연구사의 경력연수는 교육경력 연수로 볼 수 있다. 3. 이 표 중 전문대학의 학장에는 종전의 초급대학·전문학교·실업고등전문학교의 교장과 교감을 포함한다. 4. 실기교사란 중 실업계 실기교사는 국가기술자격종목이 있는 과목은 그 종목의 기능사 2급 이상 자격을 가지고 있어야 한다.

교원자격증제도는 교원에게 필요한 자질을 행정적으로 인정하는 행위로서 ① 학생들의 이익을 보장하고, ② 국가·사회의 안전성을 보장하며, ③ 교사 자신의 지위를 보장하기 위한 것이다. 이는 인사행정의 기본 이념인 실적주의를 교직에 적용한 것이라 할 수 있다.

표 9-5 교장·원장·교감·원감 자격기준

구분		자격기준
교장·원장	중등학교	1. 중등학교의 교감자격증을 가지고 3년 이상의 교육경력과 소정의 재교육을 받은 자 2. 학식·덕망이 높은 자로서 대통령령이 정하는 기준에 해당한다고 교육부장관의 인정을 받은 자 3. 교육대학·전문대학의 학장으로 근무한 경력이 있는 자 4. 특수학교의 교장자격증을 가진 자 5. 공모 교장으로 선발된 후 교장의 직무수행에 필요한 교양과목, 교직과목 등 교육부령으로 정하는 연수과정을 이수한 자
	초등학교	1. 초등학교의 교감자격증을 가지고 3년 이상의 교육경력과 소정의 재교육을 받은 자 2. 학식·덕망이 높은 자로서 대통령령이 정하는 기준에 해당한다고 교육부장관의 인정을 받은 자 3. 특수학교의 교장자격증을 가진 자 4. 공모 교장으로 선발된 후 교장의 직무수행에 필요한 교양과목, 교직과목 등 교육부령으로 정하는 연수과정을 이수한 사람

구분		자격기준
교장·원장	특수학교	1. 특수학교의 교감 자격증을 가지고 3년 이상의 교육경력이 있는 사람으로서 일정한 재교육을 받은 자 2. 초등학교 또는 중등학교의 교장 자격증을 가지고 필요한 보수(補修)교육을 받은 사람. 이 경우 특수학교 교원 자격증을 가졌거나 특수학교(특수학급을 포함한다)에서 교원으로 근무한 경력이 있으면 보수교육을 면제한다. 3. 학식·덕망이 높은 사람으로서 대통령령으로 정하는 기준에 해당한다는 인정을 교육부장관으로부터 받은 자 4. 공모 교장으로 선발된 후 교장의 직무수행에 필요한 교양과목, 교직과목 등 교육부령으로 정하는 연수과정을 이수한 자
	유치원	1. 유치원의 원감자격증을 가지고 3년 이상의 교육경력과 소정의 재교육을 받은 자 2. 학식·덕망이 높은 자로서 대통령령이 정하는 기준에 해당한다고 교육부장관의 인정을 받은 자
교감·원감	중등학교	1. 중등학교 정교사(1급) 자격증을 가지고 3년 이상의 교육경력과 소정의 재교육을 받은 자 2. 중등학교 정교사(2급) 자격증을 가지고 6년 이상의 교육경력과 소정의 재교육을 받은 자 3. 교육대학의 교수·부교수로서 6년 이상의 교육경력이 있는 자 4. 특수학교의 교감자격증을 가진 자
	초등학교	1. 초등학교 정교사(1급) 자격증을 가지고 3년 이상의 교육경력과 소정의 재교육을 받은 자 2. 초등학교 정교사(2급) 자격증을 가지고 6년 이상의 교육경력과 소정의 재교육을 받은 자 3. 특수학교의 교감자격증을 가진 자
	특수학교	1. 특수학교 정교사(1급) 자격증 또는 보건교사(1급) 자격증을 가지고 3년 이상의 교육경력이 있는 사람으로서 일정한 재교육을 받은 사람 2. 특수학교 정교사(2급) 자격증 또는 보건교사(2급) 자격증을 가지고 6년 이상의 교육경력이 있는 사람으로서 일정한 재교육을 받은 사람 3. 초등학교 또는 중등학교의 교감 자격증을 가지고 필요한 보수교육을 받은 사람. 이 경우 특수학교 교원 자격증을 가졌거나 특수학교(특수학급을 포함한다)에서 교원으로 근무한 경력이 있으면 보수교육을 면제한다.
	유치원	1. 유치원 정교사(1급) 자격증을 가지고 3년 이상의 교육경력과 소정의 재교육을 받은 자 2. 유치원 정교사(2급) 자격증을 가지고 6년 이상의 교육경력과 소정의 재교육을 받은 자
비고		1. 이 표 중 초등학교는 공민학교 및 이와 동등 정도의 각종 학교를, 중등학교는 중학교·고등학교·고등공민학교 및 이들과 동등 정도의 각종 학교를 포함한다. 2. 교장·교감·원장·원감·교육장·장학관·교육연구관·교육연구사의 경력연수는 교육경력 연수로 볼 수 있다. 3. 이 표 중 전문대학의 학장에는 종전의 전문학교·실업고등전문학교의 교장과 교감을 포함한다.

2. 교원의 선발과 임명

1) 교원의 선발

교원의 선발은 채용예정직에 해당하는 교사자격증 취득자 또는 졸업예정자공개전형에 의하여 선발하며, 필기시험, 실기시험 및 면접 등의 방법에 의한다. 공개전형에 합격한 자에 대하여 순위명부를 작성하여 비치하며, 유치원, 초등학교, 중등학교(교과목별), 특수학교(초등은 과정별, 중등은 과목별), 실기(교과목별), 보건(초 · 중등별), 사서교사로 구분하여 작성하고, 고순위자 순으로 채용예정인원의 3배수 범위 안에서 임용 또는 임용 제청한다. 명부의 유효기간은 작성일로부터 1년(1년의 범위 안에서 연장가능)이며, 임용되지 아니한 자에 대한 유효기간 연장의 경우 연장기간 내의 새로 시행한 공개전형 합격자 순위보다 상위에 등재한다. 교사로 임용된 때, 「국가공무원법」 제33조 임용의 결격사유 각 호의 1에 해당한 때, 공무원채용신체검사에서 불합격 판정을 받은 때는 명부에서 삭제한다.

2) 교원의 임용

교원의 임용이란 교원의 신규채용 · 승진 · 승급 · 전직 · 전보 · 겸임 · 파견 · 강임 · 휴직 · 복직 · 직위해제 · 정직 · 해임 및 파면을 말한다.

신규채용 및 특별채용 등으로 신분이 발생하며, 승진 · 승급 · 전직 · 전보 · 겸임 · 파견 · 강임 · 휴직 · 복직 · 직위해제 · 정직 · 해임 및 파면을 통해서 신분이 변경되고, 퇴직 · 면직 · 해임 · 파면 · 정년으로 신분이 소멸된다.

임용시기는 임용장 또는 임용통지서에 기재된 일자로 하고, 임용일자는 절대 소급불가이나 ① 사망의 경우(사망 익일에 면직), ② 형사사건으로 기소된 자(기소일자로 직위해제), ③ 호봉을 정정하는 경우, ④ 휴직기간 만료일 또는 휴직사유 소멸일을 임용일자로 면직하는 경우에는 예외로 적용한다.

「공직선거 및 선거부정방지법」 위반자와 다음에 해당하는 자는 「국가공무원법」상 공무원 임용의 결격사유로 인해 임용에서 제외된다.

① 피성년후견인 또는 피한정후견인, ② 파산자로서 복권되지 아니한 자, ③ 금

고 이상의 형을 받고 집행종료 또는 집행을 받지 않기로 확정된 후 5년 미경과자, ④ 금고 이상의 형을 받고 집행유예 완료 후 2년 미경과자, ⑤ 금고 이상 형의 선고유예기간 중인 자, ⑥ 법원의 판결 또는 다른 법률에 의하여 자격상실 또는 정지된 자, ⑦ 공무원으로 재직기간 중 직무와 관련하여 「형법」 제355조 및 제356조에 규정된 죄를 범한 자로서 300만원 이상의 벌금형을 선고받고 그 형이 확정된 후 2년이 지나지 아니한 자, ⑧ 「형법」 제303조 또는 「성폭력범죄의 처벌 등에 관한 특례법」 제10조에 규정된 죄를 범한 사람으로서 300만원 이상의 벌금형을 선고받고 그 형이 확정된 후 2년이 지나지 아니한 사람, ⑨ 미성년자에 대한 「성폭력범죄의 처벌 등에 관한 특례법」 제2조에 따른 성폭력범죄 행위나, 「아동 · 청소년의 성보호에 관한 법률」 제2조 제2호에 따른 아동 · 청소년대상 성범죄 행위로 파면 · 해임되거나 형 또는 치료감호를 선고받아 그 형 또는 치료감호가 확정된 사람(집행유예를 선고받은 후 그 집행유예기간이 경과한 사람을 포함한다), ⑩ 성인에 대한 「성폭력범죄의 처벌 등에 관한 특례법」 제2조에 따른 성폭력범죄 행위로 파면 · 해임되거나 100만원 이상의 벌금형이나 그 이상의 형 또는 치료감호를 선고받아 그 형 또는 치료감호가 확정된 사람(집행유예를 선고받은 후 그 집행유예기간이 경과한 사람을 포함한다), ⑪ 징계에 의한 파면처분을 받은 때로부터 5년 미경과자, ⑫ 징계에 의한 해임처분을 받은 때로부터 3년 미경과자는 임용에서 제외된다.

교장의 임기는 4년으로 1차에 한하여 중임이 가능하며, 1차 임기를 마치고 정년잔여기간이 4년 미만인 자는 특별한 결격사유가 없는 한 교장으로 재임용(중임)한다. 2차 임기가 종료되고도 정년까지 잔여기간이 있는 자는 교사로 근무할 것을 희망하면, 수업담당 능력 및 건강 등을 참작하여 원로교사로 임용한다. 교장의 임기가 학기 도중에 만료되는 때는 임기가 만료되는 날이 속하는 학기의 말일을 임기의 만료일로 하며, 초빙교장이나 공모교장으로 재직하는 횟수는 중임에 산입하지 않는다.

3) 교원의 전직 및 승진

전직이란 교육공무원의 종별과 자격을 달리하여 임용하는 경우로 그 예는 다음과 같다.

- 교사, 교감(원감), 교장(원장) ↔ 교육전문직(장학사 · 교육연구사)

- 교육연구사 ↔ 장학사, 교육연구관 ↔ 장학관
- 초등학교 교원 ↔ 특수학교 교원 ↔ 중등학교 교원
- 유치원 교원 ↔ 초등학교 교원 ↔ 중등학교 교원

승진은 동종(同種)의 직무에 종사하는 바로 하위직에 있는 자 중에서 대통령령이 정하는 바에 의하여 경력평정 · 연수성적 및 연구점수 평정 · 근무평정에 의하여 행하는 경우로 그 예는 다음과 같다.

- 교사 → 교감(원감) → 교장(원장)
- 장학사 → 장학관
- 교육연구사 → 교육연구관

4) 파견

(1) 파견 사유 및 기간

① 교육기관 · 교육행정기관 및 교육연구기관 외의 기관 또는 단체에서 국가적 사업으로 교육 · 연구 · 학술진흥 등의 업무를 수행하기 위하여 특히 필요한 경우 2년 이내(1년 범위 안에서 연장가능)

② 다른 기관의 업무폭주로 행정지원을 위한 경우 2년 이내(1년 범위 안에서 연장가능)

③ 업무의 소관이 명백하지 아니하거나 관련기관 간의 긴밀한 협조를 요하는 특수업무의 공동수행을 위하여 필요한 경우 1년 이내(1년 범위 안에서 연장가능)

④ 교육공무원의 연수를 위하여 필요한 경우 필요한 기간

⑤ 법령 또는 조례의 규정에 의한 교육공무원 연수기관의 교수요원으로 선발된 경우 1년 이내(1년 범위 안에서 연장가능)

⑥ 학술진흥과 지역 간 균형발전을 도모하기 위하여 교육기관 상호 간, 교육행정기관 상호 간, 교육연구기관 상호 간 또는 교육기관 · 교육행정기관 · 교육연구기관 상호 간에 필요한 경우 2년 이내(1년 범위 안에서 연장가능)

⑦ 교육공무원의 능력을 개발하기 위하여 국내의 교육기관 또는 교육연구기관에 파견할 필요가 있는 경우 1년 6개월 이내(6월의 범위 안에서 연장가능)

⑧ 국가 간 또는 국제기구와 협력사업을 수행하기 위하여 외국 또는 국제기구에

파견할 필요가 있는 경우 2년 이내(1년 범위 안에서 연장가능)

⑨ 국내의 연구기관, 민간기관 및 단체에서 관련업무 수행 · 능력개발이나 국가정책 수립과 관련된 자료수집 등을 위하여 필요한 경우 1년 이내(1년 범위 안에서 연장가능, 단 고등학교 이하 각급 학교교원에 대한 파견은 연장할 수 없음)

⑩ 교원 장기 해외유학 및 한국교원대학교 · 서울대학교 파견연수의 경우 연수기간

⑪ 재외국민의 교육에 의한 규정 및 해외파견 교육공무원 인사관리규칙에 의거 해외의 재외국민교육기관에 파견하는 경우 3년(2년의 범위 안에서 연장가능)

(2) 파견절차

① 파견받을 기관의 장의 요청이 있어야 한다.

② 소속 교육공무원을 파견하거나 그 파견기간을 연장하고자 하는 경우 특별시 · 광역시 · 도 교육청 소속인 때에는 교육감의 승인을 얻어야 한다.

(3) 파견자의 복무 및 보수

① 복무: 파견받은 기관의 장의 지휘 · 감독을 받는다.

② 보수: 보수는 원소속 기관에서 지급, 기타 수당은 파견받은 기관에서 지급한다.

5) 겸임, 강임, 직위해제

(1) 겸임과 겸직의 구분

① 겸임: 직위 및 직무 내용이 유사하고 담당 직무수행에 지장이 없다고 인정되는 경우에는 대통령령이 정하는 바에 의하여 교육공무원과 일반직공무원 · 다른 특정 공무원 또는 대통령령이 정하는 관련교육 · 연구기관 기타 관련기관 · 단체의 임직원을 서로 겸임시킬 수 있다.

② 겸직: 담당직무 수행에 지장이 없는 경우에 한하여 소속기관장의 사전 허가를 받아야 한다. 교원은 비영리단체의 비상근 · 무보수 조건의 임직원 등을 겸직할 수 있다.

③ **강임**: 강임이란 동종의 직렬 내에서 하위의 직위에 임명하는 것이다. 직제 · 정원의 변경, 예산 감소 등으로 인하여 직위가 폐직되거나 과원이 된 때나 본인이 동의한 경우에 이루어진다.

④ **직위해제**: 공무원으로서 신분은 유지하게 하지만 직무를 수행하는 권리를 강제적으로 해제하는 것을 직위해제라고 한다. 그 사유는 다음과 같다.

㉠ 직무수행능력 부족, 근무성적 극히 불량한 자

㉡ 파면 · 해임 또는 정직에 해당하는 징계의결이 요구 중인 자

㉢ 형사사건으로 기소된 자(약식명령이 청구된 자는 제외)

직위해제된 자의 보수는 봉급의 8할을 지급하며, 다만 징계의결이 요구 중이거나 형사사건으로 기소되어 직위해제된 자가 직위해제일로부터 3월이 경과하여도 직위를 부여받지 못한 때에는 그 3월이 경과한 후의 기간 중에는 봉급의 5할을 지급한다.

6) 퇴직 및 면직

(1) 퇴직

① 당연퇴직은 다음의 경우에 해당되며, 공무원으로서 임용된 것을 취소하는 것으로 별도의 징계절차나 동의절차가 필요 없다.

㉠ 금치산자 또는 한정치산자

㉡ 파산자로서 복권되지 아니한 자

㉢ 금고 이상의 형을 받고, 그 집행이 종료되거나 집행을 받지 않기로 확정된 후 5년을 경과하지 아니한 자

㉣ 금고 이상의 형을 받고 그 집행유예기간이 완료된 날로부터 2년을 경과하지 아니한 자

㉤ 법원의 판결 또는 다른 법률에 의하여 자격이 상실 또는 정지된 자

㉥ 징계에 의한 파면의 처분을 받은 때로부터 5년을 경과하지 아니한 자

㉦ 징계에 의한 해임처분을 받은 때로부터 3년을 경과하지 아니한 자

(2) 정년퇴직: 정년퇴직에 해당하는 사유는 다음과 같다.

① 교육공무원 정년퇴직연령: 만 62세

② 정년퇴직일: 정년이 달한 날이 속하는 학기의 말일

③ 정년퇴직자의 신분유지: 정년퇴직 전일까지 유지

④ 직위해제 중인 자의 정년: 직위해제기간에 불구하고 정년퇴직

(3) 명예퇴직: 명예퇴직의 요건은 다음과 같다.

① 교육공무원으로서 20년 이상 근속한 자가 정년 전에 자진하여 퇴직하는 경우에는 예산의 범위 안에서 명예퇴직수당을 지급할 수 있다.

② 교장이 임기 만료 전에 자진하여 퇴직하는 경우 그 정년은 만 62세로 본다.

(4) 면직: 면직은 직권면직, 의원면직, 징계면직이 있으며 사유는 다음과 같다.

① 직권면직은 본인의 의사에 불구하고 면직시키는 것을 말하며, 다음의 경우에 해당된다.

㉠ 직제와 정원의 개폐, 예산 감소 등으로 폐직 또는 과원발생 시

㉡ 휴직기간 만료, 휴직사유 소멸 후 직무에 복귀하지 않거나 또는 직무를 감당할 수 없을 때

㉢ 직위해제되어 대기명령을 받은 자가 그 기간 중 능력 또는 근무성적의 향상을 기대하기 어렵다고 인정된 때(징계위원회 동의를 얻어야 함)

㉣ 징병검사, 입영 또는 소집명령을 받고 정당한 이유 없이 이를 기피하거나 군복무를 위하여 휴직 중인 자가 재영 중 군무이탈 시

㉤ 당해 직급에서 직무를 수행하는 데 필요한 자격증의 효력이 상실되거나 면허가 취소되어 담당직무를 수행할 수 없게 된 때

② 의원면직은 본인의 의사표시에 의하여 공무원 관계를 소멸시키는 것이며, 면직발령일 전일까지 신분을 유지한다.

③ 징계면직은 징계위원회의 의결을 거쳐 파면, 해임시키는 경우에 해당된다.

㉠ 파면: 공무원 관계로부터 배제, 5년간 공무원 임용 제한

㉡ 해임: 공무원 관계로부터 배제, 3년간 공무원 임용 제한

ⓒ 사망: 사망자 면직일자는 사망 다음 날이며, 사망자는 발생 7일 이내에 임용권자에게 보고해야 함

제3절 교원의 교육과 연수

1. 교원의 직전교육

교육활동을 이끌어나가는 데 필요한 교사의 전문적 · 기술적 능력은 임용되기 전의 직전교육과 임용 후의 현직교육에 의해 크게 좌우된다.

교원이 그 직무를 수행하는 데 필요한 지식 · 기술 · 태도 등은 임용 이전에 장기적인 직전교육을 통하여 습득되어야 한다. 그중에서도 교원양성교육은 대표적인 직전교육으로서 그 중요성이 크다. 교원양성교육은 교원이 그 직무를 수행하는 데 필요한 지식, 기능, 태도 등을 임용 이전에 장기적인 직전교육을 통하여 습득할 수 있도록 하는 최초의 교사자격 취득 준비교육을 말한다. 교원양성교육은 전체 교육의 질을 결정하는 중요한 역할을 하므로 한 국가의 교육체제에서 중요하게 다루어져야 할 영역이다.

우리나라에서 초등교원의 양성은 고도로 폐쇄적이며, 중등교원의 양성은 개방적이다.

폐쇄적 교원양성체제는 직접 양성체제라고도 하는데, 이는 교사양성만을 목적으로 설립된 교육기관에서만 교사를 양성하게 하는 방법이다. 폐쇄적 교원양성체제는 전국적 불균형을 방지할 수 있다는 장점이 있다. 그러나 특정 교육기관에서만 교사양성을 인정하기 때문에 그에 따른 폐쇄성과 경직성이 문제가 되고 전국적으로 교사양성을 획일화함으로써 융통성이 없다는 단점이 있다.

한편 개방적 교원양성체제는 간접양성체제라고도 하는데, 이는 교사를 양성할 수 있는 일정한 조건만 갖추기만 하면 해당 교육기관이 교사양성을 할 수 있도록 허용하는 방법이다. 개방적 교원양성체제는 경직성을 탈피하여 양성기관의 특수성과 독자성에 따라 폭넓은 교양과 다양한 가치관 및 태도를 갖춘 교사를 양성할 수

있다는 장점이 있다. 그러나 교사양성에 대한 국가수준의 계획을 수립할 수 없기 때문에 교사의 수급현황을 고려치 않고 양성함으로써 심각한 수급 불균형을 야기시킬 수 있다는 단점이 있다.

교원양성과정은 크게 일반교양교육 · 교직전문교육 · 교과전문교육의 세 영역으로 나누어져 있다. 이 세 영역은 상호 연관성을 가지며, 고도의 기준을 충족시켜야 할 것으로 기대되고 있다. 그러나 각 영역의 상호 비중이 어떠해야 하는지에 대해서는 논쟁의 여지가 상존하고 있다.

2. 교원의 현직교육

교원의 현직교육이란 현직에 있는 교원이 교직을 능률적 · 효과적으로 수행하기 위하여 필요한 지식과 기술을 습득하고, 그들의 가치관과 태도를 발전적 교직관에 맞도록 지향시키는 것이다. 교직수행에 필요한 기본적인 지식, 기술, 태도 등은 임용 이전에 장기적인 직전교육을 통하여 습득되어야 하는 것이지만, 변화하고 발전하는 교직사회에 신축성 있게 대응해나가기 위해서는 계속적인 현직교육 역시 필요하다.

「교육공무원법」 제38조에서는 "교육공무원은 그 직책을 수행하기 위하여 끊임없이 연구와 수양에 힘써야 한다"라고 명시되어 있다.

교원 현직교육의 중요성은 다음과 같이 요약될 수 있다.

첫째, 직전교육의 미비 내지 결함을 보완한다. 즉, 교원양성교육이 가지고 있는 미비점을 보완하기 위한 것이다.

둘째, 새로운 지식과 기능, 그리고 태도를 습득하게 한다. 교원은 급변하는 사회변화에 적응하고, 첨단의 지식과 기술 · 정보를 습득하여 교육상황에 적용해야 한다.

셋째, 교육전문가로서의 계속 학습 및 연찬(硏鑽)의 기회를 제공한다. 교원은 풍부한 지식 및 교수기술과 함께 독창적인 방법을 활용하여 학생의 발달을 돕는 능력을 가짐으로써 전문성 향상을 통한 자기발전과 교직의 공신력을 높일 수 있다.

현직교육의 목적은 변화와 발전하는 교직사회에 대응할 수 있는 지식 · 기술 · 태도를 습득하고, 직전교육에서 습득했어야 할 기본적인 지식, 기술, 태도의 미비나

결함을 보완하며, 교육 자체가 본질적으로 새로운 가치를 추구하는 것이므로 계속적 학습을 통해서 교육적 역량을 지속적으로 개발하는 데 있다.

현직교육은 연구협의회, 각종 위원회, 직원회, 독서회, 연구수업, 연구조사, 참관, 견학 등과 같은 단기적인 성격을 띤 것에서 연수원이나 학교 등에서 장기적인 강습 등의 재교육을 받는 등의 것과 교사 자신의 자기연수에 이르기까지, 여러 가지 형식이 포함될 수 있다.

유의해야 할 점은 현직교육 대신에 현직연수라는 용어가 쓰이는 경우가 많다는 것이다.

현직연수는 협의의 개념으로는 '특정한 교육 프로그램의 수행이나 임용과 직접적으로 관련하여 제공되는 공식적인 교육 · 훈련'을 의미한다. 그러나 광의의 개념으로는 '교직생활 전 기간 중에 다양한 형태로 제공되는 모든 교육 · 훈련'을 의미한다. 광의로서의 현직연수의 개념은 현직교육, 훈련, 교직원 개발, 전문적 개발, 교원계속교육 등의 여러 용어와 대동소이한 의미로 사용되고 있다.

카스테터William B. Castetter는 현직연수가 교원의 능력개발에 어떻게 기여할 수 있는가를 [그림 9-2]에서와 같이, '현직연수를 통한 교원의 능력개발모형'으로 체계적으로 제시한 바 있다. 여기서 현직연수의 목적은 교원의 직무수행능력의 향상을 위한 교원개발로 이해되고 있으며, 교원개발이란 체제구성원들의 능력, 태도, 기술 및 지식 등의 개선과 향상을 목표로 하는 활동을 포함하고 있다. 현직연수를 통한 교원개발은 자아실현, 자기성장, 그리고 자기개발의 강조의 접근을 통한 교원의 전문성 향상의 과정이다.

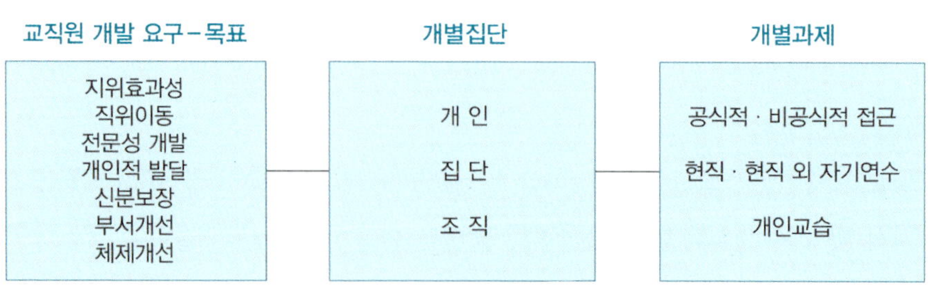

그림 9-2 현직연수를 통한 교원의 능력개발모형

이 모형에서는 교원 능력개발 현직연수 프로그램을 기획 · 운영할 때 '진단단계 → 계획단계 → 실행단계 → 평가단계'의 과정을 적극적으로 활용할 것을 제안하고 있다. 즉, 현직연수 프로그램은 '교원 능력개발의 요구진단 → 교원 능력개발의 계획 → 교원 능력개발 프로그램의 실행 → 현직연수에 대한 연수 프로그램의 평가'의 체계적인 과정을 거쳐 수립되어야 한다는 것이다.

① 교원 능력개발 현직연수 프로그램의 요구 진단단계

교원 능력개발에 대한 요구는 개인, 집단, 조직 등에 따라 다양하며, 또한 능력개발에 대한 다양한 시기, 환경에 의해 차이가 생기게 된다. 따라서 교원 능력개발에 대한 요구는 실제 기능수준과 바라는 수준 간에 불일치로서 정의할 수 있으며, 이와 같은 불일치를 줄이는 방법을 모색하는 것에 프로그램의 초점이 있다고 할 수 있다.

② 교원 능력개발 현직연수 프로그램의 계획단계

능력개발의 요구가 진단되고, 우선순위가 결정되고 난 후 구체적 행동계획이 마련되어야 한다. 만약 적절한 계획이 없다면, 프로그램의 개발은 무계획적이고, 전략목표와 무관하며, 비용산출이 이루어지지 못하게 된다. 따라서 행동계획은 능력개발 문제 혹은 요구의 진술, 산출근거로서 선정될 구체적 목적과 목표의 진술, 연구참여자들과 목적 및 목표에 대한 관련성을 구체적으로 진술해야 한다.

③ 교원 능력개발 현직연수 프로그램의 실행단계

프로그램 설계가 운영 · 구체화되는 단계로서 계획이 활동으로 실현되게 된다. 개인, 부서, 조직의 목적설정과 함께 학교행정가들은 연수를 통한 능력개발활동의 시기와 순서를 결정하게 된다.

④ 교원 능력개발 현직연수 프로그램의 평가단계

프로그램의 결함을 확인 · 수정 · 보완하는 피드백 과정이다. 이 단계가 부실하면 합리적인 의사결정을 위한 유용한 정보가 감소될 가능성이 많아지게 된다.

교원 현직연수의 유형은 교원연수의 목적, 대상, 성격, 실시주체 등에 따라 다양하게 유형화될 수 있다. OECD(1982)는 현직연수의 목적을 준거로 하여, 교직원 전체 또는 일부의 직무능력 개선을 위한 연수, 교사 개인의 전문적 지식 및 이해의 증진을 위한 연수, 교사의 개인적 욕구충족을 위한 연수 등으로 구분하기도 하였다.

현재 우리나라의 현직연수는 교원 및 교육전문직을 대상으로 다양하게 운영되고 있으며, 주관하는 주체의 성격에 따라 기관중심, 학교중심, 그리고 개인중심 연수로 구분할 수 있다. 각급 교원연수기관에서 실시하는 교원 현직연수는 유치원 교원, 초·중등학교 교원, 특수학교 교원을 대상으로 하며, 그 유형은 연수의 성격에 따라 자격연수, 직무연수, 특별연수, 자기연수 등의 다양한 유형으로 구분할 수 있다.

자격연수에는 1, 2급 정교사, 교감, 교장 등 상위 자격취득을 위한 연수와 교도교사, 사서교사와 같은 특수자격을 취득하기 위한 연수가 있다.

직무연수는 각 교과와 직무 및 전문지식·기술을 배양하기 위해 실시된다.

일반연수과정에는 유치원 겸직교사 연수, 보건교사 겸직교사 연수, 교육과정의 개편·개정에 따른 연수, 각 교과에 관한 단일과목의 집중연수 등이 있다.

특별연수는 전문지식을 위한 국내외 특별연수 프로그램을 의미한다. 교원을 대상으로 한 국외연수가 대표적인 예이다.

자기연수는 교원 스스로 전문적 지식을 습득하기 위해 교육을 받는 것으로, 대학이나 교육대학원에 등록하여 다닌다거나 개인연구를 수행하는 것 등이 그 예가 될 수 있다.

3. 교원의 근무성적 평정

근무성적 평정이란 교원의 직무수행능력·근무성적·가치·태도 등을 감독자가 장기적·체계적으로 평가·기록하는 것을 의미한다. 이것은 공정한 인사행정의 참고자료 내지 지표가 될 뿐만 아니라, 교원의 근무능률을 유지·촉진시키는 수단으로서도 중요한 의미가 있다.

교원의 근무성적 평정기준은 "교육기관·교육행정기관·교육연구기관의 장은 장기 또는 수시로 그 소속 교육공무원의 재교육 및 연수의 실적과 근무성적을 평정하여 인사관리에 반영시켜야 한다"(교육공무원법 제42조)는 규정에 의거하고 있다. 이에 따라 교육공무원의 승진 및 강임은 근무성적 평정 · 경력편정 · 재교육성적 및 연수성적, 기타 훈련성적에 의하여 직위별로 작성된 승진후보자명부의 순위에 의하여 행하여지고 있다(동법 제10조, 교육공무원 임용령 제14 · 18조).

근무성적 평정은 근무성적 평정표에 의한다. 이 평정표에는 교감 · 교사 · 장학사(연구사)를 대상으로 하는 세 가지 종류가 있다. 근무성적 평정은 평정자와 확인자가 하며, 평정자는 피평정자의 상급감독자가 되고, 확인자는 평정자의 직근 상급감독자가 된다.

일반 인사행정에 사용되고 있는 근무평정의 방법으로는 사실기록, 지도기록법, 상호비교법, 분포제한법, 평정척도법, 집무기준법, 체크리스트평정법, 서술식 인물평정법 등이 있다. 교원 근무성적 평정법으로는 평정척도법이 많이 사용되는데, 그 중에서도 도식평정척도법이 자주 사용되고 있다.

일반적으로 근무성적 평정 시 평정자는 다음과 같은 요인에 유의해야만 한다(이찬교 · 김재웅, 2005).

① **헤일로 효과**(halo effect): 피평정자가 가진 한 가지 탁월한 인상 때문에 그의 다른 특성들도 모두 탁월하거나 우수하다고 단정해버린다거나, 또는 그와는 반대로 부분적으로 부정적인 요인 때문에 전체를 부정적으로 보려는 경향이다.

② **논리적 착오**: 두 가지의 평정요소가 서로 논리적으로 상관관계에 있을 때, 어느 한 요소가 우수하면, 다른 요소도 우수하다고 쉽게 판단해버리는 경향이다.

③ **관대화 또는 엄격화**: 평정자들 간에 실적기준이 다양하게 나타나거나, 또는 피평정자의 실적과 형태를 관찰한 결과에 대한 해석 · 판단이 서로 상이하게 나타나는 편향이다.

④ **집중화 경향**: 모든 피평정자들에게 대부분 중간범위의 점수 또는 가치를 주는 심리적 경향이다.

⑤ **선입견**: 출신지역, 출신학교, 종교 등에 대한 느낌의 경우와 같이 평정 외적 요인에 의한 영향이나 인상이다.

하여금 교수-학습활동에 전념할 수 있도록 일상적인 사무 및 잡무를 최소화하는 방향이다. 각종 공문서 처리를 간소화하고, 환경정리 · 행사활동 · 청소지도 · 노력봉사 등 과외부담을 경감시키려는 노력 등이 이러한 맥락에서 시도되는 것들로 볼 수 있을 것이다.

우리나라의 교원근무부담[10]은 OECD에 속한 다른 나라들에 비해 큰 것으로 나타나고 있다. 교사 1인당 학생 수를 기준으로 우리나라와 외국의 교원 근무부담을 비교하여 보면, 우리나라의 경우 교원 1인당 학생 수는 초등 17.3명, 중등 17.5명으로, OECD 국가 평균인 초등 15.2명, 중등 13.4명에 비해 각각 2.1명, 4.1명 많은 수준이다.

교사의 연간 수업주수(38주)는 OECD 평균 수준이고, 수업일수(190일)는 OECD 평균보다 다소 많은 것으로 나타났으나, 순 수업시간은 OECD 평균에 비해 적었다.

2. 교원의 보수와 복지후생

보수란 일반적으로 조직구성원이 조직의 목적달성에 공헌한 대가로 얻게 되는 제반소득이라고 말할 수 있다. 보수는 서비스 제공에 대한 사례, 지불 또는 변상의 성격을 띤 것으로서 비금전적인 보상도 포함하는 개념이다. 보수는 근무에 대한 대가(반대급부설)이며, 최저생활을 보장하기 위한 자금(생활자금설)으로 이해되고 있기도 하다.

한편 복지후생이란 구체적인 정책, 제도, 사업, 활동 등을 통해 나타나는 것으로서 경제적인 면에서의 소득보장, 공공부조, 사회보험(연금 등)과 사회적인 면에서 의료, 주택, 교육, 교통, 교정, 직업재활, 정신적인 면에서 문화(스포츠, 오락, 예술), 사회적 서비스(상담 등), 환경, 시설정비 등을 포함하는 개념이다. 즉, 보수 이외에 받게 되는 편익으로 연금, 공제회제도, 휴가, 보건 및 안전, 복리관계 등을 말한다.

이와 같은 보수와 복지후생은 개인의 욕구충족의 계기가 되어 사기앙양과 근무의욕 향상을 가져올 수 있는 것으로 조직체로서는 유능한 공무원의 확보책인 동시에 행정능률 향상의 요인이 된다. 연금제도, 의료보장, 최저임금제, 복리후생시설

10) 2015년 OECD 교육지표(Education At a Glance; EAG) 조사 결과 발표

등은 이러한 취지에서 발전되었다. 복지후생제도의 의의는 조직원의 생활안정은 물론 가족에 대한 부양책임을 덜어줌으로써 성실한 근무를 할 수 있도록 여유를 주자는 데 있다.

교원은 인재양성이라는 국가적으로나 사회적으로 중요한 활동에 종사하고 있으며, 그에 대한 보수 또는 대가로써 봉급을 받는다. 교원에 대한 봉급의 수준은, 국가사회의 경제적 생산력, 일반적 임금구조, 국가나 공공단체 또는 학교법인의 재정적 지불능력, 교직에 대한 사회의 전통적 관념, 최저생계비 보장을 위한 사회 · 윤리적 고려, 교원의 수요와 공급, 교원의 사회적 · 경제적 지위향상을 위한 교직단체의 노력 등 여러 가지 요인에 의하여 결정된다.

교육공무원의 보수에 관한 현행 법령으로는 「교육공무원법」, 공무원 보수규정 등이 있으며, 교원의 봉급표는 공무원 보수규정에 통합되어 있다. 사립학교 교원의 보수체계는 교육공무원 보수규정을 준용하고 있기 때문에 교육공무원의 보수체계와 거의 동일하다.

봉급표는 직위의 종류와 등급에 따라서 표준화되어 있는 급여의 체계로서, 일반적으로 동등의 업무는 동액의 급여를 받아야 하며, 업무와 책임이 중요도와 곤란도의 차이는 급여의 등차로 공평히 반영되어야 한다는 기본 원리에 입각하여 작성되어 있다.

교육공무원은 교육의 전문성 · 특수성 및 기술성, 다시 말하면 그 자격요건에 비추어 일반직 공무원에 비하여 보다 우대된 보수를 받고 있다. 이는 「교육기본법」에 명시된 것처럼 "교원의 경제적 · 사회적 지위는 적정하게 우대되어야 하며, 그 신분은 반드시 보장되어야 한다"(교육기본법 제14조)는 원칙에 기인하는 것이다.

교육공무원의 보수수준은 「교육공무원법」 제34호의 규정에 의해 결정된다. 이 규정은 다음의 두 가지 원칙의 근거가 되고 있다.

첫째, 교육공무원의 보수는 자격과 경력에 따라 결정된다. 즉, 교원은 지위의 고하나 직무의 성격에는 관계없이, 즉 교장 · 교감 · 교사의 구별 없이 또 초 · 중 · 고의 차이 없이, 동일 호봉이면 동일의 보수를 받게 된다(단일호봉제).

둘째, 교육공무원의 보수는 이원제 봉급표에 의하여 정한다. 즉, 대학교원과 장학관 · 교육연구관의 경우와 초 · 중등 교원을 비롯한 기타의 시 · 도 교육청 소속 교육전문직원의 경우가 그것이다.

교원보수의 종류와 체계는 '공무원 보수규정'과 '공무원 수당규정'에 구체적으로 규정되어 있다. 여기에서 보수는 봉급과 각종 수당을 합산한 금액을 말하며, 봉급은 직무의 곤란성 및 책임의 정도에 따라 직책별로 지급되는 기본 급여 또는 직무의 곤란성 및 책임의 정도와 재직기간 등에 따라 직위별 · 호봉별로 지급되는 기본 급여를 말하고, 수당은 직무여건 및 생활여건 등에 따라 지급되는 부가급여를 말한다.

공무원 보수규정 제13조 제1항에 의하면, 공무원의 호봉 간의 승급에 필요한 기간은 1년으로서 동일하며, 공무원 수당규정에 의하면, 공무원에게 지급되는 수당은 크게 상여수당, 가계보전수당, 특수지 근무수당, 특수근무수당, 초과근무수당 등 다섯 가지로 구분된다.

한편 교육공무원은 보수 이외에 편익으로 「연금법」에 의한 사회보장을 받을 수 있다. 연금제도는 교육공무원의 퇴직 또는 사망과 공무로 인한 부상 · 질병 · 폐질에 대하여 적절한 급여를 실시함으로써 교육공무원 및 그 유족의 생활안정과 복리향상에 기함을 목적으로 하고 있다. 「연금법」을 운영하기 위한 비용부담은 기여금과 부담금으로 충당하는데, 기여금은 교원이 부담하는 금액으로 소득월액의 8%(2016년), 8.25%(2017년), 8.5%(2018년), 8.75%(2019년), 9%(2020년)에 해당하는 금액을 매월 지불하며, 부담금은 정부에서 부담하는 금액으로 교원이 부담하는 기여율과 동일하게 매회계년도의 보수예산의 금액을 부담한다. 사립학교에서도 사립학교 「교원연금법」에 의하여 연금혜택을 받고 있다.

3. 교원의 신분보장

신분보장이란 법률에 의하지 않고서는 신분상의 불이익을 받지 않는 것을 말한다. 교원의 신분보장은 교원의 직업적 안전성을 확보하고 사기를 높이기 위해서 반드시 필요한 것이다.

「헌법」에는 "공무원의 신분과 정치적 중립성은 법률이 정하는 바에 의하여 보장된다"(제7조 제2항)고 하고 있고, 「국가공무원법」에는 공무원의 의사에 반한 신분조치를 금지하고 있다(제68조). 「교육공무원법」에는 "교육공무원은 형의 선고, 징계처분 또는 이 법에서 정하는 사유에 의하지 아니하고는 그 의사에 반하여 휴직 · 강임 또는 면직을 당하지 아니하며, 교육공무원은 권고에 의하여 사직을 당하지 아니한다"(제43조)로 규정되어 있다.

교직은 「교육공무원법」 제43조 제3항과 제48조의 규정에 의거하여 권고사직 금지, 정년의 연장, 현행범이 아닌 경우 학원 안에서 체포되지 아니한다는 등에서 보는 바와 같이 일반직 공무원의 경우보다 강하게 신분이 보장되어 있다. 교직의 공공성 · 전문성 · 특수성은 법제도상으로 인정되고 있다.

구체적으로 법규상 교육공무원의 권리는 다음과 같다(이찬교 · 김재웅, 2005).

첫째, 신분보유권을 갖는다. 교육공무원은 형의 선고 · 징계처분 또는 교육공무원법에서 정하는 사유에 의하지 아니하고는 그 의사에 반하여 휴직 · 강임 또는 면직을 당하지 않는다(교육공무원법 제43조 제2항).

둘째, 직무집행권 및 직명사용권을 갖는다. 교육공무원은 그 직위가 요구하는 일정한 직무를 담당할 권리가 있다.

셋째, 불체포특권을 갖는다. 교원은 현행범인 경우를 제외하고는 소속학교장의 동의 없이 학원 안에서 체포되지 않는다(교육공무원법 제48조).

넷째, 심사청구와 후임자의 보충발령의 유예를 받을 권리를 갖는다. 교육공무원의 임명권자는 교원의 근무성적이 불량하여 직권에 의한 면직처분을 할 때에는 그 처분을 한 날로부터 30일 이내에는 후임자의 보충발령을 하지 못한다(국가공무원법 제76조).

다섯째, 교원단체 참여권을 갖는다. 교원은 상호 협동하여 교육의 진흥과 문화의 창달에 노력하며, 교원의 경제적 · 사회적 지위를 향상시키기 위하여 각 지방자치단체 및 중앙에 교원단체를 조직할 수 있다(교육기본법 제15조).

한편 교원의 본인의 의사에 반하여 타율적 · 강제적으로 신분조치를 취하는 경우가 있다. 징계에 의한 것이 한 예로, 교육공무원에 대한 징계는 법 및 법에 의한 명령을 위반했을 때, 직무상의 의무를 위반하거나 직무를 태만히 했을 때, 직무의 내외를 불문하고 그 체면 또는 위신을 손상하는 행위를 했을 때 그 의결이 요구된다.

징계의 종류로는 파면, 해임, 강등, 정직, 감봉, 견책의 여섯 가지가 있다. 이 중 파면, 해임, 강등, 정직은 중징계에 해당되고 감봉, 견책은 경징계에 해당한다. 파면은 교육공무원으로서의 신분을 박탈하는 징계처분으로 가장 무거운 징계처분이다. 교육공무원의 신분이 소멸되는 경우는 의뢰사직, 직권면직, 당연퇴직, 정년퇴직과 징계면직 등이 있는데, 파면은 징계면직에 속한다. 징계에 의하여 파면처분을 받은 자는 그 처분을 받은 날로부터 5년간은 공무원에 임용될 수 없다. 해임은 파면 다음으로 무거운 징계처분이다.

징계에 의하여 해임의 처분을 받은 자도 그 처분을 받은 날로부터 3년을 경과하지 아니한 자는 공직에 임용될 수 없다. 강등은 동종의 직무 내에서 하위 직위에 임명하는 것이다.

정직은 1월 이상 3월 이하의 기간으로 하고 정직처분을 받은 자는 그 기간 중 공무원의 신분은 보유하나 직무에 종사하지 못하며, 보수의 3분의 2를 감한다.

감봉은 1월 이상 3월 이하의 기간 동안 보수의 3분의 1을 감하고, 견책은 전과에 대하여 훈계하고 회개하게 한다.

교육공무원의 징계는 징계위원회를 설치하여 소속기관장의 징계의결의 요구에 의하여 법적 절차에 의하여 이루어진다.

재심은 교원의 신분보장의 측면에서 중요한 절차이다. 재심은 교원의 징계처분 기타 그 의사에 반하는 불리한 처분에 대해 불복이 있을 때 이루어진다. 「교원지위 향상을 위한 특별법」에 따라 교육부에 교원소청심사위원회가 설치되어 있다. 교원은 처분이 있는 것을 안 날로부터 30일 이내에 심사위원회에 소청심사을 청구할 수 있다. 심사위원회는 소청심사청구를 접수한 날로부터 60일 이내에 이에 대한 결정을 하여야 한다.

4. 교원의 의무

교원의 의무에 관한 사항은 기본적으로 「교육공무원법」에 기초하고 있으나, 그 구체적 내용은 「국가공무원법」의 규정에 의거하고 있으며, 이에 따라 교원은 다음과 같은 의무를 갖는다(이찬교 · 김재웅, 2005).

첫째, 선서의 의무이다. 모든 공무원은 취임 전에 “본인은 국민 전체에 대한 봉사자로서의 책임과 조국의 번영을 이룩하는 영광스런 길잡이임을 깊이 자각하고 법령 및 직무상의 명령에 준수 · 복종하여 창의와 성실로써 맡은 바 책무를 다할 것을 엄숙히 선서합니다"라고 선서를 하도록 되어 있다(국가공무원법 제55조).

둘째, 성실의 의무이다. 모든 공무원은 법령을 준수하여 성실히 직무를 수행하여야 한다(국가공무원법 제56조). 직무수행은 공무원의 기본적인 의무로, 공무원은 자신의 권한과 책임에 속하는 직무를 전심 · 전력하여 수행해야 한다.

셋째, 복종의 의무이다. 공무원은 직무를 수행함에 있어서 소속상관의 직무상의 명령에 복종하여야 한다(국가공무원법 제57조). 복종의 의무는 직무의 통일적이고 능률적인 수행을 위하여 필요로 하는 의무이다.

넷째, 품위유지의 의무이다. 공무원은 직무의 내외를 막론하고 그 품위를 손상하는 행위를 하여서는 아니된다(국가공무원법 제63조). 품위손상의 형태로서 방탕, 주벽, 축첩, 낭비, 과도한 부채, 경박함 등을 들 수 있다. 또한 품위유지의 의무는 직무의 내외를 불문하는 것이므로, 공적 의무에 그치는 것이 아니라 사생활까지도 파급되는 의무이다.

다섯째, 비밀엄수의 의무이다. 공무원은 재직 중은 물론 퇴직 후에도 직무상 취득한 비밀은 엄수하여야 한다(국가공무원법 제60조). 직무상 비밀은 공무원 자신이 처리하는 직무에 관한 비밀뿐 아니라 직무와 관련하여 알게 된 다른 공무원의 직무에 관한 사항도 포함된다.

여섯째, 친절 · 공정의 의무, 청렴의 의무 등이다. 공무원은 국민 전체에 대한 봉사자로서 친절하고 공정하게 집무해야 한다(국가공무원법 제59조). 또한 공무원은 직무와 관련하여 직접 또는 간접을 불문하고, 사례 · 증여 또는 향응을 수수할 수 없다(동법 제61조).

일곱째, 소극적 의무이다. 공무원에게는 위에서 열거한 바와 같은 적극적 ("~을 해야 하는") 의무 외에도 소극적("~을 해서는 안 되는") 의무가 있다. 공무원의 소극적 의무에는 직장이탈의 금지(국가공무원법 제58조), 영리 업무 및 겸직의 금지(동법 제64조), 정치운동의 금지(동법 제65조), 집단행위의 금지(동법 제66조) 등이 있다.

5. 교원의 사기

사기(morale, esprit)란 조직구성원들이 조직의 목적을 의식하고 그것을 달성하려는 자발적 의욕이라고 할 수 있다. 즉, 개인이든, 집단이든 조직의 목적을 의식하고 조직목적을 달성하기 위하여 열성어린 공헌을 하려는 심리적 상태이다. 따라서 교원의 사기는 교육활동에 종사하는 교원들이 학교조직의 목표달성을 위하여 직무를 수행하는 적극적인 의욕 내지 정신자세라고 할 수 있다.

교원의 사기는 교육인사행정의 요체이며, 인사행정의 성패를 가름할 수도 있다. 따라서 교원의 사기를 진작시킬 수 있는 방안을 찾아 활용하는 것은 그 어떠한 교육인사행정의 요소보다 중요하다.

고오튼(Gorton, 1976)은 교원의 사기 및 직무만족의 결정요인으로 보수, 담당업무, 신분의 안정, 근무조건, 사회적 지위, 승진기회, 동료집단 간의 인간관계 등을 들고 있다. 한병의(1978)는 교사의 사기에 영향을 주는 요인으로 행정적 지도성, 안정감, 커뮤니케이션, 성취감, 동료의식, 보수, 직업의 안정성, 승진 등을 제시하고 있다. 그리고 김윤태(1994)는 교원사기와 관련된 중요한 요인으로 보수, 승진, 근무부담, 복지 · 후생, 신분보장 및 인간관계 등을 제시하고 있다. 이 학자들의 연구를 종합하여 보면, 행정적 지도성, 보수, 신분보장, 복지 · 후생 등이 교원들의 사기를 결정하는 중요한 요인으로 보인다.

이처럼 사기에 영향을 미치는 다양한 요인들에 대하여 종합적이고 체계적인 분석과 확인, 분류와 개선, 관리와 평가가 무엇보다 필요하다. 이를 위해 먼저 사기에 영향을 미치는 요인들을 그 성격에 따라 구분하여 분석하는 것이 도움이 될 것이다. 즉, 사기에 영향을 미치는 요인들이 경제적인 것인지, 사회심리적인 것인지 혹은 제도적인 것인지, 인간관계적인 것인지 등을 고찰하는 것이 사기진작을 위한 방안을 찾는 데 도움이 될 수 있을 것이다. 이 과정에서 경제적 · 제도적 요인의 중요성 이상으로 심리 · 사회적 요인의 중요성이 숙고되어야만 한다.

먼저 경제적 · 제도적 측면에서는 다음과 같은 요인들이 고려되어야 한다(이찬교 · 김재웅, 2005).

① 보수와 후생의 적정화이다. 교원이 교직에 몰두할 수 있게 하는 수준의 급여 제공이 바람직하다. 뿐만 아니라 연금, 공제회, 의료, 주택, 건강, 위락 등의 후생에 관하여 충분한 고려가 있어야 한다.

② 교직에 대한 사회적 평가의 제고이다. 교직에 대한 사회적 평가를 높이는 것은 교직에 대한 매력을 높인다. 교직은 전문직으로서 공공봉사에 헌신하는

성직과 같은 것으로 자리매김할 수 있도록, 교직에 대한 사회적 존경의 분위기가 넓게 조성되어야 한다.

③ 인사관리의 민주화이다. 인사관리에 있어서 지도자는 민주적 지도성을 발휘함으로써 교원들이 사회 · 심리적 욕구충족을 가질 수 있게 된다. 즉, 교원들로 하여금 안정감, 성공감, 귀속감 등을 갖게 함으로써 그들의 사기를 앙양시킨다.

④ 교육연구제도 및 제안제도의 적극적 활용이다. 교원들에게 현장교육 연구를 장려하고 우수한 작품은 포상함으로써 교육발전과 그들에게 참여감과 성공감을 주어 사기를 높여준다.

⑤ 고충처리제도와 상담제도의 활용이다. 조직사회에는 어디서나 직장에 대한 개인의 고정(苦情)이 있게 마련이다. 이와 같은 고정이 쌓이면 불안하게 되고 이것은 공격기제를 나타내게 되어 타인을 비난하고 직장에 대한 불평 · 불만을 갖게 된다. 따라서 고정을 토로하고 상담 · 해소할 수 있는 제도적 장치를 완성화하여 안정감과 만족감을 제고해야 한다.

심리 · 사회적 측면에서는 교원이 가진 인간적 · 사회적 특성을 종합적으로 이해하고, 그에 부합하는 인사행정의 방안을 모색하여야 한다. 이러한 맥락에서 특히 중요한 인간관계적 관점은 다음과 같다(이찬교 · 김재웅, 2005).

① 조직 내의 구성원은 개인으로서의 가치를 인정받고, 경제적 · 심리적 안정감을 가지고 조직의 목적달성을 위해 능동적으로 참여하고자 하며, 자기능력에 적합한 직책을 자신 있게 수행함으로써 성취감을 얻으려고 한다.

② 구성원들의 사회 · 심리적 요인을 고려하여 조직의 목적달성에 그들을 유도하고 자극하는 동기유발이 필요하다.

③ 구성원의 조직에 대한 일체감 · 귀속감 · 충성의 정도는 조직의 성패를 결정하는 중요한 요인이다.

④ 교원은 학교사회의 종적 · 횡적 관계에서 그들의 사기가 좌우되는 경우가 많다.

⑤ 학교행정가는 과업지향과 더불어 인화를 또한 중요시하여야 한다.

제5절 교원의 휴가

1. 복무 관련법령

① "복무"란 "공무원이 공직생활을 함에 있어 지녀야 할 자세와 지켜야 할 행동"을 말한다.

② 「국가공무원법」은 공무원이 지켜야 하는 7대 의무와 4대 금지 등을 규정하고 있다.

- 7대 의무: 성실, 복종, 친절 · 공정, 종교중립, 비밀엄수, 청렴, 품위유지
- 4대 금지: 직장이탈, 영리업무 및 겸직, 정치운동, 집단행위

③ 공무원 행동강령은 경조금품 수수제한, 금전 · 선물 향응 수수금지, 외부강의 신고 등을 규정하고 있다.

④ 「공직자윤리법」은 공무원의 재산등록, 퇴직 후 취업제한, 선물신고 기준 등 윤리적 성격이 강한 복무 관련의무를 규정하고 있다. 이 법은 공무원뿐만 아니라 정부투자기관 등 공직 유관단체의 임직원까지 적용대상으로 한다.

2. 교원의 휴가

① 국가공무원복무규정 제3장 휴가(대통령령 제26944호, 2016.2.3.)

② 교원휴가업무처리요령(교육부 예규)

- 교원의 휴가에 관한 특례(국가공무원 복무규정 제24조의2)
  - 교원(교육공무원법 제2조 제1항제1호)의 휴가는 교육부장관이 학사 일정 등 사정을 감안하여 따로 정할 수 있다.

교원휴가업무처리요령 일부 개정령안 주요 내용(교육부예규 제20호, 2015.1.30.)은 다음과 같다.

1) 근거법령

가. 「국가공무원복무규정 제3장 휴가」(대통령령 제25751호, 2014.11.19)

나. 「공무원근무사항에 관한 규칙」(행정자치부령 제311호, 2005.12.30)

다. 「국가공무원복무 · 징계관련 예규」(안전행정부예규 제93호, 2014.7.1)

○ 휴가제도의 운영

- 교원의 휴가에 관한 특례(국가공무원 복무규정 제24조의2)
  - 교원(교육공무원법 제2조 제1항 제1호)의 휴가는 교육부장관이 학사 일정 등 사정을 감안하여 따로 정할 수 있다.

○ 공무 외의 국외여행

- 본인 또는 친인척의 경조사, 질병의 치료, 친지방문, 견문목적, 취미 활동, 가족기념일 여행, 기타 필요한 경우에는 휴가기간의 범위 안에서 자율적으로 공무 외의 목적으로 국외여행을 할 수 있다.
- 교원(「교육공무원법」 제2조 제1항 제1호)은 「초 · 중등교육법 시행령」 제47조 제1항에 의한 하기 · 동기 및 학기말의 휴업일에 공무외의 국외여행을 할 경우에도 「국가공무원복무규정」에 의한 휴가일수의 범위 안에서 실시함. 다만, 「교육공무원법」 제41조[11]에 의한 연수목적의 국외여행은 별도이다.

2) 적용대상: 고등학교 이하 국 · 공립 각급 학교 교원

3. 휴가제도의 운영

1) 휴가의 종류

① **연가**: 정신적 · 신체적 휴식을 취함으로써 근무능률을 유지하고 개인 생활의 편의를 위하여 사용하는 휴가

② **병가**: 질병 또는 부상으로 직무를 수행할 수 없는 경우 또는 감염병에 걸려 다른 공무원의 건강에 영향을 미칠 우려가 있을 때 부여받는 휴가

11) 교육공무원법 제41조 (연수기관 및 근무장소 외에서의 연수) 교원은 수업에 지장을 주지 아니하는 범위에서 소속 기관의 장의 승인을 받아 연수기관이나 근무장소 이외의 시설 또는 장소에서 연수를 받을 수 있다.

③ **공가**: 공무원이 일반국민의 자격으로 국가기관의 업무수행에 협조하거나 법령상 의무의 이행이 필요한 경우에 부여받는 휴가

④ **특별휴가**: 사회통념 및 관례상 특별한 사유(경조사 등)가 있는 경우 부여받는 휴가

2) 휴가의 실시원칙

① 교원의 휴가는 연가 · 병가 · 공가 · 특별휴가로 구분한다.

② 기관장 또는 학교의 장은 휴가를 허가함에 있어 소속 교원이 원하는 시기에 법정휴가일수가 보장되도록 하되, 연가는 학생들의 수업 등을 고려하여 부모 생신일 또는 기일 등을 제외하고는 특별한 사유가 없는 한 방학 중에 실시하고, 휴가로 인한 수업 결손 등이 발생하지 않도록 필요한 조치를 취하여야 한다.

3) 휴가 등의 허가권자 및 절차

① 교원이 휴가 · 지각 · 조퇴 · 외출과 「공무원여비규정」 제18조의 규정에 의한 근무지 내 출장을 하고자 하는 때에는 「위임전결규정」이 정한 허가권자에게 근무상황부 또는 근무상황카드에 의하여 미리 신청하여 사유발생 전까지 허가를 받아야 한다. 다만, 병가 · 특별휴가 등 불가피한 경우에는 당일 정오까지 필요한 절차를 취하여야 하며, 이 경우 다른 교원으로 하여금 이를 대행하게 할 수 있다. 근무상황부는 기관장 또는 학교의 장이 지정하는 부서에 비치하고 개인별로 관리하되, 교육정보시스템(NEIS)에 의한 근무상황부를 운용하는 기관장 또는 학교의 장은 전자적으로 개별 관리도 가능하다.

② 교원이 정해진 시간까지 출근할 수 없을 때에는 소속기관에 미리 신고하여야 하고, 그 후 출근한 때에는 지각으로, 출근하지 않는 때에는 결근으로 처리한다. 출근이라 함은 정해진 근무시간까지 근무장소(사무실 또는 현장)에 도착하는 것을 말한다.

③ 학교장의 휴가는 직근 상급기관의 장(교육감 또는 교육장, 국립은 총장 또는 장관)의 허가를 받아 실시한다. 문서 · 전화 또는 구두로 휴가를 신청할 수 있으며, 직

근 상급기관의 근무상황부 또는 근무상황카드에 의하여 관리한다.

4) 휴가일수의 계산

① 연가 · 병가 · 공가 및 특별휴가는 별개의 요건에 따라 운영되므로 그 휴가일수의 계산은 휴가종류별로 따로 계산한다. 반일연가는 13:00를 기준으로 하여 오전 · 오후로 구분한다.

② 휴가기간 중의 공휴일과 토요일은 그 휴가일수에 산입하지 않으나, 휴가(연가는 제외)일수가 연속하여 30일 이상 계속되는 경우에는 그 휴가 일수에 토요일 또는 공휴일을 산입한다.

③ 퇴직 후 당해 연도에 재임용된 교원의 휴가일수 산정 시 퇴직 전 근무기관에서 사용한 휴가일수를 공제하여야 한다. 필요한 경우 퇴직 전 근무기관에 휴가사용 내역을 확인 후 조치한다.

④ 법정휴가일수를 초과한 휴가는 결근으로 처리한다.

5) 휴가실시 등에 있어 유의할 점

① 휴가 중에는 긴급 시 연락이 가능하도록 연락체계를 유지하여야 한다.

② 교원이 휴가를 실시함에 있어서는 수업 및 담당사무 등을 학교장이 정한 자에게 인계하여 업무의 연속성을 유지하여야 한다.

③ 근무상황부 또는 근무상황카드를 관리하는 부서의 장은 근무상황을 수시로 확인하여 (가) 연가사유의 고의적 병가처리, (나) 연가사실 미기록, (다) 지각 · 조퇴 · 외출의 묵인, (라) 진단서 제출 없이 연간 6일을 초과하는 병가일수의 연가 미 공제 사례 등과 같은 사례가 발생하지 않도록 하여야 한다.

④ 지각 · 조퇴 · 외출의 정의는 다음과 같다.
'지각'이라 함은 정해진 근무시간까지 출근하지 못하는 것을 말한다. '조퇴'라 함은 질병 기타 사유에 의하여 퇴근시간 전에 퇴근하는 것을 말한다. '외출'이라 함은 근무시간 중 개인용무를 위하여 학교 외부로 나간 후 퇴근시간 전에 돌아오는 것을 말한다.

⑤ 학교의 장은 소속 교원이 전보 · 파견 · 전직 · 전출되는 경우 전년도 및 당해

연도의 휴가기록을 포함한 복무관리상황(근무상황부 또는 근무상황카드사본 원본 대조 확인)을 신임학교 또는 기관으로 즉시 통보하여야 한다.

4. 휴가종류별 실시방법

1) 연가

(1) 연가일수

(가) 재직기간별 연가일수

재직기간	연가일수	재직기간	연가일수
3월 이상 6월 미만	3일	3년 이상 4년 미만	14일
6월 이상 1년 미만	6일	4년 이상 5년 미만	17일
1년 이상 2년 미만	9일	5년 이상 6년 미만	20일
2년 이상 3년 미만	12일	6년 이상	21일

단, 「교육공무원 임용령」 제19조의4에 따른 시간선택제 전환교사의 연가는 다음의 산식에 따라 근무시간에 비례하여 시간단위로 실시한다(단, 교육과정 운영에 지장을 주지 않는 범위 내에서 시간단위 실시).

$$\text{재직기간별 연가일수} \times \frac{\text{시간선택제 교사의 주당 근무시간}}{\text{교사의 주당 근무시간}} \times 8\text{시간}$$

(나) 당해 연도에 결근 · 휴직 · 정직 · 강등 및 직위해제 사실이 없는 교원으로서 「병가를 활용하지 아니한 교원」과 「연가실시일수가 3일 미만인 교원」에 대하여는 다음해에 한하여 재직기간별 연가일수에 각각 1일 (합계 2일)을 가산하며, 가산 사실을 개인별 근무상황부 또는 근무상황카드의 첫째 란에 기재하고 허가권자의 확인을 받아야 한다.

※ 병가 미사용에 따른 연가가산의 경우: 병가일수가 1일도 없고, 질병 또는 부상의 치료를 위한 지참 · 외출 · 조퇴의 누계가 8시간 미만인 경우에는 병가를 사용하지 않은 것이므로 1일의 연가 가산 대상이 된다.

※ 근무상황부 연가가산 기재 예시

종 별	기간 또는 일시			사 유 또 는 용 무	연 락 처 (전화번호)	결 재		
	부터	까지	일수 시간					
연가가산	-	-	2일	병가 미사용, 연가 미보상				

(다) 연가는 1월 1일부터 12월 31일까지 1년 단위로 계산하며, 미사용 연가는 다음해로 이월하여 허가할 수 없다.

(라) 연가가산은 연도 중 임용되어 1년 미만 근무한 경우에는 해당되지 않는다.

(2) 재직기간

(가) 재직기간은 「공무원연금법」 제23조 제1항 내지 제3항에서 규정한 재직기간(연금합산 신청 또는 기여금 불입 여부에 관계없음)을 적용하며, 휴직기간 · 정직기간 및 직위해제기간 및 강등처분에 따라 직무에 종사하지 못하는 기간은 근무기간에 산입하지 아니한다. 다만, 육아휴직 및 법령에 의한 의무수행이나 공무상 질병 또는 부상으로 인한 휴직은 근무기간에 산입한다. 단, 「교육공무원 임용령」 제19조의4에 따른 시간선택제 전환교사의 재직기간은 다음의 산식에 의해 산출한다(*일 단위 이하로 산출된 시간에 대하여는 1일로 산정한다).

$$\text{시간선택제 근무기간} \times \frac{\text{시간선택제 교사의 주당 근무시간}}{\text{교사의 주당 근무시간}}$$

(나) 재직기간 계산은 연가 사용 직전 일을 기준으로 계산한다.

(3) 연가계획 및 실시

(가) 교원의 연가는 학생수업 등을 고려하여 하기 · 동기 및 학기말의 휴업일에 실시함을 원칙으로 한다.

(나) 연가일수가 9일 이상(재직기간 1년 이상)인 교원은 본인 및 그 배우자의 부모 생신일 또는 기일중 적어도 2일 이상은 연가를 실시하여 경로 효친사상을 고양하도록 한다.

① 부모의 국외거주 등 특수사정의 경우는 특정일에 실시 가능

② 자녀가 교원 또는 공무원일 경우 본인생일 당일 연가 허가 조치

(다) 연가를 활용하여 공무외의 목적으로 국외여행을 하는 경우, 병가기간을 모두 사용한 후에도 직무를 수행할 수 없거나 계속 요양을 할 필요가 있는 경우, 한국방송통신대학교 출석 수업에 참석하는 경우, 기타 상당한 이유가 있다고 학교장이 인정하는 경우와 같은 특별한 사유가 있는 경우에는 본인의 법정연가일수 안에서 필요한 기간에 대하여 허가할 수 있다.

(라) 연가는 반일단위로도 허가할 수 있으며, 반일연가 2회는 연가 1일로 본다.

- 반일연가는 근무상황부의 종별란에 반일연가로 기재

(4) 다음연도 연가 사용

(가) 학교의 연가 허가권자는 당해 연도의 잔여 연가일수를 초과하는 휴가사유가 발생한 경우에는 2분의 1 범위에서 다음연도 연가를 미리 사용하게 할 수 있다.

※ 다음 연도의 연가를 미리 사용할 수 있는 경우(국가공무원 복무규정 제16조 제6항 관련)

- 공무 외의 목적으로 국외여행을 하는 경우
- 병가, 연가를 모두 사용한 후에도 직무를 수행할 수 없거나 계속 요양할 필요가 있는 경우
- 한국방송통신대학교 및 일반대학교 · 대학원 출석 수업에 참석하는 경우
- 일부 경조사의 경우
- 기타 상당한 이유가 있다고 허가권자가 인정하는 경우

구분	대상
결혼	본인 및 배우자의 형제자매
회갑	본인, 배우자, 본인 및 배우자의 직계존속
사망	본인 및 배우자의 형제자매의 배우자
	본인 및 배우자의 부모의 형제자매, 본인 및 배우자의 부모의 형제자매의 배우자
탈상	배우자, 본인 및 배우자의 부모
	본인 및 배우자의 형제자매, 본인 및 배우자의 형제자매의 배우자
	본인 및 배우자의 조부모 · 외조부모

(나) 연가의 허가권자는 소속 공무원의 연가신청이 있는 경우 학교수업에 특별한 지장이 없는 경우 이를 허가할 수 있다.

(5) 연가일수의 공제

(가) 결근일수 · 정직일수 · 직위해제 일수 및 강등 처분에 따른 직무에 종사하지 못하는 일수는 이를 연가일수에서 공제한다.

(나) 법령에 의한 의무수행이나 공무상 질병 또는 부상으로 인하여 휴직한 경우를 제외한 휴직의 경우에는 연가일수에서 다음 산식에 의하여 산출된 일수를 공제한다. 이 경우 당해연도 휴직기간은 월로 환산하여 계산하되, 15일 이상은 1월로 계산하고 15일 미만은 이를 산입하지 아니하며, 산식에 의하여 산출된 소수점 이하의 일수는 반올림한다.

$$\frac{\text{당해연도 휴직기간(월)}}{\text{12(월)}} \times \text{당해연도 연가일수}$$

(다) 반일연가 2회는 연가 1일로 계산하여 공제함. 따라서, 반일연가 5회인 경우는 연가 2일과 반일연가 1회가 되며 반일연가 1회의 계산은 아래 (라)와 같이 한다.

(라) 지각 · 조퇴 · 외출 및 반일연가 1회는 구분 없이 누계시간으로 계산하며 누계 8시간을 연가 1일로 계산하여 공제한다.

① 반일연가 1회는 13시를 기준으로 오전 · 오후로 구분하여 각각 4시간으로 계산한다.

② 누계시간을 연가일단위로 계산한 후 8시간 미만의 잔여 시간은 계산하지 아니한다.

※ 누계시간 연가일 단위 계산방법 예시

○ 1년간 외출 15시간, 조퇴 9시간, 지각 1시간, 반일연가 1회가 있는 공무원의 경우
- (15시간+9시간+1시간+4시간) ÷ 8시간 = 3일 5시간
- 연가공제일수는 3일이며, 잔여 5시간은 계산하지 아니함

2) 병가

(1) 병가의 종류별 내용

(가) 일반병가는 다음의 경우 연 60일의 범위 안에서 허가하며, 질병이나 부상으로 인한 지참 · 조퇴 및 외출은 구분 없이 누계시간으로 계산하여 누계 8시간을 병가 1일로 처리한다.

① 질병 또는 부상으로 인하여 직무를 수행할 수 없을 때

② 감염병에 걸려 그 교원의 출근이 다른 교원이나 학생 건강에 영향을 미칠 우려가 있을 때

(나) 공무상 병가는 공무상 질병 또는 부상으로 직무를 수행할 수 없거나 요양을 요할 경우에 연간 180일의 범위 안에서 허가한다. 다만, 병가사유가 동일한 경우에는 연도의 구분 없이 180일의 범위 안에서 허가한다.

(2) 병가일수의 계산

(가) 병가일수는 1월 1일부터 12월 31일까지 1년 단위로 계산하며, 전년도 병가사용 일수에 관계없이 연도가 바뀌면 새로 시작한다. 다만, 공무상 병가에 있어서 병가사유에는 그러하지 아니한다.

(나) 진단서를 제출하여야 함에도 제출하지 못한 병가는 이를 연가일수에서 공제하고 병가 일수에는 산입하지 아니한다.

(3) 병가의 운영방법

(가) 병가일이 연속 7일 이상과 병가의 연간누계가 6일을 초과하게 되는 경우에는 「의료법」 제17조에 의하여 교부된 진단서를 제출하여야 한다.

- 수회에 걸쳐 계속되는 병가 및 병가실시 후 근무 중 통원치료 등의 경우 동일질병 또는 부상에 한하여는 병가 및 통원치료시마다 별도진단서의 제출 없이 최초 제출한 진단서로 갈음

(나) 일반병가와 공무상 병가의 사용 가능 일수는 각각 별도로 운영한다.

① 공무상 병가기간 만료 후에도 직무수행이 어렵거나 계속 요양을 요할 경우에는 일반 병가를 허가할 수 있음

② 일반병가 기간이 만료된 후에는 개인별 법정 연가일수의 범위 안에서 연가를 허가할 수 있으나 병가 · 연가를 모두 사용한 후에는 휴직 조치함

※ 휴직 조치 후의 복직은 질병 · 부상의 완쾌 등 휴직사유의 소멸 시 가능하므로 휴직기간 만료 시 동일사유로 연속하여 일반 병가를 허가할 수 없음. 다만, 휴직기간(1년)이 끝난 후 복직하여 정상근무 중 동일질병 또는 부상이 재발된 때에는 복직 후의 근무가 정상적인 상태로 상당기간 지속된 경우에만 일반병가를 허가할 수 있음

(다) 병가기간이 연간 6일을 초과할 때에는 7일 이후의 병가는 연가를 활용하여야 하며, 개인연가를 활용한 후에도 질병 또는 부상이 완치되지 않은 경우에는 잔여병가를 활용할 수 있다. 다만, 의사의 진단서가 첨부된 병가는 그러하지 아니하다.

(4) 공무상 병가제도의 운영상 유의사항

(가) 공무상 병가를 허가하고자 할 때 공무상 질병 · 부상사실 여부는 「공무원연금법」에 의한 공무상 요양승인 결정에 따른다.

- 단, 공무상 병가기간은 기관장이 진단서와 해당 공무원의 직무수행 가능 여부 등을 감안하여 결정함.
- 가해자에 의한 손해배상 등의 사유로 공무상 요양비가 지급되지 않는 경우에도 공무상 요양승인을 받아야 함.

(나) 「공무원연금법」을 적용받지 않는 교원(기간제교원 등)의 경우, 6일 이내의 단순 안정만을 요하는 경미한 질병 · 부상의 경우에는 허가권자가 공무상 질병 · 부상 여부를 판단하여 공무상 병가를 허가할 수 있다.

(다) 공무상 요양 승인기간 중이라도 공무상 병가일수 180일이 만료된 후에는 동일한 사유로 재차 공무상 병가를 허가할 수 없다.

(라) 공무원연금공단에 공무상 요양승인을 신청하여 심의 중에 있으면 그 결정서를 통보받을 때까지는 일반 병가 또는 연가를 허가할 수 있으며, 이 경우 공무상 질병 또는 부상으로 결정된 때에는 소급하여 공무상 병가로 처리한다. 이는 공무원에 대한 불이익을 최소화하기 위한 취지이므로, 본인이 원하

는 경우 공무상병가로 소급 처리하지 않거나 일반병가 · 연가의 일부만 소급 처리할 수도 있다.

(마) 일반병가 및 연가를 사용한 후에도 공무상 요양승인이 결정되지 아니하여 일반 질병 휴직 중인 경우 휴직기간 중에 공무상 질병 또는 부상으로 결정된 때에는 당초의 휴직처분(일반병가 · 연가 포함)을 취소하고 공무상 병가로 처리한다(<『휴직 중에 공무상 요양승인이 결정된 자에 대한 인사처리 지침』, 총무처 인기 12107-351, '96. 6. 11). 승인받은 공무상 요양기간이 일반병가 · 연가 및 공무상 병가일수를 초과하여 결정된 경우에는 일반 병가 · 연가 및 공무상 병가기간이 경과한 날에 휴직처리하고, 질병 또는 부상으로 인하여 출근하지 못하는 교원에 대하여 병가, 연가, 휴직 등으로 처리하고자 하는 경우 업무담당 공무원은 해당 공무원의 의사(意思)를 확인한 후 근무상황을 처리(병가 · 연가는 본인의 신청에 따라 부여하여야 한다. 다만, 갑작스런 발병이나, 본인이 의식불명 등으로 의사표시를 할 수 없는 경우와 같이 특별한 사정이 있는 경우에는 가족이 연락하여 휴가신청을 대행할 수 있다)

3) 공가

(1) 학교의 장은 소속교원이 (가) 「병역법」 기타 다른 법령에 의한 징병검사 · 소집 · 검열점호 등에 응하거나 동원 또는 훈련에 참가할 때, (나) 공무에 관하여 국회 · 법원 · 검찰 기타 국가기관에 소환된 때, (다) 법률의 규정에 의하여 투표에 참가할 때, (라) 승진 · 전직시험에 응시할 때, (마) 원격지 간의 전보발령을 받고 부임할 때, (바) 「산업안전보건법」 제43조에 의한 건강진단 또는 「국민건강 보험법」 제52조에 의한 건강검진을 받을 때, (사) 「교원 등의 연수에 관한 규정」 제13조에 의한 외국어능력시험에 응시할 때, (아) 올림픽 · 전국체전 등 국가적인 행사에 참가할 때, (자) 천재 · 지변 · 교통차단 기타의 사유로 출근이 불가능할 때, (차) 「혈액관리법 시행령」 제2조(헌혈의 권장)의 규정에 의하여 헌혈에 참가할 때, (카) 「교원의노동조합설립 및 운영 등에 관한 법률」 제6조에 의한 단체교섭위원으로 참석할 때와 「교원의노동조합설립 및 운영 등에 관한 법률 시행령」 제3조 제3항에 의한 교섭관련 협의를 위하여 지명된 자로 참석할 때, (타) 「교육기본법」 제15조에 의한 교원단체(예, 한국교원단체총연

합회)가 「교원지위향상을 위한 교섭 · 협의에 관한 규정」 제2조의 교섭 · 협의 당사자로 지명된 소속 교원이 「교원지위향상을 위한 특별법에 의한 교섭 · 협의 위원으로 단체교섭 및 협약체결을 위해 참석할 때에는 이에 직접 필요한 기간에 대하여 공가를 허가하여야 한다.

(2) 공가제도의 운영상 유의사항으로, 공가의 허가대상인 『직접 필요한 기간』에는 검사일 · 소환일 · 투표일 · 시험일 등의 당일에 왕복 소요일수를 가산할 수 있다. 전보 시 업무인계인수 · 이사 등에 소요되는 최소한의 일수를 포함한다. 건강진단 시 재진료의 경우에도 공가 대상이다. 행사참가는 학교의 장이 선수 · 심판 등 공가활용이 불가피하다고 인정되는 경우에 한한다. 「교원의 노동조합설립 및 운영 등에 관한 법률」 제6조에 의하여 교원노동조합의 단체교섭 권한을 적법하게 위임받은 단체교섭위원 및 「교원의 노동조합설립 및 운영 등에 관한 법률 시행령」 제3조 제3항에 의한 교섭관련협의를 위하여 지명된 자와 「교육기본법」 제15조에 의한 교원단체 소속 교원이 「교원지위향상을 위한 특별법」에 의한 교섭 · 협의 위원으로 지명된 자에 한하여 공가 처리된다. 이와 달리 교원노조 및 「교육기본법」 제15조에 의한 교원단체의 소속 교원의 단체교섭과 관련된 공가기간은 단체교섭 및 교섭관련 협의에 직접 참가한 시간과 동 회의에 참석하기 위하여 필요한 이동시간을 포함하며, 단체교섭 및 교섭 관련협의를 위한 사전협의 등의 부대시간은 공가기간으로 인정될 수 없다.

(3) 공가의 사례

「국가기술자격법」에 의한 기술자격취득자의 경우 자격의 유지를 위한 개별법령에 따른 보수교육에 대하여는 공가처리. 다만, 공무원 임용 시 「국가기술자격법」 기타 개별 법령에 의한 자격취득이 공무원 임용요건으로 의무화된 경우에는 교육파견절차에 따라 처리한다(사례 1). 구속된 경우 기소 전까지는 공가처리한다. 유죄판결이 확정될 때까지는 무죄로 추정되는 헌법 정신을 감안하고 불기소 · 기소유예 등의 경우에 대비. 다만, 직위해제 또는 징계요구 등 인사 조치를 신속히 취하여 공가기간을 최소화시켜야 한다(사례 2). 징계 · 소청 · 행정소송 등에 있어서 업무담당 공무원의 출석은 출장처리하고, 당사자 및 참고인은 공가처리. 다만, 그 내용이 공직신분과 무관한 사항은 연가를 활용해야 한다(사례 3). 민사소송의 당사자로서 출석할 때는 연가를 사용하여야 하며, 민사소송 절차에 업무상 관련이 있는 공무원이 참고인 · 증인 또는 감정인으로 출석요구에 응할 때는 공가처리한다(사례 4). 단체교섭 및 교섭 관련 협의와 관련하여 사진촬영, 참관 등의 사항으로 참석하거나 사무처리를 위하여 동행하는 인원은 공가처리할 수 없으며 단체교섭이나 교섭 관련 협의가 아닌 교원노동조합의 자체규약에 의한 총회, 대의원회, 조합연수, 조합행사, 설명회, 기타 조합회의 및 집회 등에 참석하는 경우와 교육부, 교육행정기관과의 협의를 위해 교원노조법에 의한 법적 근거 없이 참석하는 경우는 공가처리 대상이 아니다(사례 5).

※ 공가에 대한 질의 · 회신: 교원이 국가대표로서 올림픽대회에 출전을 하게 될 경우에 출전하기 위한 합숙훈련 및 출전기간에 필요한 기간에 대한 처리는?

- 교원이 국가대표로서 올림픽대회 등에 출전하는 경우에는 필요한 기간은 공가로 취급함이 타당하다.

4) 특별 휴가

(1) 경조사휴가

(가) 경조사별 휴가일수

구분	대상	일수
결혼	본인	5
	자녀	1
출산	배우자	5
사망	배우자, 본인 및 배우자의 부모	5
	본인 및 배우자의 조부모 · 외조부모	2
	자녀와 그 자녀의 배우자	2
	본인 및 배우자의 형제 · 자매	1
입양	본인	20

(나) 입양은 「입양특례법」에 의한 입양에 한정하며, 입양 외 경조사휴가를 실시할 때 원격지일 경우에는 실제 필요한 왕복소요 일수를 가산할 수 있다. 원격지

라 함은 가장 빠른 교통수단으로도 왕복 8시간 이상 소요되는 지역을 말한다.

(다) 경조사휴가는 그 사유가 발생한 날을 포함하여 전후에 연속하여 실시하는 것이 원칙이나 수업에 지장이 없는 범위에서 본인 결혼 및 배우자 출산 휴가의 경우에는 그 사유가 발생한 날부터 30일 이내의 범위에서 사용 가능하다.

(라) 경조사 휴가대상 친족의 범위

① 직계존속 부모 · 조부모 · 증조부모뿐 아니라 외조부모 및 외증조부모, 양자 · 양녀로 입적된 경우에는 양부모와 친생부모 포함한다. 하지만 계부 · 계모는 인척으로 직계존속이 아니다.

② 본인 및 배우자의 부모의 형제자매와 그 형제자매의 배우자 백숙부모뿐 아니라 고모(부), 이모(부), 외숙부(모) 모두 포함한다.

③ 본인 및 배우자의 형제자매와 그 형제자매의 배우자 형제자매뿐 아니라 형수, 제수, 형부, 제랑, 매형, 매제, 처남댁, 동서 모두 포함한다.

(마) 경조사 휴가와 공휴일

① 경조사 특별휴가 기간 중에 공휴일 및 토요일은 휴가일수에 산입하지 않는다.

(2) 출산휴가

(가) 임신하거나 출산한 교원에 대하여 출산의 전후를 통하여 90일의 출산 휴가를 허가할 수 있으며, 출산 전 휴가기간이 45일을 초과할 수 없다. 다만, 한 번에 둘 이상의 자녀를 임신한 경우에는 120일의 출산휴가를 허가할 수 있으며, 출산 후의 휴가기간이 60일 이상이 되게 한다. 휴가기간의 배치는 의료기관의 진단서에 의한 출산 예정일을 기준으로 하되, 조산의 우려 등 특별한 경우는 예외 인정하고, 휴직 중에는 출산휴가 신청이 곤란하므로, 출산 전에 육아휴직 중인 경우에는 출산예정일을 기준으로 사전에 인사부서에 복직신청을 하고 출산휴가 신청에 대한 의사를 표해야 한다.

(나) 행정기관의 장은 임신 중인 공무원이 유산(모자보건법 제14조 제1항에 따라 허용되는 경우 외의 인공임신중절에 의한 유산은 제외) · 사산의 경험이 있는 경우, 출산휴가를 신청할 당시 연령이 만 40세 이상인 경우, 유산 · 사산의 위험이 있다는

의료기관의 진단서를 제출한 경우를 사유로 출산휴가를 신청하는 경우에는 출산 전 어느 때라도 최장 44일(한 번에 둘 이상의 자녀를 임신한 경우에는 59일)의 범위에서 출산휴가를 나누어 사용할 수 있도록 하여야 한다. 단, 유산·사산의 위험이 있다는 의료기관의 진단서를 제출한 경우 해당 여성 공무원은 병가 및 출산휴가 신청이 가능하다.

(다) 임신 이후 유산 또는 사산한 경우로서 교원이 신청하는 때에는 기준에 따라 유산·사산휴가를 주어야 한다. 다만, 인공임신중절수술(모자보건법 제14조 제1항의 규정에 의한 경우는 제외)에 의한 유산의 경우는 휴가를 부여하지 않는다. 참고로 1주는 7일이므로 임신 77일까지는 5일, 임신 78일부터 105일까지는 10일, 임신 106일부터 147일까지 30일, 임신 148일부터 189일까지는 60일, 임신 190일 이후는 90일이 된다. 휴가기간은 유산·사산한 날부터 기산하므로 유산·사산한 날 이후 일정기간이 지나서 청구하면 그 기간만큼 휴가기간이 단축된다. 기준을 열거하면 다음과 같다. ① 유산 또는 사산한 교원의 임신기간(이하 "임신기간"이라 한다)이 11주 이내인 경우: 유산 또는 사산한 날로부터 5일까지, ② 임신기간이 12주 이상 15주 이내인 경우: 유산 또는 사산한 날로부터 10일까지, ③ 임신기간이 16주 이상 21주 이내인 경우: 유산 또는 사산한 날부터 30일까지, ④ 임신기간이 22주 이상 27주 이내인 경우: 유산 또는 사산한 날부터 60일까지, ⑤ 임신기간이 28주 이상인 경우: 유산 또는 사산한 날부터 90일까지이다.

(라) 출산 및 유산·사산 휴가는 산모의 건강을 고려하여 일정기간 휴가를 부여하는 것이며, 임신 중에 심한 입덧이나 부작용 등으로 안정의 필요성이 있을 경우 학교장은 산모의 건강 및 수업 등을 고려하여 출산예정일 전·후를 통하여 출산휴가를 하도록 지도하고 일반병가를 허가할 수 있다.

(3) 여성보건휴가

(가) 여성교원은 매 생리기와 임신한 경우 정기점진 등을 위하여 매월 1일의 여성보건휴가를 얻을 수 있음. 다만, 생리로 인한 여성보건휴가는 무급으로 처리한다.

(나) 보건휴가의 취지상 폐경기가 도래한 여성은 보건휴가를 얻을 수 없다. 이 경우 의사의 진단서로 증명할 수 있다.

(다) 보건휴가는 1일을 사용하는 것이므로 추후 분리하여 2일 사용은 할 수 없다.

(4) 육아시간

(가) 생후 1년 미만의 유아를 가진 여자교원은 1일 1시간의 육아시간을 얻을 수 있으며, 허가대상 여부는 병원의 출생증명서 또는 주민등록등본으로 확인한다(최초 이용 시에 한하여 제출).

(나) 육아시간은 본인의 신청에 따라 수업 등 학생지도에 지장이 없는 범위 내에서 근무시간 중의 적절한 시간을 선택하여 유아가 만 1세가 되는 날의 전일까지 허가한다(예시: 1시간 또는 30분 늦게 출근하거나, 1시간 또는 30분 일찍 퇴근 또는 근무시간 중 1시간 활용).

(다) 육아시간의 허가는 근무상황부에 사용기간과 매일의 사용시간을 기재하여 일괄결재로 처리하고, 사용시간이 변경될 경우에는 다시 결재를 받아야 한다.

① 근무상황부의 "종별"란에는 "육아시간"으로 기재

② "기간 또는 일시"란 중 "부터 · 까지"에는 사용기간을 기재하고, "일수 · 기간"에 매일의 사용기간을 기재

(5) 수업휴가

(가) 한국방송통신대학교에 재학 중인 교원은 「한국방송통신대학교설치령」에 의한 출석수업에 참석하기 위하여 연가일수를 초과하는 출석수업에 대하여 수업휴가를 얻을 수 있다

(나) 본인의 법정연가일수를 먼저 사용한 후에 부족한 일수에 한하여 수업휴가가 인정되므로 출석수업 전 연가사용은 불가피한 경우로 제한하여야 한다.

(6) 재해구호휴가

(가) 수해 · 화재 · 붕괴 · 폭발 등의 재해 또는 재난으로 인하여 피해를 입은 교원과 재해 또는 재난발생지역에서 자원봉사활동을 하고자 하는 교원은 5일 이내의 재해구호휴가를 얻을 수 있다.

① 피해를 입은 교원이라 함은 재난 · 재해발생으로 인하여 본인, 배우자, 본인 및 배우자의 부모, 자녀의 인명과 재산에 상당한 피해를 입은 교원을 말한다.

② 자원봉사활동을 하고자 하는 교원이라 함은 재난 · 재해발생지역에서 시설복구 및 친 · 인척 또는 피해주민을 돕고자 하는 교원을 말한다.

(나) 학교의 장은 재해 또는 재난의 피해 정도, 피해지역에 대한 자원봉사활동의 필요성, 학생수업상의 지장유무 등을 판단하여 신중하게 허가하여야 하며 이를 남용하지 않아야 한다.

(7) 불임치료 시술 휴가

(가) 인공수정 또는 체외수정 등 불임치료 시술을 받는 공무원은 시술 당일에 1일의 휴가를 받을 수 있음. 다만, 체외수정 시술의 경우 난자 채취 일에 1일의 휴가를 추가로 받을 수 있게 한다.

(8) 모성보호시간

(가) 임신 중인 여성공무원으로서 임신 후 12주 이내에 있거나 임신 후 36주 이상에 해당하는 공무원은 1일 2시간의 범위에서 휴식이나 병원진료 등을 위한 '모성보호시간'을 받을 수 있다.

(나) 근무시간 중의 적절한 시간을 선택하여 신청할 수 있으며, 허가대상 여부는 병원에서 발급한 증빙서류(진단서, 임신확인서, 산모수첩 등)로 확인(최초 이용 시에 한하여 제출), 늦게 출근하거나, 일찍 퇴근 또는 근무시간 중 모두 활용한다.

(9) 자녀돌봄휴가

(가) 다음 각 호의 어느 하나에 해당하는 경우 연간 10일의 범위에서 가족돌봄휴가를 받을 수 있다.

① 영유아보육법에 따른 어린이집, 유아교육법에 따른 유치원 및 초중등교육법 제2조 각 호의 학교의 휴업 · 휴원 · 휴교, 밖에 이에 준하는 사유로 자녀 또는 손자녀를 돌봐야 하는 경우

② 자녀 또는 손자녀가 다니는 어린이집 등의 공식 행사 또는 교사와의 상담

에 참여하는 경우

③ 미성년자 또는 장애인복지법 제2조 제2항에 따른 장애인인 자녀 ·손자녀의 병원 진료(국민건강보험법 제52조에 따른 건강검진 또는 감염병의 예방 및 관리에 관한 법률 제24조 및 제25조에 따른 예방접종을 포함)에 동행하는 경우

④ 질병, 사고, 노령 등의 사유로 조부모, 외조부모, 부모(배우자의 부모를 포함), 배우자, 자녀 또는 손자녀를 돌봐야 하는 경우

(나) 가족돌봄휴가는 현행 가족돌봄휴직에서 부여되는 연간 90일의 휴직기간 중 일정 단위를 하루 단위로 사용할 수 있는 제도이다.

(다) 감염병의 확산 등을 원인으로 재난 위기경보가 발령되거나, 이에 준하는 대규모 재난이 발생한 경우로서 근로자가 가족을 돌볼 필요가 인정될 경우 휴가 기간을 최대 10일까지 더 연장할 수 있다.

(라) 가족돌봄휴가는 무급으로 하되, 자녀(같은 항 제4호의 경우에는 미성년자 또는 장애인인 자녀로 한정한다)를 돌보기 위한 가족돌봄휴가는 연간 2일(자녀가 2명 이상이거나 장애인인 경우 또는 해당 공무원이 한부모가족지원법 제4조 제1호의 모 또는 부에 해당하는 경우에는 3일)까지 유급으로 한다.

5. 공무 외의 국외여행

1) 기본방침

① 교원의 공무 외 국외여행은 휴업일(여름·겨울 및 학기말 휴업일을 말함) 중에 실시함을 원칙으로 한다.

② 교원의 전문성 신장을 위하여 휴업일 중 공무 외의 자율연수 목적의 국외여행 기회를 부여한다. 단, 「교육공무원법」 제41조의 규정에 의한 공무 외 자율연수 목적의 국외여행은 「국가공무원복무규정」에 의한 휴가와 별도로 실시한다.

③ 공무 외 자율연수 목적의 국외여행 인정범위 및 절차 등에 관한 세부적인 사항은 시·도교육감(국립은 총장 또는 학교장)이 정한다.

2) 실시방법

(1) 휴가일수 범위 내 공무 외 국외여행 등

본인 또는 친인척의 경조사, 질병의 치료, 친지방문, 견문목적, 취미활동, 가족기념일 여행, 기타 필요한 경우, 본인 또는 친인척의 경조사 및 본인의 긴급한 질병치료 등 특별한 경우를 제외하고는 학교교육에 지장이 없는 휴업일 중 휴가기간의 범위 안에서 공무 외의 목적으로 국외여행을 할 수 있다. 교원(교육공무원법 제2조 제1항 제1호)이 여름·겨울 및 학기말 등의 휴업일에 공무 외의 국외여행을 할 경우에도 「국가공무원복무규정」에 의한 휴가일수의 범위 안에서 실시한다. 다만, 「교육공무원법」 제41조의 규정에 의한 연수목적의 국외여행은 별도다. 공무 외의 국외여행을 위한 휴가를 신청할 때에는 근무상황부 또는 근무상황카드의 「사유 또는 용무」란에 「공무 외의 국외여행」임을 표시한 후 학교의 장의 허가를 받는다. 다만, 교장은 직근 상급기관의 장(교육감 또는 교육장, 국립은 총장 또는 장관)의 허가를 받아 실시하되, 문서, 전화 또는 구두로 신청할 수 있으며, 직근 상급기관에서는 근무상황부 또는 근무상황카드에 의하여 관리한다. 연가의 경우에는 본인의 법정 연가 일수 안에서 필요한 기간을 허가할 수 있다.

(2) 국외자율연수를 위한 공무 외 국외여행(이하 "국외자율연수")

교직단체가 주관하는 연수 또는 해외 교육기관의 초청에 의한 연수참가, 개인의 학습자료 수집 등(구체적 인정범위는 시·도교육감(국립은 총장 또는 학교장)이 정한다) 기간은 학교교육에 지장이 없는 범위 내에서 휴업일 중 실시한다. 절차로는 학교의 장의 사전승인을 얻은 후 실시한다. 다만, 교장은 직근 상급기관장의 사전승인을 받는다. 승인절차에 관한 구체적 사항은 시·도교육감(국립은 총장 또는 학교장)이 정한다. 실시 사례를 들면, 친지를 방문(10일)하고 이어서 국외자율연수(10일간)를 할 경우 친지 방문을 위한 연가신청을 하고 동시에 국외자율연수 승인절차를 취하여야 한다. 본인이 해외로 신혼여행을 갈 경우는 특별휴가 기간 내에서 신청한다. 이때 유의할 사항으로는 ① 학교의 장 또는 직근 상급기관의 장은 교원이 휴가일수 범위 내에서 공무 외의 목적으로 국외여행을 하고자 할 때 불필요한 규제를 할 수 없으며, 여권 발급 등에 필요한 지원을 하여야 한다. ② 시·도교육감(국립은 총장 또는 학교장)은 교원의 전문성 신장을 위한 국외자율연수 기회를 최대한 부여함으로써 자질향상에 기여할 수 있도록 하여야 한다. ③ 교원은 여권발급절차 · 입국사증의 취득 · 출입국관리 · 통관절차 기타 관계법령을 준수하여야 한다. ④ 여행기간 중 현지의 규범 · 관습 등을 지켜 교원으로서 품위를 유지하여 건전한 여행문화 풍토조성에 솔선수범하여야 한다. ⑤ 국외여행을 위한 민폐 · 관폐 등은 금지하여 일어나지 않도록 한다.

연구와 토론을 위한 실전문제

1. 교원의 직권휴직사유를 설명하시오.
2. 교원의 청원휴직사유를 설명하시오.
3. 「초 · 중등교육법」 제20조에 규정된 교직원의 임무에 대해 설명하시오.
4. 교사의 근무성적 평정요소를 설명하시오.
5. 「교원지위 향상을 위한 특별법」 제3~6조의 중요한 내용을 간추려 설명하시오.
6. 국 · 공립학교 교원은 적극적 의무와 소극적 의무를 수행해야 한다. 적극적 의무와 소극적 의무를 설명하시오.
7. 교원노조 전임자 지위에 대해서는 「교원의 노동조합 설립 및 운영 등에 관한 법률」 제5조에 규정되어 있다. 교원노조 전임자의 지위를 설명하시오.

Chapter 10

장학론

오늘날의 교육행정에서는 관리행정보다는 장학행정이 강조되고 있다. 이는 장학이 교육력의 증대와 직결되기 때문이다. 장학은 여러 교육행정 수준에서 이루어지고 있으나, 교사들의 전문성 개발을 통한 교수–학습의 질 향상에 초점을 둔 장학 활동이 중요시되고 있는 것이 오늘날 장학의 특징이다. 이 장에서는 장학의 일반적 특징, 장학의 종류, 장학 담당자의 자질과 역할, 장학의 문제와 발전과제, 미래 장학의 기본 가정에 대해 살펴보고자 한다.

제1절 장학의 일반적 특성

1. 장학의 개념

장학의 어원적 개념을 살펴보면 미국에서는 'Supervision'이라고 하는데, 'Super'와 'Vision'의 합성어로서 'Super', '높은 곳' 혹은 '우수한'이란 뜻이고, 'Vision'은 '본다.' 또는 '감시한다'는 뜻을 지닌 말들이다. 그러므로 이 말은 '높은 곳에서 우수한 사람이 감시한다'는 의미로 '감독'을 지칭한 말이다. 영국에서는 'Inspection'이라고 하여 'In'과 'Spect'의 합성어로 '들여다본다'는 뜻으로 '시찰, 검열' 등의 의미를 지닌 말이다.

그러나 이러한 장학의 개념은 크게 변하였다. 지금은 이러한 권위적인 장학의 개념에서 많이 변모하여 민주적 장학이 점차 강조되기에 이르렀다. 장학은 행정조직에서는 민주적 지도성이 강조되어 지도 · 조언의 기능을 중시하고 학교교육에서는 협동적인 교내장학과 자기장학이 강조되어 수업기술과 경영능력을 중시하게 되었다. 이렇게 장학은 그 내용과 방법 면에서 커다란 혁신을 가져오게 되었다.

학자에 따라 장학의 과정, 접근, 강조점을 달리하여 개념을 다르게 정의하고 있는데 근대적 장학의 개념을 처음으로 정의한 학자를 살펴보면 다음과 같다.

버튼W. H. Burton은 '교수행위의 개선, 현직교사의 성장, 교육과정의 선정과 조직, 교사의 평가와 관련된 제 활동'이라 규정하였다.

웨일즈K. Wiles는 장학이란 '교사들이 그들의 일을 보다 잘 할 수 있도록 도와주는 봉사활동'이라고 하여 교수-학습태도의 개선 및 향상을 위한 조언을 강조하고 있다.

해리스Ben N. Harris는 '학생들의 학습을 돕고자 이용되는 수업과정에 직접적인 영향을 주는 방법으로 학교를 경영해나가거나 변혁을 가져오게 하는 인적 · 물적 요소를 다루는 일'이라고 하였다.

알폰소Robert J. Alfonso와 퍼스Gerald R. Firth, 네빌Richard F. Neville도 로렐과 해리스Ben N. Harris 등과 같이 '장학은 학교 내의 상담활동, 수업, 행정, 학생의 행동체제 등과 상호작용하는 수업행동체제'라고 보았다.

우리나라에서도 백현기는 국내 최초로 『장학론』을 저술한 학자이다. 그는 장학이란 '학습과 아동의 성장 · 발달에 관한 모든 여건을 향상시키는 전문적 기술 봉사활동'이라고 말하였다.

주삼환은 '장학의 핵은 수업개선이라는 데 있으며, 수업개선을 하려면 교사, 교육과정, 학습환경에 변화를 주어 결국 학생의 학습행위를 변화시켜 학습성취, 학습결과를 높여야 하는데, 이것이 바로 장학의 본질이고 장학의 의미'라고 하였다.

남정걸은 '장학은 학생들의 성장과 발달을 증진시키기 위하여 교사들의 활동을 전문적으로 개선 · 향상시키는 일'이라고 정의하였다.

이윤식은 '교육활동의 개선을 위한 모든 지도 · 조언 활동, 교육목표의 효율적인 달성을 위한 집단적 · 협력적인 모든 활동'이라 하였다.

이상에서 살펴본 바와 같이 장학이 무엇이냐에 대하여 학자들마다 시대에 따라 약간 그 접근법과 강조점이 다를 뿐이지 수업을 향상 · 개선해야 한다는 데는 이견이 없는 것 같다. 여러 학자들의 장학에 대한 개념 · 정의를 종합하면 '장학이란 교수-학습이나 수업의 질을 개선하기 위하여 교수 · 기술을 향상시키고, 교육과정을 개발하여, 학습환경의 개선에 관한 지식과 기술, 그리고 정보를 제공하는 전문적인 지원, 조력 및 평가활동'이라 할 수 있다.

2. 장학의 필요성 및 목적

우리나라에서는 교육이 양적 · 외형적으로는 급성장하고 세계에 유례없는 성공을 거두었으나, 질적인 면에서는 세계적인 수준에 뒤떨어지고 있어 교육의 질 향상을 위한 노력을 경주해야 할 필요성이 대두되고 있다.

장학은 교육행정 실제에서뿐만 아니라 교육행정학의 이론체계에서도 중요한 위치를 차지하고 있다. 교육행정조직에서 장학기능은 중요한 활동이 되고 있으며, 단위 학교조직에서도 교육과정의 운영 및 수업개선을 위하여 장학은 필수불가결한 기능으로 인식되고 있다.

특히 다음과 같은 교육 내외의 환경변화는 장학과 그 기획의 필요성을 한층 더 강조하고 있다.

첫째, 교육과정의 변화, 새로운 교육공학의 도입, 정보화시대의 도래 등은 교사의 능력개발과 연수의 필요성을 증대시키고 있으며, 이에 따라 장학기획의 필요성도 함께 증대되고 있다.

둘째, 전 세계적으로 강조되고 있는 교육개혁의 핵심적 과제는 교육의 질 향상이며, 이를 위해서는 장학기획이 강화되어야 한다.

셋째, 지방교육자치제의 실시와 단위학교 책임경영제의 도입에 따른 분권화와 참여, 자율에 따른 책무성의 요구 등이 강조됨에 따라 장학기획이 중시되고 있다.

넷째, 열악한 교육여건과 승진기회의 제한, 유인체제의 약화 등으로 저하된 교원의 사기를 앙양시키고, 가르치는 일에서 만족과 성취감을 느낄 수 있도록 하기 위해서는 수준 높은 장학과 그 기획이 요청된다.

다섯째, 장학에 대해 부정적인 교사들의 태도를 변화시키기 위해서 질 높은 장학을 위한 기획이 요망되고 있다.

장학의 목적은 교육활동의 개선, 즉 교원들의 전문성을 바탕으로 한 교수-학습 활동의 개선을 핵심으로 하여 설정된 교육목표를 효율적으로 달성하고, 궁극적으로 학생들의 지적 · 정의적 · 신체적 성장과 발달을 제고하기 위함이라고 할 수 있다.

3. 장학의 기능

① **교원의 성장 · 발달을 돕는 기능**: 교원들로 하여금 교직생활과 관련된 제반영역에서 필요한 가치관, 신념, 태도, 지식, 행동을 갖추도록 도와주는 기능을 말한다.

② **교육과정운영의 효율화를 돕는 기능**: 교육목표를 달성하기 위하여 학생들에게 제공되는 교육내용 및 교육활동에 대한 개발 · 운영 · 평가에 있어서 효과를 높이도록 도와주는 기능을 들 수 있다.

③ **학교경영의 합리화를 돕는 기능**: 학교체제 내의 인적 · 물적 · 재정적 자원을 효과적으로 유지 · 통합 · 운영하고, 제반 교육활동기능을 최적화하도록 도와주는 기능이다.

4. 장학의 원리

① **학교 중심성 존중의 원리**: 교육활동이 실제로 전개되는 학교현장의 인적 · 물적 조건 및 조직적 · 심리적 특성을 존중한다.

② **자율성 존중의 원리**: 학교의 자율성과 학교 내 구성원으로서 교직원들의 자율성을 존중한다.

③ **협력성 존중의 원리**: 장학담당자, 학교관리자, 교직원, 기타 관련되는 외부인사 모두의 협력적이고 참여적인 공동 노력을 조성 · 유도한다.

④ **다양성 존중의 원리**: 학교현장의 조건과 특성 및 교직원들의 필요와 요구에 기초하여 다양한 내용과 방법을 활용한다.

⑤ **계속성 존중의 원리**: 장기적인 교육활동의 개선을 위한 기능을 수행(일시적 · 단기적이 아닌 계속적 · 장기적 시행)한다.

⑥ **자기발전성 존중의 원리**: 학교의 발전뿐만 아니라 학교구성원으로서 교직원 개인의 발전, 나아가 장학담당자의 발전도 도모할 수 있다.

제2절 장학의 종류

1. 교육청 주도의 장학

1) 종합장학

(1) 주안점

- 교육혁신 및 주요 교육시책의 학교현장 정착
- 자기주도적 학습능력 신장을 위한 교수-학습방법 개선
- 교육목표달성을 위한 학교별 교육활동의 장단점 파악 및 지원을 통한 학교 교육력 제고

(2) 조직 및 운영, 지도관점

- 종합장학은 학교평가와 연계하여 실시
- 종합장학팀은 1명의 장학관과 2~3명의 장학사 그리고 사전에 위촉한 수업 장학위원으로 장학반을 구성하여 운영
- 학교별 장학주제(공통, 선택) 및 방법을 사전 협의, 조정
- 특색 있는 교육활동, 모범수업사례 등 우수실천사례를 발굴하여 일반화하고 포상 등을 통하여 최대한 우대
- 건의사항과 현안과제는 관련 부서와 협의 및 해결 노력
- 학교장 중심의 자율적이고 창의적인 교육과정운영 정상화 노력지원

2) 담임장학

(1) 주안점

- 학교장 중심의 교내 자율장학활동의 활성화 조장
- 학교 현안문제의 해결 · 지원을 통한 교육력 제고
- 교육방법 개선 및 교육시책 구현을 위한 공감대 형성

(2) 조직 및 운영, 지도관점

- 담임 장학지도는 담임 장학계획에 의거 모든 학교를 대상으로 분기별 1회 정도 실시
- 장학지도업무의 효율적 추진을 위하여 학교별 담당 장학사를 배정, 운영
- 교수-학습활동, 학생생활지도, 직원복무상황 학업성적 평가 및 관리, 교육시설, 환경, 기타 현안문제 등에 대하여 상시지도

3) 요청장학

(1) 주안점

- 학교에서 요청하는 교과 또는 특정 영역에 대한 전문적 · 심층적 협의 · 지원을 통한 교육의 질 개선

(2) 조직 및 운영, 지도관점

- 학교평가 결과 취약분야가 제시된 학교의 요청장학 신청에 의하여 실시
- 학교의 장학지도 신청 내용과 영역을 고려하여 수업개선 지원단 중심의 장학반 조직 · 운영
- 수업 전 협의회-체계적인 수업참관 분석-수업 후 협의회 등 방법의 개선에 초점을 두고 협의 및 지도

4) 표집장학

(1) 주안점

- 학교현장의 전반적인 교육활동 현황파악
- 주요 교육시책 구현, 역점사업 추진 등의 현장 정착 확인

(2) 조직 및 운영, 지도관점

- 교육지역청별 1~2교를 우선 표집하여 실시
- 장학관 1명에 2~3명의 장학사로 구성 · 운영

- 주요 교육시책 구현, 역점사업 추진상황 점검 확인
- 장학방향, 장학실제 등 장학방법 개선을 위한 각종 자료수집

5) 컨설팅 장학

(1) 주안점

- 학교의 요청 또는 교육청의 필요에 따라 전문성을 갖춘 장학요원이 현안과제를 진단하고 해결을 위한 대안을 마련하여 지원하기 위함
- 현안문제 해결 · 지원을 통한 신뢰받는 교육풍토 조성

(2) 조직 및 운영, 지도관점

- 사전 협의를 통해 컨설팅 영역, 방법 및 컨설팅 장학요원 선정–교과별 전문가, 일반직 공무원 위촉
- 학교단위 요청 시 교육방법의 개선뿐만 아니라 시설, 행정, 전산, 관리, 회계 등 학교경영 전반에 대한 컨설팅
- 컨설팅 장학결과를 보고서로 작성하고 교육청 단위의 지원책 강구

2. 학교현장의 자율장학

1) 자율장학의 개념 및 목표

자율적인 장학이라는 의미를 보다 직접적으로 표현한 '자율장학'이라는 용어는 대체로 공간적인 분류를 기준으로 두 가지의 경우로 사용된다. 하나는 개개 단위학교에 초점을 둔 '자율장학'이고, 다른 하나는 동일 지구나 인근지역 내 몇 개의 단위학교 간 협동체에 초점을 둔 자율장학이다. 전자를 '교내 자율장학'으로, 후자를 '지구 자율장학'으로 구분할 수 있다.

교내 자율장학은 학교장을 중심으로 한 학교수준의 장학으로 장학의 본질상 가장 효율적인 장학이라 할 수 있다. 교내장학이란 단위학교에서 교육활동의 개선을 위하여 교장 · 교감이 주체가 되어 학교 자체 계획에 따라 전체 교직원이 다함께 노력하는 협동적 · 지원적 과정이라 정의할 수 있다.

2) 교내 자율장학의 여러 모형

(1) 수업장학(Supervision of Instruction)

수업장학은 교수-학습의 과정에서 수행하는 수업자의 수업방법과 기술을 어떻게 향상시켜 줄 것인가에 그 목적을 두고 있다. 수업장학은 이제까지의 일반장학이 해오던 학교의 시설 · 설비의 마련, 인사제도의 변화, 학교분위기 개선과 같은 관리 행정적 업무를 제외한 장학의 궁극적 목적인 교수-학습의 개선에 그 노력을 집중시킬 필요성에 의해 대두된 장학의 한 형태이다.

✣ 주요 특징

① 교사의 수업기술 향상이 주된 목적이다.
② 교사와 장학담당자의 대면적 관계와 상호작용을 중요시한다.
③ 교실 내에서의 교사의 수업행동에 초점을 둔다.
④ 일련의 체계적이고 집중적인 과정이다.

(2) 임상장학과 마이크로티칭(micro-teaching)

임상장학은 코건Cogan에 의해 개발되어 처음에는 8단계의 세밀한 절차를 채택하였으나 애치슨Acheson과 갈Gall에 의해 발전된 것으로, 장학자와 교사의 친밀한 관계 속에서 수업과 장학에 임하기 전에 사전 계획협의회를 하고 수업관찰을 통하여 분석하고 피드백협의회를 하여 다시 수업전략을 세우는 3단계를 거치는 교실 현장방문 중심의 일대일의 장학방법이다. 이는 학급단위의 장학으로 교사중심 장학이라 할 수 있다.

마이크로티칭(micro-teaching)도 임상장학의 원리와 비슷하고, 원래 교사양성기관에서 교수기술 향상훈련을 위해서 개발되었다는 점에서 비슷하다. 우선 '마이크로'라는 말이 의미하듯이 축소된 수업으로, 이것은 실제 상황의 수업이 아니라 시간을 4~20분간 축소하고, 학생도 3~10명의 소집단을 대상으로 축소하고, 교수기술도 한두 가지에 초점을 둔 하나의 수업연습이라 할 수 있다.

(3) 동료장학(Cooperative Professional Supervision)

동료장학은 동료교사들 간에 그들이 교육활동의 개선을 위하여 공동으로 노력하는 과정으로 볼 수 있다. 동 학년단위 또는 동 교과단위로 수업연구과제의 해결이나 수업방법의 개선을 도모하기 위한 수업연구(공개)활동, 공동 관심사나 공동과제, 공동문제 해결 · 개선을 위해 협의하는 것들이 동료장학의 전형적인 형태이다. 또한 상호 간에 정보 · 아이디어 · 도움 또는 충고 · 조언을 주고받는 공식적 · 비공식적 행위도 넓은 의미로 동료장학으로 볼 수 있다.

✤ **주요 특징**

① 교사들의 자율성과 협동성을 기초로 수업개선을 위해 공동 노력한다.

② 학교의 형편과 교사들의 필요와 요구에 기초하여 그 내용과 방법에 있어서 다양하고 융통성 있게 운영되며 일정 계획에 의거 실시된다.

③ 적극적인 동료관계를 증진시켜 학교 및 학생 교육에 대한 적극적인 자세와 개인교사의 전문성 신장을 도모한다.

(4) 자기장학(Self-Supervision)

자기장학은 교사 개인이 자신의 전문적 발달을 위하여 체계적인 계획을 세우고 이를 실천하는 과정이다. 교사는 전문직 종사자로서 자기성장과 자기발전을 위해 끊임없는 노력을 경주할 것이 요구된다는 당위성에서도 자기장학의 의미는 크다고 하겠다. 장학담당자의 지도가 없어도 스스로 자신의 전문성 향상을 위하여 노력할 수 있는 의지와 능력이 있는 교사들에 대하여는 교사 스스로가 자기장학을 해나가도록 유도하는 것이 바람직하다.

✤ **주요 특징**

① 교사 자신의 자율성과 자기 발전의지 및 능력을 기초로 한다.

② 제반 전문적 영역에서의 교사 자신의 성장 · 발달을 도모한다.

③ 원칙적으로 교사 자신이 스스로 계획을 세우고, 이를 실천하여 그 결과에 대하여 자기반성을 하는 활동이다.

(5) 약식장학

약식장학은 단위학교의 교장이나 교감이 간헐적으로 짧은 시간 동안 학급방문이나 수업참관을 통하여 교사들의 수업 및 학급경영활동을 관찰하고, 이에 대해 교사들에게 지도 · 조언을 제공하는 과정을 의미한다.

✤ 주요 특징

① 원칙적으로 단위학교의 교내 자율장학의 책임자인 교장이나 교감의 계획과 주도하에 전개된다.

② 간헐적이고 짧은 시간 동안의 학급순시나 수업참관을 중심활동으로 한다.

③ 다른 형태의 장학활동에 대하여 보완적이고 대안적인 성격을 갖는다.

(6) 자체연수

자체연수는 교직원들의 교육활동의 개선을 위하여 그들의 필요와 요구에 대해 교내외의 인적 · 물적 자원을 활용하여 단위학교 자체에서 실시하는 연수활동이다. 자체연수에는 교장, 교감, 교사뿐만 아니라 서무직원들도 참여할 수 있을 것이다. 교장, 교감, 부장교사, 교사를 포함하여 교내외의 교직원 또는 외부 전문가나 장학요원들이 연수담당자가 되어 진행한다. 교직원들 간의 체육활동, 취미활동, 종교활동 등도 넓은 의미에서 자체연수에 포함되는 활동으로 이해할 수 있다.

✤ 주요 특징

① 교사들의 자율성과 협동성을 기초로 한다.

② 학교의 형편과 교사들의 필요와 요구에 기초하여 그 내용과 방법에 있어서 다양하고 융통성 있게 운영된다.

3. 지구별 자율장학

1) 목적

① 지구별 교육현안의 협의 · 조정

② 교육 프로그램 및 우수 교육정보의 교환

③ 지역 특성에 맞는 창의적 · 협동적 교육활동 전개

2) 조직 및 운영

① 지역별 · 계열별 특성을 고려하여 지구 자율장학협의회 구성 · 운영
② 지구별로 간사학교, 부간사학교를 선임하여 지구별 자율장학활동 추진
③ 교육활동 상호 공개, 참관 및 프로그램 교환 등 학교 간 방문장학 실시
④ 교과별 수업 연구 및 공개, 합동연수, 세미나 등 개최
⑤ 학교별 과제분담 연구 및 발표회 등 교육연구활동 실시
⑥ 교내외 생활지도방법 개선 협의 및 공동 추진
⑦ 유관기관 및 지역사회와의 협조체제 구축

3) 지구별 자율장학방법

① 지구 자율장학활동은 간사학교가 중심이 되어 지구 내 학교 간의 협의를 통하여 장학활동 과제 및 과제별 주관학교를 선정하여 자율적 · 창의적으로 추진, 간사학교는 지구 내 학교와 협의하여 연간 운영계획을 수립하고 효과적 추진을 위하여 업무의 분담 · 조정, 업무추진방법, 예산배정 및 집행 등을 주관
② 학교 간 방문 · 교류활동을 통하여 학교교육활동 우수사례의 일반화 및 현안 문제해결방안 모색

제3절 장학담당자의 자질과 역할

1. 장학담당자의 자질과 전문성

1) 장학담당자

장학이 아무리 좋은 목적을 갖고 교육에 있어서 중요한 역할과 기능을 다 한다해도 이 일을 해낼 수 있는 담당자가 없으면 무의미하게 된다. 장학이 교원들의 전문적 성장과 교수-학습방법의 개선 및 학급, 학교경영의 효율화를 꾀하기 위한 활동이라고 볼 때 이러한 역할을 수행하는 꼭 필요한 사람이 곧 장학담당자이다.

장학담당자는 장학행정조직에서 장학업무를 수행하는 장학사(관), 연구사(관)뿐 아니라 교육행정조직의 장인 교육감, 교육장, 교장(감)을 포함해서 일선학교의 부장교사, 동료교사까지도 모두 포함하여 장학적 역할을 담당하는 담당자라고 할 수 있다.

2) 장학담당자의 자질

장학활동을 효과적으로 수행하기 위해서는 장학담당자로서의 역할에 맞는 자질을 구비할 것이 요청된다. 자질이란 생득적인 요소도 있을 수 있고 후천적 요소도 있을 수 있다. 일반적으로 자질이란 인격과 태도를 포함하는 인성적 자질뿐 아니라, 교육과 훈련 등으로 계발된 능력과 소양 등 전문적 능력 및 미래사회에 대비하는 발전적 자질을 가져야 한다.

(1) 인성적 자질

첫째, 장학담당자는 장학을 담당하기 이전에 우선 사람이 되어 있어야 한다. 그는 지식이나 이론에 앞서는 인격을 갖추고 있어야 한다. 아무리 해박한 이론과 지식을 가지고 있다 할지라도 인격에 문제가 있다면, 그는 장학담당자가 될 요소가 부족하다고 할 수 있다. 인격과 도덕성을 갖추는 일은 장학담당자가 갖추어야 할 1차적 자질이라고 할 수 있다.

둘째, 장학담당자는 스스로 성실한 모범을 보이고, 타인을 존중하며, 인내를 가지고 지도 · 조언함으로써, 교사나 학생은 물론이고 사회로부터의 존경과 신뢰의 대상이 될 수 있다.

셋째, 장학담당자는 교직에 대한 소명감으로 충만해 있어야 한다. 교사를 지도해 아동을 올바르게 육성하는 것이 자신에게 부여된 소임임을 명심함으로써 과업에 대한 지속적인 정열을 발휘하고 책임을 질 수가 있어야 한다.

어떤 문제가 발생했을 때 낙관적인 태도로 문제를 해결하기 위해서는 장학담당자의 수용적 자세와 아울러 봉사정신이 요구된다. 그리고 현실적인 문제를 정확하게 인식하고 합리적으로 일을 처리하려고 할 때 장학담당자에게는 문제인식과 업무수행에서 수용적 자세가 필요하며, 전문지식과 기술로 봉사하려는 정신이 필요하다. 또한 상대의 입장에서 주어진 가치를 평가할 수 있는 여유가 필요하며, 건전한 비평에 귀를 기울일 수 있는 허용적 분위기는 장학지도를 위한 다양한 정보를 얻게 할 것이다.

(2) 전문적 자질

첫째, 장학담당자는 인간과 사회현상에 대한 다양하며, 깊이 있는 지식을 갖춤으로써 올바른 장학지도를 할 수 있다. 교육은 주로 인간에 의해 이루어지는 활동이다. 그러므로 장학담당자는 여러 분야에 관한 폭넓은 교양에 기초한 건전한 가치관을 가지고, 원만한 의사소통을 이룰 수 있는 능력을 가지고 있어야 한다.

둘째, 학교교육을 위해 교사들로 하여금 효과적인 교수기술을 가지게 하는 것이 장학담당자의 주 임무이다. 아동의 학습은 교수기술의 개선을 통한 다양한 학습활동의 효과성에 달려 있다. 그러므로 장학담당자는 다년간의 성공적인 교수-학습경험을 통하여 교사의 수업기술을 지도할 수 있는 전문적인 교수기술을 지니고 있어야 한다. 또한 장학담당자로서 갖추어야 할 중요한 영역으로서 빼놓을 수 없는 것이 평가능력이다. 학교나 교사의 능력을 정확히 평가하여야 적절한 장학적 기술의 투입이 가능하다.

셋째, 21세기에 요구하는 교육의 목표, 방법 그리고 평가와 관련해서 많은 내용들의 변화가 예견된다. 이에 장학담당자는 자신의 전문적 능력을 교사들에게 전달하여 장학으로 기대되는 소기의 목표를 달성할 수 있게 하기 위한 실천능력을 가지고 있어야 한다.

(3) 장학담당자의 전문성

일선 학교현장에서 구체적인 장학지도를 하기 위해서는 장학담당자의 전문화가 시급한 과제이다.

장학담당자의 전문화를 위해서는 여러 가지 제도적 장치를 마련할 필요가 있으며, 일정한 자격과 경력을 가진 교사 중에서 적격자를 선발하여 양성하는 제도 등을 고려해 볼 수 있다.

웨일즈Kimball Wiles는 수업개선에 도움을 주는 활동으로 장학담당자의 역할을 규정하였는데, 전문적 자질에는 ① 지도성 기술, ② 인간관계기술, ③ 집단과정에 대한 기술, ④ 인사관리기술, ⑤ 평가기술 등 다섯 가지 기술이 있다고 하였다.

또한 서지오바니Thomas J. Sergiovanni는 장학담당자의 역할로서 교육 프로그램 지도자와 수업지도자로서의 전문성을 언급하였다.

따라서 장학담당자의 업무수행에서의 전문적 역할에는 ① 수업지도성, ② 학생지도력, ③ 교육과정 및 자료개발 능력, ④ 학교 및 학급 경영능력 지식과 기술 등을 포함할 수 있다.

3) 장학담당자의 지도성

오늘날 급속하게 변화하는 사회에서 효율적인 장학업무를 수행하기 위해서는 장학담당자는 행정적 측면에서의 정책접근의 관리적 지도성뿐만 아니라 전문적 측면에서 실천중심의 현장 지도성이 아울러 요구된다고 볼 수 있다.

따라서 장학의 지도성에서 그 역할은 ① 수업지도성, ② 조직관리능력, ③ 교육경영능력 등이 요구된다고 하겠다.

2. 학교현장에서 장학담당자의 역할

1) 장학의 전문화와 민주화를 위한 장학담당자의 역할

① 1차적으로 교과지도에 충분한 지식과 기술을 갖추어야 할 뿐만 아니라, 교육활동과 관련하여 교사들에게 보다 전문적이고 효과적인 지도 · 조언 등 장학하는 데 필요한 지식과 기술을 갖춘다.

② 교사들이 선진학교나 연구 · 시범 · 선도학교 등을 방문하여 직접 보고 듣고 느끼도록 하여 새로운 지식과 기능의 습득이 필요함을 인식시킨다.

③ 학교의 형편과 교사들의 필요와 요구에 대하여 다양한 형태 · 내용 · 방법을 활용한 장학계획을 수립하여 적극 추진한다.

④ 장학담당자와 교사 간에 민주적이고 협력적인 상호작용을 통하여 장학효과를 극대화한다.

2) 장학여건 개선을 위한 장학담당자의 역할

① 교사들이 공문서의 위임전결규정활용 등 합리적인 처리 및 간소화, 행사의

축소 등 업무부담을 경감시켜 교사들이 장학에 적극적이고 자발적으로 참여할 수 있는 여건을 조성하고 편의를 제공한다.

② 장학담당자와 교사들이 장학활동에 적극적으로 참여하여 실질적이고 효과적인 장학활동이 전개되기 위해서는 필요한 시간적 · 심적 여유와, 아울러 장학 관련 충분한 예산확보로 기자재, 자료, 도구를 적기에 공급하는 등 물적 여건을 마련하고 이를 적극 활용토록 한다.

③ 장학담당자는 교사들의 장학에 대한 의욕과 참여를 높이기 위하여, 유공교사와 우수교사의 공로를 근무평정, 표창추천, 해외연수 참가 등 인사관리에 적극 반영한다.

④ 학교 자체가 하나의 연수공간이 되어 교사 스스로 전문성을 개발할 수 있는 공간을 제공하고, 그러한 풍토를 조성함으로써 교사 간의 접촉과 상호작용을 증진시키는 데 기여하도록 한다.

3) 장학에 대한 부정적인 사고전환을 위한 장학담당자의 역할

장학담당자는 세대 간 특성이나 개인적인 문제에 대하여 충분한 이해와 관심을 가지고 교사들이 장학에 대하여 긍정적인 인식을 갖도록 하기 위하여 다음과 같은 점을 항상 염두에 두고 노력해야 할 것이다.

① 자체연수나 평상시 자연스런 대화를 통하여 장학의 개념을 이해시키고 장학이 교사의 성장 · 발달에 도움이 되는 활동임을 인식시킨다.

② 장학의 첫 단계로 비교적 거부감이 적은 자기장학을 할 수 있도록 하며, 다음 단계로 동 학년 · 동 교과교사들끼리의 동료장학을 권장하면서 서서히 장학에 대한 거부감을 해소시키고 장학이 필요함을 깨닫게 한다.

③ 여교사 및 젊은 교사들의 사고방식과 가치관을 이해하려고 노력하며, 그들의 개인적인 문제를 파악하여 도와주려고 노력한다.

④ 교사들의 합리적인 제안은 무시하지 말고 가능한 한 적극적으로 수용하여 학교경영에 반영하도록 한다.

⑤ 학교경영이나 업무처리에 있어 합리적이고 민주적인 지도성을 발휘하여 교사들의 신뢰를 얻도록 한다.

⑥ 교사들의 실수를 이해하고, 그들의 장점을 발견하여 칭찬·격려함으로써 좋은 인간관계를 조성한다.

제4절 장학의 문제와 발전과제

1. 장학의 문제

1) 상급기관 장학의 문제

일선학교 교원들에 의하여 일반적으로 지적된 상급기관 장학의 문제들은 ① 일선학교 파악 부족, ② 교사의 전문적 성장을 돕는 데 미흡, ③ 관료주의적 장학행정, ④ 획일적인 장학행정, ⑤ 일관성의 결여, ⑥ 형식적 참모기능 수행, ⑦ 장학정책의 빈번한 변경, ⑧ 점검·지시·확인으로 일관, ⑨ 일선학교의 독창성 및 자율성 무시, ⑩ 참모기능보다 계선기능이 더 강한 점, ⑪ 학교 특성 무시, ⑫ 인사행정에 지나치게 결부, ⑬ 수업개선보다 학교평가에 치중 등이다.

2) 수업장학의 문제

일선학교 교원들에 의하여 일반적으로 지적된 수업장학의 문제들은 ① 장학 요원의 수업개선에 대한 이해 부족, ② 전시효과적 장학, ③ 장학요원의 지도성 개발 부족, ④ 교사의 교직전문성 개발 등한, ⑤ 비민주적, 감독위주, 상부지시 중심의 장학 등이다.

3) 임상장학의 문제

일선학교 교원들에 의하여 일반적으로 지적된 임상장학의 문제들은 ① 교사와 학생 간의 관계문제, ② 교사와 장학요원 간의 관계문제, ③ 교사들의 연구수업 기피, ④ 장학요원의 자세나 능력의 문제, ⑤ 구태의연한 종래의 수업방법 등이 거론되었다.

교사들이 학생들과 좋은 인간관계를 맺지 못하는 데는 ① 학생의 인격 무시, ② 품위손상, ③ 비민주적 언행, ④ 수용태세의 부족, ⑤ 자부심 부족, ⑥ 사명의식 부족, ⑦ 과중업무 등이 원인이 있는 것으로 보인다. 교사들이 장학요원과 좋은 관계를 유지하지 못하는 이유로 ① 공동노력의 부족, ② 장학사에 대한 불신, ③ 의사소통의 단절, ④ 공동노력의 기회 부족, ⑤ 시간의 제약 등이 있다.

교사들 중에는 ① 연구에의 무관심, ② 무사안일주의, ③ 승진에만 관심, ④ 전문적 능력의 부족, ⑤ 의욕부진, ⑥ 평가결과에 대한 공포들로 해서 연구수업을 기피하는 경향이 있는 것으로 보인다. 장학요원들 중에는 ① 지도성 부족, ② 권위적 의식, ③ 교사에 대한 인격 무시, ④ 구태의연한 지도방법, ⑤ 장학사의 인력 부족에서 오는 역부족 등의 문제가 있는 것으로 보인다. 일부 교사들은 수업내용, 방법, 절차에 있어서 종래의 관념에서 탈피하지 못함으로써 ① 교사의 창의성 및 독창성 발휘의 제한, ② 강의식 위주의 수업, ③ 지식편중의 주입식 수업, ④ 지시적이고 일방적인 수업분위기 등의 문제가 있다.

2. 장학의 발전과제

지금까지 논의된 문제점과 더 개선되어야 할 점들로 볼 때 앞으로 장학정책에 반영되어야 할 발전적 과제들은 적지 않다.

1) 장학조직 기능의 강화

장학행정조직의 개선 방향은 장학기능을 충실히 수행하여 장학조직의 목적을 최대로 달성하고 또한 인적·물적 자원은 최소한 투입하면서도 장학요원의 욕구를 충족시켜 사기를 높일 수 있어야 한다.

첫째, 중앙장학을 수행하는 중앙 교육행정조직인 교육부의 기능은 국가적 차원의 교육정책 수립 및 결정, 교육목표에 따른 교육성과의 평가, 교육기획 등에 중점을 두어야 한다. 따라서 교육부에서는 전략적인 기획 및 정책개발 기능을 보다 강화하고 지엽적인 업무들은 지방 교육행정조직으로 이양하여 지방 교육행정조직이 중앙에서 수립한 정책에 따라 집행하는 기능을 부여해야 한다. 예컨대, 교육부 조직에서는 ① 교육기획, 교육정책, 교육평가 기능, ② 장학기능, ③ 교육전문직 기능이 강화되어야 한다. 또 교육부의 실장, 국장, 과장 및 담당관 직위에 장학직의 임용기회가 확대되어야 한다.

둘째, 학무장학을 수행하는 지방 교육행정조직인 특별시 · 광역시 · 특별자치시 · 도 · 특별자치도 교육청과 그 아래 지역교육청은 학교교육의 질을 향상시킬 수 있도록 학교교육을 지원해 주고 지도 · 조언하는 기능을 중요시하여야 한다. 그러기 위해서는 학무장학 조직 내에서 근무하는 장학요원들이 장학기능을 제대로 수행할 수 있도록 장학기구가 조정되어야 한다.

셋째, 수업장학은 교내에서 교사의 교수-학습활동을 직접적으로 도와서 수업의 질을 향상시키자는 활동이므로 학교 내에서 수업개선을 위한 각종 자료, 정보 제공, 시범수업 등에 전문직 지도 · 조언이 필요하다. 그러기 위하여서는 수업장학조직은 학교조직을 중심으로 중앙의 교육부 조직과 시 · 도 교육청 및 그 하위 교육청과 관련을 가지면서 수업의 질을 높이도록 체제화되어야 할 것이다. 또 수업장학인 교내장학의 활성화를 위하여 교내장학을 전담할 장학지도 전담교사제(가칭 장학지도 부장)를 운영하는 것이 좋겠다.

2) 장학요원의 전문화

장학업무를 전문적으로 수행하기 위하여서는 장학직도 교사직과 마찬가지로 전통적 전문직의 특성을 지녀야 한다. 그러기 위해서는 장학요원의 자질과 자격이 전문직 업무를 충실히 수행할 수 있을 만큼 질적으로 우수한 수준을 유지할 수 있어야 한다. 그러기 위해서는 학교에서의 교단경력을 통해 교사의 입장을 이해할 수 있어야 하고, 장기간의 교육과 훈련을 통해 교과지식, 일반교양, 교직지식, 행정전문 지식 면에서 교사보다 우수해야 하고, 교사와의 좋은 인간관계를 통해 교사들로부터 존경받고 신뢰받을 수 있도록 노력해야 한다.

또 장학요원이 전문화되기 위해서는 자격을 갖춘 전문요원을 양성하는 제도적 장치로서 양성프로그램이 정리되어야 한다. 양성과정을 통해 각 직급별로 자격증이 발급되어야 하고, 이 자격증의 표기는 양성기관에서의 교과선택 영역 및 적성을 고려하여 '수업장학 전문가', '장학행정 전문가', '교육연구 전문가' 등으로 구분하여 전문성을 제고시켜야 한다. 장학요원 양성과정은 석사과정 이상으로 필수화되어야 한다. 동시에 양성된 전문요원을 효율적으로 선발하여 임용할 수 있는 임용과정이 연구되어야 한다.

또 장학전문화를 뒷받침하기 위하여 장학직제가 어떤 형태로든 개선되어야 한다. 예컨대, ① 현행, '교육전문직' 명칭을 '장학직'으로 개칭하여 교육공무원을 교원직과 장학직으로 구분하고, ② 장학직의 직급을 현행 2단계(장학사, 장학관)에서 3단계(장학사, 장학관, 수석 장학관)로 세분하고, ③ 현행 교육전문직의 장학사(관), 교육연구사(관)를 장학직의 장학사(관)로 일원화하여 장학사(관)에게 자격증을 부여하는 등의 변화가 있어야 한다.

3) 장학담당자들의 바른 장학관 확립

장학담당자들은 바른 장학관을 확립해야 한다. 그러기 위하여서는 먼저, 교사들은 장학에 대한 부정적인 의식을 긍정적으로 바꾸어야 한다. 자율장학에 대한 교내 구성원들의 의식은 일반적으로 부정적이기 때문에 장학 본연의 기능을 효율적으로 수행하기란 쉽지 않다. 장학활동에 있어서도 어쩔 수 없이 순응하는 경우, 적당히 시간만 때우는 경우, 무관심하거나 필요하면 알아서 할 것이니 내버려두라는 식으로 소극적인 경우가 많다. 교직은 전문직이고 교사는 전문가이기 때문에 부단히 전문성을 유지하고 개발해야 함을 자각해야 한다. 전문가는 꾸준하고 계속적인 자기연찬을 통해서 또 다른 전문가와의 정보교환과 협조를 통해서 전문성을 키워 나갈 수 있다는 자신감을 가져야 한다. 교사들은 학교현장에서의 장학기능의 중요성을 긍정적으로 인식하고 교사 각자가 장학의 주체임을 의식하면서 장학활동에 더 적극적으로 참여하여야 할 것이다.

다음으로 학교행정가들도 장학활동에 대한 소극적 자세에서 적극적인 자세로 바꾸어야 한다. 학교의 주요 수업장학 담당자로서의 교장과 교감은 장학에 대한 신념과 함께 교사에 대한 신념도 지니고 있어야 한다. 교장과 교감이 교사들의 잠재적 능력이나 전문성을 인정하고 신뢰하며 장학활동에 이들을 적극적으로 활용할 수 있다면 장학에 대한 교사들의 의식도 바꾸어 놓을 수 있고 결과적으로 교내의 장학목적을 효율적으로 달성할 수 있을 것이다. 그러기 위해서는 장학담당자인 교장과 교감은 교육관련 전 분야에 대한 해박한 지식과 교육행정 내지는 장학행정에 대한 풍부한 경험과 일선 학교현장과 교사들을 이해하는 교단경력을 골고루 갖추고 있어야 한다. 또 급격하게 변화하는 시대적 요구에 재빠르게 적응하도록 노력해야 한다.

끝으로, 장학담당자 또는 장학요원들의 전문성이 신장되어야 한다. 장학담당자는 교육전문직인 장학관(사)뿐만 아니라 장학행정을 맡는 교육감 · 부교육감, 학교를 책임지고 있는 학교장 · 교감, 심지어 일선교단을 맡고 있는 부장교사 · 교사까지도 될 수 있다. 임상장학이나 수업장학에서는 물론이고 학무장학이나 중앙장학에서도 교육의 궁극적 목표인 교수-학습을 효과적으로 증진하도록 교수행위를 직접 · 간접으로 돕는다는 의미에서 보면 위의 각자들이 장학담당자가 된다. 이들은 일선학교의 교사들이 요청할 때는 언제든지 필요한 도움을 줄 수 있어야 하기 때문에 장기간의 교육 및 훈련과 실무경험을 쌓아서 전문성을 갖추고 있어야 한다. 또 교사들이 전문직 종사자로서 교과 전문성을 인정받고 있기 때문에 이들을 도와주고 지원해 주기 위해서는 부단히 현직교육을 통하여 전문성을 신장해야 한다. 장학요원을 위한 현직교육은 대학원 교육 중심의 자기연수가 좋은 방법이다.

4) 장학담당자의 바른 지도성 확립

장학담당자들은 장학행정가로서 옳게 지도성을 발휘해야 한다. 먼저 장학담당자는 지위에 의한 권력보다 개인에 의한 권력으로 영향력을 미쳐야 한다. 권력이란 남을 움직이게 하는 힘이다. 이 힘은 여러 가지 근원에서부터 나온다. 이 근원을 대별하면 지위에 근거를 둘 수도 있고 개인에 근거를 둘 수도 있다. 지위에 근거를 둔 권력으로는 보상적 권력, 강제적 권력, 합법적 권력, 배경적 권력 등을 들 수 있고, 개인에 근거를 둔 권력으로는 지지적 권력, 전문적 권력, 정보에 의한 권력 등을 들 수 있다.

장학담당자는 지위에 의한 권력만으로도 소기의 목적을 달성할 수 있지만 그것은 단순한 목적달성에 지나지 않고, 효과적으로 목적을 달성하지는 못한다. 만약에 지위에 의한 권력에 개인에 의한 권력이 가미된다면 장학담당자는 단순한 목표달성이 아니라 효과적으로 목적을 달성할 수 있을 것이다. 따라서 장학담당자는 지위에 의해서 얻어진 합법적인 권력이나 힘에 의한 권력이나 배경을 이용한 권력으로 교원들에게 영향력을 미칠 수도 있지만 그것만으로 충분하지가 않다. 그 힘에 더하여 장학담당자 자신이 덕성 · 학식 · 인격 등을 겸비하고 있다면 이런 것들에서 우러나오는 힘이 가미되어 더 크게 영향력을 미칠 수 있을 것이다.

특히 교사들은 전문직 종사자들이기 때문에 지위에 의한 권력에 영향 받기를 싫어한다. 그럼에도 불구하고 장학담당자들은 지위에 의한 권력행사에 익숙해 있기 때문에 쉽게 지위에 의한 권력을 행사하려고 한다. 여기서 간혹 장학담당자와 교사 간에 갈등도 야기된다. 따라서 장학담당자는 지위만 차지하면 자연스럽게 주어지는 지위에 의한 권력보다 계속적으로 부단히 노력하는 가운데 얻어지는 개인에 의한 권력으로 영향을 미치도록 노력해야 할 것이다.

다음으로 장학담당자는 권력지배보다 권력공유에 의한 지도성을 발휘해야 한다. 대체로 권력지배형의 지도자가 갖는 지도성의 특징은 ① 집단으로부터 유리되어 있고, ② 집단 위에 군림하려 하고, ③ 권력을 강조하고, ④ 일의 질을 고려하지 않고, ⑤ 그의 정책에 이유 없이 지지하기를 바라고, ⑥ 도전자는 지배되어야 한다고 생각하고, ⑦ 위임된 일이 지시대로 안 되었을 때는 징계 형식으로 벌을 주며, ⑧ 공포로 통제하며, ⑨ 참모들 간의 의사소통의 기회를 저지하며, ⑩ 새로운 아이디어가 아닌 자기의 지능에 의존하게 하고, ⑪ 다른 사람은 권력을 갖지 못하게 한다.

이러한 지도자 아래에 있는 구성원들의 행동 특성은 ① 경쟁적이고, ② 수용력이 부족하며, ③ 책임을 전가 내지 회피하고, ④ 협동할 의사가 결여되어 있고, ⑤ 집단 외부의 사람에게는 공격적이고, ⑥ 솔선수범하지 않고, ⑦ 복종적이며, ⑧ 퇴영적이며, ⑨ 책임을 받아들이지 못하고, ⑩ 성취감도 없고, ⑪ 일에 대한 흥미도 상실한다.

반대로 권력공유형 지도자가 갖는 지도성의 특징은 ① 함께 계획할 수 있도록 도와주고, ② 솔선하여 토론에 참여하고, ③ 모든 지혜를 동원하여 집단의 이익을 도모하고, ④ 권위나 책임은 지위가 아닌 기능에서부터 나옴을 이해하며, ⑤ 활동의 조정을 통해 집단권력을 창조하며, ⑥ 집단성원들이 책임감을 갖도록 도와준다. 이러한 지도자 아래에 있는 구성원들은 ① 충성심이 고양되어 있고, ② 개인적 책임감이 고양되어 있으며, ③ 단결하고, ④ 의사결정과정에 참여함으로써 책임감을 갖는다.

이와 같은 두 가지 지도성의 유형을 비교했을 때 장학담당자의 지도성 유형은 권력으로 집단성원을 지배하는 권력지배형보다 권력을 교사와 공유할 때는 교사 개인의 책임의식이 고양되지만 반대로 교사를 지배할 때 장학담당자의 지위와 권위를 강조하여 도전자는 지배되어야 한다는 생각으로 공포로 교사를 대하게 되며 결국은 교사로 하여금 복종적이고 무책임하고 무개성적인 인간으로 만들기 때문이다.

또 장학담당자는 항상 높은 수준의 과업 중심적 행동과 동시에 인간관계 중심적 행동을 염두에 두고 지도성을 발휘해야 한다. 높은 수준의 과업 중심적 행동이란 장학담당자가 자기의 책임과 의무를 잘 알고, 자기의 맡은 바 직책에 합당한 권력을 행사하며 항상 공명정대하며, 또 공을 사보다 우선하여 일하고 처리하는 행동을 말할 것이다. 극단적으로 말하면 관료제도의 순기능적 측면을 바르게 실행하는 행동을 말할 수 있다. 높은 수준의 인간관계 중심적 행동이라고 하면 장학담당자가 서로 믿음과 존경으로 대하고 상대방을 이해하려고 노력하고 서로를 수용하며, 인간으로서의 가치와 존엄성을 인정하려는 행동을 말한다. 따라서 훌륭한 장학담당자는 중앙의 장학조직에서나 지방의 장학에서나 학교에서나 간에 그 상황에 알맞게 높은 수준의 과업 중심적 행동과 높은 수준의 인간관계 행동을 동시에 유지하려는 마음의 자세를 견지해야 한다. 바른 지도성을 발휘하는 장학담당자는 어떤 한 행동에 치우침이 없어야 한다.

끝으로, 장학담당자는 효과적인 지도성 행동에 기초를 두되 조직구성원들의 성숙 정도에 따라 적절하게 지도성 유형을 선택하여야 한다. 적절한 지도성 유형은 허시Hersey가 제시한 지시형이나 설득형이나 참여형이나 위임형 중에서 구성원의 성숙 정도에 맞게 선택할 수 있다. 만약 구성원이 맡은 일에 대해 많은 지식이나 기술이 있고 맡은 일을 처리하는 데 대한 신념이나 자신감이 차 있을 때는 구성원에게 그 일을 위임해도 좋다. 이때 모든 결정은 구성원에게 맡겨도 좋다. 만약 구성원이 맡은 일에 대해 상당한 지식이나 기술은 있으나 수행하는 데 자신감이나 신념이 없으면 구성원과 함께 논의하고 결정하는 것이 바람직하다. 만약 구성원이 수행해야 하는 일에 대한 지식도 기술도 없으나 업무수행에 대한 자신감과 신념이 넘쳐 있으며 일의 목적이나 수행방법 등에 관하여 자세히 설명해 주고, 결정은 장학담당자가 하는 것이 좋다. 그러나 만약 구성원이 맡은 일에 대해 지식도 기술도 부족하고 그 일에 대한 신념도 자신감도 의욕도 없다면 처음부터 일일이 지시할 수밖에 없다. 또 필요한 결정도 장학담당자가 할 수밖에 없다.

5) 장학업무의 간소화

어떤 조직이든지 목적달성을 위해서 수행해야 할 업무가 있다. 조직의 목적을 효과적으로 달성하기 위해서는 한 직책이 담당해야 할 업무가 그 직책에 맞는 성질의 것이어야 하고 또 업무의 양이 적절해야 한다. 그러나 교육업무의 폭증, 중앙집권화의 경향, 업무분량의 비체계성 등으로 인해서 업무수행에 있어 문제가 생기게 된다. 이는 조직의 목적을 효과적으로 달성할 수 없도록 할 뿐만 아니라 조직원의 불만을 초래하게 하여 능률면에서도 저조하게 된다. 이를 막기 위하여 장학업무가 간소화되어야 한다. 여기서 장학업무의 간소화란 장학업무 중의 잡무를 근절하고 장학행정조직 수준별 업무를 이양하고, 타 부처나 기관으로 이관하고, 교육행정 기관 내에서 재조정하여 분배를 하며, 사무보조원을 배치하는 것을 말한다.

장학업무에 있어서 문제가 되는 것 중의 하나는 업무의 양이 과다하거나 그 내용이 적절하지 못하기 때문에 장학업무의 전문성을 저해하게 되는 것이다. 특히 장학요원들이 비전문적인 업무를 담당하는 경우가 많아 극히 비능률적이며 국가, 사회적으로도 손실을 초래하는 경우가 있다. 이의 해결을 위해서는 사무보조원이 배치되어 단순 노무적인 잡무를 처리하도록 하여야 한다.

6) 재정적 지원의 강화

재정적 지원이란 장학담당자들이 학교교육의 질적 향상을 도모하는 데 전념하도록 하는 하나의 열쇠가 될 수 있다. 재정적 지원이 부족할 때 장학업무 수행에 있어 효과적으로 소기의 목적을 달성하기 어려울 뿐 아니라 장학요원이 전문적 자질과 의욕을 가지고 있다 해도 결코 업무수행에 만족감을 얻지 못할 것이다. 장학사(관)나 교사가 시청각 기재 등의 교육자료를 쉽게 이용할 수 있도록 교육자료실 운영이 활성화되어야 한다. 자료실 운영의 활성화에는 전담교사의 배치까지도 고려해야 한다. 그리고 창의적이고 효과적인 장학지도를 실시하기 위하여 장학지도비의 지급제도도 개선되어야 한다. 장학지도비는 장학요원들이 장학지도 시 필요할 때 언제나 쓸 수 있도록 제도적 장치가 되어야 하고, 또 장학지도비에는 여비, 연구비, 자료 제작비까지 포함되어야 한다.

7) 현직교육의 효율화

장학의 직접적인 관심은 교원을 돕는 일이고, 교원을 돕는 일은 곧 교원의 성장과 발달을 돕는 일이며, 현직 교원의 성장 · 발달은 현직교육을 통해서 가능하다. 따라서 현직교육에 관련된 문제들이 해결되어야 하고, 이를 위하여 현행 현직교육이 효율적으로 이루어져야 한다.

제5절 미래 장학의 기본 가정

장학행정의 실제에 있어서 보다 더 큰 효과를 얻기 위하여 교육조직과 교육조직에 종사하는 교원과 장학담당자에 관한 가정을 와일즈와 로벨(Wiles & Lovell)이 제시하고 있는 항목을 중심으로 부연하면서 미래의 장학행정에 관한 가정도 설명하려 한다.

1. 교육조직에 관한 가정

첫째, 교육조직은 역동적이다. 역동적이란 많은 집단성원들이 서로 접촉하여 서로 영향을 주고받으면서 현상을 유지하여 안정을 찾을 뿐만 아니라 변화 · 발전을 꾀하는 과정을 말한다. 교육조직도 일반조직과 마찬가지로 조직의 성원들이 상호작용하면서 기존 질서의 유지와 새로운 질서를 추구한다는 의미를 포함한다.

둘째, 교육조직은 학생 · 부모 · 교사 · 지역사회에 봉사하기 위해 있는 것이다. 교육조직은 궁극적으로는 학생의 질을 향상시키기 위해 운영되며, 이는 공익성을 띠고 있기 때문에 부모 · 교사 · 지역사회를 위해 봉사하는 기관이어야 한다. 따라서 지역사회는 학교에 일정한 기대를 가지며 기대되는 교육의 성과가 이루어지기를 바라기 때문에 장학행정에서 학교의 공공성 내지는 공익성을 도외시하고는 교육조직을 운영하기가 어렵다.

셋째, 조직의 변화를 위해서는 과학적 조사가 가장 효과적인 근거가 된다. 교육조직이 발달하기 위해서는 필요에 따라 한 조직의 구조 · 기능 · 역할 등이 변화되어야 할 때가 있다. 이런 경우는 과거의 경험이나 주먹구구식 짐작에 근거할 것이 아니라, 체계적이고 과학적인 방법으로 분석 · 조사 · 실험한 연후에 변화를 시도해야 한다.

넷째, 인간은 합리적일 뿐만 아니라 감정적이고 이러한 인간의 감정은 중요시되어야 한다. 조직 내의 인간은 합리적일 때도 있지만 감정적이기 때문에 조직 내의 인간 감정을 중요시하지 않을 수 없다. 그래서 조직 내의 인간은 개인적 측면 · 심리적 측면을 중요시하면서 인간 감정을 바탕으로 하는 비형식적인 인간관계나 비공식적인 집단이 간과될 수 없는 것이다.

다섯째, 교육조직에 대한 이해 증진은 사회체제이론을 응용함으로써 가능하다. 앞에서도 언급했듯이 사회체제이론에서는 한 사회체제는 조직 규범적 측면과 인간적 측면의 인성과 욕구성향에 따라 나타나게 된다고 본다. 따라서 사회체제이론은 교육조직 내의 구성원의 사회행동을 이해하는 데 도움이 된다.

여섯째, 수업장학활동은 교육조직의 한 하위체제이다. 교육조직 내에는 수업장학활동을 비롯하여 교육활동 · 관리활동 · 상담활동 등이 상호작용하고 있다. 따라서 수업장학활동이 활발히 잘 이루어지기 위해서는 교육조직 내의 다른 하위체제인 다른 제 활동과도 서로 협조되고 조정되어야 한다.

일곱째, 교육조직은 사회의 하위체제다. 그러므로 사회는 구체적인 교육목표와 인적 · 물적 자원 같은 투입요소를 제공한다. 교육조직은 사회의 필요를 받아들여 교육의 목표를 정하고 이 목표를 수행하기 위해 사회로부터 인적 · 물적 지원을 받게 된다. 교육조직은 사회를 떠난 독립적 기관이 아니므로 사회가 필요로 하는 것을 교육조직에서 산출해 내야 하는 것이다.

여덟째, 사회는 교육조직이 제공하는 산물의 소비자다. 사회의 필요에 의해 교육의 과정을 통해 산출된 것, 즉 교육조직으로부터의 성과는 곧 사회가 받아들여 발전의 원천으로 삼은 것이다.

2. 교사에 관한 가정

첫째, 전문인으로서 교사는 인간의 존엄성과 가치를 지니고 있다. 인간의 존엄성과 가치 인정은 민주주의 사회에서 가장 중요한 것이다. 이러한 전제가 없이 상호 존중이나 존경 · 상호 이해 · 의사소통이 있을 수 없다. 상대방의 의사를 존중하거나 인격을 보장하는 것은 이러한 전제하에서 가능한 것이다.

둘째, 교사는 그들의 문제를 해결할 능력을 가지고 있고 또 협동적 행동을 통해 결정을 효과적으로 할 수 있다. 스스로 문제를 해결할 수 있는 능력이 인정되지 않을 때 자율적 장학이란 기대할 수 없고 협동적 결의를 할 수 있는 능력이 인정되지 않을 때 정책이나 계획수립에 있어서 교사집단을 통한 결정이란 있을 수 없다.

셋째, 교사들은 능력을 키울 수 있는 능력을 가지고 있다. 교사의 능력을 키울 수 있는 가능성을 전제하기 때문에 장학담당자는 개인의 능력을 향상시킬 수 있는 기회를 제공하고 자극할 수 있도록 그의 권한을 행사하는 것이다. 능력의 가능성 인정은 개인의 특질을 수용하면서 타당성 · 협동 · 정력적 활동 등을 인정하게 된다.

넷째, 개인으로서 교사는 그들 나름으로서의 특이한 데가 있다. 교사들은 개개인이 자기 나름으로서 특성을 가지고 있다. 이 특성에 의하여 다른 사람과 구별되는 것이다. 장학에서는 이 개별의 개성을 인정해 줄 때 교사는 교수-학습 개선을 위한 창의적인 독창성을 발휘할 기회를 갖게 되는 것이다.

다섯째, 교사들은 전문인으로서 수행하는 일을 더 효과적으로 하려는 동기를 가지고 있다. 교사는 교과과정 개발, 정책결정활동이나 협동적 계획, 협동적 평가 등을 치르는 데 있어 모든 일을 전문인으로 효과적으로 성취하려는 동기가 있다. 이 가정하에서 장학담당자는 교사를 전문인으로 인정하고 더불어 일할 수 있다.

여섯째, 교사들은 특수한 전문적 능력을 가지고 있을 뿐 아니라 자율성을 발휘하고 싶은 소망과 능력을 가지고 있다. 교사들은 전공교과목 · 학생지도 · 교수방법 등에 있어 전문가이며 남의 간섭이나 지시를 받지 않고 스스로 문제를 해결하고 싶어 하며 또 그럴 수 있는 능력을 가지고 있다.

3. 장학담당자에 대한 가정

첫째, 장학담당자는 장학관(사)뿐만 아니라 장학행정을 맡는 교육감 · 부교육감 · 학교장 · 교감 · 부장교사 · 교사 등도 될 수 있다. 임상장학이나 수업장학에서는 물론이고 중앙장학이나 학무장학에서까지도 교육의 궁극적 목표인 교수-학습을 효과적으로 증진하도록 수업행위를 직 · 간접으로 돕는다는 의미에서 보면 위의 각자들이 장학담당자가 되어야 한다.

둘째, 장학담당자는 지위에 의한 권력보다 개인에 의한 권력으로 영향력을 미쳐야 한다. 장학담당자는 지위에 의해서 얻어진 합법적인 권력으로 학교의 교원에게 영향력을 미치게 하는 것보다 개인의 덕성 · 학식 · 인격 등에서부터 나오는 힘으로 영향을 주도록 해야 한다.

셋째, 장학담당자는 권력지배보다 권력공유에 의한 지도성을 발휘해야 한다. 미래의 장학담당자의 지도성 유형은 권력으로 집단성원을 지배하는 권력지배형보다 권력을 집단성원과 함께 공유하는 권력공유형이어야 한다.

넷째, 장학담당자는 경력보다 전문적 지식위주로 업무를 수행하도록 제도화되어야 한다. 이러한 미래의 변화에 대처할 장학담당자는 경력에 의존하기보다는 전문적 지식을 갖고 인간관계 기술 및 의사소통 기술에 능하면서 탁월한 인품을 갖춘 사람이 필요한 것이다.

4. 장학행정에 대한 가정

미래를 생각하는 것은 현재보다 앞으로 더 잘 적용할 수 있도록 방향을 정하고 이 방향으로 나아갈 준비를 하기 위해서 필요한 것이다. 여기에 앞으로 지향해야 할 장학행정의 방향을 살펴본다.

첫째, 장학행정은 앞으로 계선기능보다 참모기능이 위주가 되어야 한다. 장학직은 교육에 과한 전문적 지식과 기술을 가지고 중앙조직에서는 교육행정의 최고책임자에게, 지방조직에서는 현장의 교육활동을 개선하도록 전문적으로 지도 · 조언하는 기능을 맡아야 할 것이다.

둘째, 앞으로서의 장학행정은 통제보다 자율이 우선되어야 한다. 미래의 장학행정은 지시 · 통제 · 감독을 위주로 하는 것보다 지도 · 조언 · 협력 · 봉사 · 컨설팅을 위주로 하여야 할 것이다. 일선학교의 창의적 · 전문적 식견에 기초한 자율적 · 역동적 활동을 할 수 있도록 영향력을 주어야 한다. 지역 및 학교의 컨설팅 요청을 바탕으로 하는 컨설팅 장학도 미래 장학이 나가야 할 한 방향을 제시해 주고 있다. 컨설팅 장학은 개선의 필요성을 느끼고 있는 학교 구성원의 자발적인 의뢰에 의하여 실시하는 장학이다.

셋째, 장학활동은 행정적 목적보다 수업개선 목적을 위주로 하여 이루어져야 한다. 그 목적은 결과의 잘잘못을 가려서 행정적 제재를 가하려는 것이 아니라, 결점을 발견하여 함께 협동적으로 문제를 해결함으로써 교육의 질적 향상을 기할 수 있도록 하여야 한다.

넷째, 장학활동은 권위적 입장보다 동료적 입장에서 이루어져야 한다. 장학지도의 목적과 관련하여 그 방법에 있어서도 학교를 방문할 때 권위주의적 입장에서 검열이나 평가를 하는 것보다 동료적인 입장에서 학교를 방문하여 대화와 컨설팅, 협의를 통해서 발견된 문제와 결점을 해결하고 보완할 방안을 함께 연구해야 할 것이다.

연구와 토론을 위한 실전문제

1. 장학의 유형 중 약식장학, 임상장학을 설명하시오.
2. 교사의 수업 전문성 향상을 목적으로 하는 마이크로 티칭을 설명하시오.
3. 수업장학의 한 형태인 동료장학을 설명하시오.
4. 장학유형 중 컨설팅 장학의 특징을 설명하시오.
5. 수업장학의 문제를 설명하시오.
6. 장학담당자의 자질에 대해 설명하시오.
7. 장학의 발전과제를 간단히 설명하시오.
8. 미래장학의 기본가정 중 장학담당자에 대한 가정을 설명하시오.

Chapter 11

학교경영론과 학급경영론

학교교육은 오늘날 격변하는 시대에 직면해 있다. 현대사회가 학교교육에 대하여 무엇을 기대하고, 어떤 것을 요구하고 있는가를 파악하여 새로운 학교경영의 방향을 모색하여 추진해 나가야 할 것이다.

학교교육은 학급을 기본 단위로 하여 전개된다. 학생은 학급교실에서 배우고 경험하면서 성장 · 발달한다. 따라서 학급을 어떻게 운영할 것인가를 주 내용으로 하는 학급경영은 학교교육의 성과를 결정하는 중요한 경영활동이다.

이 장에서는 학교경영 행위에 관해 학교경영의 이론적 기초, 학교경영 계획 수립에 관한 이론과 실제, 학급경영의 개념, 학급경영의 실제를 살펴보고자 한다.

제1절 학교경영의 이론적 기초

1. 학교경영의 개념

학교경영이란 어떤 학교가 그 목적을 달성하기 위하여 인적 · 물적 자원과 기술 · 정보의 활용을 조정 · 통합하는 활동이라고 할 수 있다(서울사대 교육연구소, 1981). 학교경영은 경영학설에 나타난 교육행정의 경영관리적 접근과 개념을 같이 한다. 단지, 학교경영은 학교를 하나의 단위로 해서 교육활동을 계획하고 조직을 편성하여 교육의 효과를 올리는 데 관심을 둔 것이다(배종근 · 정태범, 1986).

학교경영에서는 수업의 원칙이나 준거에 따라 교육과정(curriculum)을 어떻게 효율적으로 운영할 것인가를 고려하면서 학교경영의 계획, 조직, 운영, 평가를 포함하는 일련의 과정을 다룬다. 따라서 학교경영은 학교관리나 학교운영과는 그 의미가 다른 것이다. 학교관리가 교육법규의 해석적 입장에서 교육이 집행되어온 것이라면, 학교운영은 교육계획이 실천되는 한 과정만을 언급한 것이다. 이에 비해서 교육경영은 교육목적의 달성과정을 전반적으로 포괄한 것이기 때문에 그 의미는 더욱 크다고 볼 수 있겠다. 즉, 학교경영이란 학교교육목적을 효율적으로 달성하기 위하여 학교장의 자주적 관점에서 인적 · 물적 자원과 기술 · 정보의 활용을 조정 · 통제하는 활동과정이다(김창걸, 1992).

학교경영은 학교가 목적을 수립하고, 수립된 목적을 달성하기 위하여 인적 · 물적 · 재정적 자원을 확보하여 이를 배분하고, 능률적으로 활용하여 목표달성을 극대화하기 위하여 계획 · 운영 · 평가하는 일련의 활동이다. 학교경영은 단위학교에서의 교육활동을 지원하기 위한 활동이며, 학교에서의 교육목표 설정과 프로그램의 정비는 물론 인적 · 물적 기타 지원조건과 계획, 결정, 집행과 지도, 통제 · 평가 등의 과정을 거친다. 이것은 행정가로서의 학교장을 중심으로 하는 지도성의 발휘를 필요로 하며 학교교육의 성패를 좌우하는 관건이 된다. 또한 학교경영은 학교조직을 구성하는 여러 구성원들과 기타 외곽인사들이 공동의 목표를 향하여 협동할 수 있도록 지도성을 발휘하는 데 초점을 둔다. 그리고 학교경영의 개념은 단위학교의 운영에 있어서 환경의 변화에 따르는 동태적 · 창조적 적응을 강조하고 있다.

2. 학교경영의 목표와 본질

학교경영의 목표는 학교가 가지는 교육적인 목적을 충분히 실현할 수 있도록 하는 수단이지 결코 경영 그 자체가 목적일 수는 없다. 학교경영이 교육의 목적을 효율적으로 달성하도록 작용하는 활동이라고 할 때, 학교경영의 목적은 학교가 지니고 있는 교육적인 목적을 충분히 능률적으로 실현하도록 하는 수단적 의미를 지니고 있다.

이러한 학교경영의 기본 목표를 살펴보면 다음과 같다(김정환 외, 1991).

첫째, 학교조직을 하나의 조직체로 뭉치게 함으로써 그 자체의 존속을 유지하려는 데 목표가 있다. 조직체를 이루고 있는 조직성원들은 저마다 독특한 인성을 지니고 있으며, 그들로 하여금 조직으로서의 유대성 · 응집성을 지니게 하며, 하나의 협동체제로서 유지 · 존속케 하는 것은 학교경영의 기본 목표이다.

둘째, 학교조직의 기본 목표인 교육작용, 즉 교수-학습활동과 인격형성활동 또는 생활지도활동을 효율적으로 수행할 수 있도록 조건을 정비 · 조성하고 감독을 충분히 함으로써 유능한 인재를 양성 · 배출하는 데 있어서 좋은 성과를 거두게 하는 것이다.

셋째, 조직의 쇄신과 발전을 도모하고 하나의 개방체제를 유지하려는 것이다.

3. 학교경영의 원리

1) 법제 면에서의 기본 원리

① 법치행정의 원리: 학교경영은 어디까지나 교육 관련 법규 내에서, 이러한 법규를 근거로 운영되어야 한다는 것이다. 이 원리가 근거할 법규로는 「헌법」 제31조를 근간으로 해서 「교육법」, 「교육공무원법」 등이 있고, 다시 이를 근거로 발해지는 대통령령, 교육부령, 훈령, 교육부 통첩 등이 있는데, 학교경영은 이러한 범위 내에서 이루어져야 한다.

② 기회균등의 원리: 민주주의는 모든 국민이 평등한 권리를 갖는 것을 생활신조로 삼는다. 따라서 교육을 받을 권리도 누구에게나 그 기회를 평등하게 주고 있는데, 이 같은 정신이 「헌법」 제31조에 교육의 기회균등의 원칙으로 명문화되어 있다. 다시 말해서, 신앙, 사회적 신분, 경제적 지위, 성별 등에 차별 없이 그 능력에 따라 교육을 받을 수 있어야 한다는 것이다.

③ 적도집권의 원리: 교육행정의 민주화는 집권주의와 분권주의 사이에 적도의 균형점을 발견함으로써 가능하다는 것이다. 학교경영에 있어서도 경영책임자인 교장과 교장의 명을 받아 학생을 교육하는 교사 사이에 이 원리가 그대로 적용되어야 한다. 학교경영자는 교사들의 민주적 참여와 합의를 얻음으로써 원만한 학교경영을 할 수 있고, 반면에 교사는 학교경영자의 방침을 이해하고 절도있는 협력을 해야 할 것이다.

④ 자주성 존중의 원리: 학교경영은 국가의 교육방침이나 정책에 순응하면서 독자성과 자주성을 견지해야 하는바, 이러한 교육의 자주성을 「헌법」 제31조에 규정했고, 「교육법」 제5조에서도 교육의 자주성과 중립성을 강조하고 있다. 따라서 학교장은 법령의 범위 내에서 자주성을 통하여 창의성과 독자성을 살려 학교를 운영할 수 있는 것이다.

2) 운영 면에서의 기본 원리

① **민주성의 원리**: 학교장의 독단과 편견을 배제하고, 교직원의 자발적 참여를 얻어야만 올바른 학교경영을 할 수 있다. 학교경영의 책임은 학교장에게 있지만, 학교장의 일방적인 명령이나 지시에 의한 학교운영보다는 교사들의 의견을 모아 서로 협력함으로써 학교경영의 성과가 오른다.

② **능률성의 원리**: 학교경영활동에 있어서 경비를 극소화시키고 최대한의 경영효과를 올리자는 것이다. 그러나 교육의 효과는 유형적인 성과만이 아니라 무형적인 성과가 오히려 더 중요한 것이므로 교육적인 면에서 장기적인 평가를 하도록 해야 한다. 능률이란 달성하고자 하는 목적과 그에 필요한 수단이 서로 균형을 이루고 있는 상태로서 무리와 낭비 없이 일정량의 수단으로서 최대의 성과를 올린다는 것이라 하겠다.

③ **타당성의 원리**: 타당성의 원리는 목적과 수단 사이에 모순이 없어야 한다는 것이다. 목적에 비추어 가장 타당한 방법으로 실천해야 한다는 것이다. 학교경영은 교육정책을 수행하는 활동이고, 명시된 교육목표를 달성시키기 위한 것이므로 교육목표에 비추어 가장 타당성 있는 학교경영이 이루어져야 한다.

④ **적응성의 원리**: 적응성의 원리는 학교경영에 있어 획일적 통제보다는 구체적 환경에 적응하는 조치를 강구하여 사회변화에 순응하는 한편, 사회변화를 질서있게 조정해 나가도록 해야 한다는 것이다. 적응이란 새로 발전되어나가는 시대에 대하여 신축성 있게 대응해 나감으로써 조화적 관계와 능률적 성과를 계속 확보해나가는 것을 의미한다.

⑤ **안정성의 원리**: 교육활동은 일관성 있는 지속성 · 안정성을 견지하면서 서서히 발전해 나가야 한다는 것이 안정성의 원리이다. 이것은 앞에서 본 적응성의 원리와는 대조적으로 적응성의 원리가 사회변화에 민감하게 순응한다는 데 반하여, 안정성의 원리는 비교적 급진적인 변화를 피해야 한다는 것이다.

⑥ **균형성의 원리**: 학교경영방침이나 집행에 있어 항상 경중과 우선순위가 고려되어야 한다. 따라서 학교경영에 있어 균형을 잡는 데는 지성적인 판단과 오랫동안의 교육경험이 요청된다고 볼 수 있다.

⑦ **과학성의 원리**: 학교경영은 합리적으로 계획되고, 체계적인 운영체제를 갖추

어 실현되며, 과학적으로 평가된다.

⑧ **지역성의 원리**: 학교가 위치하고 있는 지역사회의 특성에 맞추어서 학교를 경영한다.

3) 학교경영의 영역

① **교육목표 설정**: 교육법, 국민교육헌장 등 법규적 요인과 교육부 장학방침 및 그 구현방안 등 행정적 요인을 기준으로 하여 학교가 처한 지역사회와 아동의 발달단계에 합당한 구체적 목표를 설정해야 한다.

② **교육과정 운영**: 교육목표를 달성하기 위한 내용을 실천으로 교육과정의 운영 문제와 시간편성이 이루어진다.

③ **학생관리**: 입학, 재학, 퇴학, 특히 의무취학을 위한 제 문제, 생활지도, 복지문제 등을 담당한다.

④ **교직원의 인사관리**: 규정에 의하여 교직원의 채용, 능력발전, 사기앙양 문제를 다룬다.

⑤ **경영조직의 편성**: 학교를 합리적으로 운영하기 위하여 직원회, 교무부장, 기획위원회, 부장회, 학년회 등 운영조직을 편성하고 각 분야의 활동을 연락하고 조정한다.

⑥ **교내장학**: 교사의 교수기술 향상과 교육과정 운영개선, 그리고 학급 및 학년경영의 합리화를 위한 전문적 보조활동으로서 수업장학, 임상장학 등이 이루어진다.

⑦ **시설관리**: 교지, 교사, 운동장 등의 제 시설이나 교재 · 교구 등 제 설비를 실제 교육에 알맞도록 정비한다.

⑧ **재정관리**: 학교를 운영 · 관리하기 위하여 필요한 제반회계, 경리를 교육실정에 맞도록 합리화하여 실행한다.

⑨ **사무관리**: 학교경영활동을 수행하는 과정에서 수반되는 제반기록과 장부의 작성 및 보관, 공문서 처리 등을 담당한다.

⑩ **학교와 지역사회 관계**: 학부모와의 관계, 지역사회와의 관계가 원활히 이루어지도록 노력한다.

4) 학교경영의 과정

① **계획**: 한 조직에 있어서 목적이나 목표를 설정하고, 그 목표달성을 위한 최적의 수단 · 방법 · 절차 등을 상정하는 행위로서 미래의 행동을 예정하고 준비하는 일련의 과정이다. 학교경영활동에서 가장 중요하게 다루어져야 할 과업으로 합리적이며 민주적으로 이루어져야 한다. 계획의 과정에는 목표 및 방침 설정을 비롯하여 조직, 지시, 조정, 평가 계획도 당초 계획에 포함되어야 한다.

② **조직**: 교육목표를 효율적으로 달성하기 위하여 분업적 협동체인 관리기구를 구성하고, 인적 조직은 물론 인적 · 물적 자원을 배정하는 것이다. 학교조직은 교육조직과 운영조직으로 대별할 수 있다. 교육조직에는 교과담임제, 학급담임제, 팀티칭, 특별활동조직, 생활지도조직 등이 있고, 운영조직에는 직원회, 기획위원회, 교무분장, 동 학년회 등이 있다.

③ **지시**: 지휘, 명령, 자극, 영향, 동기화, 지도라고도 한다. 지시는 교육목표를 달성하기 위하여 교사들로 하여금 교수-학습지도, 생활지도, 학급경영 등의 제 업무에 자발적으로 노력을 경주하도록 하는 것이다. 따라서 일방적인 명령이나 지나친 권위의 행사보다는 민주적 지도성의 발휘, 원활한 의사소통, 그리고 역동적인 집단과정 등이 중시된다.

④ **조정**: 교직원의 역할과 노력, 그리고 각 부서의 활동과 제 자원을 학교 교육목표달성에 이바지하도록 조화하고 통합하는 것이다. 이러한 조정활동은 학교조직의 역할갈등을 해소시키고 학교조직 목표와 교직원 개인의 목표를 조화시켜 줌으로써 학교경영 업무수행의 능률을 향상시켜 준다.

⑤ **평가**: 설정된 목적에 비추어 학교경영업무의 수행과정 및 그 결과를 분석 · 검토하여 과정의 합리성과 결과의 효율성을 알아보는 행위이다. 평가활동은 학교경영업무 전반에 관하여 그리고 경영과정 전체에 대해 과학적인 측정과 자료를 수집하여 문제점을 찾아내고, 개선방안을 모색하며, 다음 경영계획에 반영시킴은 물론 궁극적으로 학교교육목표의 달성도를 판정하여, 학교경영의 성과를 높이기 위한 활동이다.

제2절 학교경영 계획 수립

학교경영은 계획, 실천, 평가 등 3단계로 이루어지는 순환과정이다. 정태범에 따르면, 학교경영의 계획은 교육계획의 기저를 분석하여, 이를 근거로 교육목표를 설정하고, 목표달성을 위한 학교조직을 설계하여 교수-학습활동을 전개하며, 그 결과를 평가하는 등 일련의 과정을 거친다.

따라서 학교경영계획에서는 ① 신학기에 어떤 학생이 오는가?(기저), ② 어떤 학생을 기를 것인가?(목표), ③ 누가 기를 것인가?(조직), ④ 어떤 조건에서 어떤 활동을 할 것인가?(활동), ⑤ 어떤 학생이 길러졌는가?(평가)하는 과정을 고려할 수 있다. 이는 실제 학교교육계획에서 고려될 수 있는 과정이며 절차이다. 이는 실제 일어나는 일을 현상적으로 설명한 것이다.

이러한 학교경영계획은 ① 문제규명으로 계획기저 분석, ② 교육 목표 및 방침 설정, ③ 조직설계, ④ 활동계획, ⑤ 평가계획 등으로 표현된다. 학교경영계획과정은 순환과정을 이루어 하나의 교육체제를 형성하여, 학교경영의 목표를 분명히 하며 교육운영의 효율성을 증진시킨다.

학교경영의 계획단계에서는 문제규명, 목표 및 방침의 설정, 조직계획, 활동계획, 평가계획 등을 포함한다. 이러한 학교경영계획에 포함되는 요소에 따라 그 구체적인 내용을 제시하면 다음과 같다.

1. 교육계획의 기저(문제규명)

학교의 경영계획을 작성하는 기저로서 먼저 교육의 요구가 무엇이며, 현재 학교의 여건에서 교육의 문제는 무엇인가를 학교교육의 상위목표, 지역사회의 실태, 학교의 여건을 중심으로 분석한다.

학교교육목표의 결정에는 교육목표자원의 분석이 선행되어야 한다. 그러기 위하여 우선 헌법, 교육법, 국가의 교육지표 등에서 교육목표 수립에 관련되는 내용을 분석하고, 다음에 국가수준의 교육과정을 근간으로 하되 교육부, 교육청의 장학방침이나 주요 시책을 교육목표에 반영할 수 있도록 분석하는 일이 필요하다. 또한 전년도 학교교육목표의 달성 정도도 학교여건에 비추어 분석되어야 한다.

학교경영목표 설정의 경우에는 ① 위의 상위목표나 방침 등에서 분석한 목표를 참작하여, ② 국가사회, 지역사회 및 학부형의 요구나 문제를 분석하고, ③ 전년도 학교경영 실적이나 당면문제를 분석하여 이들을 목표설정의 기반으로 삼는다. 구체적인 내용은 다음과 같다.

- 학교의 교육환경 분석: ① 지역사회 실태와 특색 및 교육요구 분석, 학생의 실태, 부모의 실태와 요구 등, ② 학교의 설립목적이나 특수성/교장이나 교직원들의 교육관/교원의 자질, 학교의 규모, 시설설비, 재정사정 등의 학교여건
- 상위목표 및 방침의 분석: 헌법, 교육법, 국정지표, 문교방침, 시 · 도 교육청, 시 · 군 교육청의 중점시책 등과 관련된 방침분석과 요구규명
- 전년도 학교경영실적 분석: 교육목표의 달성 정도를 학교의 여건에 비추어 분석 · 종합함. 그리하여 학교경영실적에서는 문제점, 반영할 사항 등 추출

2. 교육목표 및 방침의 설정

1) 교육목표

학교교육목표는 장기적인 안목에서 학생들이 궁극적으로 도달해야 할 인간상을 제시한 것이거나 그 행동 특성을 종합적으로 명시한 것이다. 이것은 학교 내의 교육활동이 나아가야 할 방향을 밝혀주는 지향점이 되며, 모든 의사결정의 적절성 내지는 타당성 여부를 판별해 주는 중요한 지표가 되기도 한다. 교육목표를 설정하는 데 있어서는 앞서 지적한 상위목표, 교육과정의 일반목표 및 행정계층에 따른 시책이나 방침이 그 기초를 이룬다. 교육목표의 자원이 동일하기 때문에 각 학교별로 정하는 교육목표는 그 학교가 교육활동을 통하여 강조하려는 인간적 특성이라고 할 수 있다. 비록 교육목표자원이 같더라도 학교마다 그 지역적 환경과 교육조건이 다르기 때문에 목표는 다르게 진술될 수 있다. 그러므로 교육목표는 구체성, 주체성, 포괄성이 있게 행동적 용어로 진술되고, 지역성과 시대성이 반영된 것이어야 한다. 특히 이러한 교육목표를 결정할 때는 전 교직원이 참여하는 집단에 의한 합리적 의사결정이 반영되어야 한다.

이러한 교육목표진술에서는 두 가지 접근법이 있다. 그 하나는 학교가 어떠한 덕목으로 학생들을 교육시킬 것인가 하는 덕목중심으로 진술하는 경우이며(덕목중심 진술), 다른 하나는 어떤 학생을 기를 것인가 하는 행동중심으로 진술하는 경우이다(행동중심 진술). 전자는 인의예지(仁義禮智) 또는 지덕체(智德體) 등 각종의 덕목을 나열하여 그것을 실천하는 경우로서, 이러한 접근은 내용 면에서 포괄적이지 못하고 진술에서 추상적이며 실제 교육활동에 구체적으로 연결되지 못한다. 이에 비하여 후자는 행동중심으로 목표분류법에 의하여 인지적 영역, 정의적 영역, 사회적 영역, 운동기능적 영역으로 각각의 목표를 행동적 용어로 진술하는 경우로서, 그 내용은 포괄적이며 진술은 구체적이어서 실천에 분명한 행동적 지침을 제공해 준다. 행동중심의 교육목표진술에는 일반적으로 ① 지식, 사고력, 비판력, 문제해결력, 창의력 등을 포함하는 인지적 영역, ② 감정, 정서, 인격화 등을 포함하는 정의적 영역, ③ 준법, 질서, 협동 등을 포함하는 사회적 영역, ④ 동작, 운동 등을 포함하는 운동기능적 영역, 그리고 ⑤ 학교의 특수성을 고려한 특정 목표를 포함한다.

따라서 학교학생을 위한 교육목표의 행동중심 진술에는 일반적으로 ① 인지적 영역, ② 정의적 영역, ③ 사회적 영역, ④ 운동기능적 영역, ⑤ 학교의 특정 목표 등을 포함한다. 대체로 인지적 · 정의적 · 사회적 · 운동기능적 영역의 목표는 일반적 목표인데 비하여 학교의 특정 목표는 학교가 처한 지역사회의 특성 및 학교의 특수한 상황을 고려하여 설정한 목표를 말한다.

그리고 학교의 교육목표진술에서는 학생들이 달성해야 하는 행동 특성을 포함하면서 동시에 그 목표 면에서는 교원의 전문성과 지역사회의 협력관계도 포함해야 한다. 교원의 목표는 학생들이 달성해야 하는 교육목표에 대해서 수단적 목표이며, 그 내용은 전문성과 자율성 및 책무성에 관한 내용을 포함한다. 예컨대 학교경영에서 교원의 목표는 "학생을 교육하고 그 전문성을 향상시킨다"라는 내용이 될 것이며, 또한 지역인사의 목표는 "자녀를 양육하고 학교와 협력관계를 갖는다"라는 내용을 포함할 것이다.

이렇게 교육목표를 설정한다 하더라도 그 목표는 추상적이다. 따라서 그 교육목표에 따른 실천방향은 학교의 경영목표에서 구체화된다.

2) 경영목표

학교경영목표는 교육목표를 달성하기 위해 수행되어야 할 경영상의 실천에 따른 기본 방향을 제시한 것이다. 그래서 학교경영목표는 학교의 교육목표달성을 위한 수단적 · 실천적 활동의 방향이라 할 수 있다. 이는 학교경영의 결정이나 활동이 합리적인가를 판단케 하며 아울러 경영성과의 측정과 평가의 기준이 된다. 따라서 학교경영목표는 학교가 학생을 교육하는 기본적인 단위 경영체라는 입장에서 학교경영활동의 전 영역에 걸쳐서 포괄적으로 결정된다.

학교의 경영목표를 수립할 때 고려할 점은 학교의 ① 교육조건, ② 목표달성을 위한 수단과 방법, ③ 달성가능한 목표치의 제시 등이다. 다시 말한다면, 학교의 경영목표 설정에서는 어떠한 학습조건에서 어떠한 수단과 방법을 통하여 어느 정도의 목표치를 달성하느냐이다. 학교의 학습조건은 교과마다 비슷하기 때문에 특수한 진술을 필요치 않는다. 그러나 목표달성을 위한 수단과 방법에는 구체적인 진술이 따라야 하며, 목표치는 가급적 계량적으로 진술되면 그만큼 목표달성이 용이해진다. 예컨대 학교의 경영목표를 진술하는 경우에 있어서 "학교의 어떠한 교육조건하에 수업의 밀도를 높여 학업성취도의 10%를 향상시킨다"라고 했을 때 수업밀도는 교육목표달성을 위한 수단과 방법이 되고 학업성취도의 10% 향상은 달성가능한 목표치의 진술이 된다.

또한 이것은 학교경영에 참여하는 모든 교직원이 투입하는 노력을 합목적적으로 유도하기 위한 경영의 기본 방향이다(김윤태, 1986). 경영목표에는 교육부의 장학목표와 방침, 교육청의 행정지표 및 노력중점 등이 반영되어야 하며, 학교의 여건과 지역사회의 특성이 아울러 고려되어야 한다.

3) 경영방침

경영방침은 경영목표가 더욱 구체화된 수단으로서 경영목표달성을 위해 채택해야 할 기본적 지침 내지 활동원칙이다. 이는 경영목표를 어떻게 실천할 것인가 하는 수단적 지침을 마련하여 준다. 즉, 경영목표 중에서 교육목표달성을 위한 수단과 방법을 진술한 구체적 활동원칙을 의미한다. 따라서 경영방침의 진술에서는 경영목표달성을 위한 최적의 대안이 무엇인가를 검토하여 결정한다.

경영방침은 경영활동에 있어 중요한 의미를 갖는다. 첫째, 방침은 목표를 구체화한 것이기에 경영활동의 실천적 방향을 밝혀준다. 둘째, 방침은 구체적인 지침을 구성원에게 주는 것이므로 목표를 명확하게 하여 에너지를 집중시킬 수 있다. 셋째, 방침은 권한의 이양을 가능케 하므로 구성원의 경영참가가 이루어지고 책임 있는 과업수행을 하게 된다. 그러므로 경영방침의 결정은 목표달성을 위해서 어떤 해결 대안이 무엇인가를 목표마다 분석한다. 따라서 한 개의 경영목표에 몇 개의 경영방침이 수립될 수 있다.

4) 구체적 실천계획

학교의 경영방침에는 구체적인 실천을 위한 활동계획을 포함한다. 그 내용은 활동내용, 목표, 대상, 실시시기, 소요비용, 담당자(부서) 등을 포함한다. 이렇게 볼 때 학교경영방침은 교육목표달성을 위한 수단·방법을 구체화한 것으로 최적의 대안을 목표마다 분석하여 경영목표에 따른 구체적인 활동계획으로서 ① 주요 활동내용, ② 대상, ③ 목표량, ④ 분기별 추진시기, ⑤ 예산, ⑥ 담당부서, ⑦ 실천영역 등을 포함한다.

앞에서 언급한 교육목표 및 방침의 설정단계를 체계화하면 다음과 같다.

- 교육목표 설정
  - 학생: ① 인지적 영역, ② 정의적 영역, ③ 사회적 영역, ④ 운동기능적 영역
  - 교원: 전문성과 책무성
  - 지역사회: 협력관계
- 경영목표 설정
  - 수단과 방법, 목표치
- 경영방침
  - 수단과 방법
- 구체적 실천계획
  - 교육목표, 경영목표, 경영방침, 활동내용, 목표량, 시행기간, 예산, 담당, 실천영역

- 학년경영목표 또는 중점사항(교육목표의 학년별 진술)
- 학급경영방침

3. 조직설계

학교경영목표와 방침이 결정되면, 실천단계에서 각종 활동이나 과업을 수행할 부서를 마련하고 담당자를 정하게 된다. 학교는 하나의 집단으로서 학생, 교직원, 유관인사들로 조직될 수 있으므로 목표달성을 위해 교육지도조직, 교무분장조직, 운영협의조직, 지역사회조직 등을 만들어 협동체제로서 학교경영이 가능토록 한다.

이 조직과 관련하여 교사들의 창의성과 협동심이 발휘될 수 있도록, 여러 가지 자원이 적절히 배분되고 정보가 잘 교환되어 학교경영을 원활하게 할 수 있도록 계획한다.

1) 교육지도조직

교육지도조직은 교장–교감–부장교사–담임교사(교과교사)로 이어지는 조직형태로 교육과정운영을 직접 담당한다. 이 조직은 학교조직의 근간을 이루는 것으로 교수조직(instructional organization)의 기능을 갖는다. 학교교육활동 그 자체의 조직이라 할 수 있으며, 교과조직(교수-학습조직), 특활조직, 생활지도조직 등이 여기에 포함된다.

2) 교무분장조직

교무분장조직은 교장–교감–부장교사–계원으로 이어지는 교육과정운영을 간접적으로 지원해 주기 위해 사무적 직능을 담당하는 조직형태를 말한다. 이 조직은 지원조직의 성격을 갖는 것으로 학교의 각종 사무를 능률적으로 수행하기 위한 직능조직(functional organization)의 특성을 갖고 있다. 교무분장조직에는 교무, 연구, 학생 등의 조직이 있다. 종전 교과의 성격을 갖는 분장업무는 교과경영에 포함시키는 것이 바람직하며, 특히 교원의 전문성 향상에 관한 과제는 교무분장업무에 다루기보다 교감이 직접 다루는 업무로 보는 방안도 있다.

3) 운영협의조직

학교경영의 효율을 높이기 위해서는 각종 조직운영에 교직원의 전문적 참여가 필요하다. 조직구성원의 의사소통을 원활히 하고 의사결정을 존중하기 위한 조직으로서 운영협의조직(consultant organization)을 들 수 있다. 이러한 조직들이 교직원 전체의 협력체제로서 작용할 때 학교경영의 효율성은 높아질 것이다. 이러한 조직에는 전교 교직원회의, 부장회의, 기획위원회, 각종 운영위원회, 각종 협의회, 교직원 친목회 등이 있다.

4) 지역사회 관련조직

학교와 지역사회의 원활한 관계를 유지하고 학교의 교육활동을 촉진하기 위한 조직으로 지역사회 관련조직이 있다. 가정에서는 자녀들을 양육하고 학교에서는 학생들을 교육하기 위하여 서로 간에 밀접한 관련을 갖지 않을 수 없다. 이러한 지역사회 관련조직에는 학부형 조직, 지역사회의 인사들로 이루어진 조직, 관련단체, 동창회 등이 있다.

4. 활동계획

활동계획은 학교조직이 경영목표를 달성하고 경영방침을 실천하기 위한 일련의 세부활동계획이다. 이는 경영방침에 따라 구체적인 과업이나 활동을 합목적적으로 연결시키는 경영활동이나 사업들을 계획하는 과정이다. 물론 이 활동계획은 연간계획 및 월간계획을 포함하며 또한 학년계획을 포함한다. 특히 학년경영계획에서는 학년경영의 목표, 조직, 활동, 평가 등을 포함한다.

이 활동계획은 다음을 포함한다.

① 교육과정운영: 교과지도, 특별활동, 생활지도 등

② 교원의 능력개발: 교원의 연수, 연구활동 등

③ 교육조건관리: 인사, 재정, 시설 등

④ 지역사회 관련업무

이 활동은 교육과정운영을 중핵으로 하여 여러 교육조건에 유기적으로 상호 관련되게 해야 한다. 이것들은 부분별로 창출된 전략적 대안 중에서 비교 · 평가하여 선정되고 다시 세부 계획화한다. 특히 여기서는 학년경영계획과 학급경영계획을 위한 중요지침과 내용을 포함한다.

1) 교육과정 편제와 시간

여기서는 교육과정운영을 위한 기본 방침을 제시하며, 다음 교육과정의 편제와 시간계획을 포함한다. 또한 시간계획에서는 학기별 시간계획 및 행사계획을 포함하며 주별 및 일과표도 제시된다. 국가수준의 교육과정을 기반으로 교육청의 방침을 반영하여 학교실정에 맞게 편성한다. 교육과정 편제와 시간확보의 체제는 다음과 같다.

- 교육과정 편제와 시간 확보

  ① 기본 방침, ② 교육과정 편성, ③ 시간계획

2) 교육과정계획

이 교육과정계획에서는 교과활동, 특별활동, 재량활동, 생활지도 등의 계획을 포함한다. ① 교과계획에서는 기본 방침을 진술하고, 다음 교과별 계획을 세운다. 그 교과별 계획에서는 교과목표 및 방침, 내용체계, 운영, 평가를 포함한다. ② 특별활동계획에서는 목표 및 방침, 내용, 운영, 평가 등을 포함한다. ③ 재량활동도 그 체계는 마찬가지일 것이며, ④ 생활지도는 목표 및 방침, 영역별 활동내용, 연간 주간활동 실천, 평가 등을 포함한다. 일반적으로 교육과정의 편성은 다음의 체계로 나타난다.

- 교육과정 운영

  ① 교육과정 편성(방침, 편제, 시간확보계획)

  ② 교육과정 운영계획(운영방침, 활동계획), 교과별 계획(목표 및 방침, 내용체계, 운영, 평가), 특별활동 운영(목표 및 방침, 내용체계, 운영, 평가), 생활지도(목표 및 방침, 활동 내용, 운영, 평가) 등

3) 교원의 직능개발

이 계획은 교원의 능력개발을 포함한다. 따라서 학교에서는 교내장학이나 연수활동이 중요한 내용이 된다. 그 내용은 ① 목표 및 방침, ② 내용, ③ 활동, ④ 평가 등을 포함하며 다음의 체계로 기술된다.

- 교원의 능력개발: 목표 및 방침, 활동과 운영, 평가

4) 교육조건 정비

이 계획은 교직원의 인사관리, 재무관리, 시설관리 등을 포함한다. 이들 각각의 계획에는 ① 방침, ② 내용, ③ 운영, ④ 평가 등을 포함한다. 그리고 지역사회 관련업무를 포함하며 다음의 체계로 기술된다.

- 교육조건관리 계획
  ① 인사관리(방침, 실천내용과 실천, 평가), ② 재무관리(방침, 실천내용, 평가), ③ 시설 및 환경관리(방침, 실천내용과 실천, 평가) 등, ④ 지역사회 관련업무

5) 하부조직의 경영

특히 활동계획에서는 다음과 같은 학년 및 학급경영을 위한 중요 지침과 내용을 포함한다.

- 학년경영계획: 활동(교과 및 특활의 연간지도계획, 생활지도 연간지도계획, 연간 협의활동계획 등)
- 학급경영활동계획: 학급활동의 방침, 주간 교과활동, 주간 학급활동

5. 평가계획

경영계획의 마지막 과정은 평가에 관한 계획을 수립하는 것이다. 학교경영계획에서 계량적으로 설정된 목표들이 달성될 수 있도록 모든 체제의 하위요소들이 적절하게 투입되고, 그 과정에서 최적하게 상호작용하여, 산출을 극대화할 수 있는지

를 검토하는 계획을 말한다. 이때 학교경영에서 중요한 평가의 대상은 학생의 학업 성취, 교원의 전문성, 경영능력 등이다.

경영계획에서는 교육경영목표의 달성을 위하여 최적하고 최선의 것인가를 다각적으로 평가하는 계획을 일컫는다. 따라서 그 평가영역은 경영의 목표달성이 가능하겠는지를 투입요인을 중심으로 평가하고(투입평가), 교육목표달성을 위해 이루어지는 각종 활동에 대한 실천과정을 점검하고 평가하며(과정평가), 목표달성이 제대로 되었는지를 확인하는 그 결과를 평가하는 것(산출평가) 등을 포함한다. 이에 따라 평가의 내용, 방법, 도구의 작성 등 총괄적 학교평가의 계획과 피드백(feedfack)의 절차도 마련하여 계획을 완성하게 한다. 평가계획의 대상과 절차는 다음과 같다.

■ 평가계획
- 대상: 학교 전체-학생, 교원, 지역인사
- 절차: ① 평가위원회 구성, ② 평가 목표 및 방침 설정, ③ 평가영역(투입평가, 과정평가, 산출평가), ④ 자료 수집 및 처리, ⑤ 결과활용

6. 학교경영 계획의 유의사항

일반적으로 학교경영계획에서는 전체 학생을 대상으로 교육계획을 세우기 때문에 여기서 세운 교육과정 속에 학생을 집어넣으려고 하는 경향이 있다. 교육과정 속에 학생을 넣을 것이 아니라 학생에게 교육과정이 다가가야 한다. 그들의 수준에 맞추어 교육활동이 전개되어야 한다.

여기 계획은 하나의 기본 모형을 제시한 것이다. 계획수립 시 고려해야 하는 전체체제와 조직, 계획요소와 내용 등을 망라한 것이다. 그 속에 무엇을 담을 것인지 하는 것은 개별학교가 고려해야 하는 사항이다.

1) 학교경영계획 편성방식

학교경영계획의 편성방법에는 ① 포괄적 방식(包括的 方式)으로 전체계획 속에 학년경영과 학급경영을 포함시키는 방식이 있는가 하면, ② 계층적 방식(階層的 方式)으로 전체계획, 학년경영계획, 학급경영계획을 포함시키는 방식이 있으며, 또한 ③ 이

상의 두 방식을 혼용하는 혼합적 방식(混合的 方式) 등이 있다. 따라서 학교에서는 어느 방식을 쓸 것인가를 검토하여 계획내용에 포함해야 할 것이다.

그런데 대체로 학년경영계획은 초등교육에서, 교과경영계획은 중등에서 주로 수립한다고 볼 수 있다. 학년경영계획은 동학년의 경영활동에 필요한 내용을 진술하는 것으로, 그 순서는 ① 목표 및 방침, ② 조직, ③ 활동, ④ 평가 등을 포함한다.

그리고 학급경영계획은 학급학생들을 대상으로 하는 교육활동을 진술하는 것으로, 그 순서는 ① 학급의 운영방침, ② 학급조직(학습집단, 어린이회 등), ③ 학급활동(학기별 교육과정 운영 일람표, 주간 교육과정 진도표, 학급활동), ④ 평가 등을 포함한다.

2) 계획수립 시 유의사항

경영계획의 내용으로는 목적과 목표, 교수-학습 프로그램, 인적 자원의 구성, 시설 등의 물리적 조건 조성, 재정, 행정조직 및 사회적인 지원체제 등이 포함되어야 한다. 그러므로 학교경영계획을 수립할 때 고려할 사항들은 다음과 같다.

① 계획수립에서는 교원, 학부모, 지역사회인사 등의 교육에 대한 의견이나 사례를 분석할 필요가 있다. 학교관계자의 합의와 공감대 형성은 교육목표 설정이나 운영 및 평가에 기반을 이룬다. 그렇게 된다면 계획은 더욱 세련되고 실천은 한층 더 용이해질 것이다. 학교 내외의 조건들이 항상 변화하므로 계획의 제 구성요소들을 조정하여 계획의 안정성을 유지하도록 해야 한다.

② 학교는 전문조직과 사무조직이 혼합되어 있으므로, 학교경영조직의 특수성을 고려하여 효율적인 조직체계와 적재적소의 보임체계를 갖도록 노력해야 할 것이다. 특히 의사결정을 할 때는 교직원의 폭넓은 의사를 수렴해야 한다.

③ 학교의 교육과정 운영에서는 단위학교의 특성과 여건이 반영되어 프로그램의 특색과 창의성이 포함되어야 할 것이다. 특히 교육은 교원의 능력에 달려 있으므로 능력개발에 관심을 기울여야 함은 물론 교육의 조건정비에도 특별한 노력을 기울여야 한다.

④ 근래 학교평가가 여러 가지 형태로 이루어지고 있다. 학교평가는 합리적 근거를 갖고 평가의 많은 요소를 고려하여 이루어져야 할 것이다.

⑤ 학교는 인적 · 물적 자원을 상급기관으로부터 받아 경영하는 관계로 목표를

장기적으로 전망하고 예측하기 어렵다. 당해 연도의 예산추정은 가능하나 장기적인 예산소요 판단이 어렵다. 그러나 예산의 우선순위를 두어 적절하게 투입해야 할 것이다.

⑥ 학교 제반계획을 점검할 수 있는 절차의 프로그램이 마련되어 있어야 한다. 이 경우 학교교육계획이 교원의 자기통제에 의하여 얼마나 잘 수행되고 있는가를 알기 위하여 PERT와 같은 진도검토기법을 활용할 필요성이 있다.

따라서 학교에서 어떤 변화를 시도하려고 할 때는 항상 전체체제를 염두에 두어야 한다. 학교경영에서는 계획-실천-평가의 과정에서 요청되는 계획하는 정신과 그 기법을 익혀야 할 뿐만 아니라, 이렇게 계획하는 과정이 교사들의 집단사고에 의하여 이루어질 경우, 계획은 더욱 세련되고 실천과정은 보다 용이해질 것이다.

결론적으로 학교경영은 ① 목표에 따라 실천되어 그 결과가 평가되고, ② 교사들의 전문적 참여와 합리적 의사결정이 이루어지고, ③ 밀도 높은 교육지도활동이 전개되며, ④ 교육재정의 효율성이 보다 높게 나타나도록 설계되고 추진되어야 한다.

제3절 학급경영의 개념

학생들은 학교에 등교하면 '교실'이라는 한정된 공간에서 하루의 대부분을 보낸다. 그곳에서 학습을 하고 인격을 연마하며, 사회성, 협동심, 규칙과 규율도 배우고 익힌다. 여기에서 말하는 한정된 공간인 '학급'이란 무엇인가? 학급이란 일정한 교육목적을 달성하기 위한 학습집단인 동시에 생활집단이며, 학교교육조직의 기초 단위라 할 수 있다. 그렇다면 학급경영이란 무엇인가? 학급경영(classroom management)의 정의 속에 나타난 학급경영의 의미는 다양하다. 박남기(1999)가 그의 책에 소개한 정의들을 표로 정리하면 다음과 같다.

표 11-1 학급경영의 정의

학자	정의
김봉수(1982)	학교교육목표를 달성하기 위한 학교경영을 학급단위에서 실천하기 위하여 학급의 여러 가지 조건을 정비, 확립하는 활동
남정걸(1992)	아동, 학생의 학습과 생활지도를 위한 학교의 가장 기본적인 구성단위인 학급의 목표를 효과적으로 달성하기 위해 학습성원의 협동적 행위를 조성하는 집단과정
신철순(1996)	학급 담임교사가 단위학급수준에서 교육목표달성을 위하여 아동의 학습과 생활지도 등 제반 학급활동에 대하여 역동적으로 운영해나가는 협동적 집단과정
Johnes & Johnes (1986)	교실활동에서 학생들의 참여와 협동을 양성하며 생산적인 학습환경을 마련해주는 모든 활동

학급경영이란 바람직한 행동을 강화하고 조장하는 측면과 학교경영의 하위체제로서의 학급경영이라는 측면이 있다. 전자는 교육의 목적을 달성하기 위하여 학급이나 학교에서 발생가능한 학생들의 문제행동을 효과적으로 예방하고 치유하는 활동이다. 후자는 학교교육의 목표를 실현하기 위해 학교교육과정을 바탕으로 하여 계획-실행-평가의 순환적 흐름 속에 학급경영체제를 분석하고 평가하는 것이다.

학급이 학습집단이자 생활집단이 된다는 말은 학급 안에서 이루어지는 교육활동에 두 가지 측면이 있음을 의미한다. 하나는 교과학습에 의한 지식, 기능, 태도의 습득이고, 다른 하나는 학급 및 학교라는 공동사회에서 공동생활을 함으로써 사회적 자질을 체득하게 되는 것을 말한다.

전자의 목적을 달성하기 위한 활동으로는 직접적인 교수-학습활동, 그 활동의 효과를 높이기 위한 여러 가지 조건정비와 지원관리의 활동이 있다. 예를 들면, 학급경영계획 수립 및 평가, 교실환경의 정비, 효과적인 수업관리 및 자료개발, 행동수칙 및 절차 수립, 학습평가관리 등을 들 수 있다. 후자활동의 지도를 위해서는 학교행사 참여, 학급의 자치활동조직, 역할분담활동, 학부모와의 대화, 지역사회와의 연대, 각종 준거집단 조직 및 참여 등을 할 수 있다(박남기, 1991).

학급경영이 중요하다고 하는 것은 바로 이러한 교육적 기능이 학생들에게 중요하기 때문이다. 박남기(1999)는 학급의 중요성 및 학급경영의 의의를 다음과 같이 정리한다.

첫째, 학급은 실제로 교육이 이루어지는 실천의 장이다. 교육의 목적을 구체적으로 실현해가는 장소가 바로 학급인 것이다.

둘째, 학급은 학생들이 날마다의 생활을 통해 사회의 가치와 규범을 내면화하는 사회화의 장소이다. 학급 안에서 상호 간의 교류나 친교를 통해 경험과 성장을 해 나간다. 학급 내의 경험은 학생들의 하루의 삶 자체이자 그들의 삶의 질을 결정한다. 즉, 매일의 학습생활경험이 누적되어 학생들의 인격과 삶의 질을 결정하게 된다.

셋째, 교사의 학급경영방식은 학생의 인격형성과 잠재적 능력계발에 지대한 영향을 미친다. 교사가 어떠한 경영관을 갖고 있느냐에 따라 학급의 모습을 달라진다.

넷째, 학급경영의 변화가 교육개혁의 변화를 좌우할 수 있다. 교육의 실천단위인 학급의 변화를 수반하지 못한 교육개혁은 진정한 교육개혁이라고 할 수 없다. 교육개혁의 궁극적 목적은 학생교육의 향상에 있고, 이러한 성과를 거둘 수 없는 개혁은 오히려 행정적 부담만을 가중시킬 뿐이다. 그래서 교육개혁의 초점은 교실개혁으로 모아지고 있다.

제4절 학급경영의 실제

1. 학급경영의 원리

학급경영을 해나가는 데 지켜야 할 방침 내지 원리는 여러 학자의 이론에 따라 다소 다르나 여기에서는 학습경영의 전 과정(계획, 실행, 평가)을 통해서 지켜야 할 원리인 일반적 원리와 실행과정에서 지켜야 할 원리인 실천적 원리로 다음과 같다(박병량, 1997).

1) 일반적 원리

① **교육적 원리**: 학생들의 잠재능력을 최대한 신장시킬 수 있는 방향에서 운영되어야 한다.

② 학생이해의 원리: 학생들의 개별적인 지적 · 심리적 · 신체적 발달과 특징, 사회성, 학습준비도 등을 고려해야 한다.

③ 민주성의 원리: 학생들의 인격과 학습권은 최대한 존중받아야 한다.

④ 효율성의 원리: 일정한 재원을 투입하여 이를 운영해야 하므로 재정의 효율성을 고려해야 한다.

⑤ 타당성의 원리: 학교와 학급이 정한 목적에 적합하도록 해야 하고 가능한 목표에 도달할 수 있는 방향으로 활동을 해야 한다 .

2) 실천적 원리

① 자유의 원리 ② 협동의 원리 ③ 노작의 원리
④ 창조의 원리 ⑤ 흥미의 원리 ⑥ 요구의 원리
⑦ 접근의 원리 ⑧ 발전의 원리

2. 학급경영의 전략

① 수요자인 학생 특성을 정확하게 파악하자.

담당해야 할 학년의 신체적 · 정서적 발달상태, 가정환경 배경요인, 가족관계, 개인병력, 신체적 특징 등을 신속 · 정확하게 파악한다.

② 비전을 제시하자.

훌륭한 교사는 학생이 수용할 수 있는 비전을 제시하고 그 이상에 도달할 수 있도록 능력을 최대한 발휘케 하는 촉진자가 되어야 한다.

③ 선택과 집중전략을 구사하자.

우리 학급만이 할 수 있는 독창적 아이템이 있는 선택이 필요하다. 선택된 프로그램은 일 년 동안 집중적으로 육성하여 차별화된 학급이 되어야 한다.

④ 구체적이고 실현가능한 목표를 제시하자.

변화시키고자 하는 행동목표, 도달하고자 하는 학업성취, 학급에서 해야 할 일과 하지 않아야 할 규칙, 지켜야 할 약속, 생활규범 등에서 실현가능한 명확한 목표와 행동 가이드라인을 구체적으로 제시하고, 준수하지 않을 경우 반드시 불이익이 가도록 한다.

⑤ 학교문화풍토를 이해하되 안주하지 말자.

각 학교만이 가지고 있는 독특한 학교풍토, 지역사회의 여건, 역사와 전통을 빨리 익히되, 기존의 가치나 사고에 얽매이지 말고 현실에 도전하고 변화를 이끌어가는 개척자가 되어야 한다.

⑥ 눈높이를 맞추어라.

담당한 학급학생들의 흥미와 적성, 관심과 요구사항이 무엇인지 그들의 입장에서 이해한다. 마음을 열어 눈높이를 맞춰 개개인의 특성을 바르게 파악하고, 개인차를 인정하며 잠재적 가능성을 최대한 발현할 수 있도록 조력해 주어야 한다.

⑦ 담임을 적극 마케팅하자.

담임은 학기 전 학급경영철학이나 학급운영방향이 담긴 글을 준비하자. 간단한 교육관과 학교 전화번호, 담임의 홈페이지나 이메일, 연락처를 함께 적어 보낸다. 작은 일이지만 학부모들에게 아이들을 위해 노력하고 있음을 보여주어 신뢰관계 형성에 큰 도움이 된다.

⑧ 일을 사랑하는 전문직으로 자기연찬을 위해 노력하자.

사명과 긍지, 사랑과 대화, 성실과 헌신 등이 충만하다고 하더라도 가르치는 교과에 대한 지식이 부족하다면 결코 훌륭한 교사가 될 수 없다.

⑨ 학급운영에 주인의식을 갖도록 하자.

학급운영에 권한과 책임의 한계를 분명히 하고 주인의식을 고취시켜서 자율적인 분위기를 만들어 주어야 한다.

⑩ 학부모와 지역사회를 잘 활용하자.

먼저 학부모가 진정한 지원자, 협력자, 조력자로서 교사와 함께 자녀교육을 위한 활동에 참여하도록 한다. 지역사회와 끈끈한 유대관계를 맺어 교문 밖에 있는 인적·물적 자원을 활용할 줄 아는 능력있는 교사가 되어야 한다.

3. 학급경영의 영역

학급경영의 기본적 과업을 수업활동과 경영활동으로 구분하려는 입장이 있으나 오늘날의 경향은 이들 양자를 구분하지 않고 학급활동의 전체를 경영의 대상으로 삼아 다음과 같이 학급경영의 과업을 논하는 것이 일반적인 경향이다.

① **학급경영계획 영역**: 학생의 개인별 특성, 가정환경, 지역사회의 특성 분석을 통한 학급경영계획수립
② **집단조직 및 지도 영역**: 소집단 편성, 학급의 특성에 맞는 학급규칙의 설정과 시행, 학급분위기 조성
③ **특별활동 영역**: 자치활동, 적응활동, 계발활동, 봉사활동, 행사활동
④ **생활지도 영역**: 인성지도, 학업문제지도, 진로지도, 여가지도, 건강지도
⑤ **환경시설관리 영역**: 물리적 환경정비, 시설, 비품, 게시물, 청소관리
⑥ **사무관리 영역**: 학사물 관리, 학생기록물 관리
⑦ **학부모와의 관계 영역**: 가정통신의 지속적 시행, 학부모의 협조를 도모하는 일
⑧ **학급경영평가 영역**: 계획의 평가, 실천의 평가, 평가결과의 피드백

4. 학급경영의 과정

학급경영은 일반적으로 계획, 실행, 평가의 3단계 과정을 거쳐 실시되고 있으나 일부 학자들은 경영계획수립의 전 단계로서 목표설정단계를 학급경영의 과정에 포함시켜 모두 4단계의 과정으로 나누고 있다. 학급경영의 4단계를 그림으로 보면 [그림 11-1]과 같다.

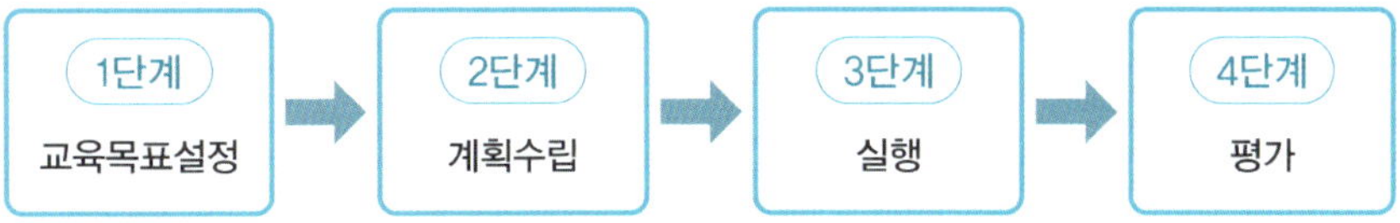

그림 11-1 학급경영의 과정

[그림 11-1]의 4단계 중 교육목표설정단계는 학급경영계획을 수립하는 데 필요한 학교교육 및 학년교육의 목적을 설정하는 단계다. 그러나 학교교육과 학년교육의 목적설정은 학급경영계획수립 단계에서만 필요한 것이 아니라 교육과정개발에서도 필요하다. 여기서는 계획수립, 실행 및 평가 단계에 대해서만 살펴본다.

1) 계획단계

학급경영계획은 학급활동에 대해 앞으로 무엇을 어떻게 추진해나갈 것인가를 정하는 하나의 설계다. 이 설계는 학급활동을 효과적으로 추진해나가는 데 필요한 안내의 역할을 한다. 학교경영계획수립에는 대체적으로 기초조사의 실시, 학급교육목표의 설정, 학급경영목표의 설정, 학급경영의 방침의 설정, 학급활동계획의 설정, 학급경영평가계획의 설정 등이 있다.

(1) 기초조사

학급경영자인 교사가 학교경영계획을 수립하기 위해서는 학급교육목표설정 이전에 기초조사를 실시해야 한다. 기초조사는 주로 아동, 학급, 가정환경, 지역사회 등을 대상으로 실시하고, 조사내용은 조사대상에 따라 다르다. 예를 들면, 아동조사의 경우 신체검사, 체질검사, 체력검사, 건강검사, 지능 및 학력 검사, 적성검사, 도덕성 검사 등을 실시하고, 학급조사의 경우에는 학급풍토, 교우관계, 교실 기자재 조사 등을 하며, 가정환경조사에서는 보호자의 성명, 직업, 가족상황 등을 조사한다. 또 지역사회 실태조사는 주로 지역사회의 경제, 문화, 후생, 보건, 교육 등의 시설 및 인사 등을 방문조사하고 그들의 교육적 요구를 조사한다.

(2) 학급교육목표의 설정

학급교육목표는 학교교육목표 · 학교경영방침과 학년교육목표 · 학년경영방침을 근거로 학급단위에서 설정하는 목표이다. 따라서 이 목표는 상위의 교육목표와 학급의 교육과정운영, 학생실태 등을 고려하여 설정해야 하고, 학생들의 인지적 · 정의적 · 신체적 행동발달에 대한 목표가 구체적으로 진술되도록 해야 한다.

(3) 학급경영목표의 설정

학급경영목표는 학급교육목적을 달성하기 위한 추진방법 및 절차 등과 관련된 구체적 목표다. 학급경영목표를 설정하기 위해서는 우선 학교 및 학교교육목표를 분석해야 하고, 그에 따라 경영목표를 구체적으로 진술해야 한다. 예를 들어, '예절이 바른 어린이 육성'이라는 교육목표가 있을 때 이를 먼저 분석하여 구체적인 학급경영목표로 '기본 생활습관의 정착' 등을 설정한다.

(4) 학급경영방침의 설정

학급경영방침은 학교경영목표를 달성하기 위한 수단 또는 방법이라 볼 수 있다. 따라서 경영방침은 학급경영활동의 기본 지침이 된다. 예를 들면, '기본 생활습관의 정착'이라는 학급경영목표가 있을 때 학급경영방침으로는 '고운 말 쓰기 지도'와 '인사습관 기르기' 등을 들 수 있다.

(5) 학급활동계획의 설정

학급활동계획은 경영방침을 실현하기 위한 실천계획이다. 따라서 학급활동계획에는 소위 5W(Why, Who, What, When, Where)와 1H(How) 등을 포함하여 실천계획을 구체화한다. 다시 말하면, 활동계획에는 활동영역, 대상, 필요한 자원, 시간 등을 구체적으로 제시해야 한다.

(6) 학급경영평가계획의 설정

학급경영평가계획은 학급경영이 계획대로 잘 실천되었는지를 판정하기 위한 것이다. 학급경영평가계획은 설정된 교육목표, 경영목표, 채택된 교육과정, 사용한 교과서나 보조자료, 실시된 수업지도와 생활지도 등의 계획대로 목적을 달성했는지 판정하기 위한 계획이기 때문에 학급경영평가의 영역과 대상, 평가기준과 척도의 계획을 세울 때는 신중한 접근이 필요하다.

(7) 학급경영안의 작성

마지막으로 마련된 학급경영계획을 일정한 양식에 의거하여 학급경영안으로 작성한다. 경영안은 학교의 일정한 양식에 따라 작성할 수 있고, 교사 자신의 양식을 개발하여 사용할 수도 있다. 학교경영안에 포함될 주요 내용은 대략 다음과 같다.

- 학교경영목표 체계: 학교교육목표와 학교경영방침
- 학년경영목표 체계: 학년교육목표와 학년경영방침
- 학급경영목표 체계: 학급경영목표와 학급경영방침
- 교육과정운영: 교과활동, 특별활동, 학교재량시간

- 생활지도운영: 당번활동, 청소활동, 급식활동 등
- 학급환경 정비: 교실환경과 교실비품 관리 등
- 수업평가: 평가계획 등
- 학급사무처리: 가정통신문 배부, 각종 검사결과의 기록·보존계획 등
- 학부모와의 관계: 학부모 상담, 학부모 대표자 선정 및 운영계획 등
- 학급장부 정리: 학생부, 출석부 등 장부정리 계획 등
- 학급경영 평가: 평가내용 및 척도의 실시 및 후속조치 계획 등

2) 실행단계

학급경영의 실행은 미리 준비된 경영계획을 실천에 옮기는 활동이며, 그 활동은 경영계획에 따라 전개된다. 학급경영의 각 영역에서 전개되는 주요 활동을 살펴보면 다음과 같다.

(1) 수업지도

- 수업목적 또는 목표설정
- 학교교육계획서에 의하여 동학년의 교육과정 운영 연간·주간 계획 작성
- 학기별 시간표 작성
- 동학년 회의 시 운영에 대한 협의 및 진도 조절
- 학습지도안 작성
- 수업방법 결정
- 수업매체 준비
- 학습지도
    - 학습활동의 동기부여
    - 실험·실습
    - 교재연구 및 자료준비
    - 성취목표 설정
    - 기본 학습훈련 실시(학용품 정리 및 사용법 지도, 글씨 쓰기 지도, 앉는 자세와 발표자세 및 요령 지도)

- 자율학습태도 육성
- 독서지도
- 글짓기 지도
- 학습장 및 일기 쓰기 지도
- 부진아 지도
- 토의학습 지도

• 수업 및 학습 평가
  - 진단 · 형성 · 총괄평가 실시와 평가 후 보충지도
  - 평가 후 학생 및 학부모 상담

(2) 특별활동 지도

• 학급협의회 · 학생회 조직 및 활동 지도
• 역할분담부서(총무부, 체육부, 학예부, 도서부 등)의 조직과 활동 지도
• 상담활동, 진로탐색활동, 친교활동 등의 지도
• 의식행사, 학예행사, 보건체육행사 등 행사활동 지도
• 학교, 학년 계획을 참고하여 학급행사 계획수립 및 추친
  - 정 · 부반장 선거
  - 정 · 부회장 선거
  - 소풍
  - 환경심사
  - 학예발표회
  - 체육대회
  - 작품전시회
  - 각종 교내외 대회
  - 기타
• 육상, 농구, 배구, 과학, 공예, 그리기, 서예, 짓기, 웅변, 무용, 합창, 씨름, 등산, 컴퓨터, 해양 등을 위한 각종 클럽(학예클럽, 취미클럽, 체육클럽 등)조직 및 활동 지도

(3) 생활지도

• 학생 이해, 관련정보 수집, 학생상담 · 지도, 정치활동(定置活動), 추후 활동
• 기본 생활습관 지도
• 안전생활 지도
• 질서생활 지도: 우측통행 지도, 실내정숙 지도, 줄서기 지도

- 화장실 사용 지도
- 보건위생 지도
- 청소지도
- 명상시간 갖기 지도

(4) 환경관리

- 책상정리 · 정돈
- 화분관리
- 급식당번 지정
- 음료수 당번 지정
- 실외 청소당번 지정
- 실외 화장실 당번 지정
- 칠판 지우기
- 청소도구함 정리
- 복도 청소
- 창문 열기
- 교실 내 꽃병 관리
- 청소지도

(5) 사무관리

- 생활기록부, 건강기록부 정리 · 보관
- 학급경영록 작성 · 활용
- 각종 서류 작성 및 활용
  - 생활관찰기록
  - 독서누가기록
  - 성적누가기록
  - 과제이행기록
  - 보건위생기록
  - 가정환경조사서 기록
- 학급일지, 학급어린이 회의록 기록 지도
- 사랑의 대화장 작성
- 학생 전 · 출입 서류 보관 및 출석부 정리
- 학급 비품 및 시설 관리, 보관
- 방위성금, 우유대금, 폐품수집, 위문금, 기타 성금수납장부 관리
- 학교, 학년, 학급 행사와 관련된 문서 작성 · 보관
- 학급경영 계획 및 평가와 관련된 문서 보존 · 관리

(6) 지역사회 관리

- 학급소식지 운영
- 가정통신문 관리
- 가정방문
- 학부모협의회 운영
- 학부모 개별협의 운영
- 학부모 · 주민에 의한 학급방문 및 수업참관 주선
- 학부모 · 주민 일일 교사제 운영

3) 평가단계

학급경영평가에는 투입평가, 과정평가, 산출평가, 결과평가가 있고, 이들 평가에는 각각 평가목적과 기능이 있다. 그러나 산출 및 결과 평가를 중심으로 살펴보면, 이들 평가는 실행단계에서 경영활동이 학급교육목표 및 경영목표에 어느 정도 도달되었는지, 그 결과는 어떠한지를 판단하는 활동이다. 이러한 평가는 단순히 경영계획과 실행결과에 대한 평가뿐 아니라 다음의 학급경영 계획과 실행을 위해 참고가 될 수 있기 때문에 적절하게 잘 실시되어야 한다. 적절한 학급경영평가를 위해서는 다음과 같은 사항에 대해 유의해야 한다(최희선, 1996).

① 학교교육목표, 학년교육목표, 학급교육목표 등이 경영계획에 반영되었는지를 평가해야 한다.
② 기초조사의 결과가 경영계획에 잘 반영되었는지를 판단해야 한다.
③ 계획과 실행 간에 괴리가 없는지를 판단해야 한다.
④ 양적 평가 외에 질적 평가도 계획되었는지를 판단해야 한다.
⑤ 교사 단독에 의한 평가인지 아니면 교사 · 학부모 · 학생의 공동참여에 의한 평가인지를 판단해야 한다.
⑥ 평가의 타당성 · 객관성 · 신뢰성이 유지되었는지를 판단해야 한다.
⑦ 산출평가 및 결과평가는 물론 투입평가와 과정평가가 적절히 이루어졌는지를 확인해야 한다.

학급경영평가절차는 대체적으로 평가목표와 기준을 정하고, 평가영역 · 대상 및 방법을 설정하며, 평가시행 및 결과의 해석 · 활용의 단계를 밟는다. 학급경영평가절차를 더 구체적으로 제시하면 다음과 같다.

① 평가목표를 설정한다.
② 평가목표에 따라 평가할 영역과 대상을 확정한다.
③ 평가방법(시기, 도구, 평가자 등)을 결정한다.
④ 평가 기준 및 척도를 작성한다.
⑤ 평가를 실시한다.
⑥ 측정 및 조사결과를 정리한다.
⑦ 정리된 자료를 분석하여 판단을 내린다.
⑧ 평가결과를 활용한다.

연구와 토론을 위한 실전문제

1. 학교경영의 목표 대해 설명하시오.
2. 학교경영의 원리 중 법제 면에서의 원리를 설명하시오.
3. 학교경영의 원리 중 운영 면에서의 원리를 설명하시오.
4. 학교경영의 과정에 대해 설명하시오.
5. 학교경영계획수립의 단계에서 이루어지는 교육목표 진술에 대해 설명하시오.
6. 학교경영계획수립 시 유의사항에 대해 설명하시오.
7. 학급경영의 일반원리를 설명하시오.
8. 학급경영의 영역을 설명하시오.
9. 학급경영의 4단계 과정을 설명하시오.
10. 학급경영안을 작성할 때 포함될 내용을 설명하시오.
11. 자신의 학급경영관과 목표를 설정해서 설명하시오.

Chapter 12

교육법규론

교육법규란 넓은 의미의 교육법으로 교육관계 법령을 모두 포함하는 의미이다. 교육법규는 교육 또는 교육정책이나 교육제도 및 그 운영에 관한 사항을 규정한 법이다. 교육법규는 교육을 모두 포괄할 수 없지만 공교육을 유지 · 발전시키기 위한 최소한의 조건으로 필요하다. 그리고 국가권력의 자의적인 지배를 배제하는 등 교육과 관련된 정의를 실현하기 위해서도 필요하다. 따라서 교사들은 최소한으로라도 필요한 교육관련 법규내용을 알고 있어야 한다. 이 장에서는 교육법의 연원과 각 교육주체들의 교육권에 대해서 살펴보았다.

제1절 교육법의 연원

교육법의 존재 형식 내지는 법이 성립하는 타당한 근거 및 기초를 법의 연원이라고 한다. 법의 존재형식을 살펴보면 성문법과 불문법으로 나뉘는데, 성문법은 일정한 절차나 형식에 따라서 내용이 결정되고, 명문으로 공포되는 법을 말한다. 반면에 불문법은 입법기관에 의하여 제정 · 공포되지 아니한 법으로 문서로 되어 있지 않고 일종의 관행으로 행해지고 있는 것이 일반적이다.

1. 성문법

교육에 관한 성문법으로는 「헌법」이 가장 상위법이고, 그 다음이 법률, 명령, 조례 및 교육규칙, 훈령 및 예규, 조약 등이 있다. 불문법에는 관습법, 판례(헌법재판소의 판례 및 각종 교육관계 판례), 조리 등이 있다. 우리나라의 「교육법」은 1949년 11월 31일 「교육법」이 제정 공포된 이래 단일 교육법으로 존속되어 오다가 「교육기본법」, 「초 · 중등교육법」, 「고등교육법」 등으로 세분되어 시행되고 있다.

우리나라 「헌법」 전문, 본문 제10조 및 제11조 등에서 민주주의, 자유주의, 평등주의, 평화주의 등이 천명되어 있고, 제22조 제1항에서는 학문의 자유를, 제31조에서는 교육의 기회균등, 의무교육, 교육의 자주성, 전문성, 중립성, 평생교육의 진흥, 「교육법」 제정의 근거 등의 정신을 구체적으로 규정하고 있다.

헌법 제31조

① 모든 국민은 능력에 따라 균등하게 교육을 받을 권리를 가진다.
② 모든 국민은 그 보호하는 자녀에게 적어도 초등교육과 법률이 정하는 교육을 받게 할 의무를 진다.
③ 의무교육은 무상으로 한다.
④ 교육의 자주성·전문성·정치적 중립성 및 대학의 자율성은 법률이 정하는 바에 의하여 보장된다.
⑤ 국가는 평생교육을 진흥하여야 한다.
⑥ 학교교육 및 평생교육을 포함한 교육제도와 그 운영, 교육재정 및 교원의 지위에 관한 기본적인 사항은 법률로 정한다.

「헌법」 제22조 제1항에서 규정하고 있는 "모든 국민은 학문과 예술의 자유를 가진다"는 규정은 학문의 자유권 보장은 개인의 학문연구와 단체의 학술연구에 어떠한 권력의 침해를 받지 않는 제도적 보장을 의미하는데, 연구의 자유, 연구발표의 자유, 교수의 자유를 내포하고 있다고 보겠다.

「헌법」 제31조 제1항과 「교육기본법」 제4조에 규정되어 있는 '교육의 기회균등' 개념은 모든 국민은 성별·종교·신앙·사회적 신분·경제적 지위·신체적 조건 등을 이유로 교육에 있어서 차별을 받지 아니하고 능력에 따라 균등하게 교육을 받을 권리를 가진다는 정신을 함축하고 있다.

교육기본법 제4조(교육의 기회균등)

① 모든 국민은 성별, 종교, 신념, 인종, 사회적 신분, 경제적 지위 또는 신체적 조건 등을 이유로 교육에서 차별을 받지 아니한다.
② 국가와 지방자치단체는 학습자가 평등하게 교육을 받을 수 있도록 지역 간의 교원 수급 등 교육 여건 격차를 최소화하는 시책을 마련하여 시행하여야 한다.

「헌법」 제31조 제2항과 제3항에서는 "모든 국민은 그 보호하는 자녀에게 적어도 초등교육과 법률이 정하는 교육을 받게 할 의무를 지고, 의무교육은 무상으로 한다"

고 규정하고 있고, 「교육기본법」 제8조에서도 의무교육은 6년의 초등교육 및 3년의 중등교육으로 한다고 규정하여 의무교육의 기간과 무상교육개념 정신을 규정하고 있다. 이와 아울러 모든 국민은 의무교육을 받을 권리를 가진다고 규정하고 있다.

교육기본법 제8조(의무교육)

① 의무교육은 6년의 초등교육과 3년의 중등교육으로 한다.
② 모든 국민은 제1항에 따른 의무교육을 받을 권리를 가진다.

또한 「헌법」 제33조 제4항에 규정된 '교육의 자주성'은 교육기구와 교육내용이 교육자에 의하여 자주적으로 결정되고, 행정권력에 의한 교육통제가 배제되어야 한다는 의미를 가지고 있다. 「교육기본법」 제5조에서 국가 및 지방자치단체는 교육의 자주성, 전문성을 보장하여야 하며, 지역실정에 맞는 교육의 실시를 위한 시책을 수립 실시하여야 한다고 규정하고 있어 교육자치제의 실시의 배경이 되고 있다.

교육기본법 제5조(교육의 자주성 등)

① 국가와 지방자치단체는 교육의 자주성과 전문성을 보장하여야 하며, 지역 실정에 맞는 교육을 실시하기 위한 시책을 수립·실시하여야 한다.
② 학교운영의 자율성은 존중되며, 교직원·학생·학부모 및 지역주민 등은 법령으로 정하는 바에 따라 학교운영에 참여할 수 있다.

「헌법」과 「교육기본법」에 규정되어 있는 '교육의 중립성'은 교육은 교육 본래의 목적에 따라 그 기능을 다하도록 운영되어야 하며, 어떠한 정치적·파당적 또는 개인적 편견의 전파를 위한 방편으로 이용되어서는 안 된다는 것으로서, 교육의 본질에 위배되는 국가적 권력이나 정치적·사회적·종교적 세력 등의 부당한 영향을 배제하고, 특정 이념에 대한 편향교육이나 특정 정권, 특정 정당을 위한 교육이 되어서는 안 된다는 정신이 담겨져 있다. 국가 및 지방자치단체가 설립한 학교에서는 특정한 종교를 위한 종교교육을 하여서는 안 되도록 되어 있다.

교육기본법 제6조(교육의 중립성)

① 교육은 교육 본래의 목적에 따라 그 기능을 다하도록 운영되어야 하며, 정치적 · 파당적 또는 개인적 편견을 전파하기 위한 방편으로 이용되어서는 아니 된다.
② 국가와 지방자치단체가 설립한 학교에서는 특정한 종교를 위한 종교교육을 하여서는 아니 된다.

법률은 「헌법」의 정신 안에서 국회의 의결을 거쳐 제정 · 공포된 것으로서 교육기본법, 초 · 중등교육법, 고등교육법, 사립학교법, 평생교육법, 교육공무원법, 교육세법 등이 대표적이다.

명령은 법률의 위임에 의하여 행정관청이 필요에 의하여 제정되는 규범인데, 각종 교육법 시행령, 평생교육법 시행령, 사립학교법 시행령, 교육공무원임용령, 교원자격검정령 등이 있다.

이 밖에도 지방자치단체들의 자치법규로서 조례, 규칙, 교육규칙 등이 있다. 조례는 지방자치단체가 지방의회의 의결을 거쳐 제정한 것이며, 지방자치단체의 장이 그의 고유 권한에 속하는 사무에 관하여 법령이나 조례가 위임한 범위 내에서 규정한 법규를 규칙이라 한다. 또한 교육감이 법령이나 조례가 허용하는 범위 내에서 제정하는 규칙을 교육규칙이라고 한다.

국가 간 또는 국가와 국제기관 간에 문서를 통하여 이루어지는 합의를 조약이라 하는데, 국회서 비준 · 공포되게 되면 국내법과 동일한 효력을 발생하게 된다. 조약이라는 명칭 외에도 협약, 헌장 등의 표현으로도 쓰이고 있다. 조약의 예로서는 유네스코헌장이 있다.

1) 3권 분립

입법 · 행정 · 사법으로 국가 권력의 작용을 나눠 이를 각각의 기관에 분담시킴으로써 상호 간에 견제와 균형을 유지시켜 국가권력의 집중과 남용을 방지하는 통치조직원리를 말한다. 3권 분립은 1787년 미국연방헌법에서 최초로 도입되었고, 이후 1791년 프랑스헌법 등이 채택한 바 있다. 이후 3권 분립은 헌법적 원리로 발전했다. 한국 헌법은 3권 분립에 입각해 입법권은 국회에(제40조), 행정권은 대통령을 수반으로 하는 정부에(제66조 제4항), 사법권은 법관으로 구성된 법원에(제101조) 속한다고 규정하고 있다.

2) 행정입법

행정주체가 법조(法條)의 형식으로 법규정을 정립하는 것을 말한다. 근대법치국가에서는 국민의 권리와 의무에 관한 규정은 국회에서 법률형식으로 입법하도록 요구되었으나, 20세기 들어 행정부의 입법권을 현실적으로 인정하기에 이르렀다. 행정입법에는 법률에서 구체적으로 범위를 정하여 위임받은 사항에 관한 규정을 마련하는 위임명령과, 법률을 집행하기 위하여 필요한 사항에 관해 발하는 집행명령 등이 있다. 행정입법에는 이와 같이 법규의 성질을 가지는 위임명령과 집행명령 이외에 법규의 성질을 지니지 않는 훈령 · 지시 · 명령 등의 행정명령이 있다. 법규명령은 제정기관에 따라 대통령령 · 총리령 · 부령 등으로 나뉜다.

행정부에 의한 입법 작용을 말한다. 법률에 의하여 행정입법에 위임된 사항에 관하여는 행정입법자도 그 위임의 범위에서 법규를 형성할 수 있음을 의미하며 행정부가 입법기관인 의회가 제정한 법률을 집행하기 위한 세부적 · 기술적인 사항을 일반적 · 추상적인 규율로 제정하는 작용이다. 위임입법 · 종속입법 · 준입법이라고도 한다.

전문적 · 기술적 능력의 한계 및 시간적 적응능력의 한계로 인하여 모든 법규를 예외 없이 형식적인 법률에 의하여 규정한다는 것은 사실상 불가능할 뿐만 아니라 불합리하기 때문에 경제현실의 변화나 발전된 평가기술의 수준을 적시에 반영하는 입법이 요청되는 사항에 대하여는 더 탄력성이 있다는 것이 행정입법의 장점이다.

현행 「헌법」은 제75조(대통령은 법률에서 구체적으로 범위를 정하여 위임받은 사항과 법률을 집행하기 위하여 필요한 사항에 관하여 대통령령을 발할 수 있다)와 제95조(국무총리 또는 행정각부의 장은 소관사무에 관하여 법률이나 대통령령의 위임 또는 직권으로 총리령 또는 부령을 발할 수 있다)에 행정입법의 근거 규정을 두었다. 복잡한 입법절차를 거치지 않고 행정부가 직접 법률에 따라 제정하며, 주무부서의 발의로 차관회의를 거쳐 국무회의 심의 후 총리 · 관계 국무위원의 부서를 받아 대통령이 결제하여 공포한다는 점이 일반적인 법률과 다르다.

행정주체(국가, 지방자치단체)가 법조의 형식으로 일반적 · 추상적 규범을 정립하는 작용 또는 이에 의해 정립된 규범을 말한다. 일반적이라는 것은 불특정 다수인에게 적용된다는 의미이고 추상적이라는 것은 불특정 다수의 사례에 반복적으로 적용된다는 의미이다.

19세기까지도 행정입법은 복위임금지의 원칙에 의해 국회의 입법권을 침해하여 권력분립의 원칙에 어긋나는 것으로 인식되었다. 그러나 20세기 이후 행정기능의 확대강화로 말미암아 행정입법은 현대행정의 필요불가결한 것으로 인식되고 있다. 따라서 행정입법은 행정기관의 입법이라는 점에서 의회입법원칙의 예외에 해당한다.

행정입법에는 국가행정권에 의한 입법과 지방자치단체에 의한 자치입법이 있다. 국가행정권에 의한 입법은 다시 법규성 여부에 따라 법규명령과 행정규칙(행정명령)으로 구분되고, 자치입법은 제정주체에 따라 「조례」와 「규칙」, 「교육규칙」으로 구분된다. 특히, 국민의 권리 · 의무에 관한 법규의 성질을 가진 법규명령 외에 법규의 성질을 가지지 않는 행정규칙도 포함되는 것이 통설이다.

정부발안에 의한 입법과 대응된다. 국회는 3권 분립주의하의 유일한 입법기관이므로 국회에서 국회의원이 발안하여 입법하는 것이 원칙이다. 그러므로 3권 분립주의에 충실하였던 18세기의 미국 헌법은 국회의원만이 발안권을 가지도록 하고, 정부는 법률발안권을 가지지 못하게 하였다. 그러나 사회가 전문화 · 분업화 · 기술화되고 자본주의가 고도화됨에 따라 여러 가지 사회문제가 발생하여 신속 · 적절한 대응책을 강구하기 위해서는 행정부의 입법조치가 필요하게 되었다.

종래의 의원입법만으로는 신속 · 적절하게 대응하지 못하게 되자 20세기 세계 각국의 입법례는 정부에게도 법률발안권을 부여하고 있는 것이 통례이다. 그러나 미국은 오늘날도 헌법상 정부의 법률발안권이 인정되지 않고 있다. 그래서 미국의 경우 법률안은 여당의원의 의원입법형식으로 발안하고 있는데, 실제로 국회에서 제정되는 법률의 대부분은 정부제안의 법률이 차지하고 있다. 기타 세계 각국의 경우도 국회에서 제정되는 법률의 대부분이 정부가 제안한 것들이다.

그 이유는 정부가 실제 행정을 담당하고 있으므로 해결되어야 할 여러 문제에 당면하여 법률의 제정 · 개정을 절실히 필요로 하고, 또한 전문지식이나 기술인원을 확보하고 있으며, 입법자료도 풍부하기 때문이다. 한편, 의원입법에는 의원개인이 발안하는 것과 정당의 정책에 의하여 정당에서 발안하는 것이 있다. 후자의 경우 여당은 정부 안이 대부분이므로 실질적으로는 정부발안의 법안이 된다. 따라서 의원개인의 발안은 그 수가 적고, 내용에서도 지방이익이나 특정업자 보호를 위한 법률안 또는 소수파가 많은 혁신정당의 특정계급의 보호를 위한 법률안 등이 많으므로 그 발안 및 수정동의 등에 제한을 가하고 있다.

「대한민국 헌법」은 국회의원과 정부에 모두 법률안 제출권을 부여하고 있고(헌법 제52조), 의원입법에 있어서는 의원 10인 이상의 찬성으로 의안을 발의할 수 있도록 하였다(국회법 제79조 제1항). 오늘날 정부제안의 입법이 대부분을 차지함에 따라 국회는 입법부가 아니라 통법부(通法府)화함으로써 입법부의 기능이 저하되고 있다는 비판이 가하여지고 있다. 따라서 국회 상임위원회에 전문위원·조사위원을 두어 전문지식이나 기술을 보강하거나 입법자료수집을 위하여 국회에 입법조사국이나 법제국 등을 설치하는 등 의원입법 강화에 노력하고 있다.

3) 의원입법

국회의원이 법률안을 국회에 제출하여 행하여지는 입법행위 또는 그 결과로 이루어진 법률이다. 「헌법」상 법률안은 국회의원과 정부가 제출할 수 있는바, 의원입법은 법률안의 제출자를 중심으로 한 개념으로 정부제출에 의한 입법에 대응하는 개념이다. 따라서, 제출 이후 공포 시까지의 입법절차에 있어서는 의원입법이나 정부제출에 의한 입법이나 동일하다.

내용입법기관인 국회의 구성원인 국회의원이 법률안제출권을 가지는 것은 당연하다고 할 것이나, 정부에게 법률안제출권이 부여되는 이유는 정부가 실제행정을 담당하고 있으므로 많은 행정과제를 해결하기 위해 법률의 제정·개정을 절실히 필요로 하며 전문지식이나 기술인원을 확보하고 있고 입법자료도 풍부하기 때문이다. 오늘날 행정국가화 경향에 따라 실제로 국회에서 제정되는 법률의 대부분은 정부제안의 법률이 차지하고 있다.

한편, 의원입법의 특수한 형태로 국회의 상임위원회나 특별위원회도 그 소관사항에 관하여 법률안을 제출할 수 있다. 이 경우에 제출자는 당해 위원회의 위원장이 된다.

국회의원이 법률안을 제출하게 되는 동기를 보면 국민적인 지지와 일체감을 기반으로 한 것, 국회관계의 사항을 정한 것, 소속정당의 정책을 표명 또는 실현하기 위한 것, 업계 · 이익단체 · 지역구의 이익을 위한 것, 국회의원 개인의 가치관 · 판단 등을 표명 또는 실현하기 위한 것, 정부로부터 의뢰받은 것 등이 있다.

2. 불문법

성문법과 같이 문서로 제정되어 있지 않으면서도 성문법과 같은 효력을 갖는 사회적 규범이 불문법인데, 관습법, 판례법, 조례 등이 있다. 관습법은 사회에 있어 오랜 기간에 걸쳐 행하여진 일정한 관습이 일반화되어 자연스럽게 법적 효력을 갖게 된 것이다. 한 법원에서 내린 판결이 후속 재판에도 영향력을 미치게 되어 사실상 법적인 효력을 갖게 되는 것이 판례법이다. 교육과 관련된 교육판례는 학교운영에서 많은 영향을 미치고 있다. 그러나 관습법이나 판례법도 없는 경우에는 사회통념, 미풍양속 등과 같은 사실의 성질에 적합한 처리방법을 내용으로 하는 법규범인 조리도 활용되게 된다.

제2절 교육권

1. 교육권

「헌법」 제31조 제1항에 규정되어 있는 "모든 국민은 능력에 따라 균등하게 교육을 받을 권리를 가진다"는 것을 근거로 교육권이 실시되고 있다. 교육권이란 교육을 받는 사람뿐만 아니라 교육에 직접 관계하는 부모, 교사 등의 교육시킬 권리 또는 교육할 권리까지 포함하는 포괄적 권리로써 「헌법」상 도출되는 기본권이다. 교육권은 교육을 받는 사람에게 부여된 권리일 뿐만 아니라 이에 관여하는 부모에게도 부여된 권리이며, 국가도 단순히 교육의 외적 조건을 정비 확보에 그치는 것이 아니라 수학권의 보호와 사회공공의 이익의 증진을 위하여 필요하다고 인정하는 범위 내에서 교육내용의 결정권을 포함한다. 따라서 국가는 부모와 국가의 상호협력적 관계 속에서 교육을 실시하게 된다.

교육을 받을 권리의 주체는 일차적으로 배움의 과정에 있는 학생이다. 학습자의 교육권인 학습권은 교육권의 핵심이요 기본인데, "모든 국민은 평생에 걸쳐 학습하고 능력과 적성에 따라 교육받을 권리를 가진다"는 「교육기본법」 제3조에 근거를 두고 있다. 따라서 성별, 종교, 사회적 신분 등에 의하여 교육받을 기회를 차별받지 않고, 이를 위하여 교육시설을 설치 운용하고 장학정책을 시행하는 등 교육의 외적 조건의 정비를 할 것을 요구할 수 있다.

교육의 종류에는 공교육 사교육 등 다양하게 존재하고 이를 최대한 보장하여야 한다. 그러나 「교육법」이 주로 다루는 영역은 학교교육에 관한 공교육이고, 그 이유는 교육 중에서도 가장 효과적이고 조직적인 교육활동이 이루어지기 때문이다. 이를 위해서 국가는 법률이 정하는 바에 따라 무상의 의무교육을 실시하도록 하고 있으며, 현재는 중등교육과정까지 의무교육이 실시되고 있다.

부모가 자녀를 교육시킬 권리도 교육권의 한 내용으로 보장된다. 학부모의 자녀교육권은 학무보가 자녀교육에 대한 목표와 수단을 자유롭게 결정할 수 있는 권리이다. 부모의 자녀교육권은 권리로서의 측면보다는 자녀의 보호와 인격발현을 위해 부여되는 기본권으로써 의무로서의 성격이 나타난다. 부모의 자녀교육권은 자녀를 교육시킬 학교를 선택할 수 있는 권리를 보장하고, 학부모가 교육에 참여할 수 있는 권리보장까지 포함한다. 따라서 교육과 관련된 사안에서는 국가의 교육정책 결정과정에 참여할 수 있는 권리를 포함한다고 보고 있다.

교사도 교육의 한 주체임을 부정할 수 없다. 교사의 교육권의 내용은 교사가 자신의 소신과 자율성에 따라 학생을 가르칠 권리이다. 교사는 자신의 책임하에 학생들을 교육하고 수업을 함으로써 교육에 참여하고 있다. 교사는 수업활동과 교육활동의 내용을 자유롭게 결정할 수 있는데, 수업방식을 자유롭게 선택하고 수업내용과 소재를 자유롭게 선택할 수 있다. 또 「초 · 중등교육법」에는 학교의 장은 필요한 때에는 법령 및 학칙이 정하는 바에 의하여 학생을 징계할 수 있도록 규정하고 있고, 이에 따라 학생의 징계권도 교사의 교육권의 내용이 된다. 다만 교사의 교육권은 학생의 학습권 보장을 위하여 일정범위 내에서 제한될 수 있다.

2. 교원의 권리

「헌법」 제22조와 제31조에서는 학문의 자유와 교육 · 연구할 권리를 보장하고 있다. 또한 「교육법」 및 「교육공무원법」, 「국가공무원법」 등에서는 '의사에 반한 신분조치 금지의 권리', '불체포특권', '권고사직 당하지 아니할 권리', '직무집행권', '재심청구권' 등 신분상의 권리가 보장되어 있다. 이 밖에도 교원은 '봉급청구권', '수당청구권', '연금청구권', '실비변상청구권', '휴직 및 직위해제 기간 중의 보수지급 청구권' 등 재산상의 권리를 가지고 있다. 또한 교원에게는 단체결성 및 교섭 · 협의권이 보장되어 있다.

교육권의 한 주체로서의 교원은 그에 상응하는 권리를 가진다. 교원에게 교권을 인정하는 이유는 국가 공권력의 부당한 간섭을 배제함으로써 교육의 자주성과 전문성 정치적 중립성을 보장하기 위함이다.

교육의 자주성은 교육내용과 교육기구의 형성 운영이 교육자에 의하여 자주적으로 결정되고 국가공권력에 의한 통제가 배제되어야 한다는 의미로써, 국가공권력으로부터의 독립이 그 핵심을 이룬다. 교육의 전문성은 교육정책의 결정이나 집행은 교육전문가가 담당하게 하거나, 그들의 참여를 보장하여야 한다는 의미이다. 교육의 정치적 중립성은 교육이 국가권력이나 정치적 세력으로부터 부당한 간섭을 받지 않고, 또한 교육이 정치에 개입하지 말아야 한다는 원칙을 말한다.

이러한 교육의 원칙으로부터 교육자에게는 교권이라는 권리가 보장됨으로써 교육에 매진하도록 하고 있다. 교권의 가장 핵심적 권리는 신분보장에 있다. 「교육공무원법」 제43조에는 교원의 신분보장에 관한 규정이 있다. 교원은 형의 선고 · 징계처분 또는 법에서 정하는 사유에 의하지 아니하고는 의사에 반하여 휴직 · 강임 또는 면직을 당하지 않는다. 또 교원은 권고에 의하여 사직을 당하지 않는다라고 규정하여 이를 보장하도록 하고 있다.

또한 교원에게는 학교 안에서 학교장의 동의 없이 현행범인을 제외하고는 체포당하지 않는다고 규정하고 있는데, 이것은 학교의 자유를 보장하고 부당한 공권력으로부터 교원의 신분을 보장함으로써 교육의 본질적 기능을 수행하기 위해 부여된 권리이다. 또 교원들은 「교원의 노동조합 설립 및 운영에 관한 법률」에서 교원의 권익보장과 이익증진을 위하여 노동조합설립과 운영을 할 수 있도록 하고 있다. 하지만 단체행동은 제한되고 있다. 그 밖에 행정, 사법상 불이익을 받은 때에는 기타 쟁송제도를 통하여 교원 자신의 권리를 보장받을 수 있는 제도를 마련하고 있다.

3. 교원의 의무

교원은 교권에 상당하는 의무를 지는데, 교육권에 대응하여 부과된 의무로써 교육을 위해 교원들에게 부여된 것이다. 교원의 고유한 의무는 교육에 전념할 의무이다. 교원은 학생교육이 본연의 임무이므로 양질의 교육을 제공할 수 있도록 힘쓰고, 자신의 연구활동을 통하여 이를 이행할 의무가 있다. 또한 교육의 주체인 학생들을 훈육하고 올바른 교육이 될 수 있도록 지도하고 노력할 의무가 있다.

교원은 교원의 지위에 걸맞도록 행동하여 품행을 바르게 할 의무가 있고, 교육상 취득한 정보에 대해서는 비밀을 유지할 의무가 부과된다. 학생들의 인격형성과정에서 학교교육과정의 교원의 역할은 중요하므로, 학생개인의 사생활이나 인격과 관련된 내용에 관하여서는 이를 발설해서는 안 된다. 또한 학교 내에서는 학교장 기타 상관의 의사를 존중하고 명령, 지휘에 복종할 의무도 있다.

교원이 하지 말아야 할 소극적 의무로는 정치활동의 금지의무가 있다. 정치활동 금지의무는 교육의 정치적 중립성 보장을 위한 선행적으로 지켜져야 하는 교원의 의무이다. 또한 교원노조는 단체활동을 해서는 안 되는 의무가 있다. 「교원의 노동조합 설립 및 운영에 관한 법률」에서는 교원노동조합이 정당가입 및 정치활동의 금지를 규정하고, 쟁의행위를 금지하고 있다. 이것은 정상적인 교육활동의 보장을 통하여 학생들의 학습권을 보장하기 위함이 목적이다. 교원은 교육부장관이 허가 없이 영리목적의 업무에 종사해서는 안 되며, 겸직해서도 안 된다.

4. 학생의 권리

「교육기본법」 제12조에는 학생을 포함한 학습자의 기본적 인권은 학교교육 또는 사회교육의 과정에서 존중되고 보호된다고 규정하여 교육과정에서 학생들의 기본적 인권을 보장하고, 자유와 기타 학습과정에서 필요한 권리들을 보장하고 있다.

학생의 권리 중 가장 핵심적인 영역은 수업을 받을 권리이다. 즉, 수학권이 보장된다. 학생들은 교육과정을 통하여 자신의 인격을 형성하고 전문적 지식을 습득함으로써 장래의 직업을 선택하는 과정에서 자신을 수련하고, 자기발전을 꾀하고 있다. 물론 교육권에서 교사의 권리도 교육권의 한 내용으로 보장받지만, 본질적 부분은 학습권이라고 할 수 있다. 헌법재판소도 교사의 수업권을 내세워 학생들의 수학권을 침해할 수 없다고 함으로써, 학생들의 수업권을 교육권에서 우선적으로 보호하고 있다.

또한 학생들은 교육의 필요범위 내에서 학교시설을 이용할 권리를 가진다. 학생은 스스로 자신의 교육과정에서 있어서 진학, 학교선택 등에 있어서 자유롭게 이를 결정하고 선택할 권리를 가진다. 또한 헌법규정에 따라 균등하게 능력에 따라 교육을 받을 권리를 가진다. 따라서 교육과정에서의 평등이 보장되어야 하고, 타인에 비해서 불평등하거나 교육과정에서 소외되어서는 안 된다. 기타 학생의 자치활동권도 학교교육의 목적을 저해하지 않는 범위 내에서 인정되어야 한다.

5. 학생의 의무와 징계

학생은 교육의 장소는 학교 내에서 학교의 교칙을 준수하고 학교교육을 저해하거나 방해하는 행위를 해서는 안 된다. 공동체 생활을 하는 학교 내에서 타인의 교육활동에 지장을 주거나 이를 저해하는 행동을 하지 말아야 한다는 것이다. 만약 이를 위반할 때에는 정당한 절차와 목적을 가지고 학생을 징계할 수 있다. 학생을 징계하는 사유로는 학칙을 위반하거나, 정당한 이유 없이 등교하지 않거나, 품행이 불량하고 이를 뉘우치지 않음으로써 개전의 정이 없을 때 등이다.

하지만 이러한 사유가 존재한다고 하더라도 정당한 절차와 방법을 통하여 징계가 이루어져야 한다. 징계를 하는 과정에는 교칙이 정하는 방법에 따라 절차적 정당성이 보장되어야 한다. 따라서 학교장이 법령과 학칙이 정하는 바에 따라 징계 또는 지도를 할 수 있도록 하고 있다.

이 과정에서 해당 학생이나 학부모 등에게 진술기회를 부여하여야 한다. 만약 진술기회를 주지 않고 이루어진 징계절차는 절차적 정당성을 상실하여 무효이거나 취소 사유가 된다. 징계의 종류에는 학교 내 봉사활동, 사회봉사활동, 특별수강 명령, 정학 및 퇴학처분을 내릴 수 있다. 다만 퇴학 처분에 관하여는 의무교육에 있는 학생에 대해서는 이를 할 수 없다.

6. 교육기본법의 주요 내용

「교육기본법」의 주요 내용은 다음과 같다. 「교육기본법」은 '교육의 헌법'으로서의 중요한 위상을 가지며, 학교급에 관계없이 모든 유형의 교육을 규율하는 데 중요한 사항을 규정하고 있다. 이러한 교육기본법은 총칙, 교육당사자, 교육의 진흥 등 세 개의 장으로 구성되어 있다.

총칙은 「헌법」 제31조에서 규정하고 있는 내용을 더 구체적으로 규정하고 있다. 모든 국민에게 학습권이 있음을 밝히고, 교육의 기회 균등의 내용을 성별, 종교, 신념, 인종, 사회적 신분, 경제적 지위 또는 신체적 조건 등을 이유로 교육에서 차별을 받지 않는 것임을 밝히고 있으며, 또한 교육의 자주성과 중립성을 더 구체적으로 규정하고 있다.

교육 당사자 장에서는 학습자, 보호자, 교원, 교육단체, 학교 등의 설립자, 경영자, 국가 및 지방자치단체의 권리와 의무를 각각 규정하고 있다. 학생은 인권과 교육받을 권리를 인정받지만, 학습자로서의 윤리의식의 확립, 학교 규칙 준수, 교원의 교육 · 연구 활동을 방해하지 않고 학내의 질서를 문란하게 하지 않을 의무를 지며, 교원은 전문성을 존중받고 경제적 · 사회적 지위가 우대되며 신분이 보장되지만, 자기 연찬의 의무, 교원으로서의 윤리 확립, 정치적 중립성 유지 등의 의무를 진다.

교육의 진흥 장에서는 교육정책의 중점 사항을 열거하고 있다. 남녀평등교육과 학습 윤리 확립, 건전한 성의식 함양, 특수교육, 영재교육, 유아교육, 직업교육, 과학 · 기술교육, 학교체육, 교육의 정보화, 학교 및 교육행정기관 업무의 전자화, 학생 정보의 보호, 학술 문화의 진흥, 사립학교의 육성, 평가 및 인증제도, 교육 관련 정보의 공개, 보건 및 복지의 증진, 장학 제도, 국제교육 등이 규정되어 있다.

7. 초 · 중등교육법의 주요 내용

제1장 총칙, 제2장 의무교육, 제3장 학생과 교직원, 제4장 학교, 제5장 보칙 및 벌칙 등 전문 68조와 부칙으로 이루어져 있다. 1997년 12월 13일 법률 제5438호로 제정된 이후 일부 내용이 개정되었다.

초 · 중등교육을 실시하기 위해 초등학교 · 공민학교, 중학교 · 고등공민학교, 고등학교 · 고등기술학교, 특수학교 및 각종 학교를 둔다(제2조). 각호의 학교(이하 '학교'라 함)는 국가가 설립 · 경영하는 국립학교, 지방자치단체가 설립 · 경영하는 공립학교, 법인 또는 사인이 설립 · 경영하는 사립학교로 구분한다(제3조). 국립학교는 교육부장관의 지도 · 감독을 받으며, 공 · 사립학교는 교육감의 지도 · 감독을 받는다(제6조). 국가는 "모든 국민은 의무교육을 받을 권리를 가진다"는 「교육기본법」 제8조의 제1항 규정에 따라 의무교육을 실시해야 하며, 이를 위한 시설의 확보 등 필요한 조치를 강구해야 한다(제12조).

모든 국민은 보호하는 자녀나 아동이 만6세가 된 날이 속하는 해의 다음 해 3월 1일부터 만12세가 되는 날이 속하는 해의 다음 해 2월 말까지 그 자녀나 아동을 초등학교에 취학시켜야 한다. 또한 초등학교를 졸업한 학년의 다음 학년 초부터 만15세가 되는 날이 속하는 해의 다음 해 2월 말까지 그 자녀나 아동을 중학교에 취학시켜야 한다(제13조). 하지만 질병 · 발육 상태 등 부득이한 사유로 인해 취학이 불가능한 의무교육 대상자에 대하여는 대통령령으로 정하는 바에 따라 취학 의무를 면제하거나 유예할 수 있다(제14조).

학교운영의 자율성을 높이고 지역의 실정과 특성에 맞는 다양한 교육을 창의적으로 실시할 수 있도록 국 · 공립 및 사립의 초등학교 · 중학교 · 고등학교 및 특수학교에 학교운영위원회를 구성 · 운영해야 한다(제31조). 초등학교는 국민생활에 필요한 기초적인 초등교육을 하는 것을 목적으로 하며(제38조), 수업 연한은 6년으로 한다(제39조). 중학교는 초등학교에서 받은 교육의 기초 위에 중등교육을 하는 것을 목적으로 하며(제41조), 수업 연한은 3년으로 한다(제42조). 고등학교는 중학교에서 받은 교육의 기초 위에 중등교육 및 기초적인 전문교육을 하는 것을 목적으로 하며(제45조), 수업 연한은 3년으로 하나 시간제 및 통신제 과정의 수업 연한은 4년으로 한다(제46조).

산업체에 근무하는 청소년에 대한 중학교 및 고등학교 과정의 교육을 위해 산업체에 인접한 중학교 및 고등학교에 야간수업을 주로 하는 특별학급을 둘 수 있다(제52조). 고등기술학교는 국민생활에 직접 필요한 직업기술교육을 하는 것을 목적으로 하며, 수업 연한은 1년 내지 3년으로 한다(제54조). 관할청은 학교의 장 또는 설립·경영자가 고의 또는 중과실로 이 법 또는 이 법에 의한 명령을 위반한 경우나 기타 교육 관계 법령에 의한 관할청의 명령을 수회에 걸쳐 위반한 경우 등 정상적인 학사운영이 불가능한 경우 학교의 폐쇄를 명할 수 있다(제65조).

학교설립 인가 또는 분교설치 인가를 받지 않고 학교의 명칭을 사용하거나 학생을 모집하여 시설을 사실상 학교의 형태로 운영한 자 등은 3년 이하의 징역 또는 2,000만 원 이하의 벌금에 처하며(제67조), 의무교육 대상자의 의무교육을 방해하거나 학생을 취학시키지 않고, 기타 등교 및 수업에 지장을 주는 행위를 한 자 등은 100만 원 이하의 과태료에 처한다(제68조).

연구와 토론을 위한 실전문제

1. 「헌법」 제31조 ①~⑥항까지 기술하시오.
2. '교육의 기회균등'을 나타내고 있는 「헌법」 조항과 「교육기본법」 조항을 설명하시오.
3. '의무교육'에 대해 기술하고 있는 「헌법」 조항과 「교육기본법」 조항을 설명하시오.
4. '교육의 자주성'에 대해 기술하고 있는 「헌법」 조항과 「교육기본법」 조항을 설명하시오.
5. '교육의 중립성'에 대해 기술하고 있는 「헌법」 조항과 「교육기본법」 조항을 설명하시오.
6. 행정입법에 대해 설명하시오.
7. 의원입법에 대해 설명하시오.
8. 교원의 권리, 학생의 권리를 설명하시오.
9. 「교육기본법」의 주요 내용을 설명하시오.
10. 「초·중등교육법」의 주요 내용을 설명하시오.

Chapter 13

교육재정 및 학교회계 관리

교육재정은 국가나 지방공공단체 등이 설립한 각급 학교에 필요한 재정적 자원의 확보, 배분, 지출 및 평가하는 활동이다. 학교회계는 학교에 설치되어 있는 대표적인 회계로 예산총계주의에 따라 초 · 중등교육법 제30조의2 제2항 및 제3항에 의한 모든 수입과 경비는 학교회계의 세입과 세출에 계상하여 예산으로 확정한 후 집행하는 것을 말한다. 이 장에서는 교육재정의 개념과 재원, 예산관리기법, 재정운영의 원칙, 학교회계제도, 교육재정정책의 개선방안에 대해 다루었다.

제1절 교육재정

1. 교육재정의 개념

재정(Public finance)이란 일반적으로 국가 및 기타 공공단체(지방자치단체)가 공공욕구를 충족하기 위하여 필요한 수단을 조달하고, 관리 · 사용하는 경제활동 또는 간단히 정부의 경제라고 정의할 수 있다(차병권, 1984).

재정을 정부의 경제 또는 공경제활동이라고 규정할 때 그것은 결국 나라의 살림살이를 뜻하여, 정부에서 일을 하는 데 필요한 돈을 마련하고 그것을 합리적 · 효율적으로 쓰는 일을 말한다. 그런데 재정은 나라의 살림이므로 국민 전체의 살림살이에 직결된다. 따라서 그만큼 복잡하고 어렵다. 재정정책방향에 따라서 국가경제가 좌우된다. 말하자면 조세정책이나 투자계획, 통화정책 등은 사경제활동과 시장경제에 직접적으로 작용하게 되는 것이다.

모든 재정활동은 효율성을 제1의 과제로 삼고 있다. 즉, 최소의 경비로 최대의 효과를 거두려는 것이다. 이를 실현하기 위해서 온갖 과학적 관리기법이 동원되고 운영과정을 합리화하여 한 푼이라도 경비를 절감하려고 노력한다.

한편 공경제활동은 공평성을 추구한다. 국민들의 공공복리증진을 주 목적으로 하기 때문에 어느 한 계층이나 일부 국민들에게만 이익이 돌아가거나 차별적인 분배를 해서는 안 되며, 모든 국민은 법 앞에 평등하다는 원칙에 입각하여 공평하게 혜택을 받을 수 있도록 운영되어야 하는 것이다.

재정이란 재무에 관한 행정으로 본래 행정의 일종이라고 생각되어왔다. 그러나 오늘날에는 행정과는 구별되는 독립되는 개념으로 다루어지고 있는 경향이 있다. 교육재정(educational finance)은 "일반재정의 일부분으로서 공교육을 위한 금전의 수입과 지출의 활동 및 그에 관한 조직기술에 관한 것" 또 "교육재정은 교육공공을 위해 필요한 재산의 설비관리 및 지출을 취급하는 것" 또 "국가나 지방공공단체가 교육활동의 운영을 지원하기 위해서 경비를 조달하고 그것을 관리 · 사용하는 것" 등으로 정의되고 있다(김종철, 1970). 이들 정의에는 교육재정이 첫째, 성격상 공경제 활동이라는 것, 둘째, 교육활동을 지원하는 수단이라는 것, 셋째, 교육비의 수입과 지출 그리고 그에 관한 조직기술에 관한 활동이라는 것, 넷째, 교육재정의 주인은 국민이라는 것이 함의되어 있다고 말할 수 있다. 이러한 정의에 의하여 교육재정이 유래된 성격을 살펴보면 다음과 같다.

첫째, 교육재정의 공경제성은 재정 일반의 기본적 성격에서 유래하는 것으로 교육재정이 국가나 지방공공단체를 주체로 하여 행해지는 데서 유래된다. 공경제활동은 사경제활동과는 다음 세 가지 측면에서 구별된다. 사경제활동은 개인이나 기업의 영리, 즉 사적 이윤을 추구하지만, 공경제로서의 재정은 공공복지를 향상시키는 데 주안점이 있는 공공경제학적 사고에 입각한다. 또한 개인의 기업활동은 가격화되고, 교환관계를 통하여 보상되는 반면, 공경제활동으로서의 재정은 국민소득의 일부를 조세를 통하여 강제적으로 받아들이는 것을 공경제의 특징으로 하고 있다. 마지막으로 사경제는 양입제출의 원칙에 따라 수입과 지출이 규제되는 데 반하여 공경제 재정에 있어서는 양출제입의 원칙에 따른다.

둘째, 교육재정이 교육활동을 지원하는 수단이라는 점도 재정의 본질에서 유래된 성격이다. 교육재정은 엄밀하게 교육목적을 위해서만 존재하는 것이다. 교육재정은 그 자체가 목적이 아니라 교육계획이 가장 효율적으로 운영되도록 하기 위한 것이다. 교육계획이 유효한 것이 되게 하려면 교실 · 시설설비를 확보하고, 교원의 보수를 지급해야 하며, 교과서, 실험기구, 학용품을 갖추어 주지 않으면 안 된다. 더욱이 교실은 쾌적하고 따뜻하고 청결하며 잘 수선 · 정비되게 해야 한다.

셋째, 교육재정이 교육비의 조달과 운용을 주요 내용으로 한다는 것은 교육비의 수입, 지출에 관한 예산, 예산의 집행과 회계, 결산, 감사, 구매 등 제 영역을 포함한다는 것을 의미한다. 여기에는 교육비의 수입 · 보관, 지출은 물론 그 합법적 절차로서 회계 및 회계지출의 적부와 합법성을 밝히는 감사활동, 그리고 비품과 소모품의 구매관리까지 포함된다.

넷째, 교육재정의 주체가 국민 또는 주민이라는 것은 근대 민주주의의 본질에서 유래되는 성격이다. 봉건적 통치기구하에서는 국민은 납세의 고통은 겪지만 그 세금이 어디에 어떻게 사용되었는가 알 수도 없었고 알려고 하지도 않았다. 그러나 민주국가에 있어서는 그것을 알 권리를 갖는 것은 너무나 당연하다. 법률에 의해 만들어지는 교육재정기구, 부가되는 세금의 종류, 예산의 배분에 대해 국회의원 및 지방의원의 선거, 교육위원, 교육감을 선출, 불신임의 결의에 관여함으로써 주민은 직접, 간접으로 의사를 표명할 수 있다.

2. 교육재정의 재원

1) 교육비의 분류

교육재정이란 교육에 소요되는 돈을 다루는 일이다. 교육에 소요되는 돈을 교육비라고 부른다. 그리고 교육비는 직접교육비와 간접교육비로 구분하고, 직접교육비는 직접 교육에 투자되는 비용으로 공교육비와 사교육비로 구분되며, 교육재정은 공교육비 가운데서도 국가나 지방자치단체가 부담하는 공부담 공교육비와 학부모가 부담하는 사부담 공교육비로 나누며, 간접교육비는 직접 교육에 투자되는 비용은 아닌 기회비용으로 사부담 기회비용과 공부담 기회비용으로 분류하는데, 교육비를 분류하면 〈표 13-1〉과 같다.

표 13-1 교육비의 성질별 분류

<table>
<tr><td rowspan="8">교육비</td><td rowspan="6">직접 교육비</td><td rowspan="4">공교육비</td><td rowspan="2">공부담 공교육비</td><td>국가, 지방자치단체 부담교육비</td></tr>
<tr><td>학교법인부담교육비</td></tr>
<tr><td rowspan="2">사부담 공교육비</td><td>입학금 및 수업료</td></tr>
<tr><td>기성회비, 학교운영지원비 등</td></tr>
<tr><td rowspan="2">사교육비</td><td rowspan="2">사부담 교육비</td><td>교재대, 학용품비</td></tr>
<tr><td>교통비, 생활비, 학원비 등</td></tr>
<tr><td colspan="2" rowspan="2">간접교육비
(교육기회비용)</td><td>공부담 교육기회비용</td><td>비영리법인(교육기관)의 면세의 가치</td></tr>
<tr><td>사부담 교육기회비용</td><td>학생의 미취업에 따른 유실소득 등</td></tr>
</table>

2) 교육재정의 구조와 배분

교육재정은 중앙교육재정, 지방교육재정, 학교교육재정으로 구분할 수 있다. 우리나라의 경우는 초·중등교육을 관장하는 지방교육재정이 성격이나 규모 측면에서 중심을 이루고 있다(박종렬 외, 2004).

(1) 중앙교육재정

중앙교육재정은 중앙정부 즉 교육부가 교육·학예를 위한 공공활동을 전개하기 위하여 투자하는 예산을 말한다. 교육부는 자체 수입예산을 가지고 있으나, 그 규모는 세출예산의 극히 일부분에 불과하고 세입 자체가 국고로 계상되기 때문에 국고에서 충당되고 있다고 본다. 일반적으로 교육부 예산은 교육부 세출예산을 의미한다. 왜냐하면 교육부의 세입예산은 국세청과 관세청이 징수하는 조세수입 이외에 교육부가 소관하여 징수하는 정부세수입과 회계 간의 전입예산이므로 큰 의미를 부여하기는 어렵기 때문이다.

중앙교육재정, 즉 교육부의 2016회계연도 기준으로 세출예산의 재정구조와 배분경로를 보면 〈표 13-2〉와 같다.

표 13-2 중앙교육재정(교육부)의 구조와 배분경로(2016회계연도)

중앙교육재정(교육부)	일반회계	지방교육재정교부금 및 보조금
		교육부 본부 및 직속기관
		국립대학 및 국립 초·중·고·특수학교 등의 교육비
	특별회계	지역발전특별회계
	기금	사학진흥기금
		사립학교교직원연금기금

중앙정부교육재정은 교육부 소관 예산으로 크게 일반회계, 특별회계, 기금으로 구성되고, 이중 일반회계는 지방교육재정교부금법에 의거 지방교육자치기구인 시·도교육청에 교부되는 지방교육재정교부금 및 보조금과 교육부 본부 및 직속기관 등의 기본 운영비와 국가에서 설립한 국립대학 및 초·중·고·특수학교 등의 기본운영 및 교육비로 배분되며, 특별회계는 정부가 특정사업을 추진하거나 특정한 자금을 운용하고자 할 때 등의 일반회계와 구분하여 계리할 필요가 있을 때 법률에 근거하여 현재 18개의 특별회계를 설치하고 있는데, 이 중 교육부와 관련된 특별회계는 2016회계연도에는 지역의 균형발전을 위해 지방의 고등교육 및 평생·직업교육부분에 투자되는 지역발전특별회계가 있으며, 기금은 사립학교의 교육환경 개선 등 사립학교 진흥을 위한 사학진흥기금과 사립학교 교직원의 생활안정 및 평생복지 실현을 위한 연금사업 등을 위한 사립학교교직원연금기금이 있다.

지방재정교부금은 지방자치단체가 교육기관 및 교육행정기관을 설치·경영함에 필요한 재원의 전부 또는 일부를 중앙정부가 교부하여 교육의 균형있는 발전을 도모함을 목적으로 하고 있다. 이러한 지방교육재정교부금은 크게 보통교부금과 특별교부금외에 국고사업 수행에 따른 국고보조금 등이 있다.

교부금의 재원은 ① 당해 연도의 내국세(목적세, 종합부동산세 및 다른 법률에 의하여 특별회계의 재원으로 사용되는 세목의 당해 금액을 제외한다) 총액의 20.79%에 해당하는 금액과 ② 당해 연도의 「교육세법」에 의한 교육세 세입액 전액에 해당하는 금액을 합산한 금액으로 한다. 보통교부금의 재원은 ②금액에 ①금액의 100분의 97에 해당하는 금액을 합한 금액이며, 특별교부금의 재원은 ①금액의 100분의 3에 해당하는 금액이다. 국가는 지방교육재정상 부득이한 수요가 있는 경우에는 국가예산이 정하는 바에 의하여 보통교부금과 특별교부금 외에 따로 증액교부를 할 수 있다.

지방재정교부금의 교부는 보통교부금의 경우 기준재정수입액이 기준재정수입액에 미달하는 경우에 그 미달액을 기준으로 하여 총액으로 교부하게 한다. 기준재정수입액은 교부금을 제외한 지방자치단체의 일반회계의 전입금 등 교육 · 학예에 관한 모든 수입의 예상으로 하며, 기준재정수요액은 각 측정단위의 가치를 그 단위비용에 곱하여 얻은 금액을 합산한 금액으로 한다.

특별교부금은 기준재정수요액의 산정방법으로 포착할 수 없는 특별한 재정수요가 있을 때,[1] 보통교부금의 산정기일 후에 발생한 재해로 인한 재정수요가 있거나 재정수입의 감소가 있을 때,[2] 교육행정기관 등 교육 · 체육에 관한 시설의 신축 · 복원 · 확장 · 보수 등의 사유로 인하여 특별한 재정수요가 있을 때[3] 교부한다.

(2) 지방교육재정

지방교육예산은 지방자치단체가 교육기관 및 교육행정기관을 설치 · 운영하는데 필요한 경비를 말한다. 지방교육예산의 범주에는 지방자치단체가 설치 · 경영하는 공립 각급 학교재정은 물론 고등학교 이하 사립학교의 재정지원도 포함되어 있다. 즉, 공 · 사립학교의 학교교육비는 물론 학교운영지원비까지 여기에 해당한다. 이러한 지방교육예산은 교육비특별회계의 세입 · 세출구조를 이해함으로써 파악할 수 있다.

지방교육재정 즉 시 · 도의 교육비특별회계의 구조와 그 재원을 보면 〈표 13-3〉과 같다.

1) 특별교부금 재원의 100분의 60에 해당하는 금액
2) 특별교부금 재원의 100분의 30에 해당하는 금액
3) 특별교부금 재원의 100분의 10에 해당하는 금액

표 13-3 지방교육재정(시·도교육비특별회계)의 구조와 및 재원

<table>
<tr><td rowspan="11">지방교육재정(시·도교육비특별회계)</td><td rowspan="3">국가 지원금</td><td rowspan="2">지방교육재정교부금</td><td>내국세 교부금</td><td>내국세 총액의 20.79%</td></tr>
<tr><td>교육세</td><td>각종 국세에 부가된 교육세 전액</td></tr>
<tr><td>국고 보조금</td><td colspan="2"></td></tr>
<tr><td rowspan="6">지방자치단체 일반회계 전입금</td><td>지방교육세 전입금</td><td colspan="2">각종 지방세에 부가된 교육세 전액</td></tr>
<tr><td>담배소비세 전입금</td><td colspan="2">특별시, 광역시 담배소비세액의 45%</td></tr>
<tr><td>시·도세전입금</td><td colspan="2">특별시세 10%, 광역시, 경기도세 5%, 여타도세 3.6%</td></tr>
<tr><td>교부금 감소 보전 전입금</td><td colspan="2">지방소비세 확대로 교부금 감소를 지방소비세 수입으로 일부 보전</td></tr>
<tr><td>학교용지 구입비부담 전입금</td><td colspan="2">학교용지 구입비의 1/2</td></tr>
<tr><td>기타 전입금(지원금·보조금 등)</td><td colspan="2">도서관운영비, 급식비, 기타 지원금</td></tr>
<tr><td rowspan="2">자체수입</td><td colspan="3">입학금, 수업료, 사용료 및 수수료 수입</td></tr>
<tr><td colspan="3">지방교육채, 재산수입 등</td></tr>
</table>

시·도 교육청 예산은 특별회계로 되어 있다. 시·도교육비 특별회계의 세입은 국가부담 수입, 지방자치단체로부터의 일반회계 수입, 지방자치단체 교육비 특별회계 부담 수입 및 주민부담 수입, 지방교육채 등으로 구분된다. 국가부담 수입은 지방교육재정교부금 및 국고보조금으로 구성되어 있다. 이들 중 중요한 재원은 지방교육재정교부금 및 보조금이 지방교육양여금으로 지방교육재정 총액의 약 70~80% 정도를 차지하고 있다.

학교교육은 학교교육에 직접적으로 투자되는 경비를 학교급별로 구분하여 편성한다. 학교에 배정될 모든 예산은 원칙적으로 학교회계전출금으로 편성하고, 목적사업비는 특정 사업수행을 위하여 불가피한 경우에 최소한으로 편성하고 있다. 문화 및 평생교육은 평생교육시설, 평생학습관, 도서관 등 평생교육에 투자되는 예산으로 편성된다.

3. 예산관리기법

1) 영기준예산제도

영기준예산제도(ZBBS: Zero-Base Budgeting System)는 의사결정 패키지를 작성하여 패키지에 순위를 부여해서 한정된 예산에 맞추어 사업을 결정하는 것이다. 영기준예산제도는 모든 사업 · 활동에 전년도 예산을 고려하지 않는 영기준을 적용하여 작성함으로써 무엇보다 사업의 우선순위를 정기적으로 새로이 결정하여 노력의 중복, 과다한 활동과 낭비를 배제할 수 있으므로 사업의 효율성을 향상시키고, 학교의 모든 사업 · 활동에 관하여 그 능률 · 비용 · 효과를 계속적으로 재평가함으로써 자원배분의 합리화를 보장할 수 있다.

영기준예산제도의 실시방법은 크게 두 가지로 나누어 설명할 수 있다.

첫째 단계는 의사결정 패키지의 작성이다. 이는 요약된 사업계획서라고도 할 수 있는데, 일반적으로 한 장의 종이에 한 사업의 개요를 간략하게 서술한 것이다.

둘째 단계는 기관설립 존속상 가장 중대한 목적달성을 위하여 제일 중요한 사업부터 제일 낮은 사업으로 순서를 정하여 제한된 예산범위에서 수행가능한 사업만을 결정하는 것이다.

영기준예산편성은 학교경영계획을 수립할 때 따르는 절차와 같이 일률적으로 규정하기는 어렵지만, 일반 계획수립절차에서 제시된 기획과정에 준하여 작성하는 것이 바람직하다.

2) 기획예산제도

기획예산제도(PPBS: Planning Programming Budgeting System)는 목표를 설정하고 정해진 목표를 달성하기 위한 사업계획을 작성하며, 작성된 사업계획들에 자금을 합리적 · 체계적으로 배분하는 예산제도이다(황윤원, 1996). 이는 장기적인 계획의 수립과 단기적인 예산편성을 실행계획을 통하여 유기적으로 통합연결시킴으로써 정책의 기획, 집행, 평가를 합리화하고, 자원배분에 관한 의사결정을 합리화하고 일관성 있게 행하고자 하는 예산제도이다.

기획예산제도의 절차는 문제의 설립, 목표의 명료화, 대안의 설정, 비용의 대안

제시, 대안들의 잠재적 효과의 정밀조사, 비용과 효과의 관계에 관한 모형 제시, 효과기준의 개선 및 기준에 비추어 본 대안들의 평가 순이다.

학교예산과정에서 PPBS는 예산사업을 계량적으로 표시하고, 그 사업효과를 측정하여 최소경비로 목표를 실현할 수 있고, 학교목적과 효과 및 소요예산이 연계되어 있어서 학교장의 의사결정을 용이하게 한다.

3) 품목별 예산제도

품목별 예산제도(LISB: Line Item Budgeting System)란 예산을 편성할 때 지출대상, 즉 구입하고자 하는 품목별로 지출항목을 분류한 다음 지출대상과 금액을 규정하여 놓은 예산제도이다. 품목별 예산은 품목별 분류, 통제중심, 투입에 초점, 계획에 대한 상대적 무관심 등의 특징을 가지고 있다. 이러한 특징은 이 예산제도의 장점과 단점이 된다. 이 예산은 회계책임을 명확히 하여 예산의 낭비를 방지할 수 있으며, 예산편성이 용이하고, 회계감사가 용이하다는 장점이 있는 반면, 성과를 파악하기 곤란하고, 예산운영의 탄력성이 부족하여 자원이 비효율적으로 사용될 수 있다는 단점이 있다.

품목별 예산의 편성과정에서 중요한 요소는 품목 구분, 편성기준, 품목단가의 세 가지로서, 특히 체계적인 품목 구분과 품목단가의 합리적인 설정은 통제지향의 본래적 성격을 제대로 구현하기 위해 중요하다.

4) 성과주의 예산제도

성과주의 예산제도(PB: Performance Budgeting)는 사업별로 비용을 책정하고, 목적달성을 위하여 상호 융통할 수 있게 한 것으로써, 예산과목을 사업계획별 · 활동별로 분류하고, 각 세부사업별로 업무측정단위를 선정하여 업무를 양적으로 표시한 다음 예산액을 원가에 기준하여 산정하는 과학적인 예산결정방식이다(황윤원, 1996).

성과주의 예산을 편성하기 위해서는 먼저 당해 부처가 담당하고 있는 업무나 사업을 분류하고, 각 업무의 성과를 가능한 한 계량화하고 표준화하여 업무측정단위로 표시한다. 이 제도는 통제중심 예산제도에서 벗어나 관리기능에 중점을 두고, 활동의 성과 또는 업무량의 달성과 관련시켜 예산을 추계한다. 따라서 성과의 분석이 가능하여 부문별 효율성을 제고시키는 데 유용하다.

표 13-4 예산관리기법 비교

기준 \ 예산제도	품목별 예산제도	성과주의 예산제도	기획예산제도	영기준예산제도
기본 방향	통제	관리지향	계획지향	의사결정지향
사업계획 수립	품목별로 지출항목을 분류, 지출대상과 금액을 규정	활동성과와 관련시켜 수립	목표와 연결된 산출방식으로 전체 사업계획	목표와 연결된 투입방식으로 세부사업계획
강조점	지출의 적격성	관리 및 활동성과	정책적 측면, 장기적 발전계획	관리적 측면, 단기적 사업계획
조직 면	집권적	집권적	집권적	분권적
예산운영	매우 경직적	신축적	경직적	신축적

4. 교육재정운영의 원칙

교육재정은 교육을 위한 재정의 확보와 재정의 배분을 다루는 것이며, 어떻게 하면 교육에 필요한 경비를 필요한 만큼 확보하며, 그것을 골고루 합리적으로 배분함으로써 그 효율성을 높일 수 있는가에 관심을 둔다. 교육재정의 배분에 대한 기준은 평등성, 공평성, 효율성 그리고 자율성이라고 할 수 있다. 다음에서 이러한 기준을 살펴보기로 한다.

1) 평등성

교육자원 배분의 평등성(equality) 기준이란, 교육자원은 모든 학생에게 차별 없이 평등하게 배분되도록 해야 한다는 것을 말한다. 사람은 다 똑같이 교육을 받을 권리를 가진다. 국가나 공공단체는 개인이 갖는 수교육권을 재정상으로 보장하는 책임을 갖는다. 여기에 지역, 남녀, 인종, 출신성분, 그 밖의 개인이 갖는 특성에 따라 차별이 있어서는 안 된다는 것이다.

자원배분의 평등성이 중시되는 이유는 첫째, 국민의 기본권인 교육권을 국가가 보장해야 하는 데 있어서 일정한 수준의 교육을 위한 자원은 균등하게 확보되도록 해야 하기 때문이다. 둘째, 국민교육의 수요가 팽창하여 국가의 재정부담이 커짐에 따라 지역이나 계층성별에 따라 차이를 두어 교육재원의 배분이 이루어지고 있는 실제가 있기 때문이다.

2) 공평성

공평성(equity)은 어떠한 기준에 의하여 교육재정 배분에 차이가 만들어지는 것은 정당하다는 것이다. 공평의 기준을 결정하는 데는 정치, 경제, 사회, 문화, 교육 등 여러 가지 원인에 의해 영향을 받는다.

첫째, 개인의 능력에 따라 자원배분에 차이를 둔다는 것은 공평하다. 예를 들면, 학습부진아나 특수아, 천재아는 보통 학생보다 더 많은 자원이 필요할 것이다.

둘째, 교육자원의 배분은 교육환경의 조건에 따라 차등을 두는 것이 되어야 한다는 것이다. 환경적 여건이 떨어진 도서벽지의 지역이나, 불우한 가정의 출신학생에게 보다 많은 자원배분을 하는 것은 사회정의에 합치되며 공평하다는 것이다.

셋째, 교육목표, 교육 프로그램의 종류, 학교종별, 학교급별에 따라 자원배분에 차이가 있도록 하는 것은 공평하다는 것이다.

넷째, 교육정책목표의 강도에 따라 자원배분의 비중에 차이가 생기는 것은 정당하다는 것이다. 오늘날 공교육은 국가가 책임을 지고 실시하고 있다. 정부에 대한 교육적 책임을 강화시키고 신뢰를 증가시킨다고 하는 점에서 이것은 필요하다고 보지만, 정부의 교육정책목표에 따라 교육자원의 배분에 차이를 두는 것을 정당시하는 사고가 악용될 위험도 없지 않다는 점은 주의해야 한다(배종근 · 정태범 외, 1991).

3) 효율성

효율성(efficiency)은 투입에 대한 산출 또는 결과의 비로 나타난다. 최소의 투입으로 최대의 산출 또는 결과를 이룩하는 것을 말한다. 교육자원의 배분에 있어서 효율성의 문제를 논의하는 자체가 무의미하다는 주장은 일리가 있다. 교육의 투입-산출의 측정은 극히 한정된 범위에서만 가능하다는 점에서 명확한 것이 아니다.

교육자원의 배분에서 효율성이 중시되는 이유는 교육활동에 새로운 기술과 방법이 도입되고 적용되어 창조되도록 교육자원을 적절하게 사용할 수 있는 방안을 마련하는 데 있는 것이다.

배분의 효율을 높이는 방법에는 다음과 같은 것들이 있다.

첫째, 교육자원은 교육내용과 방법에 알맞게 배분해야 한다는 것이다. 이것은 교육자원이 교육활동의 목적이나 수업의 내용 · 방법과는 관계없이 회계상의 편의에 의하여 배분되어서는 안 된다는 것을 의미한다.

둘째, 교육자원 배분의 효율성을 높이기 위해서는 적절성과 시간성을 고려해야 한다. 학교시설은 수업이나 관리형태에 따라 다르게 마련되어야 하며, 사회의 변화, 기술의 진보에 따른 시간적 검토가 고려된 것이어야 한다.

셋째, 단위당 교육비를 기초로 하는 배분이 되어야 한다. 회계적인 성격을 넘는 포괄성을 갖는 것이 되어야 한다고 하더라도 자원배분의 효율성은 최소한의 비용 측면적 성격이 필요하다. 과목에 따른 단위당 교육비, 학생 표준교육비, 학교당 표준교육비 또는 적정교육비는 부단히 산정되어야 하고, 이것이 자원배분의 기초가 되도록 해야 한다.

넷째, 교육산출의 대체효과를 고려해야 한다. 산출의 대체효과란 두 가지 이상의 교육자원이 어떻게 결합되는가에 따라 교육의 결과는 달라진다는 것이다. 동일한 교육성과를 올리는 데 A라는 자원은 줄이고 B라는 자원은 늘릴 수 있다.

다섯째, 규모의 경제성을 고려하는 것이 되도록 교육자원이 배분되어야 한다. 일정한 범위와 한계 안에서 교육활동의 단위가 커질수록 경비가 절감된다.

여섯째, 자원배분은 경영기술의 수준에 의해 크게 영향을 받는다. 경영의 기술적 측면의 개혁과 혁신은 교육자원의 배분효과를 향상시킨다.

4) 자율성

교육재정 배분에서 자율성(freedom)은 교육재정운용의 자율성이 고려되어야 함을 말한다. 학교별 교육재정운용을 자율화함으로써 교육의 다양성과 지역적 특수성을 살릴 수 있으며, 교육의 획일화 현상을 지양할 수 있다. 이를 위해서는 품목별 예산제에서 도급경비제로의 전환이 필요하다.

교육재정의 규모는 일반적으로 교육부 예산규모로 따진다. 그리고 교육부 예산은 일반국고에서 책정되는 금액과 법에 의하여 배분되는 지방교육재정 교부금 및 지방교육양여금을 합한 금액으로 충당된다. 일반국고에서 배정되는 돈은 교육부와 직속기관 및 국립교육기관의 인건비, 운영비 및 시설비에 충당되며 재정수요만큼 국가예산에서 배정하는 것이다. 그리고 지방교육재정교부금이란 고등학교 이하의 교육을 담당하는 지방교육자치단체에 교부하는 돈으로 공립학교교원의 봉급전액에 해당하는 금액과 지방교육재정교부금법에 의하여 당해 연도 내국세 총액의 11.8%에 해당하는 일반교부금과 특별교부금 및 중액교부금을 합한 돈이다. 그리고 지방교육양여금이란 교육세 수입전액을 인구비례로 각 지방교육자치단체에 배정하는 것이다.

제2절 학교회계제도

1. 학교회계제도의 개념과 내용

2001년 개정 · 공포된 「초 · 중등교육법」에 근거하여 학교회계제도를 정의하면, "단위학교의 자율적 재정운영을 통해 다양한 교육활동을 효과적으로 지원하여 학교교육의 질적 수준을 높이기 위해 하나의 회계로 통합 · 운영하며, 교사의 참여와 학교운영위원회의 심의를 거쳐 하나로 통합된 세입재원을 학교에서 필요한 우선순위에 따라 자율적으로 세출예산을 편성 · 집행하는 제도"라고 할 수 있다.

학교회계제도와 이전의 단위학교 교육재정운영의 차이는 다음과 같다.

표 13-5 학교회계제도 시행 전후의 비교표

구분	학교회계제도 시행 전	학교회계제도 시행 후
회계연도	• 교육비 특별회계 : 1월 1일 ~ 12월 31일 • 학교운영지원회계 : 3월 1일 ~ 2월 말일	• 3월 1일 ~ 2월 말일로 통합(학년도와 일치)
예산배부방법	일상경비와 도급경비로 구분하여 사용목적을 정하여 수시 배부	일상경비와 도급경비 구분 없이 회계연도 개시 전 표준교육비를 적용 총액 배부(인건비 제외)
세출예산 편성	세입재원별로 목적에 따라 집행	재원에 따른 사용목적 구분 없이 학교실정에 따라 자율적으로 편성(보조금, 수익자부담경비 제외)
사용료 처리 (자체수입)	사용료, 수수료 수입 등을 교육비 특별회계로 납입	학교자체수입으로 처리
회계장부 관리	경비의 종류에 따라 서로 다른 회계지침을 적용하여 별도의 회계 및 장부 관리	학교예산에 편성되는 여러 자금을 학교회계로 통합하고 장부도 단일화하여 관리
잔액처리	교육청에서 배부하는 일상경비의 경우 잔액발생 시 모두 반납	인건비를 제외한 잔액발생 시 다음 회계연도로 자동이월

2. 학교회계의 과정

학교회계는 예산편성, 예산심의, 예산집행, 결산의 과정을 거치게 되며 다음과 같은 단계를 거쳐 운영된다.

1) 예산편성

① 학교회계연도개시 3개월 전까지 관할교육청에서는 학교회계예산편성 기본 지침을 작성하여 학교장에게 통보한다.

② 학교장은 소속교직원에 대하여 연간 학교교육시책 및 학교예산편성에 필요한 사전교육을 실시한다.

③ 예산요구서를 개인별 또는 부서별로 제출받아 교직원의 의견을 반영하여 예산안을 편성한다.

④ 관할교육청에서는 회계연도 개시 50일 전까지 각 학교별로 연간 배정될 학교회계 전입금의 총 규모 및 분기별 자금배정계획을 통보한다.

⑤ 전입금 교부계획이 통지되면 학교장은 연간 세입예산을 확정하고 가용재원의 범위 내에서 교직원회의 또는 부장회의를 통해 예산사정작업을 하고 예산안을 확정한다.

⑥ 예산안을 회계연도 개시 30일 전까지 학교운영위원회에 제출한다.

2) 예산안 심의 · 확정

① 학교운영위원장은 예산안 심의를 위한 학교운영위원회 개최 7일 전까지 예산안을 학교운영위원에게 개별통지한다.

② 학교운영위원회는 예산안 심의의 효율화를 위하여 학교운영위원회의 의결로써 예산심사소위원회를 구성할 수 있다.

③ 예산안 심의를 위한 학교 운영위원회 개최 시 학교장 또는 관계직원은 예산안에 관하여 제안설명을 해야 한다.

④ 학교운영위원회는 예산안 심의 시 학교장의 동의 없이 세출예산 각 목의 금액을 증액하거나 새로운 비목을 설치할 수 없다.

⑤ 학교운영위원회는 예산안을 회계연도 5일 전까지 심의한 후 학교장에게 그 결과를 통보하고 예산을 확정한다.

3) 예산집행

① 확정된 예산은 정해진 목적에 따라 자금의 수급 등 학교의 재정여건을 감안하여 합리적이고 효율적으로 집행한다.

② 예산 미확정 시에는 교직원 등의 인건비, 학교교육에 직접 사용되는 교육비, 학교시설의 유지 · 관리비, 법령상 지급의무가 있는 경비, 이미 예산으로 확정된 경비는 준예산으로 집행한다.

③ 성립 전 예산집행: 국가, 시 · 도교육청 또는 지방자치단체 등으로부터 그 용도가 지정되고, 소요전액이 교부된 경비 또는 수익자 부담경비는 예산의 성립 이전에 이를 사용할 수 있으며, 이는 동일 회계연도 내의 차기 추가경정예산에 계상하여야 한다.

④ 예산의 목적 외 사용금지 및 예산의 이 · 전용, 세출예산은 예산에서 정한 목적

에 적합하게 집행하여야 한다.

⑤ 학교장은 추가경정예산을 편성하기 어려운 사유가 발생한 경우 예산집행의 목적을 달성하기 위해서 동일한 항내의 목간 전용을 할 수 있다. 다만, 업무추진비에 지출하기 위하여 예산을 전용할 수는 없다.

4) 결산

① 학교장은 회계연도 종료 후 2월 이내에 결산서를 작성하여 학교운영위원회에 제출하여야 한다. 결산서 제출 시 첨부서류는 다음과 같다.

- 예비비 사용명세서
- 세출예산 이 · 전용 명세서
- 계속비 조서
- 명시이월 및 사고이월 명세서, 계속비 이월 명세서
- 기타 결산심의에 필요한 자료

② 학교운영위원회의 결산서 심의는 예산서 심의의 절차에 준한다.

③ 학교운영위원회는 결산심의 후 그 결과를 회계연도 종료 후 4월 안에 학교장에게 통보하여야 한다.

학교장의 교무통할권이란 '학교교육계획의 수립, 지도, 집행과 학교의 시설관리와 활용, 학교의 재무와 회계 등에 관한 사항'을 포괄하여야 한다. 회계직 관직은 학교장 임명과 동시에 지정되며, 회계직 공무원의 사무 전부를 대리하거나, 일부를 분장하는 회계직 공무원의 임명을 할 수 있는 권한도 가진다.

① 경리관, 계약담당공무원, 징수관, 채권, 채무관리관: 「서울특별시교육비 특별회계 재무회계규칙」에 의거 세입의 징수결정과 납입고지, 반환결정을 하고, 세출예산을 집행하는 계약 등의 지출원인행위를 한다.

② 물품관리관: 「서울시교육비 특별회계 소관물품 관리조례」에 따라 물품의 구입, 보관, 관리, 불용결정을 한다.

③ 공유재산분임관리관: 「서울시교육감소관 공유재산 관리조례 시행규칙」에 따라 교육재산의 유지 · 보수에 관한 권한과 책임이 있다.

표 13-6 학교회계의 세입과 세출 항목

구분			항목
항목별	세입	교특회계전입금	① 학교교육비 ② 목적사업비 ③ 학교환경개선사업비
		학교운영 지원비	① 학교운영지원비
		수익자부담경비	① 현장학습비 ② 학생수련활동비 ③ 학교급식비 ④ 특기적성교육활동비 ⑤ 졸업앨범비 ⑥ 청소년단체활동비 ⑦ 수준별 보충학습비 ⑧ 기타
		자체수입	① 사용료 ② 수수료 ③ 잡수입
		보조금 및 지원금	① 보조금 ② 지원금
		이월금	① 이월금(시설보수충당금 제외)
	세출	인건비	① 교원연구비 ② 제수당 ③ 학교회계직원 인건비 ④ 비정규직 보수 ⑤ 퇴직적립금
		학교운영비	학생복리비
			교수-학습활동비
			공통운영비
			업무추진비
			시설비(시설보수충당금 제외)

제3절 교육재정정책의 개선방안

1. 교육재정정책의 실태와 문제점

우리나라 교육재정의 영세성과 열악성은 이미 널리 알려진 사실이다. 숫자상으로 나타난 액수로 보면 그렇지 않지만, 교육현장의 실태를 살펴보면 쉽게 이해할 수 있다. 이른바 콩나물시루로 비유되는 교실에서의 학급당 학생 수의 과다, 학교규모의 대형화가 그것이다. 교육시설과 설비는 낡고 제 구실을 못하고 있으며, 쾌적한 환경과는 거리가 먼 학교환경 등은 교육재정의 빈약상을 파악할 수 있는 현실인 것이다.

우리나라 교육재정의 문제점은 무엇보다도 총액규모의 영세성과 재정내용의 편중성에 있다. 총액규모로 볼 때 교육예산이 정부예산의 24%를 차지할 때도 있었지만(1996), 국민의 정부와 참여정부로 이어지면서 점차적으로 줄어들어 박근혜 정부의 2016년 예산에서는 13.76%에 이르렀다. 이러한 교육재정을 학생 1인당 공교육비로 환산하여 다른 나라와 비교하면 우리의 교육재정은 턱없이 부족한 것이 현실이다.

OECD 국가의 평균 교육단계별 학생 1인당 공교육비를 살펴보면, 초등교육 $7,719, 중등교육 $9,312, 고등교육 $13,728이며, 전체 교육단계에서 $9,252이다. 이에 비해 한국은 초등교육의 학생 1인당 교육비가 $6,658, 중등교육 $9,399, 고등교육 $9,513이다. OECD 국가 평균과 비교하면 중등교육을 제외한 초등교육단계에서 학생 1인당 공교육비가 $1,061, 고등교육 부문에서 $4,215 낮게 나타났다. 전기중등교육단계는 초등, 고등교육과 마찬가지로 OECD 국가 평균에 비해 학생 1인당 공교육비가 낮으나, 후기중등교육단계에서는 $1,545 높게 나타났다. 전체 교육단계에서 학생 1인당 공교육비 규모가 가장 큰 국가는 미국으로, 한국의 학생 1인당 공교육비와 비교해 볼 때 초등교육 약 1.7배, 전기중등교육 약 1.6배, 후기중등교육 약 1.1배, 고등교육 약 3.1배에 달한다(한국교육개발원, 2011)

학생 1인당 공교육비가 적은 것도 문제지만, 배분의 형평성에도 문제가 많다. 즉, 초등학생 1인당 공교육비가 4백 1십만 1천 원인데 비해, 중학교는 4백 4십 5만 4천 원, 고등학교는 5백 9십 2만 3천 원이다.[4]

우리나라의 교육투자 효율성도 매우 낮아 OECD 23개 국가 중 19위를 기록했다. 그런데 사교육비를 제외한 공교육비만 갖고 평가하면, 우리나라의 교육투자 효율성은 OECD 국가 중 일본에 이어 2위를 기록하고 있다(조선일보, '02.2.8).

문제점 가운데 또 한 가지는 지방교육재정의 자립도가 형편없이 미약한 점이다. 지방교육자치단체가 실질적으로 제 구실을 하려면 재정자립이 선행되어야 함에도 우리나라는 지방교육재정의 85.6%가 중앙정부 이전수입(지방교육재정 교부금)과 지방자치단체 이전수입, 지방교육채 등 의존수입이며, 자체수입은 14.4%에 불과하다.[5]

4) 한국교육개발원, 교육통계분석자료집, 2007년 이후는 OECD 기준으로 산출방식이 바뀌게 되어, 교육기본통계에서 산출되는 공교육비 자료는 없음. 동자료는 2007년 데이터.

5) 교육과학기술부, 한국교육개발원 '2011 지방교육재정 분석 진단 결과 발표' 보도자료, 2011. 11.11

교육재정재원의 안정성이 부족한 점도 문제의 하나이다. 즉, 교육재정 가운데 비교적 · 안정적으로 확보되고 있는 것은 지방교육재정교부금법에 의한 내국세 총액의 20.79%에 해당하는 돈과 교육세 수입이다. 교육재정의 안정적 확보를 위해, 지방교육재정교부금법에 의한 내국세 총액의 비율이 2001년 13.0%에 불과하였던 것이 2008년 20%에 진입하여 2021년 현재 기준 20.79%에 이르렀으나, 최근에 단순히 내국세의 증가와 학령인구 감소를 고려할 때 교육재정이 비대하다는 일부 비판적 시각이 있어 이는 교육재정의 안정성을 훼손할 우려가 있다. 적정수준의 교육재정재원을 안정적으로 확보할 수 있는 대책이 마련되지 않으면 교육의 장기적 발전계획은 불가능하며, 교육의 자주성과 중립성도 확립될 수 없는 것이다.

이 밖에도 공교육비의 세 배이며, GDP의 2.75%[6]에 달하는 연간 17.8조 원[7]의 과도한 사교육비, 공립학교에 비해 사립학교재정이 상대적으로 더욱 열악한 점 등도 교육재정의 문제점들이다.

이와 같은 교육재정의 문제점은 정치인들이 교육비를 투자로 보지 않고, 소모성 지출로 보는 견해를 지니고 있기 때문이다. 물론 드러내 놓고 그렇게 말하는 사람은 없지만, 교육에 대한 투자가 항상 경제 · 사회발전을 위한 투자 우선순위에서 뒷전으로 밀려난 지금까지의 정부의 정책을 통해서 엿볼 수 있다. 아울러 적정교육비에 대한 과학적이고 합리적인 산출근거를 제시하지 못하고 있는 교육학자들의 책임도 비판의 대상이 될 수 있다.

2. 교육재정정책의 개선방안

「교육재정교부금법」에서는 지방자치단체에서도 담배소비세의 100분의 45에 해당하는 금액 등을 교육비 특별회계로 전출하도록 규정하고 있으며, 시 · 군 및 자치구도 관할구역 안에 있는 고등학교 이하 각급 학교의 교육에 소요되는 경비의 일부를 보조할 수 있도록 규정하고 있다. 이에 따라 교육에 관심있는 시 · 군 및 자치구에서는 교육경비보조액 지원을 많이 하고 있다. 외형적인 투자액도 중요하지만 교육투자배분의 효율성을 높이고, 교육단계별 균형발전을 도모하며, 표준교육비를 정확히

6) OECD, Education at a Glance(2014).
7) 2015년 교육부 발표자료

계산하여 과학적이고 합리적으로 교육재정을 운용함으로써 한 푼도 낭비함이 없도록 하는 일이 중요할 것이다.

산적한 교육의 과제는 모두 교육재정과 직결된다. 대부분의 교육문제는 돈만 있으면 해결될 수 있는 것들이다. 학제개편, 유치원 교육의 공교육화, 의무교육기회의 확대, 교육환경과 여건의 개선, 우수한 교사의 확보, 교육의 질 향상, 유아교육기회의 확대, 특수교육의 진흥, 사학교육, 실업교육, 과학교육, 평생교육 등 모든 교육문제가 결국 돈문제이므로 교육재정정책은 교육문제해결의 열쇠인 것이다.

지금까지의 국가발전이 교육에 힘입은 바가 크다는 사실을 인정한다면, 이제는 더 큰 도약을 위해서 교육에 과감한 투자가 있어야 한다. 그동안 국민들은 헐벗고 굶주리면서도 후세교육에만은 어느 선진국 못지않게 열성을 보여왔었다. 지금까지의 우리나라 발전은 국가적 차원에서의 교육정책의 공으로 돌리기보다는 국민 개개인의 교육열과 사교육비에 힘입은 바가 컸다. 국가가 교육을 위해서 투자를 해야 할 시점에서 복지국가를 실현한다는 의미에서도 중요한 의의를 갖는다고 할 수 있다. 가난한 시절에는 하고 싶어도 못했지만 이제는 다른 곳에 투자를 줄이더라도 교육의 투자를 강화해야 한다. 그것은 그동안 개인적인 희생을 무릅쓰고 오직 국가발전을 위해서 묵묵히 순종하고 애써온 국민들을 위해서 국가가 무엇인가를 해주어야 할 차례라는 점에서도 중요하며, 그것이 결국은 국가발전을 더욱 촉진하는 지름길인 것이다.

연구와 토론을 위한 실전문제

1. 교육예산의 원칙에 대해 설명하시오.
2. 지방교육재정교부금에 대해 설명하시오.
3. 학교경영기법 중 종합계획관리기법이라고도 하는 과업평가계획기법(PERT)에 대해 설명하시오.
4. 예산운영제도 중에서 도급경비제도를 설명하시오.
5. 예산운영제도 중에서 영기준예산제도에 대해 설명하시오.
6. 학교회계 예산제도에서 학교회계의 설치에 관한 사항을 기술하시오.
7. 학교회계는 일정한 수입을 세입으로 한다. 수입의 종류를 쓰시오.
8. 교육재정의 운영에는 확보-배분-지출-평가의 단계로 구분한다. 각각의 단계의 특징을 설명하시오.
9. 직접교육비와 간접교육비를 설명하시오.
10. 표준교육비를 설명하시오.
11. 학교예산 운영제도 중에서 도급경비를 설명하시오.
12. 교육재정의 이념 및 배분준거에 대해 설명하시오.
13. 교육예산 관리기법의 종류를 열거하고 설명하시오.
14. 교육경비는 직접교육비, 간접교육비, 사교육비 등으로 이루어져 있다. 교육경비를 설명하시오.

참 • 고 • 문 • 헌

가재환 · 김충렬(2005). 21세기 조직행동론. 서울: 형설출판사.
강경석 외(2003). 학교 · 학급경영의 이론과 실제. 서울: 도서출판 원미사.
강영삼(1994). 장학론. 서울: 세영사.
강영삼 · 신중식(2010). 행정 및 교육경영. 서울: 교육출판사.
경기도교육청(1995). 1995년 현재 경기도교육청 초등장학과 및 중등장학과 업무장표. 내부자료.
곽영우 외(1995). 교육행정원론. 경기: 정민사.
권이종(1999). 신교장학 Ⅰ. 충남: 한국교원대학교종합교육연수원.
______(1999). 신교장학 Ⅱ. 충남: 한국교원대학교종합교육연수원.
권현진 외(2002) 새내기초등교사를 위한 학급경영 길라잡이. 경기: 양서원.
교육법전편찬회(2004). 교육법전. 서울: 교학사.
교육부(1996. 3. 27). 장학방법 지원위주로 전환. 교원신문.
김동래(2004). 교내자율장학. 서울특별시교육연수원.
김명환 외(1986). 신간 교육행정 및 경영. 경기: 교육과학사.
김봉수(1997). 학교행정. 서울: 학문사, p. 120.
김선양 · 박상호(1979). 교육원리신강. 교동문화사, p. 184.
김세기(1984). 현대 학교경영. 경기: 정민사.
김신복(1985). 지방자치와 교육자치. 교육행정학연구, 3(1).
김연한 외(1991). 교육행정 및 경영. 서울: 형설출판사.
김영돈(1992). 학교경영의 이론과 실제. 서울: 익문사.
김영식 외(1982). 교육체제의 이념과 현상. 경기: 교육과학사.
김영식 · 최희선(1988). 교육제도 발전론. 서울: 성원사.
김윤태(1984). 교육행정학. 서울: 박영사.
______(1989). 교육행정 · 교육경영 신론. 서울: 배영사.
______(1994). 교육행정 · 교육경영 신론. 서울: 배영사.
김정환 외 역(1991). 서머힐 저. 문제의 교사(서머힐교육 4). 서울: 박영사.
김종철(1970). 신정 교육행정의 이론과 실제. 경기: 교육과학사.
______(1973). 교육계획론. 서울: 교육출판사.
______(1982, 1989, 1994). 교육행정의 이론과 실례. 경기: 교육과학사.
______(1985). 교육행정학 신강. 서울: 세영사.
______(1985). 자율화의 의미와 현실. 새교육, 365, pp. 22-29.
______(1990). 한국 교육정책연구. 경기: 교육과학사.
______(1995). 교육계획론. 경기: 정민사.
김종철 · 이종재(1994). 교육행정의 이론과 실제. 경기: 교육과학사.
김종철 · 진동섭 · 허병기(1993). 학교학급경영론. 서울: 한국방송통신대학교출판부.

김창걸(1992). 교육행정학 신론. 서울: 형설출판사.
______(1994). 종합교육학신강. 서울: 박문각.
______(1995). 교육행정학 및 교육경영신강. 서울: 형설출판사.
______(1998). 교육행정학신론. 서울: 형설출판사.
______(2003). 교육조직행위론. 서울: 형설출판사.
______(2003). 리더십의 이론과 실제. 서울: 박문사.
김태완(1989). 교육자치제 연구. 서울: 한국교육개발원.
김현진 · 신중식 · 강영삼(2014). 현대교육행정의 이론과 실제. 서울: 학지사.
김형관 역(1995). 교육행정(제4판). 서울: 성원사.
김호성(2004). 서울시 초등교장자격연수. 서울: 서울교육대학교 초등교원연수원.
남궁용권(1985). 교육학개론. 재동문화사, p.53.
남정걸(1991, 1992, 2003, 2006). 교육행정 및 교육경영. 경기: 교육과학사.
______(2002). 장학의 이론과 실제. 경기: 교육과학사.
남정걸 · 주삼환 외(1983). 한국교육행정의 과제와 이론적 접근. 경기: 교육과학사.
남한식(1984). 교육행정론－학교와 학급경영. 서울: 형설출판사.
노종희(1996). 학교행정가의 변혁지향적 리더십의 진단 및 육성방안 연구. 교육행정학 연구, 14(3). 한국교육행정학회.
______(1996). 교육행정학이론과 연구. 서울: 문음사.
박남기(1999). 교수업적 및 성적평가에 관한 국제비교연구. 교육부 정책과제연구보고서.
박문옥(1971). 행정학. 서울: 박영사, p. 81 재인용.
______(1972). 행정학. 서울: 전영사, pp. 128-138.
박성익(2004). 교육지도성에 대한 나의 철학. 서울: 서울대학교사범대학부설 교육행정연수원.
박연호(1992). 인간관계론. 서울: 박영사.
박병량(1997). 학급경영. 서울: 학지사.
박병량 · 주철안(2005). 학교 · 학급경영. 서울: 학지사.
박봉수(1999). 교회의 성인교육. 서울: 한국장로교출판사.
박종렬 · 신상명(2004). 신교육행정학개론. 서울: 형설출판사.
박성식 편역(1994). 교육조직론. 경기: 양서원.
배종근 · 정태범 외(1991). 교육행정 · 교육경영. 경기: 정민사.
변영계(1984). 수업장학의 정의와 필요성. 교육연구, 4(5). 한국교육생산성본부.
______(1990). 수업자의 수업기술 향상을 위한 수업장학 기법의 고안. 교육공학연구, 6(1).
______(2000). 수업장학. 서울: 학지사.
서울특별시교육연구원(2004, 2005). 교직실무편람. 서울: 삼광문화.
서울특별시교육청(2000). 보직교사 관리지침. 서울: 서울특별시교육청.
______________(2006). 2006학년도 초등학교 평가추진계획.
서정화(1988). 교육행정제도의 발전. 한국교육개발원연구총서(1). 한국교육개발원.
성낙돈(2007). 가정과 직장생활의 질이 교사의 주관적 삶의 질에 미치는 영향. 한국교원교육학회, 24(1).
성병창 역(1995). 학교조직과 경영. 경기: 양서원.
송미섭 · 나동환(1993). 교육행정 및 교육경영론. 서울: 형설출판사.
송광용(2005). 장학기획의 이론과 실제. 서울: 서울특별시교육연수원.
송화섭(1993). 교육행정이론과 경영론. 경기: 양서원.
신유근(1997). 인간존중의 경영. 서울: 다산출판사.
신중식(1982). 현대교육행정학. 서울: 교육출판사.
안병환 · 가영희 · 성낙돈 · 임성우(2008). 교육행정 및 경영. 경기: 공동체.
안해균(1982). 현대행정학. 서울: 다산출판사.
우리교육(2005). 초등학급운영. 서울: 우리교육.
유 훈(1982). 정책학개론. 서울: 법문사.
______(1980). 행정학원론. 서울: 법문사.
윤관중(1989). 교원의 자질향상과 양성교육(직전 · 현직)의 방향. 조선대학교 교육연구소. 교육연구, 1, 71-86.
윤정일 외(2004). 교육행정학원론. 서울: 학지사.
윤정일 · 송기창 · 조동일 · 김병주(2007). 교육행정학원론. 서울: 학지사.
왕기항 · 김형관 공역(1993). 교육행정. 서울: 성원사.
이성은(1991). 최신 학교행정과 장학론. 경기: 양서원.
이수도(2004). 인간관계론. 서울: 형설출판사.
이윤식(1994). 장학론 논고: 교내 자율장학론. 서울: 과학과 예술.
______(2005). 장학론: 유치원 · 초등 · 중등 자율장학론. 서울: 과학교육사.
이종국 · 조성일(2006). 교육행정 및 교육경영. 서울: 재동출판사.
이찬교 · 김재웅(2005). 교육행정. 서울: 한국방송통신대학교출판부.
이형행(1985). 신교육행정론. 서울: 문음사.
______(1983). 교육행정: 이론적 접근. 서울: 문음사.
이형행 외(1998). 교육행정. 경기: 양서원.
정규서 · 강태룡(1984). 기획론. 서울: 대왕사.
정태범(1995). 교육행정학: 기초와 발전. 경기: 정민사.
______(1997, 2002). 장학론. 경기: 교육과학사.
______(1998). 학교교육의 구조적 개혁. 경기: 양서원.
______(2000). 학교경영론. 경기: 교육과학사.
______(2000). 학교경영진단. 경기: 양서원.
______(2001). 학교경영계획론 개정판. 경기: 양서원.
______(2002). 교육정책과 교육제도의 발전. 교육경영총서 1. 경기: 양서원.
______(2002). 교육행정의 발전방향. 교육경영총서 2. 경기: 양서원.
______(2002). 교원교육의 방향과 과제. 교육경영총서 3. 경기: 양서원.
______(2002). 학교경영의 발전과 과제. 교육경영총서 4. 경기: 양서원.
정태범 · 박종열 · 문낙진 · 박병량 · 이순형(1995). 학교 · 학급경영론. 서울: 도서출판 하우.

정태범 · 서정화 · 김세기(1978). 학교경영핸드북. 서울: 한국교육개발원.
조남두 외(2006). 교육행정론. 서울: 도서출판 원미사.
조병효(1988). 현대장학론. 경기: 교육과학사.
조성일 · 최혜영(2006). 교육행정과 학교 · 학급경영. 서울: 도서출판 학이당.
조석준(1981). 조직론. 서울: 법문사.
조성일 · 안세근(2001). 교육행정과 교육경영. 서울: 재동문화사.
주삼환(2000). 교육행정 및 교육경영. 서울: 학지사.
______(2003). 장학의 이론과 기법. 서울: 학지사.
주삼환 외(1994). 교육행정 및 교육경영. 서울: 과학과 예술.
진동섭 · 이윤식 · 김재웅(2007). 교육행정 및 학교경영의 이해. 경기: 교육과학사.
차병권(1984). 재정학원론. 서울: 박영사.
______(1976). 커뮤니케이션학 개론(上). 서울: 세영사.
차재호 역, 앤드류 브라운 저(2001). 세계가 찾는 리더십. 서울: 현대미디어.
초등학급경영연구회(2004). 학급경영의 이론 · 연구 · 실제. 경기: 교육과학사.
최종진(2011). 현대 교육행정 · 교육경영론. 경기: 공동체.
최종진 · 박균달 · 심은석 · 박경수 · 구병두(2013). 교육행정 · 교육경영론. 경기: 공동체.
최희선(1996). 학교 · 학급경영. 서울: 형설출판사.
한공우 · 임창원(2006). 교육행정 및 교육경영. 서울: 태영출판사.
한국교원단체총연합회(2012). 교육행정 실무백과 인사실무. 서울: 한국교원신문사.
한국교육개발원(2006). OECD 교육지표. 서울: 한국교육개발원.
한유경, 임현식, 김병찬, 김성기, 정제영, 이희숙, 임소현, 김은영, 윤수경, 이윤희, 김화영, 김경애, 정현주(2018). 교육행정 및 교육경영. 서울: 학지사.
황윤원(1996). 재무행정론. 서울: 법문사.
홍승표(2003). 초등부장교사의 X파일. 서울: 에듀왕.

A. D. Szilagyi, & M. J. Wallace, Jr.(1977). *Organizational Behavior and Performance*(2nd ed.), p. 97.
________________________________(1990). *Organizational Behavior and Performance*(5th ed.). New York, N.Y.: Harper Collins., p. 407.
Achenson, K., & Gail, M.(1992). *Technique in the clinical supervision of teacher*. New York: Longman.
Adams, J. S.(1963). Toward an Understanding of Inequity. Journal of Abnormal and Social *Psychology, Vol. 67*, p. 422.
Alderfer, C. P.(1972). *Existence, Relatedness, and Growth*. New York: Free Press.
Alponso, R. J., Firth, G. R., & Neville, R. F.(1975). *Instructional supervision: A behavior system*. Boston: Allyn & Bacon.
Anderson, S. B., & Ball, S.(1978). *The profession and Practice of Program Evaluation*. San Francisco California: Jossey Bass Publishers.

Andrew W. Halpin(1956). *The Leadership Behavior of School Superintendent.* Chicago: Midwest Administration Center. University of Chicago, p. 79.

Argyris, C.(1971). *Management and Organizational Development: The Path from XA to YB.* New York: McGraw-Hill Book Co.

Atkinson, J. W.(1980). Motivationanal effects in so-called tests of ability and educational achievement. In L. J. Fyans, Jr.(Ed). *Achievement motivation.* New York: Plenum.

Ballantine, Jeanne H.(1983). *The Sociology of Education.* New Jersey: Prentice-Hall, Inc., Englewood Cliffs.

Bandura, A.(1973). *Agression: A social learning analysis.* Englewood cliffs, NJ: Prentice-Hall.

Barnard, Chester I.(1960). *The Function of the Executive.* Cambridge, Mass: Harvard Univ. Press.

Bass, B. M.(1985). *Leadership and Performance Beyond Expectation.* N.Y.: Free Press.

__________(1985). *Organizational Decision Making.* Homewood, IL: Irwin.

__________(1990). *Bass and Stogdill's Hand book of Leadership: Theory, Research. and Management Application*(3rd ed.). New York: The Free Press.

Beach, Don M., & Reinhartz, Judy(2000). *Supervisory leadership: Focus on instreuction.* Boston: Allyn and Bacon.

Ben M. Harris(1985). *Supervisory Behavior in Education*(3rd ed.). Englewood Cliffs, N. F.: Prentice Hall.

Berlo, L. K.(1960). *The Process of Communication.* New York: Holt, Rinehart and Winston, Inc., p. 24.

Bernard M. Bass(ed.)(1981). *Stogdill's Handbook of Leadership: A Survey of Theory and Research, revised expanded ed.* N.Y.: The Free Press, p. 66.

Berne, E.(1964). *Games people play.* New York: Grove Press.

________(1972). *What do you say after you say hello?.* New York: Grove Press.

Blake, R. R., & Mouton, J. S.(1985). *The Managerial Grid Ⅲ.* Houston, TX: Gulf.

Borgatta, E. F., & Borgatta, M. L.(1992). *Encyclopedia of Sociology.* New York: Macmillan Publishing Company.

Boulding, K. E.(1957). Organization and Conflict. *Journal of Conflict Resoultion, Vol. 1.*

Bowers, D. G., & Seashore, S. E.(1966). *Predicting Organizational Effectiveness with a Four Factor Theory of Leadership.* Administrative Science Quarterly.

Bryman, A.(1992). *Charisma and Leadership in Organizations.* London: Sage.

Burns, J. M.(1978). *Leadership.* N.Y.: Harper & Row, p. 18.

Button, W. H., & Brueckner, L. J.(1955). *Supervision*(3rd ed.). New York: Appleton-Century-Crofts.

Calebres, R. L., & Zepeda, S. J.(1997). *The reflective supervision: A practical guide for educators.* Larchmont, NY: Eye on Education.

Calhaun, E. F.(1985). *Relationship of teachers' conceptual level to the utilization of supervisory service and to a description of the classroom constructional improvement.* Paper presented at the annual meeting of the American Educational Research Association, Chicago.

Charles E. Redfield(1958). *Communication in Management*(rev. ed.). Chicago: University of Chicago Press, pp. 29-45.

Chester I. Barnard(1938). *Functions of Executive.* Cambridge, Mass: Harvard Univ Press, p. 122.

_______________(1938). *The Function of the Executive.* Cambridge: Harvard University Press, p. 82.

Clarence A. Newell(1978). *Human Behavior in Educational Administration.* Englewood Cliffs, N.J.: Prentice-Hall Inc.

Cogan, M. L.(1973). *Clinical supervision.* Boston: Houghton-Mifflins.

Cohen, M., March, J., & Olsen, J.(1972). A Garbage Can Model of Organization Choice. *Administrative Science Quarterly, 17.*

Conger, J. A., & Kanungo, R.(1987). Toward a behavioral theory of charismatic leadership in Organizational setting. *Academy of Management Review, 12.*

Curtin, James(1964). *Supervision in today's elementary schools.* New York: Macmillan.

Cyert, R. M., & March, J. G.(1963). *A Behavior Theory of the Firm.* Englewood Cliffs, NJ: Pretice-Hall.

Daniel E. Griffiths(1964). *Administrative Theory and Change in Organizations, in Innovation in Education*, ed. Mathew B. Miles. New York: Teachers College, Columbia University, p. 428.

Daniel Katz, & Robert L. Kahn(1966). *The Social Psychology of Organizations.* New York: John Wiley & Sons Inc., pp. 231-235.

____________________________(1978). *The Social Psychology of Organizations*(2nd ed.). New York: John Wiley & Sons, p. 527.

Dean C. Barnlund(1962). Toward a Meaning-Centered Philosophy of Communication. *Journal of Communication, 12*, p. 198.

Don Fabun(1965). *Communication: The Transfer of Meaning.* Beverly Hill, Calif.: Glencoe Press, p. 19.

Dror, Yehezkel(1968). *Public policy-making: Re-examined.* San Francisco, California: Chandler Publishing Co.

E. F. Fiedler, & M. M. Chemers(1974). *Leadership and Effective Management. Glenview,* Ill.: Scott, Foreman & Company, pp. 94-95.

E. P. Learned, & A. T. Sproat(1966). *Organization Theory and Policy: Notes for Analysis.* Homewood: Richard D. Irwin Inc., p. 81.

Earl Planty, & William Machaver(1952). *Upward Communications: A Project in*

Executive development. Personnel, 28(Jan.), p. 313.

Edgar L. Morphet, Roe L. Johns, & Theodore L. Reller(1974). *Educational Organization and Administration: Concepts, and Issues*(3rd ed.). Englewood Cliffs, N.J.: Prentice-Hall.

Ellwood E. Cubberley(1916). *Public School Administration.* Boston: Houghton Mifflin Co., pp. 145-156.

English, F. W.(Ed.)(2006). *Encyclopedia of Educational Leadership and Administration.* London: Sage Publications, Vol. 1.

Etzioni, A.(1964). Modern Organization. Englewood Cliffs, N.J.: Prentice-Hall Inc.

_________(1967). Mixed-Scanning: a Third Approach to Decision-Making. *Public Administration Review, Vol. 27.*

Eye, G. G., & Netzer(1971). *Supervision of instruction.* New York: Harper & Raw Publishers.

F. J. Roethlisberger, & William J. Dickson(1939). *Management and the Worker.* Cambridge: Harvard Univ. Press, pp. 14-17.

F. M. Trusty, & T. J. Sergiovanni(1966). Perceived need deficies of teachers and administrators: A proposal for restructuring teacher roles. *Educational Administration Quarterly, 2,* pp. 168-180.

Fiedler. F. E.(1959). *Administrative Theory.* New York: Appleton-Century-Crofts Inc.

___________(1963). *A Theory of Effectiveness.* New York: McGraw-Hill Book Co., p. 33.

___________(1967). *A Theory of Leadership Effectiveness.* New York: McGraw-Hill.

___________(1971). *Validation and Extension of the Contingeney Model of Leadership Effectiveness: A Review of Empirical Finding.* Psychological Bulletin, p. 131.

___________(1978). The Contingency Model and The Dynamics of the Leadership Process. in Leonard Berkowits, ed. *Advances in Experimental social Psychology, Vol. 11.* New York: Academic Press, pp. 62-66.

Francis Griffith(1979). *Administrative Theory in Education: Text and Readings.* Midland, Mich: Pendell Publishing Co., p. 300.

Frederick W. Taylor(1911). *The Principles of Scientific Management.* New York: Harper & Brothers.

Gaus, John M.(1936). *A Theory of Organization in Public Administration.* The University of Chicago Press.

Gerald Barry(ed.)(1969). *Communication and Language.* Englewood Cliffs, N.J.: Responsive Environments Co., p. 16.

Glenn L. Immegart, & Francis J. Pilecki(1973). *An Introduction to Systems for the Educational Administrator.* Reading, Mass: Addison-Wesley Publishing Co., pp. 34-39.

Glickman, C. D., Gordon, S. P., & Ross-Gorden, J. M.(1998). *Supervision for instruction: A developmental approach*(4th ed.). Boston: Allyn & Bacon.

Goldhammer, R., Anderson, R. H., & Krajewski, R. J.(1993). *Clinical supervision: special methods for the supervision of teachers*(3rd ed.). Fort Worth, TX: Harcourt Brace Jovanovivh.

Goleman, D., Boyatzis, R., & McKee, A.(2002). *Primal Leadership: Realizing the Power of Emotional Intelligence*. Harvard Business School Press.

Griffiths, D. E.(1956). *Human Relations in School Administration*. N.Y.: Appleton Century-Crofts, Inc.

Gurge, A. W. P.(1864). *An Introduction to Educational Planning Process*. Paris: UNESCO.

Halpin, A. W.(1958). The Superintendent's Effectiveness as a Leader. *Administrations Notebook, Vol. 7*, No. 2, Oct., p. 2.

Halpin, A. W., & Winer, B. J.(1959). A Factorial Study of the Leader Behavior Description, in Ralph M. Stogdill and Alvin E. Coons, ed., op. cit., Andrew W. Halpin, *The Leadership Behavior of School Superintendents*. Chicago: Midwest Administration Center of the University of Chicago, p. 4.

Hanson, E. M.(1991, 2003). *Educational Administration and Organizational Behavior*. Boston: Allyn and Bacon.

Harmon, M. M., & Mayer, R.(1986). *Organization theory for Public Administration*. 김성기 역(1993). 고급 행정이론. 서울: 형설출판사.

Harris, B. M.(1985). *Supervisory behavior in education*. Englewood Cliffs, New Jersey: Prentice Hall Inc.

Hellriegel, D., Slocum, J. W., & Woodman, R. W.(1991). *Organizational Behavior*(5th ed.). N.Y.: West, pp. 213-215.

Hemphill, J. K., & Coons, A. E.(1950). *Leader Behavior Description*. Columbus, Ohio: Personnel Research Board, Ohio State University.

Henry J. Otto, & David C. Sanders(1960). *Elementary school Organization and Administration*(4th ed.). New York: Appleton Century Crofts.

__________________________________(2001). *Educational Administration: Theory, Research, and Practice*. New York: McGraw-Hill Inc.

Herbert A. Simon(1945). *Administrative Behavior*. New York: The Macmillan, p. 241.

_______________(1957). *Administrative Behavior*(2nd ed.). New York: Macmillan, p. 154.

_______________(1974). *Administrative Behavior*(2nd ed.). New York: Macmillan, pp. 1-11, 102-103.

_______________(1976). *Administrative Behavior: A Study of Decision-Making Process in Administrative Organization*(3rd ed.). N.Y.: MacMillan Co.

Herbert A. Simon, Donald W. Smithburg, & Victor A. Thompson(1950). *Public Administration*. New York: Knopf, pp. 232-235.

Hersey, P., & Blanchard, K. H.(1977). Management of Organizational Behavior, p. 66.

____________________(1993). *Management of Organizational Behavior: Utilizing Human Resource*(6th ed.). Englewood Cliffs, N.J.: Prentice-Hall.

Herzberg, F., Bernard, M., & Barbara, S.(1959). *The Motivation to Work*. New York: John Wiley.

House, E. R.(1990). Ethics of Evaluation Studies, Herbett J. Walberg and Geneva D. Haertel, ed. *The International Encyclopedia of Educational Evaluation*. Oxford: Pergamon Press.

House, R. J.(1977). A 1976 Theory of Charismatic Leadership, in J. G. Hunt & L. L. Larson(eds.). *Leadership: The Cutting Edge*. Carbondale, Ⅲ: Southern Illinois University Press.

Hoy, W. K., & Miskel, C. G.(1991). *Educational Adminstraation: Theory, Research, Practice*(4th ed.). New York: McGraw-Hill Inc.

____________________(1996). *Educational Administration: Theory, Research, and Practice*(5th ed.). New York: McGraw-Hill Inc).

Hurn, Christopher J.(1978). *The Limits and Possibilities of Schooling*. Boston: Allyn and Bacon Inc.

J. Franklin Bobbitt(1912). The Elimination of Waste Education. *The Elementary School Teacher, Vol. XII*, No, 6(Feb.), pp. 260-269.

J. M. Lipham, & J. A. Hoch, op. cit., p. 181.

J. R. Rizzo, R. J. House, & S. I. Lirtzman(1970). Role Conflict and Ambiguity in Complex Organizations. *Administrative Quarterly, 15*, pp. 150-163.

Jacob W. Getzels(1958). *Administration as a Social Process, in A. W. Halpin, ed. Administrative Theory in Education*. Chicago: Midwest Administration Center, University of Chicago, pp. 150-165.

James D. Mooney, & Alan C. Reiley(1939). *The Principles of Organization*. New York: Harper & Brothers, p. 5.

James G. March, & Herbert A. Simon(1958). *Organizations*. New York: John Wiley & Sons Inc., pp. 161-169.

Janis, I. L., & Mann, L.(1977). *Desion Marking: A Psychological Analysis of Conflict, Choice, and Commitment*. New York: Free Press.

John J. Lovell, & Kimball Wiles(1983). *Supervision for Better Schools*(5th ed.). Englwood Cliffs, N.J.: Prentice Hill.

John K. Hemphill, & Alvin E. Coons(1957). Development of the Leader Behavior Description Questionnaire. in Ralph M. Stogdill, & Alvin E. Coons(eds). *Leader Behavior Its Description and Measurement*. Columbus, Ohio: Ohio State University,

Bureau of Research.

John T. Dorsey, Jr.(1957). A Communication Model for Administration. *Administrative Science Quarterly, 2*, p. 309.

Kast, F. E., & Rosenweig, J. E.(1974). Organization and Management. New York: McGraw-Hill Inc., p. 319.

Keith Davis(1953). Management Communication and the Grapevine. *Harvard Business Review, 31* (Jan-Feb.), pp. 43-49.

Komoski, G.(1997). *Supervision*. Mequon, WI: Styler.

Kouzes, J. M., & Posner, B. J.(1987). *The Leadership Challenge: How to get extraordinary things done in organizations*. San Francisco: Jossey-Bass.

L. W. Porter, & E. E. Lawler Ⅲ.(1969). *Managerial Attitude and Performance. Homewood, Ⅲ: Richard D.* Irwin Inc., p. 165.

Lasswell, H. D.(1948). The Structure and Function of Communication, in Society in L. Bryson(ed.). *The Communication of ideas*. New York: Harper and Brothers.

Lawless, D. J.(1972). *Effective Management: Local Psychological Approach*. Englewood Cliff, New Jersey: Prentice-Hall Inc.

Lindblom, C. E.(1965). *The Intellgence of Democracy: Decision Making Through Mutual Adjustment*. New York: The Free Press.

Lippitt, R., & White, R. K.(1958). an Experimental Study of Leadership and Group Life. Eleanor E. Maccohy et al. *Readings in Social Psychology*(3rd ed.). New York: Holt, Rinehart and Winston Inc.

Locke, E. A., & Latham, G. P.(1990). *A Theory of Goal Setting and Task Performance*. Englewood Cliffs, N.J.: Prentice-Hall Inc.

Luft, J.(1969). *The Johari Window. Human Interaction*. Palo Alto, California: National Press Book Co., p. 313.

Lundstedt, S.(1972). Consequnce of Reductionism in Organization Theory. *Public Administration Review, 32-34*, July, Agust.

Lunenburg, F. C., & Ornstein, A. C.(2008). *Educational Administration: Concepts & Practices*. Australia: Thomson Books.

Luthans, F.(1977). *Organizational Behavior*. New York: McGraw-Hill Book Co.

Manz, C. C., & Sims, H. P., Jr.(1991). Superleadership: Beyond the myth of heroic leadership. *Organizational Dynamics, 19*, 18-35.

March, J. G., & Simon, H. A.(1998). *Organizations*(2nd ed.). New York: John Willey & Sons Snc.

Mary Parker Follett(1924). *Creative Experience*. London: Longamans and Green, pp. 19-24, p. 300.

Maslow, A. H.(1954). *Motivation and personality*. N.Y.: Harper.

Max Weber(1947). *The Theory of Social and Economic Organizations, trans,* by A. M.

Henderson and Talcatt Parsons. New York: The Free Press, p. 151.

McClelland, D.(1985). *Human Motivation.* Glenview, IL: Scott Joresman.

McGregor, D. M.(1960). *The Human Side of Enterprise.* New York: McGraw-Hill Book Co.

Morrish, Ivor(1972). *The Sociology of Education.* London: George Allen and Unwin Ltd.

Mosher, R. L., & Purpel, D. E.(1972). *Supervision: The reluctant profession.* Boston: Moughton Mifflin.

Murray, H. et al.(1938). *Exploitations in personality: A clinical and experimental study of fifty men of college age.* New York: Oxford University Press.

Oliva, P. E., & Pawlas, G. E.(1998). *Supervision foe today's school*(5th ed.). New York: Longman.

Olsen, M. E.(1991). *Societal Dynamics.* New Jersey: Prentice-Hall.

Ouchi, W. G., & Price, R. L.(1983). Hierarchies, Class, and Theory Z: a New Perspective on Organization Development, in J. Rich, & Hackman, et al(Eds). *Perspectives on Behavior in Organizations*(2nd ed.). New York: McGraw-Hill.

Owens, R. G.(1991). *Organizational Behavior in Education.* New Jersey: Prentice-Hall.

Parkay, F. W.(1939). *Inner-city high school teachers.* Paper presented ar the annual meeting of the American Educational Research Association, Los Angeles.

Parsons, Talcott(1960). *Structure and Process in Modern Societies.* N.Y.: The Free Press.

Paul Hersey, & Ken Blanchard(1982). *Management of Organizational Behavior*(4th ed.). Englewood Cliffs, N.J.: Prentice-Hall Inc., p. 99.

Peter Drucker(1968). *The Age of Discontinuty.* New York: Harper, p. 272.

Podsakoff, P. M., Mackenzie, S. B., Morrman, R. H., & Fetter, R.(1990). Transformational leader behaviors and their effects on follower's trust in leader, satisfaction, and organizational citizenship behaviors. *Leadership Quarterly, 1*, 107-142.

Porter, L. W., & Lawler, E. E.(1968). *Managerial Attitudes and Performance.* Homewood 111: Richard D. Irwn inc.

Ralph M. Stogdill(1974). *Handbook of Leadership. A Survey of Theory and Research.* New York: The Free Press, pp. 7-16.

Reddin, W. J.(1970). *Managerial Effectiveness.* New York: McGraw-Hill.

Rensis Likert(1961). *New Patterns of Management.* New York: McGraw-Hill, p. 7.

Reyburn, S. W.(1938). The Development of Business Executive.

Ritzer, G.(2000). *Modern Sociological Theory.* Boston: McGraw-Hill Companies Inc.

Roald Campbell(1971). NCPEA-Then and Now, a paper presented at the NCPEA Meeting, Univ. of Utah, Aug.

Robbins, S. P.(1983). *Organ Theory: The structure and design of organizations.* Englewood Cliffs, New Jersey: Prentice-Hall Inc.

Robert R. Blake, & Jane S. Mouton(1964). *The Managerial Grid.* Houston, Texas: Gulf Publishing Co.

Ronald Lippitt, & Ralph K. White(1958). *An experimental Study of Leadership and Group Life, in Reading in Social Psychology*(3rd ed.), ed. by Eleanor E. Maccoby, et al. New York: Holt, Rinehart and Winston Inc., pp. 496-511.

Ross, C. C.(1950). *Measurement in Today's School.* New York: Prentice-Hall.

Schein, Edgar H.(1965). *Organizational Psychology.* N.Y.: Prentice-Hall Inc.

Schuyler D. Hoslett(1951). Barriers to Communication. *Personnel, 28*(Sept.), pp. 108-114.

Sergiovanni, T. J., & Starratt, R. J.(1993). *Supervision: A redefinition*(5th ed.). New York: McGraw Hill Inc.

Sergiovanni, T. J., Kelleher, P., McCarthy, M. M., & Wirt, F. M.(2004). *Educational Governance and Administration.* Boston: Pearson Education Inc.

Shammir, B., House, R. J., & Arthur, M. B.(1993). The motivational effects of charismatic leadership: A self-concept based theory. *Organization Science, 4*, 1-17.

Shannon, C. E., & Weaver, W. W.(1949). Mathematical of Communication. *Urbana, Ⅲ.*: The Univ. of Illinois Press, p. 98.

Silver, P.(1983). *Educational administration: Theoretical perspectives on practice and research.* New York: Harper & Row Publishers, p. 242.

Sprinthall, N. A., & Thies-Sprinthall(1982). *Career development of teachers: A cognitive developmental perspective. In Encyclopedia of Educational Research*(5th ed.). H. Mitzel(ed.). New York: Free Press.

Stephen J. Knevzevich(1975). *Administration of Public Education*(3rd ed.). New York: Harper & Row Publishers, p. 68.

____________________(1975). *Administration of Public Education.* New York: Harper & Row, p. 166.

Stogdill, R. M.(1974). *Handbook of Leadership: A Survey of Thery and Research.* New York: Free Press.

Szilagyi, A. D., & Wallace, M. J.(1983). *Organizational Behavior and Performance.* Glanview., Ⅲ.: Scott, Forean & Co., p. 100.

Talcott Parsons, & Edward A. Shils(1951). *Toward a General Theory of Action.* Cambridge, Mass: Harvard University Press.

_________________________________(1962). *Categories of the Orientation and Organization of Action.* in Toward A General Theory of Action eds., Talcott Parsons, & Edward A. Shils. Cambridge, Mass: Harvard University Press, p. 107.

Tanner, D., & Tanner, L.(1987). *Supervision in education: Problem and practices.* New York: Macmillan.

Urwick, Lyndall F.(1943). *The Elements of Administration.* N.Y.: Harper & Brothers.

Vroom, V. H.(1964). *Work and Motivation.* New York: Wiley.

W. Charles Redding(1964). The Organizational Communicator. in W. Charles Redding and George A. Sanborn(Eds.) *Business and Industrial Communication.* New York: Harper & Row, p. 34.

Waller, W.(1932). *The Sociology Teaching.* New York: John Wiley & Sons Inc.

Wayne K. Hoy, & Cecil G. Miskel(1978). *Educational Administration: Theory, Research,* and Practice. New York: Random House, p. 246.

________________(1982). *Educational Administration: Theory, Research, and Practice* (2nd ed.). New York: Random House, p. 241.

Weiner, B.(1979). A Theory of Motivation for some Classroom Experience. *Journal of Educational Psychology.*

Wilbur Schramm(1948). *Communication in Modern Society.* Urbana, Ill.: University of Illinois Press, p. 24.

________________(1971). *The Nature of Communication Between Humans.* in The Process and Effects of Mass Communication(rev. eds. ed.). Wilbur Schramm and Donald F. Roberts. Urbana, Ill.: University of Illinois Press, p. 12.

Wiles, Jon, & Bondi, Joseph(2000). *Supervision: A guide to practice*(5th ed.). Upper Saddle River, NJ: Prentice Hall.

Wiles, Kimball(1951). *Supervision for Better Schools.* N.Y.: Prentice-Hall Inc.

________________(1961). *Supervision for Better School.* New York: Prentice Hall.

________________(1967). *Supervision for Better Schools*(3rd ed.). Upper Saddle River, NJ: Prentice Hall.

William G. Scott(1962). *Human Relations in Management.* Homewood, Ill.: Richard D. Irwin.

William T. Melchor(1968). *Instructional Supervision.* Boston: D. C. Heath and Co.

저자소개

■ **최종진**

국민대학교 대학원 교육학 박사
병영고충상담관 역임, 동해시 청소년 드림스타트 슈퍼바이저
교육부 특성화 사업 평가위원
범부처 지역돌봄협의체 컨설턴트 위원
한중대학교 교직학과 교수
현, 협성대학교 초빙교수

■ **박균달**

국민대학교 대학원 교육학 박사
경인교육대학교, 공주교육대학교 교육대학원 강사
한국교육행정학회, 한국교육정치학회 위원
현, 국민대학교 교육대학원 겸임교수, 서울한영대학교 대학원 객원교수
산현초등학교 교감

■ **심은석**

국민대학교 대학원 교육학 박사
교육인적자원부 교육과정정책관, 교육과학기술부 학교정책국장
한국 초・중・고등학교 교장 협의회 회장
서울특별시 교육청 평생교육국장
교육부 교육정책실 실장, 한서대학교 대학원 교수
현, 한국교육안전공제회 이사장

■ **박경수**

국민대학교 대학원 교육학 박사
일본 큐슈대학교 교육학 석사, 충북대학교 행정학 석사
충청북도교육위원회, 교육부, 주일한국대사관 교육관
주오사카한국총영사관 영사관 교육관
현, 일본 교토국제고등학교 교장

■ **문진철**

국민대학교 대학원 교육학과 교육행정학 박사(Ph. D.)
한국방송통신대학교 교육연구사, 국가전문행정연수원 교수요원
주러시아연방 대한민국대사관 모스크바한국학교 교장
교육부 학교정책실 교육연구관, 서울남부교육지원청 교육협력복지과장
현, 서울시교육청 장학관, 가천대학교 강사

■ **하경표**

일본 명성대학 교육학 박사
일본 동경학예대학 교육학 석사
현, 대림대학교 유아교육과 부교수

교육행정 및 교육경영론

초판 1쇄 인쇄 / 2021년 8월 18일
초판 1쇄 발행 / 2021년 8월 23일

공저자 / 최종진 · 박균달 · 심은석 · 박경수 · 문진철 · 하경표
발행인 / 이 중 수
발행처 / **동 문 사**

서울특별시 서대문구 홍제원 1길 12
(홍제동 137-8)
Tel: 02)736-3718(대), 736-3710, 3720
Fax: 02)736-3719
등록번호: 1974.04.27. 제9-17호
가격: 22,000원

ISBN: 979-11-6328-337-9(93370)
E-mail: dong736@naver.com
www.dongmunsa.com